博雅英华

博雅

陈来著作集

朱子哲学研究（增订版）

陈 来 著

北京大学出版社
PEKING UNIVERSITY PRESS

图书在版编目（CIP）数据

朱子哲学研究 / 陈来著. —增订版. —北京：北京大学出版社，2023.9

（博雅英华·陈来著作集）

ISBN 978-7-301-34361-6

Ⅰ. ①朱… Ⅱ. ①陈… Ⅲ. ①朱熹（1130-1200）—哲学思想—研究 Ⅳ. ①B244.75

中国国家版本馆 CIP 数据核字（2023）第 160646 号

书　　　　名	朱子哲学研究（增订版）	
	ZHUZI ZHEXUE YANJIU（ZENGDING BAN）	
著作责任者	陈　来　著	
责 任 编 辑	田　炜	
标 准 书 号	ISBN 978-7-301-34361-6	
出 版 发 行	北京大学出版社	
地　　　　址	北京市海淀区成府路 205 号　100871	
网　　　　址	http://www.pku.cn　　新浪微博：@北京大学出版社	
电 子 邮 箱	编辑部 wsz@pup.cn　总编室 zpup@pup.cn	
电　　　　话	邮购部 010-62752015　发行部 010-62750672	
	编辑部 010-62750577	
印 刷 者	北京中科印刷有限公司	
经 销 者	新华书店	
	880 毫米×1230 毫米　A5　18 印张　405 千字	
	2023 年 9 月第 2 版　2023 年 9 月第 1 次印刷	
定　　　　价	128.00 元	

朱文公像

台北故宮博物院藏

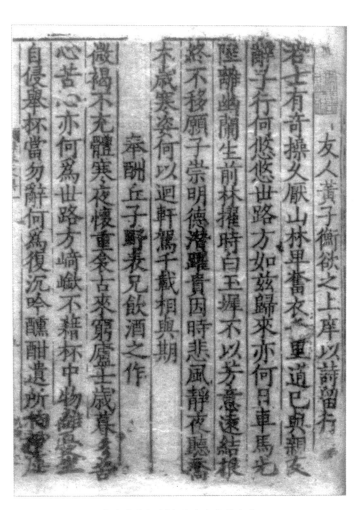

友人黃子衡欲之上庠以詩留之

若士有奇操火厭山林里舊衣　更道已與期友
醉子行何悠悠世路方如兹歸來亦何日車馬光
陸靜幽關生前林攜時白玉揮不以芳意遠結根
終不移願子崇明德潛躍貴因時悲風靜夜聽蕭
未戚寒姿何以迴軒駕千載相與期

奉酬丘子野表兄飲酒之作

微褐不充體寒夜懷重衾古來窮廬士歲暮多苦
心苦心亦何為世路方崎嶇不藉杯中物誰憂當
自侵舉杯當勿辭何為復沉吟醺酣遺所惇慷慨

目　次

前论　朱子早年思想的发展

本论三 格物致知论

后论　朱陆之辩

引　言

　　朱熹（1130—1200），南宋著名哲学家，也是中国哲学史上影响最大的哲学家之一。他所生活的南宋前期，民族、阶级矛盾错综复杂。他一生关怀政治，力主恢复大义，他的政治理想是以格君心之非来改善政治和变移风俗。他更历了四代君主，与各代统治集团中的人物有着广泛的复杂联系，晚年立朝之日，也参与了统治集团的内部斗争。在政事方面，除创立社仓外，南康救旱、浙东荒政、漳州经界，他也充分表现了超乎俗儒的管理才干。尽管如此，他仍然主要是作为一个儒家学者在当时享有盛名。他一生讲论、著述、撰注、编辑，学术成就十分丰富，教育活动也极为广泛。居家则寒泉谈经、武夷授课、沧州讲学，外任则白鹿洞书院、漳州道院、岳麓书院，随政兴学，门人弟子遍布天下。晚年遭庆元党禁，风烛之年，仍编纂礼书，考异《参同》，订正韩文，集注《楚辞》，死前尚在病榻讲解

《太极图说》，修改《中庸》《大学》。他在古代文化整理上的贡献，继往开来。他的学说作为元、明、清的官方思想体系，在漫长的历史中，显示了它对中国封建社会中后期具有的价值和意义，并曾广泛传及东亚地区，在近古东亚文明的发展上产生了巨大的作用和影响。

幼年朱熹即勤于思索，5岁开始追寻"天体是如何，外面是何物"的宇宙课题。八九岁读到《孟子》"圣人与我同类"，为成圣的希望激动得"喜不可言"。14岁丧父，遵遗训从胡宪、刘子翚、刘勉之"三君子"学。受"三君子"影响，19岁中进士以后的数年中，他和同时代多数士大夫知识分子一样，出入经传，泛滥释老，而"终于此道未有所得"。24岁赴任同安途中，拜见了杨时二传弟子李侗。在李侗的引导下，他逐步确立了道学的发展方向。在追随李侗期间，他通过道南学派了解程氏学说。李侗死后，他开始走上独立探索哲学的道路。在37岁，他第一次产生了自己的以《中庸》为基础的哲学思想（丙戌之悟）。经过了对这一次提出的哲学的否定，40岁的己丑之悟，使他确立了自己的思想基调，从而真正确立了与李侗不同、也与道南发展的基本方向不同的为学方法。己丑之悟是朱熹思想真正成熟的标志。从40岁到46岁与陆九渊鹅湖相会，朱熹哲学的基本思想在这几年全部建立起来。此后虽然在具体问题上有种种改变或发展，但这个体系以理性本体、理性人性、理性方法为基点的理性主义哲学的整体结构已稳定地确立起来了。

朱熹是北宋开启的理学的集大成者，他作《伊洛渊源录》《近思录》，对北宋以来的道学发展作了系统研究和整理。他汇集编定了二程的《语录》，注释了周敦颐的《太极图说》和《通书》，注释了张载的《西铭》，并撰写了《周易本义》和《易学启蒙》来发展程颐、邵雍的易学思想。这使得他的体系，以二程学说的基本思想为中心，改造了周敦颐的宇宙图式，吸收了张载的气化思想，融合了邵雍的象数易学，形成了由北宋道学几条支流汇合而成的澎湃大江。不仅如此，他对整个古典文化有广泛的了解。他一生用力于"四书"，早年着力于《语》《孟》，晚年尤用功于《学》《庸》，精心编成"四书"的《集注》和《或问》，使四书系统的哲学获得了新的形态和新的生命。此外，史有《纲目》之编，诗有《集传》之作，刊误《孝经》，订定《小学》，主持编纂礼书，指导集传《尚书》，他所提出的那个庞大的思想体系，是基于如此广阔的思想文化基础之上，也就毫不奇怪了。前人说他百家诸子、佛老异端，以及天文地志、律历兵机，无所不究，"凡诗书六艺之文，与夫孔孟之遗言，颠错于秦火，支离于汉儒，幽沉于魏晋六朝者"，皆"极深研几，探颐索隐"。的确，在中国历史上，几乎没有哪一个哲学家能在研究著述的广泛性上望其项背，他对中国传统文化和哲学的贡献是十分巨大的。

任何一个时代哲学的出现都具有其由以产生的物质条件和思想条件。前者指物质生活条件，即决定精神生产的社会存在，后者则指思想资料来源，即每一时代哲学具有的、由它的先驱者传给它而它便由以出发的特定思想材料。宋明理学作为中国封建社会中后期占主导地位的社会思潮和意识形态，本质上是适应这一时期社会生产力的发展、生产关系、阶级关系以及整个家族宗法制度的需要产生的。作为古典儒家学说的新发展，它的出现和中唐以来中国封建社会的种种变化，即经济上以土地出租为基础的租佃制成为普遍经济形态，社会阶级关系上非身份性地主取代门阀地主，政治上中央集权专制主义的出现以及官僚体制和科举制度的成熟等是密切地联系在一起的。

从一定的生产方式、交换方式和社会结构出发，追溯宋明理学的产生过程，是一项十分重要的工作，而这远非本书和这个引言所能承担，这里要强调的是另一个方面。恩格斯后来十分强调意识形态发展的相对独立性，认为意识形态的一个基本特性就是同既有的、由前辈提供的观念材料相结合，并对这些材料作进一步加工。① 因而，精神生活既为社会物质生活条件所决定，又有自己相对独立的发展道路。② 从这里来看，对于"那些更高地悬浮于空中的思想领域，即宗教、哲学等等"③，必须十分注意它们是怎样接受并如何改变由先驱者提供的既有的观念资料，这应是哲学史工作者的特殊责任。

在我看来，宋明理学的基本发展可以分为四个主要阶段，这就是：周敦颐、张载的"气"学④；二程、朱熹的"理"学；陆九渊、王守仁的"心"学；以王夫之"物"学为代表的明清之际的批判哲学。这几个发展阶段正好把理学的三个主要派别："气"学、"理"学、"心"学在历史上合乎逻辑地展开来，并最

---

① 《马克思恩格斯选集》第四卷，人民出版社 1972 年版，第 250 页。
② 同上书，第 501 页。
③ 同上书，第 484 页。
④ 以周敦颐哲学为主气的唯物论，首见于张岱年先生 1957 年在《新建设》杂志上发表的《宋元明清哲学史提纲》。

后在明清之际得到总结。本书是对朱熹哲学的研究，因此有必要概述一下前朱子哲学的发展。

周敦颐《太极图说》批判地吸取了道家系统宇宙发生的理论，并把它和《易传》系统的宇宙论结合在一起，构成了新儒家哲学的基本宇宙模式。"五行一阴阳也，阴阳一太极也，太极本无极也"，一本，二气，五行，万物，这个结构简易而规范，也是后来朱熹所以特别重视《太极图说》的重要原因。《太极图》由道教的某些图式发展而来，近年学者多有考证。然而，从哲学史的观点来看，《太极图》的渊源问题只是确定周敦颐图说的思想资料来源。一种哲学的性质与意义主要不在于利用了哪些传统观念材料，而在于对所利用的材料是否作了改造和新的解释。因而图式与范畴一样，作为一种结构或理论的表达形式，其意义取决于它的具体解释。关于争议颇多的《太极图说》首句，不仅朱子定本本有所据，而且只要注意《太极图说》本名《太极图易说》，其基本思想是阐发《系辞》"易有太极，是生两仪"的思想，便可知是"太极"而不是"无极"才是周敦颐思想的最高范畴，⑤ 这在《通书》中更加明显。

宋明理学奠基时的基本任务是批判佛老的虚无哲学，建立起儒家的宇宙论，以便从根本上确立儒家的一统地位。因而，从发展的逻辑上说，理学在开始"用唯物论的气一元论的宇宙

---

⑤　陆世仪云："周子《太极图说》向原在《通书》中，《通书》原名《易通》，是周子读《易》有得。笔而成书，不必拘拘于《易》而亦无非是《易》，故名《易通》。太极云者，《系辞》传所谓易有太极是也。"（《太极图说讲义》，《桴亭先生遗书·文集》）

观来与释老相周旋和抗衡，就应该说是非常自然的事情"⑥。为此，北宋儒学开始的时候主要是利用《周易》中《易传》的思想资料。《太极图说》《通书》本名《易说》《易通》，《正蒙》的主要思想在《横渠易说》已基本形成，周、张以前即已如此，而到周、张更加明显。比较周、张的学说，有如下共同特点：一、《太极图说》最后一句和《止蒙》最后一篇，都强调提出《易传》"原始反终，故知死生之说"，表明哲学在当时的主要任务是针对佛老哲学的问题来构造一种"原始反终"的宇宙论。相对而言，本体论意识还不明显。二、周敦颐以太极为气，张载以太虚为气，都是在以佛老为当时对立面的批判中，继承了汉唐元气论，提出以气为万物的本原的一元论。⑦ "五殊二实，二本则一"，"有无隐显神化性命，通一无二"，张载在这一点上比周敦颐更为自觉。三、在运动的内部根据和原因上二者都还沿袭《易传》的观念，重"神"而不重"理"。四、这个阶段的主气论是与某种宇宙物质的聚散循环观念结合在一起的，如周敦颐讲"混兮辟兮，其无穷兮"，张载更以"本体"和"客形"的聚散循环说明宇宙过程。除此之外，对以气为实体的宇宙过程作辩证描述不但是这个阶段主气哲学的共同特点，也是他们的弱点——肯定宇宙过程的运动不息而又认定作为本原的太极、太虚"至静无感"——也是共同的。

---

⑥　李泽厚：《中国古代思想史论》，人民出版社 1985 年版，第 223 页。

⑦　宋初解易系统以气释太极，承自孔颖达《周易正义》。《正义》反对韩康伯以无为太极，主张"太极谓天地未分之前，元气混而为一"（《周易正义》卷七）。此点朱伯崑先生在《易学史课程》中业已指明。

周敦颐、张载的意义还突出地表现在他们提出的人生追求和精神境界从根本上开了新儒家一代风气。周敦颐教二程寻孔颜乐处的人格追求，张载《正蒙·大心篇》视万物无一物非我的大心境界，受到二程的特别推崇，绝非偶然。理学所代表的精神追求与玄学有极大差别，这显然与这个时代知识分子的阶级、社会基础有关。

然而，主气的宇宙论固然在解决原始反终、知生知死的层面足以抗衡佛老，但从宋明理学自身的意义上看，周、张的宇宙论仍未能在人性与天道之间建立起密切的联系，伦理的本体并没有因此建立起来以获得应有的地位。从纯粹哲学的观点来看，气之运动的内在依据，气所凝聚的物体的复杂性、多样性如何解释，也都没有解决。尽管张载也提到作为聚散出入必然性的理，但这不仅只是偶尔被提到，而且这个必然与当然几乎没有关系，从而在正面论证封建制度及价值体系的合理性上也不能令人满意。

从直接的意义来说，"理"学的出现正是对"气"学的反响，二程以"万物皆只是一个天理"，以"理"兼指必然和当然，在"理"学哲学中自然的法则和社会的原则被看成在本质上同一的东西而统一到"理"中。传统的儒家天人合一在这种天人一理中找到了新的表现形式。所谓"天者，理也"，正是把理提高到上古哲学中"天"具有的本体地位。的确，"体贴"出这样一种"天理"的二程才使伦理真正提高到本体。而"性即理也"的提出，表明人性的内容与宇宙的原理也是完全同一的。也正是由于天理具有人间伦常秩序的投影的意义，哲学就决不能使"理"仅仅作为宇宙论的第一创生者，而必须更加强调它在现实世界作为普遍法则、根据的地位，于是"原始反终"的宇宙论变为"体用一源"的本体论。而理既规定为气之运动的所以然，气的聚散循环说也就让位于气之自然生生说了。

所谓道是所以阴阳者，所以开合者，是指气的一阴一阳、开合往来，乃是由于有支配其如此运动不已的规律和根据。道作为阴阳开合的所以然虽然不脱离阴阳而存在，但它始终起主导和能动的作用。二程对"一阴一阳之谓道"的这个解释实质上在全新的意义上把《易传》这古老的命题规定为理气的相互关系，他们对形上、形下的严格区分使思维对事物的逻辑分析推进了一大步，从而也使一系列古老的哲学范畴获得了新的意义，哲学的内容由此极大地丰富起来，这在朱熹的发展中表现得非常充分。

另一方面，周敦颐、张载虽然提出了新的精神境界，但如何实现此种境界的方法却语焉未详，而在宋明理学，不论宇宙论或本体论，都必须最终落脚到个体的为学之方，才能实现理学自我实现的主题，所以，在一定程度上，方法的问题比本体的问题更为重要且突出，相应地，作为修养方法的直接基础，又作为由宇宙论到方法论的过渡的心性论也日益发展和深入。因而，不独《易传》，《大学》和《中庸》也成为程朱学说主要依据的思想资料，南宋以降，理学内部的争论更多集中在心性论和方法论上，也就完全可以理解了。

李泽厚论李杜时曾提出，李白所代表的特征是一种还没有确定形式、无可仿效的天才抒发，而杜甫的意义则在于为人提供了可资遵循学习的规范。冯友兰先生因谓道学之于玄学，正犹杜之于李，玄学没有讲清精神境界得来的方法，道学则教人于日用功课中达到这种境界。⑧ 其实，道学的方法也有不同的特征和意义。周敦颐"人品甚高"，"胸中洒落，如光风霁月"，其修养方法无由得知，二程开始注重方法，然而程明道以仁者与天地万物为一体，认得物莫非己，乃是一种个体的心理体验。程伊川虽提出"涵养须用敬，进学则在致知"，但这一方法远未占有像主敬穷理在朱子哲学中那样的地位。而理学从北宋到南宋（朱熹之前），基本趋势是发展内向的直觉体验，这从杨时到李侗的"体验未发"尤见明显。然而，无论濂溪的孔颜乐处还是明道的仁学境界，个体的直觉领悟正是一种"无确定形式的天才抒发"，朱熹提出的主敬穷理的理性主义才给人以遵循学习的普遍规范，朱熹的出现使得理学中理性主义占了主导地位，这是他对民族精神不可低估的影响，了解这一点才能认识朱熹哲学的由来和意义。

为"理"学进行严密的、理性的完整论证，导致了朱熹哲学的体系构造，首先必须把周敦颐、张载和二程结合起来。这是由于在建立了理的本体地位的二程哲学中，忽视气化的意义，使得他们的哲学画面多少有些苍白而缺乏丰富性，当然这对于"理"学创始人来说是难以避免的。其次，二程更多地发挥了《中庸》的天人合一思想，而没有注意到《易传》的太极论本身可以演变为一个本体论的体系。己丑之悟后，朱熹在建立哲学

---

⑧ 《论〈美的历程〉——冯友兰给李泽厚的信》，载《中国哲学》第九辑，生活·读书·新知三联书店1983年版。

体系的时候首先注解周敦颐和张载的著作，这是耐人寻味的。同时，二程哲学没有提出的理事先后、理气先后的问题占了朱子哲学的重要位置。与二程所理解的性与天道的自然合一不同，本体与人性的联系由于"人人一太极，物物一太极"的提出也更为直接了。在这个哲学体系里，基本的对峙是理性本体（生物之本）和物质材料（生物之具）、道德理性和感性情欲、理性方法和内向直观。理气论、心性论、格致论成了体系的三个主体部分。如前所说，朱熹在广泛吸取了包括北宋五子在内的整个古典文化的基础上，以理一分殊的宝塔式结构，终于建立起一座宏伟的哲学大厦，表现了当时民族哲学思维的最高水平。

关于本书的方法，第一，哲学史研究方法的基本原则应当是力求历史地、如实地阐明古代哲学的思想、命题和范畴。张岱年先生特别强调的"好学深思，心知其意"（《史记·五帝本纪》）的指导原则对我有较大影响。第二，本书是以问题为主的专题研究，我以为哲学问题是把握理论思维的基本途径，因而本书不孤立地讨论范畴，笔者对朱熹哲学基本范畴的理解已充分体现在对问题的讨论之中，事实上，离开哲学问题去讨论范畴是不可能的。第三，本书对朱熹的研究除注重"辨名析理"的理论分析外，尤注意对朱熹思想历史演变的考察。作为本书写作的资料基础，作者对朱熹的思想材料，特别对《文集》数千封书信做了全面考证，这些成果已另成专书献给读者。

内容提要

朱子哲学是中国哲学史上最庞大的哲学体系之一，考察这一哲学的整体结构及其具体内容必须注意：一方面，整个朱子哲学和它的重要部分都不是一次形成的静止结构，而是有其自身提出、形成并经历复杂演变的动态体系；另一方面，组成这一学说总体的命题大都不是意义单一的命题，朱子哲学中的哲学命题和他对许多问题的讨论在内容上大都具有多方面、多层次的不同含义。这两方面造成了朱子哲学的复杂性。因而，本书注重从时（历史演变）空（层次角度）的不同方面对朱子的理气论、心性论、格物致知论的主要内容进行综合考察和全面分析，以求达到对这一庞大而复杂的哲学体系的具体把握。

（1）朱子与三君子

朱子祖先世居婺源，以儒名家。其父朱松深怀民族大义与忧患意识，对少年朱子影响甚大。朱松晚年从游程门弟子，沉潜程氏之学，亦对朱子有引导之功。朱松死后，朱子先后从"三君子"、李侗学。三君子虽然不同程度地对佛老思想有兴趣，但三君子用以教导朱子者，和他们对朱子的主要影响仍然是在儒学方面。三君子中的刘子翚的儒佛合一的思想，曾引起青年朱子对佛老的好奇，并导致他在取得进士之后的数年一度泛滥于诸家，出入于佛老，但此时朱子并未形成任何哲学世界观。前人所争论的朱子何时受学李侗的问题，其真正意义应当是朱子何时明禅学之非，而彻底转向儒学。

（2）朱子与李延平

朱子 24 岁见李侗于延平，李侗告以儒释之辨；朱子虽心疑其说，仍听从其劝，而专心于圣贤书；此后年岁间朱子乃觉禅学之非，而立志归本伊洛。李侗卒于朱子 34 岁时，李朱之间近十年的思想交往对朱子思想影响甚大。李侗对青年朱子产生重大影响，其中最主要者是把朱子引入了道学系统的轨道。但朱子在道学系统内的发展方向却与李侗不同，这种不同亦即大程与小程的不同。李侗注重内向体验，而朱子倾向理性主义，朱子从理性主义的立场理解李侗，并在李侗死后完全定向于程颐的理性主义路线。朱子的出现，一改道南传统主静、内向和体验的色彩，使得道学在南宋发生了理性主义的转向，从此程颐和朱子的影响在道学内上升为主导。朱子理性主义哲学的庞大体系和影响，不仅改变了道学发展的方向，而且对此后的中国文化发展产生了不可估量的影响。而李朱授受之际，正是理解这一转向的原初契机。

（3）理气先后——朱子理气观的形成与演变

要解决朱子哲学研究中异说纷纭的核心问题，即理与气在朱子哲学中究竟有无先后，所谓理在气先究竟是指理在时间上还是只在逻辑上在气之先，需要对朱子的理气思想进行全面的、历史的考察。按照本章考察的结果，从横的方面看，朱子对理气有无先后的讨论可分为本原与构成两个不同问题。这种不同的讨论角度导致了朱子在理气关系上的一些不同说法，应当注意把朱子关于构成问题的二元观点与本原问题上的一元观点加以区别。从纵的方面看，朱子的理气先后思想经历了一个复杂的演变过程，以《太极解义》为代表的早期理气论，从本体论的立场出发，强调理气没有先后、理在气先的思想由南康之后到淳熙末年逐步形成，其中朱陆之辩对促进朱子对理的绝对理解有重要作用，而象数易学的宇宙发生论对理先气后思想的形成更有直接影响，朱陆太极之辩则是理在气先思想形成的明显标志。守漳前后，理在气先思想得到进一步表述和发展，理生气说成为这一时期理先气后的一个内容。庆元之后他的思想进一步变化，最终确认了他的晚年定论——逻辑在先说。

（4）理气动静

理气动静问题可分为两个不同方面。一方面，在本体论上，朱子把太极规定为形而上的所以动静之理，否定理自身能够运动。但是由于朱子对太极的规定与周敦颐不同，由此导致在利用《太极图说》的思想资料时不得不采取了一系列含混的说法，这主要就是借助天命流行的观念为中介，曲折地把"太极动而生阳"等解释为气在理支配之下的运动过程，从而增加了问题的复杂性。另一方面，朱子哲学中对"动""静"的泛化使用，以及太极范畴具有的超出纯粹自然观的意义，使太极动静描述的性发为情的思想成为理气动静问题上不同于本体论的另一种意义。

（5）理一分殊

理一分殊问题的复杂性，主要是由于这一命题开始提出时含义比较简单，而在后来的历史发展中容纳了广泛得多的含义，因而不能把它作为一个意义单一的命题，这在朱子哲学中颇为明显。问题不在于用一句话去清楚地解释或概括理一分殊的意义，而在于具体地确定朱子如何运用这一模式处理各种有关问题。理一分殊在开始提出时主要具有道德原则的普遍与特殊、统一与差异的意义，除了继承这一含义之外，朱子主要用理一分殊来论证宇宙本体与万物之性的关系，论证本原与派生的关系，论述普遍规律与特殊规律的关系，论述理则与事物的关系。作为讨论的前提，本章还提出应对朱子哲学所谓"物之理"的概念所包含的不同意义加以分疏，物理的意义之一是指事物由禀受天理而构成的本性（性理），另一是指事物的特殊性质和规律（分理），理一分殊应用于两方面的意义彼此不同。

（6）理气同异

理气同异问题是指人物之性的同与异的问题。《延平答问》

中朱子理同而气异的思想已基本成熟，而这一思想在《太极解义》的物物各具太极说发展到顶点。然而这种强调仁义礼智普遍存在于万物和为传统性善论寻求本体论支持的努力，却是以同时牺牲了儒家另一传统的人之性异于物之性的观念为代价，由此造成了朱子思想上的两难境地。《论孟集注》开始提出理为人、物禀受的偏全问题，这一思想包含的气异而理异的观点在以后进一步发展，而直到朱子晚年才找到了矛盾两方面协调的方式，即从质和量两方面规定性理禀受，从而既宣称仁义礼智的普遍存在，又确认人之性不同于物的特殊性。

(7) 已发未发——朱子心性论的形成和发展

从杨时到李侗，把《中庸》的未发归结为思虑未发的心理体验，因而强调未发的直觉体会成了道南一派的指诀真传。然而，由于朱子与这种体验之学的格格不入，他终于走向另一个方向，超越杨时而接承程颐，即不是从心理上，而是从哲学上探求未发，从而导出他的整个心性情学说；不是通过未发工夫获得内心体验，而是把主静之功作为主体修养的手段，以为穷理致知奠定基础。从追求未发体验的直觉主义转为主敬穷理的理性主义，才是朱子早期学术思想演进的真正线索，也是他的心性论发展的基本趋向。第一次中和之悟以心为已发、性为未发实际上是性体心用的观点。虽然这一点只是给朱子提供了暂时的出路，但它标示的发展方向仍有其意义。第二次中和之悟的心贯已发、未发的思想与主敬致知的为学方法互相补充，表明了理性主义宗旨的确立，其性为未发、情为已发的思想也终于在稍后不久的一系列论辩中发展为心统性情说，标志了朱子心性论的基本完成。本章各节还分别对中和旧说、遗书后序及仁说之辩等作了进一步的考证。

（8）性之诸说

朱子提出人性是禀得的天地之理，对程颐性即理的思想作了进一步发展。气质之说所要解决的问题，一是人的品质何以有差别，二是着重说明气质的不善是人恶的品质的根源。朱子继承和发展了北宋理学论性论气的二元思想。气质之性在朱子哲学中并不是专指血气之性，而是由理与气共同作用下形成的。作为气质之性的根源的本然之性不是在气质之性以外、与之并立的人性，而是比气质之性更深层次的人性。朱子的性情学说全面吸收了前人性情体用和性发为情的思想，但由于性无善恶而情有善恶造成的体用不一致，也反映了朱子心性论的矛盾。

（9）心之诸说

在朱子哲学中，以心为知觉，既指人的知觉能力即能知觉，又指具体的知觉内容，即所知觉。以心为主宰，一方面把人作为实践活动的主体来考察心对人的活动的支配作用，另一方面强调主体的自主能动性和意志自由，朱子关于心的许多观点全面继承了中国古代哲学特别是荀子对心的见解，同时他又阐发了理学特有的关于心的学说。朱子既强调人的内心具有先验道德品质，又强调心与理、与性的互相区别，心与性（理）属于不同层次，在朱子哲学中有明确区分。朱子的道心人心说并不一概排斥或否定人的自然属性及由此产生的感性欲求,但他的哲学的总的倾向是要求人们用道德理性克制压抑个体情欲,理学从维护封建等级制度的立场和压抑个体情欲的主张出发,揭示出的社会总体利益与个体各种情欲的矛盾,具有普遍意义。

(10)心说之辩

朱子于淳熙初年曾与同时代的浙江学者以书问往来论析"心"之诸说,并以论辩示诸湖南、福建友人讨论,一时往来颇盛,此一过程构成了朱子生平学术讨论中一值得注意之事件。朱子在论辩中强调,心是现实的经验意识,只是指感应知觉而言,在经验意识和现实知觉之后、之外不存在其他的本体之心,在变化出入的心之外不存在其他不起不灭的心。朱子在此论辩中不得不使用的"心体"或"心之本体",不是指意识结构的内在实体,而是指作为静的意识状态的未发之心。由于朱子所理解的心体与感应知觉是同一层次的东西,故始终强调"心一也",即道德意识与非道德意识都是同一层次的心,是同一个心,故朱子不能承认"心即是理"。此一论辩对了解朱子乾末淳初的心性论特色及朱陆鹅湖之会前朱子对心体诸问题的看法,具有重要的意义。

(11)心统性情

在朱子哲学中心统性情主要指心兼性情和心主性情,心兼性情说强调心为意识活动的总体范畴的意义,心主性情说强调理智对情感的控制作用。

（12）格物与致知

李侗的理一分殊思想是朱子格物论重要的、直接的渊源，朱子关于格物致知的基本思想在淳熙初年已基本形成。朱子对《大学》的考订是有所根据的，对《大学章句》的评价应不囿于传统经学的立场。格物是朱子《大学》解释的核心观念，即物和穷理作为格物的综合规定，缺一不可。致知之知主要不是指人能知，而是指人之知识。致知是指格物所得到的知识扩充的结果，并不是一种与格物并行的、以主体自身为认识对象的方法。

（13）格物与穷理

朱子强调格物对象的广泛性并且肯定穷理途径的多样性。朱子要求穷理既要了解事物的所当然，又要认识事物的所以然；既反对泛观物理，又积极肯定见闻之知；穷理在终极目的上要实现人的道德完善，而达到这一目的又必须经由以事物的规律为直接对象的具体认识作为中间过程。因而格物穷理既是明善的根本途径，又同时是求知的基本方法，朱子哲学中真善一致，不应否定其中任何一面。格物的方法是由积累到贯通再到推类。在朱子的格物论里，由积累到贯通是个别上升到一般，从贯通到推类是由一般到个别的推演，朱子关于格物穷理的思想不但容纳了认识过程的辩证内容，也鲜明地体现出理性主义精神。

（14）知与行

朱子哲学中的知行问题有不同意义。知行关系的第一个内

容是致知与力行的关系。所谓先知后行，就其讨论的特定问题
而言，指道德知识的掌握与道德知识的实行，从比较一般的意
义来看，指行—知—行这一序列的后一环节，强调行为受理性
知识的指导。因此这一学说不是讨论人类认识的来源，而是着眼
于认识总过程的一个阶段，朱子的知先于行说不应被简单归结为
唯心主义。知行关系的第二个内容指致知与涵养的关系。致知涵
养互发并进，没有先后。涵养既指未发涵养，也兼指已发涵养。
居敬既指未发的收敛，也指已发与力行的专一，从致知的方面
看，未发的主敬涵养是致知的前提，力行是致知的延续。

在中国近古哲学的基本背景和具体条件下，考察朱子的格
致学说在重视人的道德修养的同时，强调外部事物的考察和知
识的学习扩展，对于抵制宗教神秘主义和反理性主义倾向有不
容忽视的重要意义。

（15）鹅湖之前

鹅湖之前朱子的哲学思想已基本形成，鹅湖后与陆九渊对
立的一系列意见在鹅湖之前已经提出，因此，在鹅湖之前朱子
根本不是与陆九渊"未会而同"，相反，他自己早已走上了一条
与陆九渊完全相反的为学道路。从鹅湖前后开始，他对陆九渊
的一切公开反驳，都是他自己的学说合乎逻辑的结果。

（16）朱陆之争

本章全面而详细地考察了朱陆之间从乾淳之际、鹅湖之集、
铅山之晤、南康再会、曹表前后、论陆之弊、鸣鼓攻陆、无极

之辩到盖棺论定的交往论辩，对朱陆交往中许多重大事件提出了新的考证，对前人在这一问题上的种种看法进行了纠正和补充。

（17）朱陆异同

朱陆之间主要的哲学分歧，一是对心性区分的看法不同，二是对气质作用的看法不同。从主导倾向来看，朱强调用伦理制约意识，突出伦理原则的客观规范；陆则强调意识的能动自觉，突出伦理主体的先验意识。从伦理学上看，朱子学说要求通过理性提高义务感，达到与理合一的道德自觉；陆九渊则强调良心在道德调节中的作用，由之诉诸非理性的内向直观。朱陆之学是理学内部的对立统一，相互制约又相互补充。

前　论

朱子早年思想的发展

第一章　朱子与三君子

朱子思想，成熟于丙戌（37岁），确立于己丑（40岁），其早年思想演进，以从学李延平为关键，此在年谱皆已指明。本章所论，乃自朱子青少年至同安任满（时年朱子28岁），欲以察其思想渊源及成长脉络，间亦考其行事，盖前贤所论乎此者，尚有未安，不可以不辨也。

一　以儒名家

建炎四年（1130）九月十五日，朱子生于福建南剑州尤溪县。他的祖先世居婺源，其父朱松（字乔年，号韦斋）宣和年间为建州政和县尉，携家居闽。朱熹的祖父死在朱松任政和尉时，朱松清贫，无法将其归葬原籍，只得葬于政和县的护国寺。丧服满后，朱松调任尤溪县尉。靖康之乱后一度失官，于是以教馆授徒为生。是年在尤溪郑氏家教馆，朱子即生于朱松当时在尤溪的寓所。绍兴四年（1134），朱松应召试馆职，除秘书省正字，后改左宣教郎、秘书省校书郎、著作佐郎、尚书度支员外郎兼史馆校勘、吏部员外郎等。因不附秦桧和议，使出知饶州，未上，奉祠家居，卒于绍兴十三年，时朱子方 14 岁。

黄榦作《朱子行状》中称"父朱氏，为婺源著姓，以儒名家"。后来朱子为其父所作行状中说：

> 及去场屋，始放意为诗文，其诗初亦不事雕饰，而天然秀发，格力闲暇，超然有出尘之趣，远近传诵，至闻京师。……然公未尝以是而自喜，一日喟然顾而叹曰："是则昌矣，如去道愈远何！"则又发愤折节，益取六经诸史百氏之书伏而读之，以求天下国家兴亡理乱之变，与夫一时君子所以应时合变，先后本末之序，期于有以发为论议，措之事业，如贾长沙、陆宣公之为者。既又得浦城萧公顗子庄、剑浦罗公从彦仲素而与之游，则闻龟山杨氏所传河洛之学，独得古先圣贤不传之遗意，于是益自刻厉，痛刮浮华，以趋本实，日诵《大学》《中庸》之书，以用力于致知诚意之地。（《皇考朱公行状》《文集》⑨ 卷九十七）

看来朱松的思想有一个发展的过程，早年为词章之学，放意诗文；中年为经世之学，留意史论；晚年为义理之学，专意道学。

---

⑨ 即《朱文公文集》，台湾商务印书馆，影印四部丛刊集部，1980 年，以下简称《文集》。下文引《朱子语类》（清同治本），简称《语类》。

他对朱熹的影响主要是在后两方面。

据《朱子年谱》，朱子 5 岁入小学，8 岁"就傅，受以《孝经》，一阅通之，题其上曰'不若是，非人也'。尝从群儿戏沙上，独端坐以指画沙，视之，八卦也"。关于朱子幼年题词《孝经》和坐沙画卦种种传说，尚难以据信，朱熹幼年的情况还是应以他自己的叙述为准：

> 某自五六岁，便烦恼道："天地四边之外，是什么物事？"见人说四方无边，某思量也须有个尽处。如这壁相似，壁后也须有什么物事。其时思量得几乎成病。到而今也未知那壁后是何物。（《语类》卷九十四，黄义刚录）

一个人的思想发展，特别在中国传统社会，家庭作为综合的直接的社会存在，对个人青少年时代的思想基调，起着不容忽视的作用。同时，也有一些在孩提时代就表现出来的个人禀赋、性格等特点，与个人后来发展的方向之间往往呈现出一种惊人的联系。

黄榦《朱子行状》中曾说："先生幼颖悟庄重，甫能言，韦斋指天示之曰天也，问曰：天之上何物，韦斋异之。"此说当本于朱子自述语。"颖悟"之辞，虽不算是过分溢美，但揆之朱子自述，则并不合。朱子自己多次说过："熹天资鲁钝，自幼记问言语不能及人"（《答江元适》，《文集》卷三十八），"熹少而鲁钝，百事不及人"（《答何叔京》，《文集》卷四十），"熹自少愚钝，事事不能及人"（《答薛士龙》，《文集》卷三十八），"熹自少鄙拙，凡事不能及人"（《与留丞相书》，《文集》卷二十九）。由此看来，少年朱熹表现出奇异的两面性，一方面，"天体是如何，外面是何物"的追索显示出他在哲学思考上的内在禀赋；而另一方面，在语言能力、记忆能力以及其他的活动能力方面，他所表现出来的智力水平与同龄人相比似属平常。

绍兴四年朱松试馆职后，一直入官为郎，在此期间人概朱熹与其他家人仍居建剑之间，所以至朱熹 11 岁时，朱松奉祠家居，才得以亲自指导朱熹的学习，从而使他的智力开发跃入一个新阶段。朱熹后来回忆说："熹年十一岁，先君罢官行朝，来寓建阳登高丘氏之居。暇日，手书此赋（引注：《昆阳赋》）以授熹，为说古今成败兴亡大致，慨然久之。"（《跋韦斋书〈昆阳赋〉》，《续集》卷八）"熹之先君子好左氏书，每夕读之，必尽一卷乃就寝，故熹自幼未受学时已耳熟焉。"（《书临漳所刊四经后·春秋》，《文集》卷八十二）朱松为秦桧所不容，罢官居家，但作为一个正统的儒家知识分子，怀着强烈而深沉的忧患意识，通过文与史，把民族大义与忧国忧民的社会关切，潜移默化地植入朱熹心中。同时，随着朱松自己晚年从游程门弟子，沉潜程氏学，朱熹也受到影响。本来，"某向丱角读《论》《孟》""某自丱读四书"，接受基本的经典训练对士人子弟是普遍的，而朱松进而授给朱熹二程的《论语说》，朱熹曾说："河南二程先生独得孟子以来不传之学于遗经，其所以教人者亦必以是为务，然其所以言之者则异乎人之言矣。熹年十三四时，受其说（引注：《论语说》）于先君，未通大义而先君弃诸孤。"（《论语要义目录序》，《文集》卷七十五）

　　朱松的个人经历是一个典型的儒家士大夫知识分子的经历，幼年朱熹的家庭环境使他受到常规的正统儒家思想教育，朱松晚年转向程学对朱熹更具有重要意义。朱熹曾说："熹少好读程氏书。"（《答李滨老》，《文集》卷四十六）问题不在于当时的朱熹能够在多大程度上了解程氏思想，而在于这样的家庭气氛所给予朱熹的影响和引导力量，朱松家庭的崇程气氛决定了朱熹不可能像陆九渊一样在少年时即对伊川产生怀疑（《象山年谱》：八岁"……闻人诵伊川语，云'伊川之言，奚为与孔孟之言不类？'"）。以《论语说》为代表的早期理学启蒙，为朱熹奠定了后来向程学发展的思想基础。

　　与8岁便敢断言伊川不类孔孟，年少时只读一部《论语》便敢自立宗旨的陆九渊不同，相比起来，朱熹的学问道路更为艰难："某自卝读四书，甚辛苦。"（《语类》卷一百〇四）自觉鲁钝的强烈意识，使他苦读圣贤之书。朱熹自己正是一个通过刻苦学习和格物致知而学成行尊的范例，大概正是"学习"在他个人经验中的重要意义使他坚信只有读书格物才能成圣成贤。在思想的方向和方式上，少年朱熹也表现出与陆不同的特点，幼年朱熹执着地追寻天外何物的问题，似乎预示着他后来表现出的对宇宙论的浓厚兴趣；陆九渊则为天地的无穷而苦恼，以致后来以简易心学解决无穷有穷的矛盾。在他们提出各自问题的那个年龄，还没有任何师承的影响，这不能不归于他们的个性差异。

二 出入经传

朱松从萧顗、罗从彦游（前引《朱松行状》），二人皆龟山（杨时）弟子（《语类》卷百〇二道夫录："先生问：浦城有萧先生顗，受业于龟山之门"），朱熹也说过："（先人）又从龟山杨氏门人问道授业，践修愈笃。"（《与陈君举》，《文集》卷三十八）朱松自此日诵《大学》《中庸》，用力于致知诚意，在他的影响下，朱熹很早就把"为己之学"作为人生方向来接受了。朱熹多次明确说明"自幼记问言语不能及人，以先君子之余诲，颇知有意于为己之学"（《答江元适》，《文集》卷三十八），"少而鲁钝，百事不及人，独幸稍知有意于古人为己之学"（《答何叔京》，《文集》卷四十），"自少愚钝，事事不能及人，顾尝侧闻先君子之余教，粗知有志于学"（《答薛士龙》，《文集》卷三十八），"熹自年十四五时即尝有志于此"（《答陈正己》，《文集》卷五十四），"熹蚤获执侍先君子之侧，粗知以问学为事"（《答潘叔昌》，《文集》卷四十六），直至晚年与留丞相书仍说："熹自少鄙拙，凡事不能及人，独闻古人为己之学而心窃好之，又以为是乃人之所当为而力所可勉，遂委己从事焉。"（《与留丞相书》，《文集》卷二十九）这都是说，在朱松在世时，"为己之学"作为终极关怀，已深深植入朱熹心中，尽管他对"为己之学"的理解还待深化。

绍兴十三年朱松死去，时朱熹14岁。朱松临终时，以家事托付刘子羽。朱松死后，刘子羽在崇安他自己的宅旁为朱熹母子盖了一座房子。绍兴十四年，朱熹与其母迁至崇安。

朱松死前另一件不放心的事是朱熹的教育。朱子后来回忆：

> 盖先人疾病时，尝顾语熹曰："籍溪胡原仲、白水刘致中、屏山刘彦冲，此三人者，吾友也。其学皆有渊源，吾所敬畏。吾即死，汝往父事之，而惟其言之听，则吾死不恨矣。"熹饮泣受言不敢忘。既孤，则奉以告于三君子而禀学焉。（《屏山先生刘公墓表》，《文集》卷九十）

朱松命朱熹往从刘子羽之弟刘子翚等三人学，是因为三人皆有程学渊源。刘勉之字致中（称白水，号草堂），后为朱子岳父。朱子为作《聘士刘公先生墓表》称："逾冠，以乡举诣太学，时蔡京用事，方禁士毋得挟元祐书，制师生收司连坐法，犯者罪至流徙，名为一道德者，而实以钳天下之口。先生心独知其非是，阴访伊洛程氏之传，得其书藏去，深夜同舍生皆熟寐，乃始探箧解帙，下帷然膏，潜抄而默诵之。闻涪陵谯公天授尝从程夫子游，兼邃易学，适以事至京师，即往扣焉。尽得其学之本末。既而遂厌科举之业，一日，弃录牒，揖诸生而归。道南都，见元城刘忠定公；过毗陵，见龟山杨文靖公，皆请业焉。而刘公尤奇其材，留语数十日，告以平生行己立朝大节，以至方外之学，它人所不及闻者，无不倾尽。"（《文集》卷九十）胡宪字原仲，学者称籍溪先生。其学与刘勉之相近，"稍长，从文定公学，始闻河南程氏之说，寻以乡贡入太学。会元祐学有禁，乃独与乡人白水刘君致中阴诵而窃讲焉。既而又学易于涪陵处士谯公天授，久未有得。天授曰：'是固当然，盖心为物渍，故不能有见，惟学乃可明耳。'先生于是喟然叹曰：'所谓学者，非克己工夫也耶？'自是一意下学，不求人知。一旦揖诸生，归隐于故山。"（《籍溪先生胡公行状》，《文集》卷九十七）

白水、籍溪为学次第相似，元祐学禁时二人同在太学，相与讲程氏之学，深所倾倒。又问学于谯定，问学谯定的目的不在于谯深于易学，而在于谯曾学于伊川。特别是刘勉之，又亲自问学于二程高弟杨时（龟山）和司马光高弟刘安世（元城），在师承上，已超出私淑而跻身于伊洛学统之中。所以清人王梓材于《宋元学案》卷四十八下案语曰："序录谓文靖四传而得朱子，盖统四先生言之，其实朱子本师刘白水，为龟山门人，亦只再传耳。"① 这也就是朱松所说的"学有渊源"。

三君子中屏山卒于绍兴十七年十二月，时朱子年18岁（是年秋举建州乡贡）。白水卒于绍兴十九年二月，时朱子20岁。籍溪卒于绍兴三十二年四月，朱子年33岁。朱子于三君子中事屏山时间最短，然以朱子平生自述语参之，三君子对朱子的影响中首推屏山（刘子翚字彦冲，号屏山，又号病翁）。朱子平生殊少论及白水，这似乎表明白水对朱子影响较少。（《语类》卷一百〇四郑可学录："初师屏山、籍溪……"，不及白水。）朱熹丧父后，

① 按：白水与龟山关系非罗从彦、李侗可比。而谯定虽云尝学于伊川，但是否算程氏门人，在朱子已早有疑义，他说："熹见胡、刘二丈说亲见谯公，自言识伊川于涪陵，约以同居洛中，及其至洛，则伊川已下世矣。问以伊川易学，意似不以为然，至考其它言行，又颇杂于佛老子之学，恐未得以门人称也。"（《与汪尚书》，《文集》卷三十）朱子又云："《谯传》非病翁所作，乃原仲、致中二丈见之，其说亦有病，非学问正脉也。"（《别集》卷三）

以父之遗命受学于三君子，但事实上，在 19 岁中举之前是以屏山为主受业。其首要的原因是经济上的，朱子《屏山先生刘公墓表》云："熹饮泣受言不敢忘，既孤，则奉以告三君子而禀学焉。时先生（引注：屏山）之兄侍郎公（引注：刘子羽）尤以收恤孤穷为己任，以故熹独得朝夕于先生之侧，而先生亦不鄙其愚稚，所以教示期许，皆非常人之事。"（《文集》卷九十）由于刘子羽在经济上承担了朱熹母子的生活用度，并让朱熹母子迁居崇安五夫里潭溪上他的宅第旁，朱熹得以朝夕侍从刘子翚学习。另一个原因是刘子翚时收徒授举业。因对于一个丧父的 14 岁少年，最重要的是让他通过科举进入仕途，朱熹曾说："余年十五六时与子厚相遇于屏山刘氏之斋馆，俱事病翁先生，子厚少余一岁，读书为文略相上下。"（《黄子厚诗序》，《文集》卷七十六）当时与朱熹同在馆中的有黄子衡、黄子厚兄弟等。王懋竑亦云"朱子师事屏山为举业"（《年谱考异》），朱熹也说过，当时屏山对他"但以举子见期"（《跋家藏刘病翁遗帖》，《文集》卷八十四）。

但是，在刘子翚与朱熹之间，除了以科举功业为主的授受关系外，刘子翚在思想上对朱熹也有影响。朱熹曾回忆说：

> 病翁先生壮岁弃官，端居味道，一室萧然，无异禅衲，视世之声色权利，人所竞逐者，漠然若亡见也。熹蚤以童子获侍左右，先生始亦但以举子见期。而熹窃窥观，见其自为与所以教人者若不相似。暇日窃有请焉，先生欣然嘉其有志，始为开示为学门户，朝夕诲诱，亹亹不倦。其后先生属疾，熹适行役在外，亟归省问，先生喜甚，顾而语

曰："病中无可与语，幸吾子之来归也。"自是日奉汤药，先生所以教诲益详，期许益重，至为具道平生问学次第，倾倒亡余。（《跋家藏刘病翁遗帖》，《文集》卷八十四）

这里所说刘屏山"其自为与所以教人者若不相似"当指刘教授朱熹以诗文为举业，而他自己则以"味道"为事，志于古人"为己之学"。经过朱熹的询问，他才指示为己之学的门径。《屏山先生刘公墓表》中朱熹更具体地谈到刘子翚病重时所谈的"平生问学次第"：

> 熹时以童子侍疾，一日，请问先生平昔入道次第，先生欣然告之曰："吾少未闻道，官莆田时，以疾病始接佛老子之徒，闻其所谓清静寂灭者，而心悦之，以为道在是矣。比归读吾书，而有契焉。然后知吾道之大，其体用之全乃如此，抑吾于《易》得入德之门焉。所谓'不远复'者，则吾之三字符也。佩服周旋，罔敢失坠于是。尝作《复斋铭》《圣传论》，以见吾志，然吾忘吾言久矣。今乃相为言之，汝尚勉哉。"熹顿首受教。（《文集》卷九十）

刘子翚早年曾留意佛老，后读儒书，两相比较，乃知儒学之道，其大可包容佛老，而其体用之全，又佛老之所不及。于是以《易》为入德门户，以《复》卦之"不远复"为宗旨。刘子翚对青少年朱熹影响较大，在朱熹看来，刘子翚的"为学次第"就是"为己之学"的门户。

在三君子的指导和影响下，在习举子业而外，朱熹在儒家经典方面下了很大的功夫：

某向卝角读《论》《孟》，自后欲一本文字高似《论》《孟》者，竟无之。（《语类》卷一百〇四，郭友仁录）

某十数岁时读《孟子》言"圣人与我同类者"，喜不可言！以为圣人亦易做。（同上，包扬录）

某自十四五岁时，便觉得这物事是好底物事，心便爱了。（同上，李方子录）

熹自年十四五时，即尝有志于此，中间非不用力。（《答陈正己》，《文集》卷五十四）

熹自十四五时得两家（引注：程张）之书读之，至今四十余年。（《答宋深之》，《文集》卷五十八）

某年十五六时读《中庸》"人一己百，人十己千"一章，因见吕与叔解得此段痛快，读之未尝不竦然警励奋发。（《语类》卷四，沈僩录）

某自十五六时至二十岁，史书都不要看，但觉得闲是闲非没要紧，不难理会。（《语类》卷一百〇四，潘履孙录）

某少时为学，十六岁便好理学，十七岁便有如今学者见识，后得谢显道《论语》，甚喜，乃熟读。（《语类》卷一一五，林恪录）

某是自十六七时下工夫读书，彼时四旁皆无津涯，只自怎地硬著力去做。至今日虽不足道，但当时也是吃了多少辛苦读了书。（《语类》卷一百〇四，杨道夫录）

　　某从十七八岁读（引注：《孟子》）至二十岁，只逐句去理会，更不通透。二十岁已后，方知不可恁地读。（《语类》卷一百〇五，叶贺孙录）

　　某年十七八时，读《中庸》《大学》，每早起须诵十遍。（《语类》卷十六，叶贺孙录）

　　某登科后要读书，被人横截直截，某只是不管，一面自读。（《语类》卷一百〇四，陈文蔚录）

在这些追忆中，朱熹的具体年龄未必精确，但它们大体上勾画出自丧父后到得举这一时期，朱熹在三君子指导下用力于经典学习方面的一般情况，而其中最为着力的是四书的研读。三君子没有辜负朱松的嘱托，使朱熹继续保持了对"为己之学"的志趣。虽然，三君子不同程度地对佛老思想有兴趣，这也曾引起后人对三先生与朱熹授受之际的某些疑问。但我相信，三君子对朱熹的影响主要还是儒学的，这不但因为三君子之学以儒为归宗，朱熹自己后来也说过："熹生十有四年，而先君子弃诸孤，遗命来学于籍溪胡公先生，草堂、屏山二刘先生之门。……后事延平李公先生，先生所以教熹者，盖不异乎三先生之说。"（《名堂室记》，《文集》卷七十八）这说明三君子对朱熹的影响主要是在儒学方面，在这一点上与后来李侗引导他的方向并无二致。而且，三君子虽亦好禅学，但没有材料能说明他们也把他们所好的禅学灌输给朱熹。事实上朱熹在那个时期也不是与闻"外学"的年龄，更何况三君子的最大责任是使少孤的朱熹尽快通过科举以奉养自立。

三　泛滥释老

绍兴十七年朱熹 18 岁，是秋举乡贡，不久刘屏山卒。次年春登进士，绍兴十九年刘白水卒。绍兴二十一年春铨试授同安县主簿，至二十三年赴任同安。留意佛老之学，是这个时期朱熹思想的特征之一。

朱熹后来与汪应辰书说："熹于释氏之说，盖尝师其人、尊其道，求之亦切至矣，然未能有得。"（《答汪尚书》，《文集》卷三十）关于此书所说，前人多有辩论。朱学一派竭力否认朱熹曾师尊释氏，如夏炘认为，汪应辰齿德皆尊，又深好佛老，故"朱子以后生晚学与之辩论，势不能不委婉曲折，以寓纳约自牖之意。必欲据迹以求之，是刻舟而求剑也"（《述朱质疑》卷一）。汪应辰尝师宗杲，好禅学，夏氏谓朱子委婉其辞，亦有其理。但夏氏以为朱子于释氏并无"师其人"之实迹，则又属一偏。盖朱子必不会无中生有，且李侗与罗博文书明言"渠（引注：朱子）初从谦开善处下工夫来"（《年谱》），故"师其人，尊其道"确有其事。

事实上，朱子对二氏的留心在得举之前从三君子学时即已开始。刘元城曾语白水以方外之学，"籍溪学于文定，又好佛老，以文定之学为论治道则可，而道未至，然于佛老亦未有见"（《语类》卷一百〇四，郑可学录）。影响更大的是刘子翚对二氏的态度。《语类》载："初师屏山、籍溪……屏山少年能为举业，官莆田，接塔下一僧，能入定数日。后乃见了老，归家读儒书，以为与佛合，故作《圣传论》。"（同上）刘子翚曾习禅定，又见长芦清了，"儒与佛合"是他对佛教的基本态度。照朱熹的说法，《圣传论》应当反映了刘子翚"儒佛合"的思想，但实际上并不明显。（《圣传论》见载于《诸儒鸣道集》，北京图书馆存影宋本）《圣传论》以十六字心传为"相传密旨"，斥李翱无情之说，都是正统的儒家立场，《圣传论》批评韩愈"轲死不得其传"，认为"韩子谓轲死不得其传，言何峻哉！""密契圣心，如相受授，政恐无世无之。孤圣人之道，绝学者之志，韩子之言何峻哉！"主张每个时代都有密契圣心者，后来朱熹说"屏山只要说释子道流皆得其传耳"（《语类》卷九十六，杨道夫录）。朱子此说是否本于屏山自述，不得而知，不过《圣传论》并未提及佛老，更未说佛老都得圣人之传。但有一点可以肯定，即刘屏山认为儒之道可以包容佛老，两者并非截然对立。换言之，志为己之学与求入道门径，并非尽辟二氏而后可。在这一点上朱熹无疑受到了屏山的影响。

刘子翚与佛老之徒过往颇多，这既引起了朱熹的好奇，也给他带来了接触二氏的机会：

某年十五六时，亦尝留心于此（引注：禅）。一日在病翁所会一僧，与之语，其僧只相应和了说，也不说是不是；却与刘说，某也理会得个昭昭灵灵底禅。刘后说与某，某遂疑此僧更有要妙处在，遂去扣问他，见他说得也煞好。及去赴试时，便用他意思去胡说。是时文字不似而今细密，由人粗说。试官为某说动了，遂得举。时年十九。（《语类》

卷一百〇四，辅广录）

朱熹向这位僧人问禅，该僧只是附和朱熹的说话，不加肯定，亦不加否定，却对刘子翚说朱熹也懂得些"昭昭灵灵底禅"。这使朱熹更为好奇，又进一步向他询问，欲得其要妙处。照这个记述，这个僧人并不是过往客人，而是与屏山颇熟，与朱子交往亦非一次。

或者以为此僧即宗杲高弟子开善道谦禅师，因为后来朱熹从学李侗时亲口告诉李侗他曾经从道谦下过功夫。不过果真此僧即是道谦，朱子无妨明言。或记录者未录道谦之名，亦未可知。《佛法金汤编》载有朱子祭道谦文，中云："丙寅之秋，师来拱辰，乃获从容，笑语日亲，一日焚香，请问此事，师则有言，决定不是。始知平生，浪自苦辛，去道日远，无所问津。未及一年，师以谤去，我以行役，不得安住。往还之间，见师者三，见必款留，朝夕咨参。师亦喜我，为说禅病，我亦感师，恨不速证……"此文真伪无可考。按丙寅即绍兴十六年，朱子17岁，与文中所说略合，又云未及一年适有行役，当指18岁应举事。又此文中有"潭上"等语，亦与朱子时居屏山之下潭溪之上相合，这样看来，这个祭文为真的可能性较大。《五灯会元》卷二十本有《开善道谦禅师》传，但所录行事甚略，《云卧纪谈》中云："谦后归建阳，结茅于仙洲山，闻其风者悦而归之，如曾侍郎天游、吕舍人居仁、刘宝学彦修、朱提刑元晦，以书牍问道，时至山中。"此条又见于《枯崖漫录》卷中。据此，道谦后结茅于建阳之仙洲山，这与朱子祭文所说应乡贡举往返三见之说也相合。（久须本文雄《宋代儒学的禅思想研究》言《云卧纪谈》成于绍兴间，按此中称朱子为提刑，必在淳熙丁未［1178］之后，中必有误。）《佛法金汤编》又载朱子与道谦书，云："向蒙妙喜开示，应是'从前记持文字、心识计校，不得置丝毫许在胸中，但以狗子话时时提撕'，愿受一语，警所不逮。"妙喜即大慧宗杲，此中所说去除一切心识，专以狗子话提撕，确实是大慧参话头的风格。但考大慧生平行止，朱子与其接触的机会甚少。久须本文雄氏认为朱子参大慧在其 6 至 12 岁，设想朱子在这个年纪参禅，显然是不可能的。

朱子与大慧的关系，也许是间接的性质。前引《枯崖漫录》中语，谓刘子羽（彦修）亦问道于道谦。不仅如此，《五灯会元》载："宝学刘彦修居士，字子羽，出知永嘉，问道于大慧禅师。慧曰：'僧问赵州：狗子还有佛性也无？赵州道：无。但恁么看。'公后乃于柏树子上发明。"（《五灯会元》卷二十《宝学刘彦修居士》）由此，所谓狗子话提撕，也许并非妙喜亲对朱子所言，而是得于刘子羽。

《佛祖历代通载》云："朱文公少年不乐读时文，因听一尊宿说禅，直指本心，遂悟昭昭灵灵一著。十八岁时，从刘屏山。屏山意其必留心举业，暨搜其箧，只《大慧语录》一帙耳。"此说亦有可疑。盖前半段所说，明显的是用辅广所录朱子自述语略加变葺。至于说朱子赴试时只携《大慧语录》一册，于逻辑上亦不可通。《枯崖漫录》中则云"箧中所携，惟《孟子》一册、《大慧语录》一部耳"，其说已自不同。《年谱》："十八岁秋举建州乡贡，考官蔡兹谓人曰：吾取中一后生，三篇策皆欲为朝廷措置大事，他日必非常人。"此说又见《建阳县志》。科举以明经策论为主，举子必熟时文经书。朱子所谓"用禅家意思去说"大概是指佛家论事的方法，如既不肯定又不否定的"不落两边"等。赴试时携有《大慧语录》不能说没有可能，但说"只《大慧语录》一帙耳"，显然是好事者欲为禅家张目而已。

朱熹后来多次说过他早年学禅，"某少时未有知，亦曾学禅"，"也曾去学禅"，"（佛学）旧尝参究"，"出入释老者十余年"。朱子留心禅学，始于在病翁刘屏山家遇道谦（?），时十五六岁。至见延平后一二年间悟禅学之非，已二十五六岁，但 19 岁以前，因举业所迫，当止于一般留心而已。而用力参究，应在得举之后至 24 岁拜见延平之间。不过这一期间朱熹进学情况可供研究的材料很少。钱穆《朱子新学案》以《文集》早年诗卷为依据，是一个值得重视的贡献。

《文集》卷一自《题谢少卿药园二首》以下，为朱子自编之《牧斋净稿》，始自辛未（绍兴二十一年，朱子 22 岁），经自乙亥（绍兴二十五年，朱子 26 岁），其中不少篇章反映了当时他究心二氏之学的情形，如壬申（23 岁）《宿武夷观妙堂二首》：

> 闲来生道心，妄遣慕真境。
> 稽首仰高灵，尘缘誓当屏。（其一）

《读道书作六首》：

> 岩居秉贞操，所慕在玄虚。

　　清夜眠斋宇，终朝观道书。（其一）
　　失志堕尘网，浩思属沧洲。
　　灵芝不可得，岁月逐江流。（其二）
　　东华绿发翁，授我不死方。
　　愿言勤修学，接景三玄乡。（其三）

他非常向往道家的"真境"，决计屏除一切尘缘，终日观道家之
书，勤修不老之方。对佛家兴趣亦浓：

　　端居独无事，聊披释氏书。
　　暂释尘累牵，超然与道俱。

　　　　　　　　　　　　　　　　　（《斋居诵经》）

　　抱疴守穷庐，释志趣幽禅。
　　即此穷日夕，宁为外务牵。

　　　　　　　　　　　　　　　　（《夏日二首其一》）

　　望山怀释侣，盥手阅仙经。
　　谁怀出尘意，来此俱无营。

　　　　　　　　　　　　　　　　（《夏日二首其二》）

　　杜门守贞操，养素安冲漠。
　　寂寂闶林园，心空境无作。

　　　　　　　　　　　　　　　　　　（《杜门》）

　　高梧滴露鸣，散发天风寒。
　　抗志绝尘氛，何不栖空山。

　　　　　　　　　　　　　　　　（《月夜述怀》）

此类诗在辛未、壬申还有不少，除了直接记述潜心释老之书外，还有一些诗表现出脱尘厌世和对山林情趣的倾慕。当然，这些诗是不是每个字都可以当真，是可以考虑的，因为诗毕竟是诗。但在这几年的诗中他没有一句提到他诵读儒书，这显然并不是因为儒书不入诗，而是在总体上表现出他在这一时期的用力所在。屏绝尘世之累的向往和对二氏山林清净生活的羡慕使他对行将到来的同安簿任毫不积极，直到赴任同安的前夕，他仍写道："坐厌尘累积，脱躧味幽玄。静披笈中素，流味东华篇。"（《诵经》）他已极大地沉浸在憩息山林、逍遥自在的遐想之中。

但是，如果以为朱熹当时已背弃孔孟，完全沉溺佛老之中，也是片面的，至少无法解释这一事实：何以朱熹拜见李侗后，虽言语未契，却能依李之说将禅学搁置一边，转而专意圣贤之书。事实上朱熹也说过："某登科后要读书，被人横截直截，某只是不管，一面自读。"（《语类》卷一百〇四，陈文蔚录）"某今且劝诸公屏去外务，趱工夫，专一去看这道理。某年二十余已做这工夫。"（同上，叶贺孙录）"某自二十时看道理，便要看那里面。尝看上蔡《论语》，其初将红笔抹出，后又用青笔抹出，又用黄笔抹出，三四番后，又用墨笔抹出。"（《语类》卷一百二十，黄义刚录）由此可见，在这一时期，朱熹也没有从根本上放弃儒者之学。

青年朱熹留心禅学的一个原因是他当时广泛的求知欲："某旧时亦要无所不学，禅、道、文章、《楚辞》、诗、兵法，事事要学，出入时无数文字，事事有两册。一日忽思之曰：且慢，我只一个浑身，如何兼得许多？"（《语类》卷一百〇四，包扬录）"某初为学，全无见成规模，这边也去理会寻讨，那边也去理会寻讨……后来见李先生，李先生较说得有下落。"（同上，叶贺孙录）而更重要的原因是，在"为己之学"方面，他对儒家与佛老的认识受到刘子翚的影响。朱熹曾说"以先君子之余诲，颇知有意于为己之学，而未得其处，盖出入释老者十余年"。朱熹十四五岁即"有意于古人为己之学"，便"觉得这物事是好底物事，心便爱了"，"十六岁便好理学"，"独幸稍知有意于古人为己之学，而求之不得其要"。由此可见，朱熹是把出入释老作为求道的一个途径。在他看来佛老的心性修养也是"为己之学"，刘屏山指示他为学次第时，并不反对以佛老为入道门户或入道之助，这对朱熹显然是有影响的。

泛滥释老的结果是对朱熹这一时期的人生态度造成了某种消极的影响，但在这个时期朱熹尚未形成任何哲学世界观，所以那种以朱熹曾参究禅学而断定他早年是所谓"主观唯心主义"是没有根据的。事实上，在这一时期，他对道家（教）的参究丝毫不下于禅学。从后来李侗所说："渠初从谦开善处下工夫来，故皆就里面体认"，以及朱熹初见李侗时所说"禅亦自在"以及《困学诗》所谓"旧喜安心苦觅心"来看，他主要是从心性修养下手，寻求一个"安心"的自在境界，他从这个角度理解"为己之学"，并肯定儒与佛老合。

但是，实际上，参究二氏的结果并没有使他感到真有所得，因而在经历了一段泛滥留心之后，他也产生了一定的怀疑：

初师屏山、籍溪。籍溪学于文定，又好佛老，以文定

之学为论治道则可，而道未至，然于佛老亦未有见。屏山
少年能为举业，官莆田，接塔下一僧，能入定数日，后乃
见了老。归家读儒书，以为与佛合，故作《圣传论》。其后
屏山先亡，籍溪在。某自见于此道未有所得，乃见延平。
（《语类》卷一百〇四，郑可学录）

这种"未有所得"的心境在诗中也有反映："小儒忝师训，迷谬
失其方，一为狂暗病，望道空茫茫"（《题谢少卿药园二首其
二》，《文集》卷一），后来他说："（佛学）旧尝参究，后颇疑其
不是。及见李先生之言，初亦信未及。"（《语类》卷百二十六，
包扬录）当然这种怀疑只是初步的，正是在这种情况下，他在
赴任同安的途中拜见了李侗。

四　归本伊洛

《朱子年谱》李、洪本皆有"绍兴二十三年癸酉，二十四
岁，夏，始受学于延平李先生之门"。清人王懋竑则改"始受学
于延平李先生"为"始见李先生于延平"，王氏之意，朱子癸酉
夏见延平时并未师事受学，这个问题且留下节再辨。朱子早年
出入佛老，癸酉见延平之后，才逐渐转归伊洛之学，对此朱子
自述甚明，惟其间具体节次前人多有争议，本节亦欲就此加以
梳明。

严格地说，癸酉夏朱子见李侗于延平并非"始见"，因为朱
熹祭李侗文中说："熹也小生，丱角趋拜，恭惟先君，实其源

派。阎阎侃侃，敛衽推先，冰壶秋月，谓公则然。"这说明朱子少年时曾随父亲见过李侗，朱熹还说过"先子与之游数十年，道谊之契甚深"（《与范直阁》，《文集》卷三十七）。李侗字愿中，称延平先生。朱松曾从罗从彦游，李侗为罗的弟子，故与朱松为同门，此所以朱子有道谊源派之说。由此看来，癸酉夏朱子赴同安途中见延平时执通家子之礼，是较为合乎情理的。

洪本《年谱》云："初先生学无常师，出入于经传，泛滥于释、老者几十年。年二十四，见延平，洞明道要，顿悟异学之非，尽能掊击其失，由是专精致诚，剖微穷深，昼夜不懈。"王白田以此条为李果斋元本所有，存于《考异》之中，以示不敢妄删之意。但此条所说癸酉顿悟异学之非的说法，揆诸朱子自述，并不相合。朱熹多次谈到过他早年为学次第及见延平前后的情况，如：

> 某年十五六时，亦尝留心于此（禅）。一日在病翁所会一僧，与之语，其僧只相应和了说，也不说是不是，却与刘说，某也理会得个昭昭灵灵底禅。刘后说与某，某遂疑此僧更有要妙处在，遂去扣问他，见他说得也煞好。及去赴试时便用他意思去胡说，是时文字不似而今细密，由人粗说。试官为某说动了，遂得举。时年十九。后赴同安任，时年二十四五矣，始见李先生。与他说，李先生只说不是。某却倒疑李先生理会此未得，再三质问。李先生为人简重，却是不甚会说，只教看圣贤言语。某遂将那禅来权倚阁起，意中道：禅亦自在，且将圣人书来读。读来读去，一日复

一日，觉得圣贤言语渐渐有味，却回头看释氏之说，渐渐破绽，罅漏百出。（《语类》卷一百〇四，辅广录）

朱子见延平，说学禅所得，延平只说不对，朱熹反怀疑李侗不懂禅学。

（佛学）旧尝参究，后颇疑其不是，及见李先生之言。初亦信未及，亦且背一壁放，且理会学问看如何，后年岁间渐见其非。（《语类》卷一百二十六，包扬录）

赵师夏《延平答问后录跋》：

文公先生尝谓师夏曰："余之始学，亦务为笼统宏阔之言，好同而恶异，喜大而耻于小，于延平之言则以为何为多事若是，天下之理一而已。心疑而不服。同安官余，以延平之言反覆思之，始知其不我欺矣。"……盖丙辰夏夜之言也。

由以上几个材料可知，第一，癸酉朱子见李侗时，受到李侗的批评，但当时朱熹却怀疑李侗不懂禅学，心疑而不服。洪本《年谱》说朱子一见延平即洞明道要、顿悟禅学之非，是不合事实的。第二，朱子虽心疑李说，但还是听从了李的劝告，专心读圣贤之书，他对禅学当时的态度是"权倚阁起"，"且背一壁放"。只是暂时放一放，并没有在思想上放弃对禅学的看法。第三，经过在同安的一段时间反复思考，认识到禅学之非与儒学之正。从癸酉见延平到"同安官余"始见其非，这个时间约在"年岁间"。朱熹曾说："熹于释氏之说，盖尝师其人、尊其道，求之亦切至矣。然未能有得，其后以先生君子之教，校夫先后缓急之序，于是暂置其说而从事于吾学，其始盖未尝一日不往来于心也。以为俟卒究吾说而后求之，未为甚晚耳。"（《答江尚书》，《文集》卷三十）这里说的就是所谓"权倚阁起"的想法。《语类》录："某旧见李先生时，说得无限道理，也曾去学禅。李先生云：'汝恁地悬空理会得许多，而面前事却又理会不得。道亦无玄妙，只在日用间着实做工夫处理会，便自见得。'后来方晓得他说。"（《语类》卷一百〇四，董铢录）"某少时未有知，亦曾学禅，只李先生极言其不是。后来考究，却是这边味长。才这边长得一寸，那边便缩了一寸，到今销烁无余矣，毕竟佛学无是处。"（《语类》卷一百〇四，廖德明录）这都说明，从见延平到觉佛说之非是一个渐变的过程，是一个"一日复一日，觉得圣贤言语渐渐有味""这边长得一寸，那边便缩了一寸"的过程。

那么，能不能从癸酉之后"一日复一日"的"渐变"过程找到一个"质变"的转折点呢？赵师夏跋"同安官余，以延平之言反覆思之，始知其不我欺矣"。据此说，朱熹认识到禅学之非，是在同安任内。朱子任同安主簿，自癸酉赴任，丁丑冬去任，达四五年之久。钱穆据同安时诗文，认为乙亥（朱子26岁）一年是朱子一意归向儒学的确定之年，这与朱子自言"后年岁间渐见其非"基本相合。

附：白田庚辰师事说辨

朱子女婿黄榦为朱子所作《行状》中说："延平李先生学于豫章罗先生，豫章罗先生学于龟山杨先生。韦斋于延平为同门友。先生归自同安，不远数百里，徒步往从之。……自是从游累年，精思实体而学之所造者益深矣。"朱子孙婿赵师夏跋《延平答问后录》中说："文公幼孤，从屏山刘公学问。及壮，以父执事延平而已。至于论学，盖未之契；而文公每诵其所闻，延平亦莫之许也。文公领簿同安，反复延平之言若有所得，于是尽弃所学而师事焉，则此编所录，盖同安既归之后也。"（引自《年谱》）黄赵二人皆为朱子及门高弟，根据赵师夏跋，朱子对于延平初以父执事之，至同安反复思索之后，才师事延平。

根据赵跋对"以父事"和"以师事"的区分，王白田重作《朱子年谱》时将旧谱"癸酉，始受学于延平李先生"改而为"始见李先生于延平"。王氏云："按《年谱》言'癸酉，受学延平先生'，而《行状》言'归自同安，不远数百里，徒步往从之游'。以赵师夏《跋》考之，当从《行状》。但自同安归后，戊寅往见，庚辰又往见，而《行状》不指其年。以今考之，戊寅《与范直阁书》称李愿中丈，不称先生；《延平答问》载戊寅间语，不似受学，有云'不审尊意以为如何'。至《再题西林达观轩诗序》，庚辰始称先生'往来受教'，则受学当在庚辰也。今据《行状》《文集》改正。"（《朱子年谱考异》卷一）把旧谱癸酉"始受学"改为"始见"，根据赵师夏《跋》，是有相当的理由的。上节所论已说明，朱子至同安时为癸酉夏，时 24 岁，去同安在丁丑冬，时 28 岁。中间悟禅学之非在乙亥前后，约 26 岁。朱子在同安任中未曾再见延平，所以以师事受学，当在同安既归之后，盖《延平答问》中虽有在同安时书，但未面行师事之礼；虽已明释氏之非，不得即作师事受教。而朱子同安归后，曾数见延平，究竟自哪一次起执弟子礼而师事之，不易确定。王白田以庚辰前不称先生等为理由，主张庚辰始师事受教，其说尚可讨论。

王白田谈到辅广所录朱子自述早年在刘病翁处会一僧至拜见延平之后的思想演进次第时说："其云'却倒疑李先生理会此未得'者，则癸酉见李先生之后也。其云'将禅权倚阁起，且将圣人书来读'，则戊寅再见之后也。其云'回头看释氏之说，渐渐罅漏百出'者，则庚辰受学之后也。"（《白田草堂存稿》卷七）王氏的这些说法显然与朱子自述语相抵牾，辅广录明云"始见李先生。与他说，李先生只说不是。某却倒疑李先生理会此未得，再三质问"，如何疑李先生理会未得成了在癸酉之后？赵师夏引朱子语明言"同安官余，以延平之言反覆思之，始知其不我欺矣"，如何将禅倚阁和渐觉禅非成了在戊寅后与庚辰后？夏炘曾指出："王白田懋竑遂自癸酉至庚辰，三分辅广之所录以当之，而以庚辰为受学之始，较师夏之所跋又迟三年矣。"（《述朱质疑》卷二）白田为了迁就他的庚辰受教说，曲解辅广所录，实是不妥。又朱子本言癸酉见延平后，年岁间始觉禅之不是，癸酉至庚辰已八年，若谓庚辰后始识禅学破绽，如何可称"年岁间"？

白田的另一论据是庚辰前于李侗不称先生，庚辰后始称先生，此说似是而非，朱子与范直阁书言："熹顷至延平，见李愿中丈，问以一贯忠恕之说。……李丈名侗，师事罗仲素先生，罗尝见伊川，后卒业龟山之门"（《与范直阁一》，《文集》卷三十七），此书作于戊寅，朱子自同安归家后不久，时29岁。范为朱子前辈，其子范念德为朱子挚友，以此书观之，范未识李侗，又为前辈，故与其书不必称李先生。又此书首云"胡丈书中复主前日一贯之说"，胡丈乃胡宪，籍溪先生为朱子少时禀学的三君子之一，若依王氏说，不称先生即不曾师事，岂可说朱熹未曾师事胡籍溪？其次，与人书称胡丈，并不等于对籍溪亦称胡丈。如《别集》卷三《答胡籍溪先生》中云"前日见先生云……"，可见朱子虽在与范书中称籍溪为胡丈，但不能说于籍溪即不称先生（白田《年谱考异》云"（朱子）事籍溪最久，然皆称胡丈，不称先生"，此说非是，朱子称籍溪为先生又见于《行状》及"先生去上芸香阁"诗），更不能以此断定朱子不以师事籍溪。同理，仅以一书中称李侗为李丈，尚不足以说明当时未曾受学于李侗。

至于白田以《延平答问》中庚辰前书语不似受学，亦不足据，朱子编《延平答问》，收入第一书为延平丁丑（朱子28岁）六月与朱子书，亦非随意之举。《延平答问》之编，本欲示人以李朱授受之际，其书始自丁丑，大有意味。

实际上，何时受学的问题，它的真正意义应该在于朱熹何时"尽弃异学"，而不单纯在朱子何年执贽弟子礼。事实上，如果不是赵师夏跋文中有此说法，"师事"与"尽弃异学"不一定就是一回事情。如朱子门人许顺之，从学朱子多年，但亦学佛；陆象山弟子傅梦泉，从陆问学，但不安于象山之说者十年（见《宋元学案》七十七《槐堂诸儒学案》）。所以即使我们依从旧谱癸酉始受学的说法，也不妨碍我们进一步确定朱子"尽弃异学"的转变在癸酉之后某年。

钱著丙子候批说辨

《年谱》云："二十三年癸酉二十四岁，夏，始见李先生于延平。秋七月至同安任。"辅广录云："赴同安任时，年二十四五矣，始见李先生"，自崇安至泉州（同安为泉州属县），水陆路皆必经延平。因此从时间和路线来看，癸酉见延平必在朱子当年夏赴任同安、途经延平之时。由此又可得一推论，即"戊寅春正月，见李先生于延平"，也是在同安归崇安再经延平时，此中的问题主要是朱子何时离开同安和泉州。

按洪本《年谱》云："二十七年丁丑，春返同安，冬十月，代者卒不至，以四考满，罢归。"王氏《年谱》则云"二十七年丁丑，二十八岁，春还同安，候代不至，罢归"。而以洪本十月罢归之说附于后，此为何意殊不可晓。据洪本，丁丑十月去任，自同安归崇安，不下数百公里，朱子绝不可能途经延平时不见李侗，反而到家后再折回数百里去见李侗。

朱熹离同安后先至泉州，逗留了一段时间。《语类》："某向为同安簿满，到泉州候批书。"（《语类》卷一百〇四，叶贺孙录）钱穆《朱子新学案》以到泉州候批为二十六年丙子冬事。我初亦从其说，后细考之，觉似可疑。朱子《畏垒庵记》云：

> 绍兴二十六年之秋，予吏同安适三年矣。吏部所使代予者不至，而廨署日以隳敝不可居，方以因葺之宜为请于县，会予奉檄走旁郡（引注：钱以旁郡为漳州），因得并载其老幼，身送之东归。涉春而反。（《文集》卷七十七）

钱穆说："记中只及奉檄走旁郡，更无至郡候批事，盖葺修之请在丙子秋奉檄走旁郡之前，而假居陈氏馆，则在丁丑春再返同安之后，为文势便，略去到泉州一节。"据钱说，朱子丙子秋奉檄走漳州，秋去秋归。冬天又至泉州候批。其说以《送祝泽之表兄还乡》诗"首夏何来此，清秋却复归"为证。然此诗是送祝泽之，故有来此复归之说。又朱子既丙子秋奉檄走旁郡，则"首夏何来此"非指朱子明矣。又《畏垒庵记》明说"奉檄走旁郡，因得并载其老幼，身送之东归，涉春而反"，并未有泉州候批一事。因此官满候批一事当在丁丑冬将归同安时。黄㽦录："官满，在郡中等批书，已遣行李，无文字看。"（《语类》卷一百〇四）丙子只送老幼以归，未尝将所用书籍文字遣回，故遣文字行李当在丁丑候代不至罢归时。

《畏垒庵记》云："涉春而反，则门庑列舍已摧压而不可入矣。于是假县人陈氏之馆居焉。"《文集》卷二《再至同安假民舍以居以示诸生》诗，即指此事。此诗以下为丁丑所作诗。《六月十五日诣水公庵雨作》，按《畏垒庵记》作于六月十一日，时

51

在同安，故六月十五日诗亦在同时。《谢人送兰》诗云："淹留阅岁序，契阔心怀忧，独卧寄僧间，一室空山秋。"丙子秋七月秩满，此诗云淹留阅岁序，一室空山秋，则在丁丑秋，时亦未去任。《对月思故山夜景》"沉沉新秋夜，凉月满荆扉""此夕情无限，故园何日归"，《梵天观雨》"渐喜凉秋近，沧洲去有期"，《秋怀》"秋风吹庭户，客子怀故乡"，皆明朱子丁丑秋仍在同安。

戊寅《与范直阁》云："去岁在同安独居，几阅岁。"这也说明朱子至丁丑冬始离同安。《文集》卷二《再和东坡惠州梅花诗》题云："丁丑冬在温陵陪敦宗李丈与一二道人同和东坡惠州梅花诗。"温陵即泉州别称。可知朱子官满去同安后确曾至泉州，时间当在丁丑十二月，故次年戊寅正月见李先生于延平，显然是自泉州归途中也，此事绝无可疑。盖《年谱》"丙子二十七岁秋七月秩满"，又附"后官满，在郡中等批书""向为同安簿满，到泉州候批书"二条语录在丙子年下，故钱氏发明丙子候批之说，亦白田以此两条语录附于丙子之误所致也。

朱子癸酉见李侗，李侗告诉他去着力读圣贤之书，"某旧日理会道理，亦有此病，后来李先生说，令去圣经中求义，某后刻意经学，推见实理，始信前日诸人之误也。"（《语类》卷一百〇四，余大雅录）朱熹听从李侗所说，将禅学暂时搁置一边，努力在圣贤书中求见实理。"旧为同安簿时，下乡宿僧寺中，衾薄不能寐，是时正思量'子夏之门人小子'章，闻子规声甚切。"（《语类》卷四十九，胡泳录）"某旧年思量义理未透，直是不能睡。初看子夏'先传后倦'一章，凡三四夜，穷究到明，彻夜闻杜鹃声。"（《语类》卷一百〇四，王过录）"后官满，在郡中等批书，已遣行李，无文字看，于馆人处借得《孟子》一册，熟读，方晓得'养气'一章语脉。"（同上，黄㽦录）可见他在同安时确已搁置禅学，专意在圣经中求义理，王白田以读圣人书在戊寅之后，显然是不对的。丙子秋所作《教思堂作示诸同志》：

> 高阁富文史，诸生时往还。
> 纵谈忽忘倦，时观非云悭。
> 咏归同与点，坐忘庶希颜。
> 尘累日以销，何必栖空山。

此时朱熹的思想已与见延平前"抗志绝尘氛，何不栖空山"的思想全然不同。"咏归同与点，坐忘庶希颜"，不仅说明他已一意归向儒学，也已充分说明他已"觉得圣贤言语渐渐有味""这边味长"。戊寅正月再见延平，虽为归途经由，但朱子此时思想已变，而且至少在丁丑时已与延平有书问学，故戊寅再见时"尽弃所学而师事焉"当无可疑。戊寅再见李侗之后，朱子《与范直阁》云："李丈名侗，师事罗仲素先生，罗尝见伊川，后卒业龟山之门，深见称许。其弃后学久矣，李丈独得其阃奥，经学纯明，涵养精粹，延平士人甚尊事之，请以为郡学正，虽不复应举，而温谦愿厚，人与之处久而不见其涯，郁然君子人也，先子与之游数十年，道谊之契甚深。"（《文集》卷三十七）推尊备至，《延平答问》录自丁丑始，这些都表明朱子师事延平既非在戊寅后，更非在庚辰后。戊寅正月受教与同安官余"始知不欺"的思想转变是一致的。

朱熹与李侗的思想关系，戊寅之后朱熹思想的展开，留待下一章讨论。

第二章　朱子与李延平

朱子绍兴二十三年（1153）见李侗于延平，延平告以儒释之辨，此后年岁之间，朱子颇味延平之言，渐觉禅学之非，而立志归本伊洛，此一过程及相关事实考辨，在前章已为详述。[①]本章则专论朱子与延平授受渊源与思想关系，故以《延平答问》为主要材料。按《延平答问》为李侗答朱熹论学书，其第一书在绍兴丁丑（1157）六月，时朱子 28 岁，尚在同安为主簿。以其书中之语观之，并非延平与朱子初次通书，以此推知，在此之前延平、朱子之间当已有书。朱子绍兴癸酉（1153）见延平，时 24 岁，李延平卒于隆兴元年（癸未，1163），时朱子 34 岁，两人交往近十年。即使自绍兴丁丑至癸未计之，亦近七年之久。李朱在此期间的思想交往，对朱熹思想发展影响甚大，对李侗晚期思想也有重要意义。本章因站在朱子思想研究的角度，注

---

① 朱子此一期间之思想研究，还可参看钱穆所著《朱子新学案》的相关章节。

重丁丑、戊寅之后朱熹所受李侗的影响，以及朱熹与李侗思想的差异和此种差异在理学史发展中的意义，故对延平晚年思想因受朱子之刺激而发生的变化不予讨论。

一　道南之传

李侗字愿中，福建南剑州剑浦人，因久居延平，学者称"延平先生"。"考亭朱氏出延平李氏，延平李氏出豫章罗氏"[②]，李侗是朱熹早年最重要的老师。

李侗曾从学于罗从彦（字仲素，号豫章），罗从彦为程氏门人杨时（龟山）的高弟。《罗豫章集》载《宋史·罗从彦本传》："罗从彦字仲素，剑浦罗源人。曾祖文弼，祖世南，父神继。从彦幼颖悟，不为言语文字之学。及长，严毅清苦，笃志求道。徒步往从杨时授业，见三日，即惊汗浃背，曰'不至是，几虚过一生矣'。时弟子千余人，无及从彦者。尝讲《易》至乾九四爻，告以曩闻伊川说甚善，从彦即裹粮走洛，见而问之。颐反覆以告，亦不外是。乃归卒业，尽得不传之秘。"朱熹也说："罗仲素先生得河洛之学于龟山杨文靖公之门。"又说："初龟山先生唱道东南，士之游其门者甚众，然语其潜思力行、任重诣极如罗公，盖一人而已。"[③]龟山亲学于程颢、程颐，当其归家时，程颢尝曰"吾道南矣"，寄望颇殷。政和初龟山为萧山令，罗从彦已41岁。"徒步往学焉，龟山熟察之，喜曰'惟从彦可

---

② 刘将孙：《豫章稿跋》，《李延平集》卷四，丛书集成初编本。
③ 《延平先生李公行状》，《朱子文集》卷九十七。

与言道'。"④《宋元学案》称："往洛见伊川，归而从龟山者久之。建炎四年，特科授博罗主簿。官满，入罗浮山静坐。……先生严毅清苦，在杨门为独得其传。龟山初以饥渴害心令其思索，先生从此悟入，故于世之嗜好泊如也。"⑤罗从彦虽亦亲见伊川，其学问宗旨毕竟得于龟山杨氏，故《宋元学案》虽称其为程杨门人，终归之于龟山门下。而后来竟有"南剑三先生"（杨时、罗从彦、李侗）之说，以罗从彦独得杨时真传而再传于李侗。

政和末，李侗从学于罗从彦⑥，其初见时以书谒，略曰："先生乡丈服膺龟山之讲席有年矣，况尝及伊川先生之门，得不传之道于千五百岁之后，性明而修、行完而洁，扩之以广大、体之以仁恕，精深微妙，各极其至。汉唐诸儒，无近似者。……凡读圣贤之书、粗有识见者，孰不愿得受经门下，以质所疑！"⑦罗从彦对李侗也颇器重，其与陈默堂书云："承喻'圣道甚微，有能于后生中得一个半个可以与闻于此，庶几传者愈广，吾道不孤，又何难之不易也'，从彦闻尊兄此言，犹著意询访，近有后生李愿中者，向道甚锐，曾以书求教，趋向大抵近正。谩录其书，并从彦所作诗呈左右，未知以为然否。"⑧李侗从学罗从彦后，颇守其传，从彦堂侄孙罗博文与李侗往来甚多，对李侗之

---

④　《豫章学案》黄百家案语，《宋元学案》卷三十九，中华书局标点本，第1277页。

⑤　《豫章学案》，《宋元学案》卷三十九，第1270页。

⑥　《罗豫章集·年谱》，丛书集成初编本。

⑦　《初见罗豫章先生书》，《李延平集》卷一。

⑧　《与陈默堂书》，引自《李延平集》卷四。

学很为推崇，亦言"延平先生之传，乃某伯祖仲素先生之道、河洛之学，源远流长"⑨。绍兴二十八年戊寅正月，朱熹自同安罢归，经延平再见李侗。不久朱熹与范如圭有书，中说："李丈名侗，师事罗仲素先生。罗尝见伊川，后卒业龟山之门，深见称许，其弃后学久矣，李丈独得其阃奥，经学纯明，涵养精粹。"⑩ 这也表明，至少在绍兴末，李侗的洛学渊源差不多已是众所周知的了。李侗死后，朱熹为作行状，其中更强调李侗在洛学正传中的地位："已而闻郡人罗仲素先生得河洛之学于龟山杨文靖公之门，遂往学焉。""从之累年，受《春秋》《中庸》《语》《孟》之说，从容潜玩，有会于心，尽得其所传之奥。"⑪

朱熹曾概述李侗的学问思想：

讲诵之余，危坐终日，以验夫喜怒哀乐未发之前气象为如何，而求所谓中者。若是者盖久之，而知天下之大本真有在乎是也。盖天下之理无不由是而出，既得其本，则凡出于此者，虽品节万殊，曲折万变，莫不该摄洞贯，以次融释，而各有条理，如川流脉络之不可乱。大而天地之所以高厚，细而品汇之所以化育，以至于经训之微言、日用之小物，折之于此，无一不得其衷焉。由是操存益固、涵养益熟，精明纯一，触处洞然，泛应曲酬，发必中

⑨ 引自《李延平集》卷四。
⑩ 《与范直阁》，《文集》卷三十七。
⑪ 《延平先生李公行状》，《文集》卷九十七。

节。……故其言曰："学问之道不在多言，但嘿（默）坐澄心、体认天理，若见虽一毫私欲之发，亦退听矣，久久用力于此，庶几渐明，讲学始有力耳。"又尝曰："学者之病，在于未有洒然冰解冻释处，纵有力持守，不过苟免显然悔尤而已。若此者，恐未足道也。"又尝曰："今人之学与古人异，如孔门诸子，群居终日，交相切磨，又得夫子为之依归，日用之间观感而化者多矣。恐于融释而脱落处，非言说所及也。不然，子贡何以言夫子之言性与天道不可得而闻也耶？"尝以黄太史之称濂溪周夫子胸中洒落如光风霁月云者为善形容有道者气象，尝讽诵之，而顾谓学者曰："存此于胸中，庶几遇事廓然而义理少进矣。"其语《中庸》曰："圣门之传是书，其所以开悟后学，无遗策矣。然所谓喜怒哀乐未发谓之中者，又一篇之指要也，若徒记诵而已，则亦奚以为哉！必也体之于身，实见是理，若颜子之叹，卓然见其为一物而不违乎心目之间也，然后扩充而往，无所不通，则庶乎其可以言《中庸》矣。"……尝语问者曰："讲学切在深潜缜密，然后气味深长，蹊径不差，若概以理一而不察乎其分之殊，此学者所以流于疑似乱真之说而不自知也。"其开端示人，大要类此。⑫

根据朱熹所说，李侗学问大旨有四，即"默坐澄心""洒然融释""体验未发"和"理一分殊"。只是，在这几个方面，李侗自己的表述和侧重与经过朱熹精心调整而加以细微改变后的表

---

⑫ 《延平先生李公行状》，《文集》卷九十七。

述和侧重有所不同。我们将在下面对此做进一步的研究。

二 体验未发

李侗一生得力处在"静中体验未发"。《中庸》说"喜怒哀乐未发谓之中，发而皆中节谓之和"[13]，程颐与其门人吕大临、苏季明等曾多次讨论过"未发"与"已发"的问题，但关于未发已发的心性论和功夫论意义，程颐曾有几种不同的说法，而且这个问题在程颐思想中并不占重要地位。二程高弟杨时则把"未发"的问题作为其思想体系的核心。他说："道心之微，非精一，其孰能执之？惟道心之微而验之于喜怒哀乐未发之际，则其义自见，非言论所及也。"[14] 又说："《中庸》曰'喜怒哀乐未发谓之中，发而皆中节谓之和'，学者当于喜怒哀乐未发之际，以心体之，则中之义自见。执而勿失，无人欲之私焉，发必中节矣。"[15] 由于杨时重视喜怒哀乐未发时的体验，所以强调"静"的功夫，他说："夫至道之归，固非笔舌能尽也。要以身体之，心验之，雍容自尽，燕闲静一之中默而识之，兼忘于书言意象之表，则庶乎其至矣。"[16] 罗从彦学于龟山，深得此旨，"建炎四年，特科授博罗主簿。官满，入罗浮山静坐"，"先生严毅清苦，在杨门为独得其传。龟山初以饥渴害心令其思索，先

---

[13] 《中庸》第一章。
[14] 《宋元学案》卷二十五，第 951 页。
[15] 同上书，第 952 页。
[16] 《寄翁好德》，引自《宋元学案》卷二十五，第 952 页。

生从此悟入，故于世之嗜好泊如也。"⑰ 罗从彦入罗浮山静坐，并不是坐禅入定，兀然无事，而是静坐体验未发气象。

罗从彦所以授与李侗者，亦正是"体验未发"。《延平答问》载李侗与朱熹书云："某曩时从罗先生学问，终日相对静坐，只说文字，未尝及一杂语。先生极好静坐，某时未有知，退入室中亦只静坐而已。先生令静中看喜怒哀乐未发之谓中，未发时作何气象。"⑱ 李侗初学时只是学罗之静坐，罗从彦告以当于静中体验未发时作何气象，李侗就此用力，一生未变。故朱熹于《延平先生李公行状》说："先生既从之（从彦）学，讲诵之余，危坐终日，以验夫喜怒哀乐未发之前气象为如何，而求所谓中者。"⑲ 而李侗用以教授朱熹者，自然是强调静中体验未发的功夫。朱熹答何叔京书云："李先生教人，大抵令于静中体认大本未发时气象分明，即处事应物自然中节，此乃龟山门下相传指诀。"⑳ 黄宗羲也说："罗豫章静坐看未发气象，此是明道以来下及延平一条血路也。"㉑ 这都指明，理学自二程之后发展至南宋初，以未发功夫为代表的内向直觉体验愈来愈占主导地位，事实上，二程之后，从杨时到李侗，理学的发展正是沿着这样一个方向前进的。

由于李侗承继了龟山门下体验未发这一传统，所以他一开始就力图把朱熹纳入这一轨道中来。绍兴庚辰李侗与朱熹书云：

⑰ 《豫章学案》，《宋元学案》卷三十九第 1270 页。

⑱ 《延平答问》（以下简称《答问》）庚辰五月八日书，延平府署藏板。

⑲ 《延平先生李公行状》，《文集》卷九十七。

⑳ 《答何叔京》第二书，《文集》卷四十。

㉑ 《豫章学案》案语，《宋元学案》卷三十九，第 1277 页。

夜气之说所以于学者有力者，须是兼旦昼存养之功不至牿亡，即夜气清。若旦昼间不能存养，即夜气何有？疑此便是日月至焉气象也。某曩时从罗先生问学，终日相对静坐。……先生令静中看喜怒哀乐未发之谓中，未发时作何气象，此意不惟于进学有力，兼亦是养心之要。元晦偶有心恙，不可思索，更于此一句内求之静坐看如何，往往不能无补也。②

李侗所说的"更于此一句内求之静坐"就是指《中庸》首章的"喜怒哀乐未发谓之中"。在他看来，《孟子》中所说的"夜气"也是指此而言。孟子说："其日夜之所息，平旦之气，其好恶与人相近也者几希，则其旦昼之所为，有牿亡之矣。牿之反覆，则其夜气不足以存，夜气不足以存，则其违禽兽不远矣。"③ 李侗认为，涵养夜气即是中夜不与人物交接时的静中持养，这实际上就是《中庸》讲的未发功夫。只是未发的涵养体验不限于夜气，平旦之中也当静中体验未发。根据他的说法，体验未发与养心和养气相联系，事实上，从实践上看，静坐体验必然与调息息念相关，所以李侗在教朱熹体验未发时，首先是从孟子"夜气"一章的解释和实践入手的。早在丁丑六月李侗答朱熹书即指出："承谕涵养用力处，足见近来好学之笃也。……孟子有夜气之说更熟味之，当见涵养用力处也。于涵养处着力，正是

---

② 《答问》庚辰五月八日书，延平府署藏板。
③ 《孟子·告子上》。

学者之要。"㉔ 戊寅十一月与朱熹书说："夜气存，则平旦之气未与物接之时，湛然虚明气象自可见，此孟子发此夜气之说，于学者极有力。若欲涵养，须于此持守可尔。"㉕ 这里夜气显然是指夜间静坐以调养心气，而"未与物接之时"的"湛然虚明气象"正是自罗从彦以来所说的"未发气象"，在这里，李侗明显是用龟山门下的"体验未发"来诠释孟子的夜气之说，以夜气为未发时功夫。正如朱熹所说，李侗确实从一开始便通过各种方式诱导朱熹从事未发静养的功夫，而这种引导在《答问》中处处可见。庚辰七月李侗与朱熹书云："某自少时从罗先生学问，彼时全不涉世故，未有所入。闻先生之言，便能用心静处寻求，至今渍汨忧患，磨灭甚矣。四五十年间每遇情意不可堪处，即猛省提掇，以故初心未尝忘废，非不用力，而迄于今更无进步处。"㉖ 辛巳十月书说"窃以谓肫肫其仁以下三句，乃是体认到此，达天德之效处，就喜怒哀乐未发处存养至见此气象，尽有地位也。"㉗ 壬午五月书也说："承谕处事扰扰，便似内外离绝、不相该贯，此病可于静坐时收摄将来，看是如何，便如此就偏着处理会，久之知觉渐渐可就道理矣。"㉘

李侗对朱熹抱有特别的期望，他曾与罗博文书称：

元晦进学甚力，乐善畏义，吾党鲜有，晚得此入商量

㉔ 《答问》丁丑六月二十六日书，绍兴二十七年，朱子28岁。
㉕ 《答问》戊寅十一月十三日书，绍兴二十八年。朱子29岁。
㉖ 《答问》庚辰七月书，绍兴三十年，朱子31岁。
㉗ 《答问》辛巳十月十日书，绍兴三十一年，朱子32岁。
㉘ 《答问》壬午五月十四日书，绍兴三十二年，朱子33岁。

所疑，甚慰。此人极颖悟，力行可畏，讲学极造其微处，某因此追求有所省。渠所论难处，皆是操戈入室．须从原头体认来，所以好说话。某昔于罗先生得入处，后无朋友，几放倒了，得渠如此，极有益。渠初从谦开善处下功夫来，故皆就里面体认，今既论难，见儒者路脉，极能指其差误之处，自见罗先生来，未见有如此者。㉙

朱熹青年时曾师宗杲弟子开善寺道谦禅师学佛，对心性体认功夫有相当了解，所以李侗说他"皆就里面体认"。但是，这并不意味着朱熹像李侗追随罗从彦时一样终日静坐以验夫未发气象。恰恰相反，尽管李侗对朱熹极口称赞，而朱熹对龟山门下的"体验未发"却始终没有表现出兴趣，李侗死后数年朱熹在与何叔京书中承认："此乃龟山门下相传指诀，然当时亲炙之时，贪听讲论，又方窃好章句训诂之习，不得尽心于此，至今若存若亡。"㉚ 与何又一书也说："昔闻之师，以为当于未发已发之几默识而心契焉，然后文义事理触类可通，莫非此理之所出，不待区区求之于章句训诂之间也。向虽闻此而莫测其所谓。"㉛ 后答林择之书亦云："二先生盖屡言之，而龟山所谓'未发之际能体所谓中、已发之际能得所谓和'，此语为近之。然未免有病。旧闻李先生论此最详，后来所见不同，遂不复致思。今乃知其为人深切，然恨己不能尽记其曲折矣。……当时既不领略，后

㉙ 《与罗博文书》，《李延平集》卷一。
㉚ 《答何叔京》第二书，《文集》卷四十。
㉛ 《答何叔京》第四书，《文集》卷四十。

来又不深思，遂成蹉过，孤负此翁耳。"㉜《中和旧说序》："余
蚤从延平李先生学，受《中庸》之书，求喜怒哀乐未发之旨，
未达而先生没。"㉝

当然，朱熹从学李侗期间对从龟山到延平的思想也不是毫
无用力，在理性上，《中庸》未发之旨乃为学大要，这一点他并
不怀疑。所以尽管延平生时他并未"尽心于此"，而有"未达"
之叹，而延平死后，在湖南学派的影响下，他用心参悟中和之
说达四五年之久。只是，朱熹参悟中和之说的方向已与延平体
验未发之说有异。绍兴三十一年朱熹与程允夫书说："往年误欲
作文，近年颇觉非力所及，遂已罢去，不复留情其间，颇觉省
事讲学。近见延平李先生，始略窥门户，而疾病乘之，未知终
得从事于斯否耳。大抵此事以涵养本原为先，讲论经旨特以辅
此而已。向来泛滥出入，无所适从，名为学问而实何有，亦可
笑耳。"㉞的确，延平教导朱熹"于涵养处用力正是学者之要"，
但延平所说的"涵养"更特指包括夜气说在内的整个未发体验
功夫。而朱熹在延平生时始终未提体验未发一事，他只是在一
般的立场上了解"涵养"与"讲论"的关系。

三　洒落气象

罗从彦要李侗静中看喜怒哀乐未发时的气象，这里的"气

㉜ 《答林择之》第二十书，《文集》卷四十三。
㉝ 《中和旧说序》，《文集》卷七十五。
㉞ 《答程允夫》第四书，《文集》《别集》卷三。

象"实即指在静坐中所达到的一种特殊的心灵经验，如"湛然虚明"等。李侗要朱熹存养夜气至"日月至焉"的气象，亦类似。而李侗所说"就喜怒哀乐未发处存养，至见此（肫肫其仁）气象"则更有一层意义。

"气象"在理学本指达到某种精神境界后在容貌词气等方面的外在表现。由于气象是某种内在精神的表现，在理学的讨论中，论者常常把气象直接作为一个精神修养的重要课题。事实上，从杨时到李侗，"体验未发"的一个主要目的即是由之以达到某种气象和境界。李侗特别强调，未发的体验是与气象的洒落相联系的。

早在戊寅冬至前二日书中，李侗便令朱熹先"玩味颜子、子夏气象"，同年十一月十三日书论未接物时湛然虚明气象，且云："又见谕云'伊川所谓未有致知而不在敬者，考《大学》之序则不然，如夫子言非礼勿视听言动，伊川以为制之于外以养其中数处，盖皆各言其入道之序如此。'要之敬自在其中也，不必牵合贯穿为一说。又所谓'但敬而不明于理，则敬特出于勉强而无洒落自得之功，意不诚矣'，洒落自得气象其地位甚高，恐前数说方是言学者下工处，不如此则失之矣。由此持守之久，渐渐融释，使之不见有制之于外，持敬之心，理与心为一，庶几洒落尔。"⑤ 己卯长至后三日。书云："今学者之病，所患在于未有洒然解冻释处。"⑥ 庚辰五月八日书："某晚景别无他，

---

⑤ 《答问》戊寅十一月十三日书，绍兴二十八年，朱子29岁。
⑥ 《答问》己卯长至后三日书，绍兴二十九年，朱子30岁。

唯求道之心甚切，虽间能窥测一二，竟未有洒落处。"㊲

　　不错，李侗所说的"洒然""冻释"有时是指对义理的玩味至融会贯通、无所滞碍而言，但是并非如朱熹所强调的只有此种意义。在李侗，尤以"洒落"指有道气象：

　　　　尝爱黄鲁直作《濂溪诗序》云"舂陵周茂叔，人品甚高，胸中洒落，如光风霁月"，此句形容有道者气象绝佳。胸中洒落即作为尽洒落矣。学者至此虽甚远，亦不可不常存此体段在胸中，庶几遇事廓然，于道理方少进。愿更存养如此……某尝以谓遇事若能无毫发固滞，便是洒落，即此心廓然大公，无彼己之偏倚，庶几于理道一贯。若见事不彻，中心未免微有偏倚，即涉固滞，皆不可也。㊳

自从李侗拈出黄庭坚"胸中洒落，如光风霁月"，这句话便成了此后理学形容"道学气象"的典范。这种对于洒落自得气象的追求，溯其源，始于大程（颢），大程又得之于黄庭坚所称之周敦颐。二程十四五时，其父令二人学于周敦颐，周敦颐教二程"寻颜子仲尼乐处，所乐何事"㊴。程颢后来又见周敦颐，尝言"自再见茂叔后，吟风弄月以归，有'吾与点也'之意"㊵。大程子提倡"仁者，以天地万物为一体"，"仁者，浑然与物同

────────────

㊲　《答问》庚辰五月八日书，绍兴三十年，朱子31岁。
㊳　同上。
㊴　《遗书》卷二上，《二程集》，中华书局标点本，第16页。
㊵　《遗书》卷三，同上书，第53页。

体"④，又主张"天地之常，以其心普万物而无心；圣人之常，以其情顺万事而无情。故君子之学，莫若廓然而大公，物来而顺应"④。大程子的学问，最讲和乐自得之境。濂溪、明道虽未提"洒落"二字，然二者人品境界为廓然洒落，无可怀疑。事实上，"洒落"正是儒家思想体系中用以包容佛道超然自由境界的形式。

所以，李侗所说的气象和洒落就不限于内心经验和义理融会的意义了。延平自己亦言，"静处寻求"往往是在"每遇情意不可堪处"时用功。其辛巳上元日书说："昔尝得之师友绪余，以谓学问有未惬适处只求诸心，若反身而诚，清通和乐之象见，即是自得处，更望勉力以此而已。"④ 这正是发明大程子"反身而诚，乃为大乐"之说，他所说就喜怒哀乐未发处存养至肫肫其仁气象"尽有地位"，与"洒落自得气象地位甚高"意义相同。李侗所追求的境界与功夫，表明他是程明道仁者之学的正传。李侗所说的"融释"也不是专指经书义理而言，而亦是无所勉强、不见有制于外的自然自得气象。如己卯长至后三日书所说："今学者之病，所患在于未有洒然冰解冻释处，纵有力持守，不过只是苟免显然尤悔而已。"④ 延平死前数月癸未五月书也说："近日涵养必见应事脱然处否？须就事兼体用下功夫，久久纯熟，渐可见浑然气象矣。"④ 这些都是以洒然融释指胸中与

④ 《遗书》卷二上，《二程集》中华书局标点本，第15、17页。
④ 《答横渠张子厚先生书》，第460页。
④ 《答问》辛巳上元日书，绍兴三十一年，朱子32岁。
④ 《答问》己卯长至后三日书，绍兴二十九年，朱子30岁。
④ 《答问》癸未五月二十三日书，隆兴元年，朱子34岁。

作为的自得气象。

　　从程颢开始，理学中一派在强调"体贴天理"的同时，也强调心性修养中的"自然"，反对着力把持，要求从勉强而行更上一境界，特别提倡最高境界的洒落自得的性质。李侗的这些思想，显然不仅指心与理为一而后达到的不勉而中的境界，他尤其注意那种洒落自得的精神气象。然而，终朱子一生，他始终对"洒落"不感兴趣，他在中年追寻未发的思考和所要达到的境界与李侗仍不同，而他晚年更对江西之学津津乐道于"与点""自得"表示反感，反复强调道德修养的严肃主义态度，警惕浪漫主义之"乐"淡化了道德理性的境界。所以，他总是把延平的体验未发仅仅说成"体认天理"，把"洒落融释"仅仅说成读解义理的脱然贯通，甚至声称"令胸中通透洒落"，"非延平先生本意"。

　　李侗论孟子养气说亦要朱熹认取"气象"，《延平答问》辛巳八月七日书：

　　　　先生曰："养气大概是要得心与气合。不然，心是心，气是气，不见所谓'集义'处，终不能合一也。元晦云'睟面盎背，便是塞乎天地气象'，与下云'亦沛然行其所无事'二处为得之，见得此理甚好。然心气合一之象，更用体察，令分晓路陌方是。某寻常觉得，于畔援歆羡之时未必皆是正理，亦心与气合，到此若仿佛有此气象，一差则所失多矣，岂所谓浩然之气耶？某窃谓孟子所谓养气者，自有一端绪，须从知言处养来乃不差。于知言处下工夫尽用熟也。谢上蔡多谓'于田地上面下工夫'，此知言之说，乃田地也。先于此体认令精审，认取心与气合之时不倚不偏气象是如何……"㊽

孟子本有"知言""养气""集义"等说，李侗指出，养气的过程本质上是心气合一的过程，这里的心主要指精神的思维，气则表征一定的心理与生理感受。理想的身心状态应当是以心统气，由气养心，心气合一。但是心气合一并不是理想境界的本质规定，只是理想境界所需的一种身心状态。从而，心气合一本身并不表示道德理想或人格境界的真正实现，如道教练气过程亦主心气合一，但这只表示身心血气流通的和谐状态，不必代表理想境界与完整人格的全面实现。所以，李侗强调，纯粹的心气合一并不是浩然之气，"浩然"所表示的心气状态是以一定的道德观念为基础的。牢固的、坚定的道德信念则不是仅凭心气合一就能获得的，而是由"知言"即明晓义理等途径来保证的。他进一步指出，达到心与气合并不难，重要的是要体验心与气合时的"不偏不倚气象"，不偏不倚显然是指"喜怒哀乐未发谓之中"的中，"不偏不倚气象"即是"未发气象"。就是说，养气过程归根结底还要注意"验夫喜怒哀乐未发气象"，做功夫者要着力体验的并不是心气合一的身心和谐，也不是静默无念的纯粹意识状态，而是一种由《中庸》所规定的"不偏不倚"无累无着的气象。有了这种体验为基础，才能"睟面盎背"，才能"沛然行其所无事"。

㊽ 《答问》辛巳八月七日书，绍兴三十一年，朱子32岁。

70

　　孟子之养气说本来与其"不动心"相联系，动心就是心理的稳定平衡遭到破坏。李侗与朱熹书："承谕，令表弟之去，反而思之，中心不能无愧悔之恨。自非有志于求仁，何以觉此！《语录》有云'罪己责躬不可无，然亦不可常留在心中为悔'，来谕云'悔吝已显然，如何便销陨得'。胸中若如此，即于道理极有碍。有此气象，即道理进步不得矣，政不可不就此理会也。某窃以谓，有失处，罪己责躬固不可无，然过此以往，又将奈何？常留在胸中，却是积下一团私意也。"⑰胸中常留悔吝、忧虑、烦恼，即为动心，从程明道"情顺万物而无情"，到李侗"胸中洒落""遇事廓然""无毫发固滞"，乃至王阳明答陆澄忧子不堪之问⑱，理学中的这一派特别继承了从孟子到李翱的"不动心"传统，强调洒落无累的境界对于人之精神境界的意义。这也是李侗思想的一个重要特点。事实上李侗对未发之中的理解亦与此相关，中心有偏倚"即涉固滞"，便非廓然大公，而"不偏不倚气象"才是洒落气象。

四　境界与本体

　　从《延平答问》李侗信中所引述的朱熹问来看，他对李侗的未发说、气象说都未予重视，他从一开始就是从本体论方面来理解李侗的境界说和工夫论的。《延平答问》辛巳年有书：

---

　　⑰　《答问》癸未六月十四日书，隆兴元年，朱子34岁。
　　⑱　《传习录上》，《阳明全书》卷一。

问："'太极动而生阳'，先生尝曰'此只是理，做已发看不得'。熹疑既言'动而生阳'，即与复卦一阳生而见天地之心何异？窃恐'动而生阳'即天地之喜怒哀乐发处，于此即见天地之心。'二气交感，化生万物'即人物之喜怒哀乐发处，于此即见人物之心。如此做两节看，不知得否？"

先生曰："'太极动而生阳'，至理之源，只是动静阖辟，至于终万物、始万物，亦只是此理一贯也。到得'二气交感，化生万物'时，又就人物上推，亦只是此理。《中庸》以喜怒哀乐未发已发言之，又就人身上推寻，至于见得大本达道处，又衮同只是此理。此理就人身上推寻，若不于未发已发处看，即缘何知之？盖就天地之本源与人物上推来不得不异，此所以于'动而生阳'难以为喜怒哀乐已发言之。"⑲

在朱熹从学期间，李侗授以《中庸》未发之旨，令静中体验未发气象分明，但朱熹不能尽心于此，反以周敦颐《太极图说》的本体论来解释《中庸》的已发未发说。照朱熹看来，重要的并不是《中庸》未发已发的心性论意义，而是其本体论意义。他把《太极图说》的"太极动而生阳"看成天地之喜怒哀乐已发，把"二气交感，化生万物"看成人与物之喜怒哀乐已发。在这个说法中，《中庸》的未发已发不只是指人之性情而言，而且指宇宙大化的动静过程，"如此做两节看"。李侗对此指出，

⑲ 《答问》辛巳二月二十四日书，绍兴三十一年，朱子32岁。

从万物一理的角度说，天地、人物及人之性情已发未发，受此统一的"天理"所支配，因为天理是宇宙万物的普遍性法则。而《中庸》的未发已发特指人之思维情感而言，是要由此引出一定的心性修养功夫以体认天理，其自身并没有本体论的意义。所以李侗在另一封信中也指出："某中间所举《中庸》始终之说，元晦以谓'肫肫其仁，渊渊其渊，浩浩其天'即全体是未发底道理，惟圣人尽性能然。若如此看，即于全体何处不是此气象，第恐无甚气味尔。某窃以谓'肫肫其仁'以下三句，乃是体认到此达天德之效处，就喜怒哀乐未发处存养至见此气象，尽有地位也。"⑩针对朱熹总是从客观性和本体性即"理"的方面理解《中庸》之说，李侗指出，肫肫、渊渊、浩浩都是至诚境界的气象，是某种主体性体验的结果和表现。所以，"在天地只是理也"，谈不到未发已发，未发已发只是指"人身上推寻"而言，其中有天人主客的不同。《延平答问》又载辛巳八月七日书：

　　问："熹昨妄谓仁之一字，乃人之所以为人而异乎禽兽者，先生不以为然。熹因以先生之言思之而得其说，敢复求正于左右。熹窃谓天地生物本乎一源，人与禽兽草木之生，莫不具有此理。其一体之中即无丝毫欠剩，其一气之运，亦无顷刻停息，所谓仁也。但气有清浊，故禀有偏正。惟人得其正，故能知其本具此理而存之，而见其为仁。物得其偏，故虽具此理而不自知，而无以见其为仁。然则仁

---

⑩　《答问》辛巳十月十日书，绍兴三十一年，朱子32岁。

之为仁，人与物不得不同；知人之为人而存之，人与物不得不异。故伊川夫子既言'理一分殊'，而龟山又有'知其理一''知其分殊'之说。而先生以为全在知字上用着力，恐亦是此意也，不知果是如此否？又详伊川之语推测之，窃谓'理一而分殊'，此一句言理之本然如此，全在性分之内本体未发时看。合而言之，则莫非此理，然其中无一物之不该，便自有许多差别，虽散殊错糅不可名状，而纤微之间，同异毕显，所谓'理一而分殊'也。'知其理一所以为仁，知其分殊所以为义'，此二句乃是于发用处该摄本体而言，因此端绪而下工夫以推寻之处也。盖'理一而分殊'一句，正如孟子所云'必有事焉'之处；而下文两句，即其所以有事乎此之谓也。（朱子自注：先生抹出批云：'恐不须引孟子说以证之，孟子之说若以微言，恐下工夫处落空，如释氏然。孟子之说亦无隐显精粗之间，今录谢上蔡一说于后，玩味之，即无时不是此理也。此说极有力。'）大抵仁字正是天地流动之机，以其包容和粹、涵育融漾，不可名貌，故特谓之仁。其中自然文理密察、各有定体处，便是义。只此二字，包括人道已尽。义固不能出于仁之外，仁亦不离乎义之内也。然则'理一而分殊'者，乃是本然之仁义，前此乃以从此推出分殊合宜处为义，失之远矣。又不知如此上所推测，又还是不，更乞指教。"

先生曰：谢上蔡云："吾尝习忘以养生。"明道先生曰："施之养则可，于道则有害。习忘可以养生者，以其不留情也。学者则异于是，'必有事焉勿正'何谓乎？且出入起居，宁无事者？正心待之，则先事而迎，忘则涉乎去念，助则近于留情。故圣人心如鉴，所以异于释氏心也。"上蔡录明道此语于学者甚有力。盖寻常于静处体认下工夫，即于闹处使不著，盖不曾如此用功也。自非谢先生确实于日用处便下工夫，即恐明道此语亦未必引得出来，此语录所以极好玩索，近方看见如此意思显然。⑤

朱熹所问，本就"仁"的意义而言，因程颐、杨时论"理一分殊"时特与仁和义联系起来，故又转而论理一分殊之义。朱熹所论，即后来其哲学体系中常常论及的"理之同异偏全"的问题。其说以为，人与物同禀天地之理，无所不同。但人禀之气清，所以能知其本具此理而存之；物禀之气浊，虽具此理而不自知。同禀天地之理，无所不同，这是"理一"；所禀之气各异，而有自觉与不觉的不同，这是"分殊"。朱熹认为，程颐讲的"理一分殊"是指理之本然，而杨时对程颐思想的进一步发挥"知其理一所以为仁，知其分殊所以为义"则是就理之发用而言。发用是端绪，学之工夫即当由之推寻本体。由此可见，当时朱熹对"仁"的理解完全基于本体论的"体—用"模式，着重于宇宙本体和构成的分析。他的着眼点始终在天地之化与性理构成方面。颇有意味的是，对朱熹这一大套客观性建构的理论李侗并无反应，却在批答中大讲了一套由程明道与谢上蔡问答引发的主体性境界与工夫。这颇能表出李侗所欲以教授朱熹者和朱熹本人思想取向的不同。习忘即修习"坐忘"，一种纯

---

⑤　《答问》辛巳八月七日书，绍兴三十一年，朱子 32 岁。

粹的静坐修持，其益处可以养生，因为习忘的结果是心中无事，忘人己，无内外，不会留情执着于任何事物，也就不会发生情感心理的烦扰和障碍。然而程明道指出，习忘以养生是有意义的，但这并不是学道的入手功夫和终极境界。学道人须如孟子所说"必有事焉"。人在人伦日用中生活，事事须奉行道德准则，修身以敬，这都不能仅以"无心忘之"的态度，而须以"正心待之"的态度去实践、去生活。同时，正如从程颢到李侗都重视的，道德实践的过程应当注意保持心境的平和，孟子说"心勿忘勿助长"，忘就是无念，助流于执着，都是不"自然"的。敬德与自然两者相结合，才是完满的境。而这些思想在当时并未被朱熹所注意。

五 涵养与穷理

《延平答问》显示出，在朱熹从学延平期间，从一开始，他就对章句训诂有特殊兴趣。李侗说他"讲学极造其微处""渠所论难处，皆是操戈入室"，即指朱熹对理论辨析的用力。朱熹自己后来也承认，他在延平生时并未留意于未发体验和涵养气象："方窃好章句训诂之习，不得尽心于此"。李侗也看出朱熹的章句之好，他说朱熹"初讲学时颇为道理所缚"，即指朱熹注重概念义理名物的辨析，而忽略涵养和体验。

在这种差异的后面，是李侗与后来发展了的朱熹之间对一些重要问题认识的不同立场。如朱熹说："昔闻之师，以为当于未发已发之几默识而心契焉，然后文义事理触类可通，莫非此理之所出，不待区区求之于章句训诂之间也。"㉜ 由于朱熹赴任同安之后，听从延平之言，日读圣贤之书，加之生性喜好章句，故其与延平书每以经书义理为问。延平为引导朱熹从事未发体验，即以融通义理为说，告以求之未发默识，不必求之章句训诂，由此便可契识"此理"。而朱熹则误以为未发功夫只是为了读书有疑时所用，其功能亦只是静中触类旁通文义事理而已，完全未理会道南未发功夫所寻求的体验和境界。

如果朱熹的复述无误，可以认为，李侗学问功夫反对用力于章句诵读，要求在静中体验未发，反映了他对"理"及"穷理"的基本思想与态度。如果说李侗反对或者不看重由读书以讲明义理这种后来朱熹最为注重的格物穷理方法，而是认为义理的通畅与获得只须依赖内向的未发体验，那就表示，李侗认为"理"是内在的，穷理不须向外求索，只须向内体验。

自然，像程明道所代表的追求与物同体的浑然气象及洒落自然的孔颜乐处，这种"为道"取向本来与"为学"不同，在功夫上必然注重内在体验而忽视甚至反对外在积累，从而与后来发展起来的"心学"功夫合流。李侗的思想也表示，在对"理"的认识上和对待学问功夫的态度上，李侗确实显示出一些与从陆九渊到王阳明心学的共同点。当然，这不是说李侗在整体上已有陆王心学"心即是理""心外无理"的思想，因为李侗不仅重视内在体验，也提出重视分殊。但在某种意义上说，李侗学问思想确有所谓"心学"的倾向，虽然其出发点与后来的陆氏心学并不相同。

㉜ 《答何叔京》第四书，《文集》卷四十。

正是由于李侗思想的这种特质，所以他特别着力纠正朱熹的章句记诵倾向，他不仅特别强调与"章句"相对的"涵养"，且特别提出："学问之道，不在于多言，但默坐澄心，体认天理。若见，虽一毫私欲之发，亦自退听矣。"㉝ 又说："圣门之传《中庸》，其所以开悟后学，无遗策矣。然所谓'喜怒哀乐未发之谓中'者，又一篇之指要也。若徒记诵而已，则亦奚以为哉？必也体之于身，实见是理，若颜子之叹，卓然见其为一物而不违乎心目之间也。"㉞ "大率有疑处，须静坐体究。"㉟

所谓"默坐澄心，体认天理"，有两个方面的意义。首先，默坐澄心即指静中体验未发气象，体验那种浑然和乐、不偏不倚、无所固滞的气象，而不是仅去体认天理；其次，天理不在心外，人只须默坐澄心，反身而诚，便可识契此理。朱熹很少提及默坐澄心，而常常把李侗的整个学问宗旨归结为体认天理，因为"体认天理"说可以减弱杨时到李侗体验未发气象的直觉性体验，以避免神秘体验与浪漫境界。而即使是把李侗学问归结为体认天理，朱熹也是在这样的意义上承认的：未发时的默识是保证"文义事理触类可通"的主观条件，或是义理有疑不通时用来融释义理的方法，而"理"是可在心外的客观法则。从前引他与何叔京书所叙"昔闻之师"者可见，朱熹片面地，或者仅仅把未发之功限制在服务于读书讲明义理的主体修养，并主张向外穷理，从这里已经可以看到后来朱熹所确立的"主

㉝ 《答问》，《与刘平甫书》。
㉞ 《延平先生李公行状》，《文集》卷九十七。
㉟ 《答问》，《与刘平甫书》。

敬以立其本，穷理以进其知"的端绪。

　　按照朱熹后来的思想，以居敬穷理为宗旨，其中"主敬"包含的一个主要意义即未发时的主敬涵养。朱熹认为，未发时的涵养与穷理格物有密切关联，在这里，未发涵养的意义并不是用以验夫未发时气象，而是为了认识义理预先进行的一种主体修养。如说："盖欲应事先须穷理，而欲穷理，又须养得心地本原虚静明澈。"⑤ 又说："主敬之说，先贤之意盖以学者不知持守，身心散漫，无缘见得义理分明，故欲其先且习为端庄整肃，不至放肆怠堕，庶几心定而理明耳。"⑤ 这是说，未发涵养的意义在于它为穷理准备了主体的条件，要穷得事物之理，就须使心能够安定集中，这就需要在未接物前有一种修养以保持心地的安定和清明。可见，这种未发涵养完全是为了理性地认识事物之理而确定，它自身并无独立的价值，也没有其他的体验功能。

　　从上述观点可以了解，朱熹把李侗思想归结为默坐澄心而后义理可通、讲学有力，把洒落融释归结为存此于胸中而义理少进，把罗从彦、李侗的主静之学归结为义理有疑时的静坐融通，都是从他自己理性主义取向出发所作的调适。

　　据上所述，及前引朱熹答程允夫书所谓"大抵此事以涵养本原为先，讲论经旨特以辅此而已"的说法，朱熹从学延平期间，对李侗的主要思想未予深究，而是由此把学问之道的要旨转化为一种一般的"涵养—讲论"的关系，他在当时也只是一

　　⑤　《答彭子寿》，《文集·别集》卷三。
　　⑤　《答方子实》，《文集》卷五十九。

般地承认涵养为本、讲论为辅的立场，并没有表示他也认同了李侗以未发默识天理而反对以讲论穷理的立场。

如朱熹自己所说及《答问》所显示的，从学延平时期的朱熹更为偏爱章句训诂的经典研究，他对涵养优先性的承认既非出于道德性的考虑也不是对内在体验的重视，他似乎更多的是从涵养对章句研习的积极意义来认识涵养的。在《延平答问》中，李侗总是以各种方式告诫朱熹要注重涵养，而朱熹总是请教李侗关于《语》《孟》解义方面的问题，后来的《朱子语类》中仍记录了许多朱熹回忆李侗解经的例子。这种涵养本原与章句解读的矛盾，亦即后来所谓"尊德性"和"道问学"的矛盾，始终是朱熹一生中的学问难题。朱熹从很早时候起就表现出他对知识的积累和学习更为注意，即使是李侗也始终未能纠正他的章句之好。

以上所说，重在表出朱熹与李侗之差异，并不是说李侗对于朱熹的意义是完全消极的。事实上，李侗具有的道南正统的身份一开始就受到朱熹的特别注意，也正是在李侗的引导下，他才摆脱了在儒与二氏之间徘徊的状态，立志归本伊洛之学，坚定了他的道学方向。只是，由于朱熹个性上对非理性体验的漠视和章句之好，以及过于年轻的朱熹对有道气象和境界缺乏体验，使得朱熹在道学内更为贴近的是小程的理性主义路线，而与李侗所传接的大程的直觉主义路线相隔膜。

所以，李侗虽未能使朱熹追随他从事未发体验，但他对朱熹的章句之好仍起了一种规范的作用，即通过把朱熹引入道学的语境而使其章句工作纳入程氏道学的轨道。在《延平答问》

中我们可明显看到朱熹从生疏到熟悉、不断咀嚼道学话头的努力。隆兴元年癸未（1163），在李侗病逝的同年，朱熹完成了他的首部章句著作《论语要义》，其书序云："熹年十三四时受其说（引注：二程先生《论语》）于先君，未通大义而先君弃诸孤。中间历访师友，以为未足，于是遍求古今诸儒之说，合而编之，诵习既久，益以迷眩。晚亲有道，窃有所闻，然后知其穿凿支离者固无足取，至于其余或引据精密、或解析通明，非无一辞一句之可观，顾其于圣人之微意，则非程氏之俦矣。隆兴改元，屏居无事，与同志一二人从事于此，慨然发愤，尽删余说，及其门人朋友数家之说，补缉订正以为一书。"❽ 这里所谓遍求、诵习都是指同安悟异学之非以后反诸六经的实践。朱熹同安任中一意归本儒学，却仍未免于泛滥之习，直至《论语要义》时"尽删余说"，而独取程氏一派，表明李侗虽未能从根本上扭转朱熹的章句之好，但对朱熹的章句工作无论在方向上还是在内容上都发生了规范性的影响。

　　从《延平答问》来看，李侗与朱熹，在讨论中涉及的北宋以来的著作有：胡文定（安国）《春秋传》，伊川《春秋传》，《横渠语解》《二程语解》，上蔡《论语说》《二程语录》，《遗书》，《二苏语孟》，《濂溪遗文》，《颖滨语孟》，吕与叔（大临）《中庸解》，《龟山语解》，《和靖语解》，胡明仲（寅）《论语解》，《太极图说》，《上蔡语录》，《通书》以及《二程文集》等。除二苏外，两人讨论的经解完全在道学系统之内。这表明，李侗对朱熹的影响确实是重要的，正是李侗不仅使朱熹摒弃释老而归

---

　　❽ 《论语要义目录序》，《文集》卷七十五。

本儒学，而且又使朱熹的儒学视野集中于程氏道学。朱熹在李侗引导下发生的这一转变，不仅对于朱熹自己，对于整个宋代道学的发展都有着极为重要的意义。

当然，李侗对朱熹的这种影响并不是凭空建立的，而是以朱熹青少年时代受其父朱松及"三君子"崇尚伊洛之学的影响为基础的。只是三君子的影响限于对道学的一般倾慕，而未及深入确定于伊洛中某一特定传统之上。李侗则力图使朱熹专注于"道南"传统。这两种影响从朱熹早年对谢良佐和杨时的态度可以看得明白。朱熹早年所受程门影响，以上蔡谢氏为深，他在赴任同安之前曾用功读上蔡书，晚年也说及："熹自少时妄意为学，即赖先生（引注：上蔡）之言以发其趣。"[59]他在30岁时校定的《上蔡语录》是他的第一个学术工作。在《上蔡语录后序》中他说谢上蔡"学于程夫子昆弟之门，笃志力行，于从游诸公间所见最为超越"[60]，而五年之后，朱熹则说："道丧千载，两程勃兴，有的其绪，龟山是承。"[61]一改以杨龟山为二程正传，这显然是受作为龟山再传的李侗所影响，也表明朱熹已立志由道南直溯伊洛，担当起承继、发展道学的重任。所以，他在绍兴三十二年上孝宗封事中特别提出"故承议郎程颢与其弟崇政殿说书颐，近世大儒，实得孔孟以来不传之学"[62]。

---

[59]《德安府应城县上蔡先生祠记》，《文集》卷八十。
[60]《谢上蔡语录后序》，《文集》卷七十五。
[61]《祭延平李先生文》，《文集》卷八十七。
[62]《壬午应诏封事》，《文集》卷十一。

六　理一分殊

第四节曾引辛巳八月七日书，其中引述了朱熹论及"理一分殊"的一大段，其实，朱熹对"理一分殊"的讨论是受了李侗的提示和引导。朱子孙婿赵师夏（致道）《延平答问后录·跋》云：

> 文公先生尝语师夏云："余之始学，亦务为笼统宏阔之言，好同而恶异，喜大而耻于小，于延平之言则以为何为多事若是，天下之理一而已。心疑而不服。同安官余，以延平之言反覆思之，始知其不我欺矣。盖延平之言曰：'吾儒之学所以异于异端者，理一分殊也。理不患其不一，所难者，分殊耳。'此其要也。"

由此可知，朱熹见延平之初，是用"天下之理一而已"调和儒释，这显然是受了刘子翚"以儒佛合"的思想影响。而李侗用以引导朱熹辨别儒释的方式则是提起程门"理一分殊"的话头。《延平行状》中朱子述李侗教人大旨亦云："若概以理一而不察乎分殊，此学者所以流于疑似乱真之说而不自知也。"这也说明，李、朱授受之间对"理一分殊"的讨论首先是针对朱熹早年对儒释之辨缺乏深刻认识而发的。《语类》录：

> 旧见李先生时，说得无限道理，也曾去学禅。李先生

云："汝恁地悬空理会得许多，而面前事却又理会不得。道亦无玄妙，只在日用间着实作工夫处理会，便自见得。"㊼

《延平答问》庚辰七月与朱熹书：

所云"见《语录》中有'仁者浑然与物同体'一句，即认得《西铭》意旨"，所见路脉甚正，宜以是推广求之。然要见一视同仁气象却不难，须是理会分殊，虽毫发不可失，方是儒者气象。㊾

"理一分殊"的提出本来是起因于杨时对《西铭》的怀疑。杨时怀疑张载《西铭》"乾称父，坤称母"的说法会流于墨氏兼爱之义，但他未能了解，孔孟的仁学本来与兼爱说有相通的一面，而程明道特倡"仁者以天地万物为一体""仁者浑然与物同体"的境界，强调仁学的境界就是要把自己和宇宙万物看成息息相通的一个整体，从而把仁者的爱与关怀贯通到一切事物。所以程颐回答杨时说，《西铭》理一而分殊，有仁亦且有义；墨氏兼爱而无分，失于无义。在程颐这个理一分殊的说法中，实际上包含着对程颢"仁者浑然与物同体"说的某种修正，也就是说在一定程度上吸取了杨时的意见。李侗由罗仲素而来的"静中体验未发"得于杨时的正传，李侗晚年与朱熹的讨论中则提出，体认万物同体的仁学境界在某种意义上不如"理会分殊"更困

㊼ 《语类》卷一百〇四，董铢录。

㊾ 《答问》庚辰七月书，绍兴三十年，朱子31岁。

难和更重要，这与"静中体验未发"的内向直觉体验的立场有所不同。然而，这种重视分殊的思想，这种强调分殊更过于一视同仁的立场也正是龟山之学的固有立场。显然，在李侗看来，正如儒墨之辨一样，仅仅从仁者浑然与物同体方面来看，还难以把握儒学与佛教的真正界线，只有把"一视同仁"的境界落实到人伦日用的"分殊"上，才能显现出"吾儒"与"异端"的本质区别。因而，那种"悬空理会"的理一体认并不难，真正困难的是在"日用间着实理会"。只有同时掌握了"理一"和"分殊"，才是真正儒者之学。

不过，正如前所说，朱熹这一时期所关怀的是本体论建构和理论的辨析，所以他最感兴趣的是如何以"理一分殊"来说明宇宙流行过程中天地万物性理的统一和差别。据壬午六月书，朱熹开始认为，"仁"是生生自然之机，人得之以为性，而与禽兽相区别，所以这个仁的性，犬牛禽兽"则不得与焉"。李侗则指出，仁是天地之理，所以从本原上说，万事万物俱有得乎此理此气，不能说"此理惟人得之"。人与禽兽的区别在于人所禀气中和秀灵，五常之理全备，而禽兽虽亦禀得此理，却是"得其偏而已"。这个说法即后来朱熹也常采用的理同气异说。朱熹接受了李侗的意见，重新加以考虑，其修正之说即见于第四节所引辛巳八月七日书⑤。朱熹的修正说与李侗亦不完全相同，在李侗，对理气禀受的偏正并未明确表述出来，朱熹则明白提

---

⑤ 按此辛巳八月书（绍兴三十一年），乃承壬午六月书（绍兴三十二年），故二书之年必有一误，疑辛巳八月书本为壬午八月书，或壬午六月书本为辛巳六月书。

出，天地生物本于一源，所以人与草木禽兽不仅都禀有此理，而且都禀得全体而无丝毫欠剩。这就是"理一"。但人禀气清，可自觉其具备此理而加以存养；物禀气浊，故虽全具此理而不自知。这就是"分殊"。理一可见人物之同，分殊可明人物之异。后来朱熹在《中庸或问》中所说："盖在天在人虽有性命之分，而其理则未尝不一，在人在物虽有气禀之异，而其理则未尝不同。"⑩都是发展了《延平答问》时期由李侗而来的思想。这样，以理一分殊的模式表述万物性理的统一性与差别性，使得理一分殊由原来单纯伦理学的讨论，扩展而为具有本体论与人性论的含义。朱熹在很长一段时期都是把注意力集中在"本体—人性"理论体系的建构上面。

从李侗的本意来说，他向朱熹强调理一分殊的重要性，本来是出于明儒释之辨和引导青年朱熹在日用践履上下功夫。而从朱熹一生整个思想发展来看，李侗重视分殊更重于重视理一的思想，无疑是朱熹"格物穷理"方法论的一个来源。所以，朱熹注重从分殊入手的格物论是李延平重视分殊说的一个未预期的结果。对朱熹整个思想的展开有十分重要的意义。朱熹后来回忆说：

> 沈元用问和靖："伊川《易传》何处是切要?"尹云："体用一源，显微无间，此是切要处。"后举似李先生，先生曰："尹说固好，然须是看得六十四卦、三百八十四爻都

---

⑩　《中庸或问》卷一。

有下落，方始说得此话。"⑰

李侗所答朱熹，也就是理一不难见，所难在分殊之意。切要处固然是"体"是"一"，然而"体"和"一"不离"用"与"殊"，必须在六十四卦、三百八十四爻上逐一理会、融会贯通，才是真正把握了一理，才算是体用一源。在《春秋》的研究上李侗的主张也是如此，朱熹后来说："《春秋》工夫未及下手，而先生弃去……然尝略闻其一二，以为《春秋》一事各是发明一例。"⑱《延平答问》辛巳二月二十四日书回答朱熹关于尹焞"性，一也"之问时，李侗也说："尹和靖之说虽浑全，然却似没话可说，学者无着力处。"⑲

可见，如果把注重分殊作为为学方法论来看，朱熹倡导的格物穷理方法，正是注重从具体的分殊的事物入手，认为经过对分殊的积累，自然会上升至对理一的把握。这些思想显然有着李侗的影响。把格物到知至规定为从分殊的具体上升到理一的普遍，正是朱熹对程颐"今日格一件、明日格一件，积习既多，脱然自有贯通处"的发展。朱熹的为学方法，主张由分殊而达一贯。他一生中多次表示，不应凭空理会玄妙道理，要作格物的踏实功夫。他说："圣人未尝言理一，多只言分殊。盖能于分殊中事事物物、头头项项理会得其当然，然后方知理本一

---

⑰　《语类》卷十一。

⑱　《答柯国材》第二书，《文集》卷三十九。

⑲　《答问》辛巳二月二十四日书，绍兴三十一年，朱子 32 岁。

贯。不知万殊各有一理而徒言理一，不知理一在何处!"⑦ "不是一本处难认，是万殊处难认"，"万理虽只是一理，学者且要去万理中千头百绪都理会，四面凑合来自见得是一理。不去理会那万理，只管去理会那一理……只是空想象。"⑦ 这些说法与李侗对他的教导完全一致。朱熹也以这个思想批评陆学："江西学者偏要说甚自得，说甚一贯……尝譬之，便如一条索，那贯底物事，便如许多散钱。须是积得这许多散钱了，却将那一条索来一串穿，这便是一贯。若陆氏之学，只是要寻这一条索，却不知道都无可得穿。"⑦ 可见，朱熹特别注意吸取了李侗注重分殊的精神，并由此与程颐的格物穷理说结合在一起，从而演出了他自己从分殊上升到理一的理性主义的宝塔式结构。在关于认识从个别、特殊上升到普遍、一般这一点上，朱熹更是超过了李侗。

《延平答问》反映的李侗与朱熹思想的交往表明，李侗对青年朱熹曾产生很大影响，其中最主要的是把朱熹引入道学系统的轨道。但朱熹在道学系统内的发展方向却与李侗不同，这种不同植根于朱熹特殊个性的某种要求和倾向，李侗也无力从根本上加以扭转。李侗与朱熹的不同，亦即是大程与小程的不同，朱熹在李侗死后完全转向小程的立场，使得宋代乃至整个宋明理学的面貌与特质发生了极大的改观。

---

⑦ 《语类》卷二十七，董铢录。
⑦ 《语类》卷一一七，黄义刚录。
⑦ 《语类》卷二十七。

　　在二程之间，大程子倡导自然和乐的境界，重视仁者与物同体的内向体验；小程子则严毅谨肃，以敬为宗旨，主张读书应事、格物穷理。程门之下高弟并出，但南渡以后，道南一派蔚成大宗。杨时发展了大程重视内向体验的思想，借助小程讨论过的《中庸》未发之义，力倡静中体验未发的宗旨。这一派经过罗从彦到李侗，发展为以静为宗的学派，注重直觉主义的内在体验，成了南宋初道学的主导。李侗学问气象与大程子十分相近，为学主静坐体认，推称洒落气象。朱熹早年学于李侗，从根本上奠定了他向道学发展的基础。但朱熹生性偏向理性主义，排拒内向体验特别是神秘体验，所以他并不像李侗追随罗从彦那样承继道南传统去静坐体验未发，他也未深入领会李侗由未发功夫所欲达到的洒落境界和有道气象。他完全从理性主义的立场上理解李侗所欲教授给他的东西，如把体验未发看成体认客观的天理，把洒落气象归结为对文句义理的融会贯通，把默坐澄心的养心功夫仅仅看成为了体会文义而进行的主体修养，并把已发未发、理一分殊都作为本体论的命题来对待。朱熹在延平死后五年彻底转向程颐的理性主义轨道，以主敬立其本，以穷理进其知，其端绪在从学延平时已充分显露。朱熹的出现，一改道南传统的主静、内向和体验色彩，使得道学在南宋发生了理性主义的转向，从此小程的影响在道学内上升为主导。朱子理性主义哲学的庞大体系和巨大影响，不仅改变了道学发展的方向，而且对此后中国文化的发展产生了不可估量的影响。而李侗、朱熹授受之际正是理解这一转向的原初契机。

本 论 一

理 气 论

第三章 理气先后

——朱熹理气观的形成与演变

关于理气先后的讨论是朱熹哲学中一个比较重要的问题，它决定着朱熹哲学的基本性质（唯物论、唯心论或二元论）和理论形态（本体论或宇宙论），无论从哪个意义上来说，它都确乎是这个体系中的"哲学基本问题"。

以朱熹的理气观为理在气先的理一元论，是学术界长期以来比较普遍的看法。然而，不仅有学者主张朱熹的哲学是二元论，而且，在对理在气先思想的具体把握方面也有很大的差别，如有的学者强调在朱熹哲学中理对于气是逻辑上而不是时间上在先的关系，而在断定朱熹哲学中理在时间上先于气的学者中则更有提出朱熹是讲理能生气的。[①] 这些表明，对朱熹理气先

①　二元说可参见周予同《朱熹》；逻辑在先说可参见冯友兰旧著《中国哲学史》下册；理生气说可参见侯外庐《中国思想通史》第四卷下。

后的思想应做更进一步的研究。

稍加注意就会发现，研究朱熹理气观的复杂性在于，上述种种看法都具有一定的资料依据。这恰恰说明，上述种种看法都尚未能反映出朱熹思想的全貌。实际上，朱熹理气观中出现的这些复杂现象主要是由于：第一，朱熹19岁中进士，71岁死去，他的思想，包括理气先后的思想经历了一个复杂的发展和演变过程。第二，朱熹对理气关系的讨论常常是从不同问题、不同角度出发的。就是说，朱熹关于理气先后的思想不是静态的，而是动态的；不是单一的，而是复合的。朱熹学说的这种客观情况，要求我们在研究上必须相应地采取时（历史演变）、空（层次角度）的方法加以考察。这应当不仅是研究朱熹理气先后说，也是研究他的其他思想的基本方法。注重把历史和逻辑结合起来的方法不仅对于研究一个断代或跨越若干断代的哲学发展是必要的，对于研究那些活动时期较长的大思想家同样是必要的。

一 太极解义

朱熹早年从学李侗时，曾与李侗讨论过太极阴阳问题，[②]但由于朱熹当时的注意力完全集中在"已发未发"的学说上，他所注重的是以《太极图说》来论证"已发未发"说，还没有

---

② 见《延平答问》辛巳二月二十四日书。按朱子时年32岁，其思想远未成熟，但此书中李侗以太极为天地本原之理的思想却值得注意，虽然朱熹当时并未对之作出积极反应。

表现出对《太极图说》包含的本体论思想产生兴趣。

　　李侗死后，乾道三年朱熹（38 岁）访张栻于长沙，后同游南岳。临别时张栻赠诗有云："超然会太极，眼底无全牛"（《南轩文集》卷一《诗送元晦尊兄》），朱熹答诗亦云"始知太极蕴，要眇难名论"（《二诗奉酬敬夫赠言并以为别》，《文集》卷五）。这说明朱熹湖湘之行曾与张栻讨论过太极问题。但从当时二人所关心的问题来看，二人都是从"性"的方面理解太极。张栻喜以太极论性，朱熹当时颇受其影响。朱熹答诗即是论性。他认为太极即未发之性，是心之本体。因为性是未发，所以说"要眇难名论""谓有宁有迹"，但可以据其已发而识其未发，通过察识端倪来体认未发之性，所以诗说"惟应酬酢处，特达见本根"。③ 后来在己丑所作的《已发未发说》中朱熹仍然强调周敦颐讲无极而太极是指论性而言。这都说明朱熹在很长一段时间中还没有深入到《太极图说》的本体论问题。

　　真正从本体论上阐发理气关系，还是始于《太极解义》（按《太极图解》《太极图说解》合称为《太极解义》）。据朱熹与张栻、吕祖谦论学书信，《太极解义》初稿写成于乾道庚寅（朱熹41 岁），中间经与张、吕诸人讨论修改，至乾道癸巳（44 岁）基本定稿。④

---

　　③　王懋竑亦云："朱子诗云始知太极蕴……盖皆以未发为太极也。"（《白田草堂存稿》卷七）

　　④　《东莱文集》吕祖谦与朱侍讲第二云："《太极图解》近方得本玩味"，其书在庚寅。《南轩文集》张栻答朱元晦秘书第四十六："《太极图解》析理精绎，开发多矣"，亦在庚寅。朱熹《太极解义注后记》作在癸巳四月，是其书定稿于癸巳无疑。然《注后记》未收入《文集》，今见于《周子全书》。

《太极解义》是朱熹对周敦颐《太极图》及《太极图说》的阐释。《太极图》之源于道教，前人已多论说。《太极图说》提出了"无极而太极，太极动而生阳，静而生阴"的宇宙发展图式，其中很明显吸收了一些道家思想。但《太极图说》过于简约，对诸如什么是无极和太极，它们有什么关系等重要问题都未给以明确说明。朱熹以《人极图说》首句为"无极而太极"，又以"理"来解释太极，这就明确地把周敦颐的《太极图说》纳入"理"学的体系里。⑤

《太极图说解》以太极为"形而上之道"，为"动静阴阳之理"，表明朱熹已开始明确地用理来规定太极的内涵。这一基本思想除有李侗影响而外，胡宏《知言》的影响也应注意。据朱、张、吕在庚寅至壬辰间往来的书信，这一期间三人讨论了胡宏的《知言》，虽然这一讨论主要与心性论有关，但《太极图说解》提出的"太极，形而上之道也"与《知言》"道谓何也，谓

---

⑤ 《太极图说》首句公案，迄无定论，按南宋时图、说皆有不同传本。如今本太极图，第一圈无极而太极，第二圈阳动阴静，而与朱熹同时之胡广仲所藏旧本则第一圈为阴静，第二圈为阳动（见《文集》卷四十二《答胡广仲》第五书），据《朱子语类》："时紫芝亦曾见尹和靖来，尝注《太极图》，不知何故渠当时所传图本第一个圈子内误有一点，紫芝于是从此起意，谓太极之妙皆在此一点。"（卷九十四）至于图说，除朱熹于淳熙末年所见当时所修国史之《濂溪传》中作"自无极而为太极"（《记濂溪传》，《文集》卷七十一）外，时杨方九江旧本则作"无极而生太极"（见《延平本跋》，载《周子全书》卷十一，未收入《文集》），可见当时通过不同途径所传的图、说互有差别。朱熹所定图、说，固与其哲学思想密切关联，然《濂溪传》之见在朱子定本已出十余年后，故未可言朱子初即为迁就己意而去掉"自""为"二字，且孝宗乾道年间，《太极图说》已为学者普遍注意，张南轩亦有一《太极解》，若朱熹所订图、说皆出于己意之私，同时学者必然提出异议，而除胡广仲外，张、吕诸人与朱论辩《太极解义》时从未提出这些问题，可见朱子定本亦非全无根据。

太极也"显然有密切联系。《太极图说解》所谓"性为之主"更是发挥了《知言》中"气之流行，性为之主"的思想。

朱熹以太极为理，阴阳为气，这就产生了理气关系的问题。《太极图说》本言"太极动而生阳，静而生阴"，撇开周敦颐的本来思想不说，对这个命题可以有不同的理解。朱熹在《太极解义》中，就没有从理能生气去理解和解释，这是值得注意的。《太极解义》也没有明确涉及理气先后的问题。从当时朱熹的其他文字综合来看，这个时期还没有形成理先气后的思想。

张南轩之《太极解》今见于《元公周先生濂溪集》（北京图书馆藏宋本）卷三，又南轩答彭子寿书"问无极而太极曰：此语只作一句玩味，无极而太极存焉，太极本无极也，若曰自无而生有，则是析为二体矣"。可见南轩亦以图说首句为"无极而太极"，非独朱子为然。

《太极解义》所表现的主要是一种从体用角度理解理气关系的"本体论"思想。《太极图解》说：

> 此（太极）所谓无极而太极也，所以动而阳、静而阴之本体也。然非有以离乎阴阳也，即阴阳而指其本体，不杂乎阴阳而为言耳。

这是说，理是本体，是阴阳动静与存在的根据，气的动静则是理的外在过程和表现。理在气中与气不相离，但又是与气不相杂的本体。朱熹后来在答杨子直书中也说，他在就稿之初是以"太极为体，动静为用"。虽然后来在《太极解义》定稿时对这句话作了修改，但以太极为本体的思想并未改变。这使我们看到，实际上，朱熹在当时主要是用体用的观点来解释太极与阴阳动静的关系。这样一种观点实际上也就是自魏晋以来在中国哲学以及在中国佛学中占有重要地位的唯心主义"本体论"观点。⑥ 对哲学基本问题何者为第一性的解决，不是采取谁先谁后的形式，而是采取何者为根本、何者决定何者的形式，以此说明第一性与第二性的关系，这是"本体论"的一个特点。

正是由于朱熹这一时期完全采取这种"本体论"的立场，所以在《太极图说解》中没有提出理气先后的问题，相反，他强调：

> 太极者，本然之妙也；动静者，所乘之机也。太极，形而上之道也；阴阳，形而下之器也。……推之于前而不见其始之合，引之于后而不见其终之离也。故程子曰：动静无端，阴阳无始，非知道者，孰能识之！

这是说本体是太极，动静阴阳是理（太极）借以表现的外在过程。理与气在时间上都没有开始和终结，两者又始终是不杂不离的。朱熹的这些思想显然是继承和发展了程颐"体用一源"和"阴阳无始"的观念。所以，他在同时的《斋居感兴诗》中

---

⑥　中国哲学的"本体论"，始于先秦老子，至魏晋始大行，此处所说"本体论"系与宇宙发生论相对而言，故皆以引号别之。

也突出了阴阳无始无终的观念。⑦

基于上述思想，朱熹以为在理气之间是没有先后的。在与《太极解义》成稿同年的一封与门人杨方论《太极图说》的信中他明确说道：

> 盖天地之间只有动静两端，循环不已，更无余事，此之谓易。而其动其静则必有所以动静之理焉，是则所谓太极者也。圣人既指其实而名之，周子又为之图以象之，其所以发明表著，可谓无余蕴矣。原极之所以得名，盖取枢极之义，圣人谓之太极者，所以指夫天地万物之根也。周子因之而又谓之无极者，所以著夫无声无臭之妙也。然曰"无极而太极、太极本无极"，则非无极之后别生太极，而太极之上先有无极也。又曰"五行阴阳、阴阳太极"，则非太极之后别生二五，而二五之上先有太极也。以至于成男成女化生万物，而无极之妙盖未始不在是焉。此一图之纲领，大《易》之遗意，与《老子》所谓物生于有、有生于无，而以造化为真有始终者，正南北矣。（《文集》卷四十五，《答杨子直》第一书）⑧

《太极图说解》提出太极是"造化之枢纽、品汇之根柢"，是以

---

　　⑦　《斋居感兴二十首》是以诗的形式表达的哲学思想，见于《文集》卷四，以该卷之序推之，当作于乾道癸巳（朱子44岁）。其第二首云"吾观阴阳化，升降八纮中，前瞻既无始，后际那有终……"。

　　⑧　答杨子直此书《年谱》以在乾道九年癸巳，时朱熹44岁，以下朱子书信凡《年谱》所考无误者，皆据为说，不再注明。凡《年谱》未考或有误者，则略加考证。

太极为世界存在、运动的所以根据，也就是这里所谓"枢极"和"指夫天地万物之根"。但这里所说的根柢与现象世界是体与用、本然之妙与所乘之机的关系，并不意味着在二者之间有所先后，所以我们绝不能说先有太极然后才有二五，正如不能说先有无极后有太极一样。朱熹强调指出，如果以为太极先于二五，那就与老子的思想无法划清界限。从这种立场出发，他认为周敦颐的学说是不讲什么"无物之先"的（见《文集》卷四十，《答何叔京二十五》癸巳甲午）。这些思想与他后来如与陆九渊辩无极太极时所持观点显然有很大不同。

可见，在《太极解义》这个时期朱熹还没有提出理在气先的思想。这主要是由于，朱熹理气思想在提出和形成的开始主要还是继承程颐的"本体论"思想，因为程颐即着眼于理与事物的体用一源关系，并没有提出理气先后的问题。此外，朱熹在这一时期所注重的乃是如何把人性论与本体论结合起来。二程曾提出"性即理也"，这一命题在二程体系中主要表达的是一种天人合一的思想，强调天理与人性的内容完全一致。至于天理人性何以能够一致，这个问题在二程并没有提出，也没有解决。而朱熹《太极解义》所要解决的问题，归根到底，是人性的本体论来源问题。按照《太极解义》的基本思想，在阴阳动静的流行过程中太极与阴阳不离不杂；在阴阳之气不断构成具体事物之后，太极仍在阴阳之中并随之转变为人物之性。从而每一具体事物无不是无极之真（理）与二五之精（气）的结合。因此不但人性在直接意义上就是禀受而来的天地之理（太极），而太极浑然全体也普遍存在于一切事物之中。这样朱熹就为

"性即理"提供了新的、本体论的论证。显然，程颐的"本体论"思想已经满足了朱熹在这里为说明人性来源的需要。

由此可见，朱熹在这一时期的思想主要是一种"理本体论"的思想，对于这种学说，如果仅从先后的关系考察，则理气无先后。但这不是二元论，当然更不是唯物论。

二 太极之辩

淳熙六年至八年，朱熹曾守南康，在南康时他曾与学者程迥（字可久，号沙随）书信往来辩论太极问题。⑨ 他在答复程迥的一封信中说：

> 太极之义正谓理之极致耳。有是理即有是物，无先后次序之可言。故曰"易有太极"，则是太极乃在阴阳之中而非在阴阳之外也。今以"大中"训之，又以乾坤未判、大衍未分之时论之，恐未安也。形而上者谓之道，形而下者谓之器。今论太极而曰"其物谓之神"，又以天地未分之气合而为一者言之，亦恐未安也。有是理即有是气，气则无不两者，故《易》曰"太极生两仪"。而老子乃谓道先生一而后一乃生二，则其察理亦不精矣。（《答程可久》第三书，

---

⑨ 《文集》卷三十七答程可久第三、第四皆论易有太极之义，按答曹立之第一云："进贤宰（程迥时为进贤令）昨日亦得书，论易数条，已据鄙见报之，未知以为如何。"（《文集》卷五十一）当即指此二书答程可久论易者。曹立之曾先学于沙随，后从二陆，朱子守南康时来学，答曹书在淳熙七年庚子，故知朱子答程两书亦当皆在庚子，时朱子51岁。

《文集》卷三十七）

程迥之说已难详考。但可以看到，在这里他提出了太极阴阳先后的问题。程迥主张太极在阴阳之先，认为太极既是理（大中），又是浑然之气（大衍未分）。朱熹则认为形而上为理，形而下为气，两者不能合为一说，混为一谈，太极即理，理气无先后，所以太极在阴阳之中而不在阴阳之外。这个观点与《太极解义》时期的思想大体相同。

然而到下一封信中，他的说法似乎有些含混。他说："熹书前所谓太极不在阴阳之外者，正与来教所谓不倚于阴阳而生阴阳者合。但熹以形而上下者其实初不相杂，故曰在阴阳之中；吾丈以形而上下者其名不可相杂，故曰不在阴阳之外。虽所自而言不同，而初未尝有异也。但如今日所引旧说，则太极乃在天地未分之前，而无所与于今日之为阴阳，此恐于前所谓不倚于阴阳生阴阳者有自相矛盾处。"（《答程可久第四》）程迥答朱熹前一书已不可考，而朱熹何以由强调太极在阴阳之中而不在阴阳之外变为承认太极"不倚于阴阳而生阴阳"，亦有些含混不清。从朱熹叙述的具体内容看，一方面他强调太极与阴阳不杂，这可能就是他认为自己与程迥认太极为不倚于阴阳之说相合的理由。另一方面他不赞成把太极仅仅看作宇宙的初始本原，主张太极作为宇宙存在的根据必须在现存世界发挥作用。这样看来，程迥所谓"不倚于阴阳而生阴阳"的命题在朱熹似被理解为太极不杂于阴阳而又是使阴阳之气生生不息的根据。这里对"生"的问题的讨论就较之《太极解义》更进了一步。

淳熙十一年甲辰，陈亮为人所诬，"事下大理，答掠亮无完肤，诬服为不轨"（《宋史·陈亮传》）。孝宗为之解，得免。同年四月朱熹就此事写信给陈亮[⑩]，说："今兹之故，虽不知所由，或未必有以召之，然平日之所积，似亦不为无以集众尤而信谗口者矣。老兄高明刚决，非吝于改过者，愿以愚言思之，绌去'义利双行、王霸并用'之说，而从事于惩忿窒欲、迁善改过之事，粹然以醇儒之道自律，岂独免于人道之祸！"（《答陈同甫》第四书，《文集》卷三十六）这封以长者诲人姿态出现的信便引出了陈亮的著名答书《甲辰秋书》，由此两人之间展开了一场著名的辩论。

在辩论中朱熹提出："若论道之常存，却又初非人所能预，只是此个，自是亘古亘今常在不灭之物。"（《答陈同甫》第六书，《文集》卷三十六）[⑪]朱熹在这里极力地突出了道（理）的永恒性与绝对性，这些思想也就是后来理先气后说由以出发的认识基础。因此，这里不拟对朱陈之辩细加研究，只是说明，如果从朱熹理气思想的整个行程来看，这一论辩在促进朱熹对理的永恒性与绝对性的理解方面有重大作用，因而其影响也就超出纯粹历史观的范围。所以，应当把它视为朱熹思想发展的一个环节。在这个环节上我们可以说朱熹理在气先的思想尚在形成之中，而它的进一步发展和表现，由另一场著名的辩论——朱陆太极之辩提供了刺激和机会。

---

　⑩　《陈亮集·甲辰秋书》答朱熹此书曰"到家始见潘叔度兄弟递到四月间所惠教"，故知朱子答陈同甫此书乃在淳熙甲辰四月，时55岁。

　⑪　此书即答陈亮《甲辰秋书》之书。陈亮《乙巳春书之一》乃答此书，其首云"去秋辱答教"，故知此书作在甲辰之秋，时朱子55岁。

淳熙十三年丙午，陆九韶（字子美，号梭山，陆九渊之兄）致书朱熹，对周敦颐的《太极图说》（以及张载《西铭》）实质上也是对朱熹的《太极解义》提出异议。陆九韶认为"无极"之说非圣人之言，对周敦颐是否作过图说表示怀疑，这当然无异于搬动朱熹全部哲学的基石，故陆氏之论对朱熹无疑是个严重的挑战。⑫

朱熹答书说："只如《太极》篇首一句，最是长者所深排。然殊不知不言无极则太极同于一物而不足为万化之根，不言太极则无极沦于空寂而不能为万化之根。"（《答陆子美》第一书，丙午，《文集》卷三十六）随之在第二封答书中又说："谓著无极字便有虚无好高之弊，则未知尊兄所谓太极，是有形器之物耶？无形器之物耶？若果无形而但有理，则无极即是无形，太极即是有理明矣。"（《答陆子美》第二书，丁未初）早在《太极图说解》中朱熹就明确指出："上天之载，无声无臭，而实造化之枢纽、品汇之根柢也。故曰无极而太极，非太极之外复有无极也。"这是说太极为造化的枢纽，无极则是指太极的"无声无臭"的特点而言，无极并非太极之外的另一实体。答杨子直书也说："圣人谓之太极者，所以指夫天地万物之根也。周子因之，而又谓之无极者，所以著夫无声无臭之妙也。"所以朱熹答陆九韶书所谓以"无极而太极"为"无形而但有理"，实际上重申了《太极解义》的思想。

朱熹与陆九韶的分歧主要在于对《太极图说》的理解不同，

⑫ 梭山与朱子书，《宋元学案》已云不可得见，《周子全书》载有二条，要亦非全录也。又象山书中有梭山兄谓云云，亦可参之。

而从根本上说，两人又都是为了维护周敦颐的儒家形象以区别于二氏。从朱熹与陆九韶第三书看，陆已无意继续论争，朱熹亦就此为止。然而，由于朱陆（九渊）关系的紧张，不久陆九渊又出来打抱不平，从而使辩论继续而且激化了。

淳熙十五年戊申，朱熹（59岁）奉命入对，五月末抵阙下，六月中旬离临安，归至江西玉山时收到陆九渊的来信。陆九渊在信中说："其（太极）为万化根本，固自素定，其足不足、能不能，岂以人言不言之故耶？"（《与朱元晦一》，《陆九渊集》卷二）所谓足与不足、能与不能，即指朱熹答陆九韶第一书所说的"不言无极，则太极同于一物，而不足为万化之根，不言太极，则无极沦于空寂，而不能万化之根"，朱熹是说倘不讲无极，太极则在理论上可能遇到困难，并非如陆指责的以太极作为万化根本这一客观事实须待人言（可见陆九渊亦以太极为万化根本）。朱陆之辩所涉及的濂溪学术渊源、字义训讲等无须赘论。陆九渊与陆九韶基本观点相同，认为历史上所有儒家经典都不讲无极，也从未有人产生过把太极当作具体器物的误解，所以朱熹所谓提出无极以防止人们误认"太极同于一物"的说法是完全牵强的，因此无极只能是老子的东西，《太极图说》不会是周敦颐的作品或者只是其不成熟时的作品。陆九渊大胆指出《太极图说》与道家的关联是有见地的，他关于《太极图说》可能是周的早年著作的推测也不无道理。[13]但是如朱熹反驳的，先儒未尝讲者不等于后儒不可讲，先后发明，讲者

---

[13]　按《濂溪年谱》云相传濂溪13岁游月岩而悟太极，其说虽不足以为据，然《通书》未尝及一无极字，故陆说亦有其理。

不为多，不讲者不为少，且无极乃指无形，不必认为非儒者言而断以早年未定之说。

更有意义的是，朱熹在答书中进一步推进了他的太极阴阳思想：

> 至于《大传》既曰"形而上者谓之道"矣，而又曰"一阴一阳之谓道"，此岂真以阴阳为形而上哉？正所以见一阴一阳虽属形器，然其所以一阴而一阳者，是乃道体之所为也。故语道体之至极则谓之太极，语太极之流行则谓之道，虽有二名初无两体。周子所以谓之无极，正以其无方所，无形状，以为在无物之前而未尝不立于有物之后，以为在阴阳之外而未尝不行乎阴阳之中，以为通贯全体无乎不在，则又初无声臭影响之可言也。今乃深诋无极之不然，则是直以太极为有形状有方所矣，直以阴阳为形而上者，则又昧于道器之分矣。（《答陆子静》第五书，戊申，《文集》卷三十六）

与陆九韶所不同的是，陆九渊进一步提出了形上形下的问题。在关于阴阳属形上还是形下的问题上，分歧主要在于两人对阴阳的理解有差别。陆九渊把阴阳理解为概括一切对立性质的范畴抽象，所以指为形上。而朱熹则主伊川之说，把一阴一阳理解为阴阳之气的一往一来，注重把"一阴一阳之谓道"与"形而上者谓之道，形而下者谓之器"对应起来，以阴阳为气，阐发理气哲学。中国古代哲学的阴阳范畴本具有不同意义，朱陆可谓各执一说。然而在朱熹看来，以阴阳为形而上就等于不区别形上形下，与程颐关于一阴又一阳之所以然者为道的思想背道而驰，几乎是违反了道学的起码常识。

区分形上形下是程朱理气论的方法论基础，从思维抽象及其对对象的把握方面来说，反映了人类认识的某种深入，在宋明理学的发展中有其合理的作用。但是形上形下统一于客观事物之中，规律、共相不能脱离事物独立存在，朱熹的错误不在于区分形上与形下，而在于他把形上形下割裂开来，认为形上可以先于或独立于形下，这就从区分形上形下这种还比较接近真理的立场多走了一步。

在《太极解义》时期朱熹宣称周敦颐是不讲"无物之先"的，而在这里他认定周敦颐所说的太极不但立于有物之后，而且也在"无物之前"。在与程迥论太极时他还坚持"太极乃在阴阳之中而非在阴阳之外"，现在则肯定"太极"不但行乎阴阳之中，同时也在"阴阳之外"。正如黄宗羲所说："朱子谓'无极即是无形，太极即是有理，在无物之前而未尝不立于有物之后，在阴阳之外而未尝不行于阴阳之中'，此朱子自以理先气后之说解周子。"（《宋元学案》卷十二）朱熹的这些思想正是理在气先的思想。

陆九渊第二封信重复了第一封信的观点，朱熹以条析的形式作答，其内容也不多，其中说"太极乃天地万物本然之理，亘古亘今颠扑不破者也"（《答陆子静》第六书，己酉，《文集》卷三十六），朱陈之辩的余迹尚依稀可辨。信尾说"各尊所闻，各行所知亦可矣，无复可望于必同也"，争论即告停止。从朱熹整个思想发展看，朱陆之太极辩是有意义的，它使朱熹有机会整理南康以来的思想发展，集中力量同主要对手讨论一些本体论方面的问题，并且标志着朱子理在气先思想的明确形成。

在谈到理在气先思想的形成时有必要提到淳熙末年朱熹发表的著作，特别是《易学启蒙》。淳熙十三年丙午，《易学启蒙》成，时朱熹 57 岁。这是以初学者为对象的阐述《周易》象数的著作，书中说："《易》非独以《河图》而作也，盖盈天地之间莫非太极阴阳之妙，圣人于此仰俯观察，远求近取，固有以超然而默契于其心矣。故自两仪之未分也，浑然太极，而两仪四象六十四卦之理已粲然于其中。"（卷二）在朱熹看来，周易象数也反映着天地间太极阴阳之妙，筮法、易理与天地之化相互统一，因此，太极在《易学启蒙》筮法中的地位及其解释可以同时作为朱熹对太极在天地之化中所处地位的认识来考察。

按照朱熹的解释，所谓"易有太极"是指"太极者，象数未形而其理已具之称，形器已具而其理无朕之目，在《河图》《洛书》皆虚中之象也。周子曰'无极而太极'，邵子曰'道为太极'，又曰'心为太极'，此之谓也。"（卷二）所谓"是生两仪"，他认为是指"太极之判，始生一奇一偶而为一画者二，是为两仪，其数则阳一而阴二，在《河图》《洛书》则奇偶是也。周子所谓'太极动而生阳，动极而静，静而生阴，静极复动，一动一静，互为其根，分阴分阳，两仪立焉'，邵子所谓'一分为二'者，皆谓此也。"（卷二）朱熹不但吸收了邵雍加一倍法的筮法学说，而且在解释上把它与《太极图说》统一起来，这样看，"象数未形而其理已具"，"两仪之未分也，浑然太极，而两仪四象六十四卦之理已粲然于其中"，"自太极而分两仪"，这些以象数形式表现的说法，与"在无物之前，而未尝不立于有物之后"，"在阴阳之外，而未尝不行乎阴阳之中"，"道之未始有物，而实为万物之根柢"的思想完全一致。正如朱熹自己所宣称的，象数关系同时反映着天地阴阳太极之妙。从儒家的传统立场看，《易》本来就是模拟天地之化的，对《易》的解释往往同时包含着解释者对宇宙发展和结构的理解。当然，轻易地对易说作本体论的解释往往导致偏差，但联系朱熹这一时期的思想，应当承认，《易学启蒙》中已包含有理先气后的思想。

这一点说明，易学思想所反映的世界观在朱熹理气思想的形成和演变中有不容忽视的作用，换言之，象数易的思想对朱熹的世界观有一定影响。朱熹在南康时与辩太极的程迥即是持象数思想的易学家，所以后者坚持太极阴阳有所先后。《四库提要》云："其（程迥）说本邵子加一倍法，据《系辞》《说卦》发明其义，用逆数以尚占知来，大旨备见于自序，后朱子作《启蒙》，多用其例。"（《经部》，易类三《周易古占法》）南康易说之论辩往来朱熹是否受其影响不得而知。朱子《易学启蒙》一书，前人曾有谓朱子门人蔡元定（字季通，号西山）所作，此说之误日本学者亦多有驳辩。然《易学启蒙》成书前朱子与蔡元定通书多次讨论，见于《朱子文集》可证；又《易学启蒙》书中明引蔡季通之言云云，故朱子《易学启蒙》之书有蔡氏影响绝无可疑。按西山及其子节斋（蔡渊）、九峰（蔡沈）兄弟皆学于朱门，而实本于家学，此在黄宗羲、全祖望《宋元学案》中早已指明。季通之父私淑康节之学，蔡氏兄弟祖孙皆主其说，故朱子作《易学启蒙》吸收邵氏之说，应主要受到蔡氏影响。

象数易思想在哲学上属于宇宙发生论，邵雍所谓画前元有易即以为天地万物之前宇宙原理已存，由太极而派生一切事物。朱熹理在气先思想正是在早年"本体论"思想基础上进一步吸收了象数派的宇宙论思想，而这一吸收是以对易学的象数研究为桥梁的。后来，到更晚年朱熹又提出逻辑在先说，以避免宇宙论的种种困难，故朱熹死后，门人对理气先后多含糊其词，而惟西山蔡氏一支仍持理在气先，太极始万物，如蔡渊之《易象意言》、蔡沈之《洪范皇极内篇》皆可见，这也很能说明问题。

《易学启蒙》成书次年，淳熙十四年丁未，朱熹（58 岁）作《周子通书后记》，他强调说："独此一篇本号《易通》，与《太极图说》并出程氏以传于世，而其为说实相表里，大抵推一理二气五行之分合……"（《文集》卷八十一）《通书解》初成于乾道末年，与《太极解义》同时（据《年谱》），朱熹几次作《通书》后序（己丑、己亥及丁未），只是在这里才明确提出"一理二气五行"是《通书》的基本宇宙模式，这和其理气观的演进是相对应的。

朱陆太极之辩稍后，淳熙十六年己酉春，朱熹（60 岁）订定《大学章句》《中庸章句》及二书的《或问》。《大学或问》中说：

> 天道流行，发育万物，其所以为造化者，阴阳五行而已。而所谓阴阳五行者，又必有是理而后有是气。及其生

物，则又必因是气之聚而后有是形。故人物之生必得是理
然后有以为健顺仁义礼智之性，必得是气然后有以为魂魄
五脏百骸之身。（卷一）

表明理在气先思想确已形成。

总起来看，淳熙最后十年是朱熹（50—60岁）理气论发展
的一个重要时期。这个时期的几次论辩对朱熹思想有重要影响。
这一时期形成的思想，在之后一个时期（绍熙年间）得到了进
一步的表述和发展。

三　理在气先

淳熙十六年八月朱熹除江南东路转运副使，十一月改知漳
州，再辞不允，次年四月，朱熹（61岁）赴漳之任，又次年四
月，因长子亡故去漳。守漳前后是朱熹一生接收弟子最多的时
期。《太极解义》的公之于世，《学》《庸》章句的订定完成，以
及影响颇大的朱陆太极之辩，使朱熹这一时期与学徒间的答问
充满了理气、太极阴阳的内容。

《语类》记载："徐问：天地未判时，下面许多都已有否？
曰：只是都有此理。"（卷一，陈淳录）"徐问"指徐㝢发问，徐
㝢亦漳州与陈淳同问学于朱熹者，故此条当为漳州所录。[14]　又

---

[14]　徐㝢亦录："问天地未判时，下面许多都已有否？曰：事物虽未有，其理
则具。"（《语类》卷六十二）此条下注"可学录别出"，乃知与郑可学同闻而异录，
据《语录姓氏》，郑录皆在辛亥，故此条当亦在辛亥，朱子62岁。

如"问：太极，不是未有天地之先，有个浑成之物，是天地万物之理总名否？曰：太极只是天地万物之理。在天地言，则天地中有太极。在万物言，则万物中各有太极。未有天地之先，毕竟是先有此理"（卷一，陈淳录）。按照朱熹的思想，从本原上说太极在天地之先，就现存世界来说太极即在天地万物之中。又如游敬仲录："先有个天理了，却有气，气积为质，而性具焉。"（卷一，62岁⑮）这些材料表明，在《太极》《学》《庸》诸书见世的背景下，理气孰先孰后，守漳前后弟子们明确地向朱熹提出来，要求他明确回答。

《语类》又载："未有此气，便有此理，既有此理，必有此气。"（卷六十三，杨道夫录，60岁后）廖德明录："有是理，后生是气。"（卷一）"问太极动而生阳，静而生阴，见得理先而气后。曰：虽是如此，然亦不须如此理会。"（卷九十四）按《语录姓氏》德明录皆在癸巳之后，即朱子44岁以后。朱熹在《太极解义》（44岁）时期尚无理先气后思想，故这些记录当为后来所闻，且以守漳时为近。⑯

《文集》这一时期的书信与《语类》是一致的。朱熹门人黄灏（字商伯）写信问朱熹："张子'神与性乃气所固有'之语，似主气而言。却恐学者疑性出于气，而不悟理先于气，语似未莹，未审然否？"黄商伯从朱学的立场批评张载主气之论不明理在气先，朱熹对此回答说"此论甚善，但张子语不记子细"

---

⑮　按语录之记录年代，一般以《语类》之《语录姓氏》为据，如游敬仲录，《语录姓氏》谓辛亥所闻，故据为说。下凡据《语录姓氏》者，不更加说明。

⑯　据田中谦二《朱门弟子师事年考》（《东方学报》44期）廖德明后于朱子57、62、67岁时再从学于朱子。

（《答黄商伯四》，《文集》四十六，60岁后）。⑰对黄商伯的理先气后思想加以肯定。朱熹在答复门人郑可学（字子上，见《郑子上十四》）、吴必大（字伯丰，见《答吴伯丰十二》《答吴伯丰十九》）时也都分别肯定了他们在询问中提出的"理先而气后""有理而后有气""有是理则有是气"的思想。⑱

上述材料表明，守漳前后朱熹理在气先的思想得到了进一步表述和发展。在这个时期朱熹的思想中还有一些重要问题值得注意。

首先，在朱熹这一时期的言论中常可以见到理生气的说法。如："动而生阳，静而生阴，动即太极之动，静即太极之静，动而后生阳，静而后生阴，生此阴阳之气。"（《语类》卷九十四，周谟录）⑲又说："'动而生阳，静而生阴'，说一'生'字，便是见其自太极来。……'无极而太极'，言无能生有也"（同上，郑可学录）。还说："气虽是理之所生，然既生出，则理管他不得。"（《语类》卷四，潘时举录）这些思想都是说理先气后，理能生气。

---

⑰ 此答黄商伯书乃答其《中庸章句》问目，《中庸章句》成书于己酉，时朱子60岁，故此书当在《章句》成书稍后。

⑱ 考答吴伯丰诸书，第九在辛亥，十三、十四、十五皆在甲寅，故以序推之，十二当在壬子。而第十九答《孟子》问目，即十五书所谓"诸疑义略为条析"者，亦在甲寅。壬子朱子63岁，甲寅朱子65岁。答郑子上十四书引郑语"在临漳问仁公……"，郑可学漳州从学，《语录姓氏》辛亥所闻，故此书当在辛亥（朱子62岁）稍后。

⑲ 周谟乃南康从学，故《语录姓氏》云己亥（50岁）后所闻。然此条语录下注"可学录别出"，则此条当与郑可学同闻异录，而可学所录皆在辛亥，故此条亦当录于辛亥。

如果说朱熹以无能生有喻理能生气，这一记录的可靠性或准确性还可提出怀疑的话，那么，另一句话就颇为清楚：

> 太极生阴阳，理生气也。阴阳既生，则太极在其中，理复在气之内也。（《元公周先生濂溪集》上卷二）

按此条所录虽亦见于《性理大全》《周子全书》，然出处未详，考《朱子抄释》卷二亦有此条，据吕柟之序，抄释"乃取朱子门人杨与立所编《朱子语略》者，遗其重复，取其切近，抄出一帙条释于下"，故可知此条原当出于朱子门人杨与立所编《朱子语略》[20]，据《语录姓氏》，杨与立所录皆在壬子（朱子63岁），故此条所录亦当在绍熙间。

理生气这一思想，就思想资料的直接来源说，一是来源于"易有太极，是生两仪"（《周易·系辞》），一是来源于"太极动而生阳"（《太极图说》）。当然，朱熹所谓生气以及《易》与《太极图说》所谓"生"的观念都可有两种解释。一种是理可产生气，另一种是把"生"解释为"使之生"，这两种意思在朱熹那里可能都有。不过，一般说来朱熹在理学家中对概念的使用是比较清楚的。而且对于语录的口语性质来说，第二种解释似无必要。实际上这两种解释对于讨论宇宙的究极本原来说差别不大。如果说"这里当初皆无一物，只有此理而已"，宇宙曾经只有理而没有气，那么说气从理中产生或理使气从虚空中产生，

---

[20]　参见拙作《关于程朱理气思想的两条资料的考证》，载《中国哲学史研究》，1983年第2期。

两种说法便无很大差别。

其次，理气关系所涉及的不同问题也被区别开了。对理气是否有先后的问题，要根据所对问题（本原论还是构成论）作出不同回答，在一封信中他谈道：

> 若论本原，即有理然后有气，故理不可以偏全论；若论禀赋，则有是气而后理随以具，故有是气则有是理，无是气则无是理，是气多则是理多，是气少则即是理少，又岂不可以偏全论耶？（《答赵致道》第一书，《文集》卷五十九）

此书在绍熙年间。[21] 理气偏全问题这里不论，详见"理气同异"章。这里重要的是提示我们，对理气是否有先后的回答，根据论本原和论构成（禀赋）的区别而有不同。从本原上说理先而气后，从构成上说理随气而具。显然，注意区别朱熹论述理气关系所由以出发的不同角度对于把握朱熹理气观十分重要。因为朱熹在论述理气关系时常常并不具体地说明所指是本原还是构成的问题，而《语类》的片段记载也往往略去了问题的前后联系。在本原上朱熹讲理在气先，但在构成上朱熹并不讲理在气先，而常常强调理气无先后。如果把论本原当作论构成，或者反过来把论构成当作论本原，由此断言朱熹哲学始终是理气先后的二元论，那么在理解朱熹思想上都必然发生混乱。

---

[21]　赵致道乃朱子孙婿，绍熙元年进士，其从学当在进士之后。又庆元中致道专助朱子编礼，故答赵致道一、二论理气书当在绍熙中从学之初，朱子 61—65 岁。

朱熹在另一封信中指出："所谓理与气，此决是二物，但在物上看，则二物浑沦，不可分开各在一处，然不害二物之各为一物也。若在理上看，则虽未有物而已有物之理，然亦但有其理而已，未尝实有是物也。"（《答刘叔文》第一书，《文集》卷四十六[22]）

从构成上说理气不可分开各在一处，但理是第一性的，从这个角度说理在气先，理在物先。在万物构成上朱熹认为：

> 天地之间，有理有气。理也者，形而上之道也，生物之本也。气也者，形而下之器也，生物之具也。是以人物之生，必禀此理然后有性，必禀此气然后有形。（《答黄道夫》第一书，《文集》卷五十八）

黄樵仲字道夫，亦漳州从学，此书当在从学之初。这里论"天地之间"而言，不是讨论"未有天地之先"。朱熹认为理和气在构成万物上作用不同，理构成万物之性，气构成万物之形，一个事物只有兼禀理气才成其为一个现实事物。正如《太极解义》一样，在这种构成论中理的实体化更加明显。

构成问题直接关乎人性，朱熹对此有大量论述，表现出道学家对人性问题的特殊关切。他强调在构成上理气不可分，如

---

[22] 按刘叔文未详其名，陈荣捷《朱子门人》有刘镜字叔光者，当即刘叔文，其书引自《道南源委》云"与杨至、陈易、杨履正俱游朱门"。考朱子答杨至第一书云"子顺（杨履正）、子能为学复如何？彼中朋友，后之（陈易）讲论可师，叔文持守可法"，故刘镜当字叔文，又杨至、陈易、杨履正与刘叔文皆漳州从学，故朱子此书当作于守漳时或稍后。朱子守漳在庚戌至辛亥，61—62 岁。

说："性只是理，然无那天气地质，则此理没安顿处。"(《语类》卷四，程端蒙录)又说："才有天命，便有气质，不能相离。若阙一便生物不得。既有天命，须是有此气，方能承当得此理，若无此气，此理如何顿放。"(同上，黄螾录)朱熹所谓安顿、顿放都是指成之者性而言，所谓无气质则无安顿处并不意味着理气在本原上也永不相离。所以，朱熹在这方面大量的理气不离的语录都应当按照他自己对本原和构成问题的区分得到恰当的理解。至于后来的一些思想家利用朱熹论构成时强调的理气不离观点向唯物主义方面发展则是另外的问题。

以上所述表明，朱熹理在气先的思想在这一时期得到了充分发展。他从早年的"本体论"到后来吸收了"宇宙论"，在理论思维上也有其发展。和一切哲学问题一样，在理论上做出理在气先的论断需要一定的认识基础，它是对一定哲学问题处理的结果，这个问题就是理气关系中包含的一般和个别问题。一类事物的"理"作为这一类事物的共同本质和规律，不为此类事物中某一个别事物所私有，不以个别事物的产生、消灭为转移。因此，就已有的一类事物的理对于此类中后来的某个事物来说，可以是"理在物先"，这表现了规律具有的一般性。但是一般不能离开个别独立存在。一类事物都不存在，它们的理当然也就不能存在，夸大规律具有的这种一般性，认为一类事物产生之前其理已存，以致认为一般规律可以先于整个世界而存在，就会导致唯心主义，这也正是理学程朱派所犯的错误。

四　晚年定论

绍熙五年，朱熹（65 岁）受任知潭州。未几，光宗内禅，宁宗继位，诏朱熹赴行在，除焕章阁待制兼侍讲。以上疏忤韩侂胄，除在外宫观。次年庆元元年，朱熹 66 岁，韩赵党争激化，赵汝愚罢窜永州，死在衡阳，韩党攻击道学为伪学，朱熹被诬为"伪学之魁，以匹夫窃人主之柄，鼓动天下"，并被横加各种不实之词，㉓ 于庆元二年落职罢祠，至庆元六年三月（71 岁）死去，这是朱熹一生最艰难的年代。

这一时期朱熹关于理气先后的思想产生了一些新的演变。《语类》载：

> 或问"理在先，气在后?"曰："理与气本无先后之可言，但推上去时，却如理在先、气在后相似。"（卷一，曾祖道录，68 岁）

按照朱熹在这里的说法，理与气在本原上实际上并无先后，但从理论上讲理在气先。意义完全相同的另一段记录是：

㉓　按朱子落职罢祠后作谢表（《文集》卷八十五）列述各种诬蔑之词而后云"谅皆考核以非诬"。此本为含混之词，盖一则出于政治高压，二则乃为谢表之不得不然，非朱子承认确有其事也，当无可疑者。又据朱子丁巳初答黄榦书"谢表为众人改坏了，彼犹有语，是直令人不得出气也，此辈略不自思自家是何等物类，乃敢如此，殊可悯笑也"（《答黄直卿三十》，《续集》卷一）。是谢表中云亦非皆出朱子手笔也。

> 或问："必有是理，然后有是气，如何？"曰："此本无
> 先后之可言，然必欲推其所从来，则须说先有是理。"（卷
> 一，万人杰录）

按万人杰字正淳，朱熹守南康时从学，故《语录姓氏》注"庚
子后所闻"。上面所引这两条语录显然是相同的，这种"推说在
先"的说法不仅是南康时期也是守漳时期所没有的。因此万人
杰所录此条当为晚出。据《语类》卷一百〇七，庆元三年（朱
子 68 岁）初，朱熹罢祠落职，蔡元定编管道州，为蔡元定饯行
时万人杰也在朱熹身边。这一年即曾祖道所录上条之年。由此
可以推断，万人杰所录即使不是与曾祖道同闻而录，也应是同
一时期的思想。这一时期的思想还可见于另一条：

> 或问先有理后有气之说。曰："不消如此说，而今知得
> 他合下是先有理后有气耶？后有理先有气耶？皆不可得而
> 推究。然以意度之，则疑此气是依傍这理行，及此气之聚，
> 则理亦在焉。盖气则能凝结造作，理却无情意，无计度，
> 无造作。"（《语类》卷一，沈僩录，69 岁后）

这也是说理气的先后实际上难以推究。至少，我们不能肯定地
断定哪一个在先。"依傍"指依行，即朱熹常讲的理附气而行
之意。

　　按照朱熹这些说法，第一，理与气实际上无所谓先后；第
二，从逻辑上"推上去""推其所从来"，可以说理在气先。这

里要注意的是，不是说推论的结果理在时间上先于气，而是说这种推论及其结果本身只表明理气的先后是一种逻辑上的关系。应当承认，冯友兰先生在旧著《中国哲学史》中把这种思想概括为逻辑在先还是恰当的。这里所说的逻辑不是如某些人所以为的只是某种形式逻辑的关系，而是广义地指理论上的联系。

既然理与气实际上并无先后，又为什么要在逻辑上规定二者的先后关系？朱熹说：

> 要之也先有理。只不可说是今日有是理，明日却有是气。也须有先后。且如万一山河大地都陷了，毕竟理却只在这里。（《语类》卷一，胡泳录，69岁）

照这里所说，理先于气不是指今天明天那样一种时间的先后，实际指哲学上何者为第一性。朱熹解释他的逻辑说："万一山河大地都陷了，毕竟理却只在这里。"这是说设使一切物质都消灭了，理仍然存在。因为气（物）可生灭，理作为形而上者则无生灭，因此从道理上说，理既然可以不因物质消灭而消灭，应当也可以在物质尚未产生时就存在。一方面，这些思想表明朱熹以理可以脱离世界及其具体发展的唯心主义思想并未改变。而另一方面，物质消灭，山河大地都陷了，在这里只是一种"万一"的逻辑假设，朱熹的思想认为物质的消灭在逻辑上是允许的，理则无论如何永远存在。而在实际上他并不认为物质会彻底消灭。这一点也就涉及朱熹晚年何以会改变说法的问题。

从早年起，朱熹就非常重视二程"动静无端，阴阳无始"

的思想。他的言论中（如《太极解义》及同时之《斋居感兴诗》）无论从天地之化还是从修养之方上，"动静无端，阴阳无始"两句话都极为常见。就二程思想来说，这与他们的本体论思想联系在一起。但这个思想确有其合理性，这就是否认宇宙有始和承认运动无限的思想，这一思想对促进人的辩证思维有不容忽视的积极作用。但这一思想与宇宙发生论的有始、始生的观念显然相矛盾。按照这个思想，个别事物有生有灭，但就宇宙整体来说，气生生不息，无时不存。因此不能承认有物质尚未产生或完全消失阶段的存在。朱熹早年不讲理先气后，与动静无端、阴阳无始不发生矛盾。后来主张理在气先，在逻辑上便与动静无端、阴阳无始发生冲突。如果说"这里当初皆无一物"，"动而生阳，元未有物"，这样动静阴阳必然有端有始。就朱熹本人而言似乎并未及时意识到这个矛盾，所以在相当一个时期矛盾着的两方面思想在他是并存的。然而这一矛盾终究要被意识到，"问：'动静无端，阴阳无始'。曰：'这不可说道有个始，他那有始之前，毕竟是个甚？'"（《语类》卷九十四，黄义刚录，64岁后）从而要求一种解决。因此逐步意识到理在气先说与阴阳无始观念的矛盾应是朱熹晚年走向逻辑在先说的一个主要原因。

朱熹一方面承认理气在时间上没有先后，但同时又强调在两者之间需要规定一种并非今天明天那样一种先后（"也须有先后"，"要之也先有理"）。即是说二者在时间上虽无先后，但双方的地位不是平行的，所谓也须有先后就是指两者之间还须区分第一性与第二性的不同。从这里看，逻辑在先说仍是以理为第一性的更精致的唯心主义说法。

朱熹晚年思想的这种演变若归结为"狡猾"，那就难免失之于简单和浅薄。朱熹晚年思想的这种变化极其自然地使人想到柏拉图晚年对自己把理念与事物相分离的思想的批评。[24] 东西方古代哲学最大的客观唯心论者，不但他们的最高哲学范畴有相似之处，两者的归宿亦何其相似乃尔。这一有趣的历史现象表明，态度认真的唯心主义哲学家往往会注意到并正视自己学说的困难。而研究这些哲学家的学说、矛盾、演变同样应取严肃而认真的态度。

朱熹关于理气先后思想的最晚一个材料是林学履在朱熹70岁那年记录的：

> 周子康节说太极，和阴阳滚说。《易》中便抬起说。周子言"太极动而生阳，静而生阴"，如言太极动是阳，动极而静，静便是阴；动时便是阳之太极，静时便是阴之太极，盖太极即在阴阳里。如"易有太极，是生两仪"，则先从实理处说。若论其生则俱生，太极依旧在阴阳里，但言其次序，须有这实理，方始有阴阳也，其理则一。虽然，自见在事物而观之则，阴阳函太极，推其本，则太极生阴阳。（《语类》卷七十五）

---

　　[24]　陈康先生说："《费都篇》——《国家篇》时期中的'相论'诚然是西洋哲学史上几个影响很大的思想之一……但首先放弃这个学说的不是任何其他的人，乃是那伟大的勇于自新的柏拉图自己，他在老年以一种范畴论代替了那个同名的相论。"（《巴曼尼德斯篇》）

"推其本"即前所说"推上去""推其所从来"。"推其本，则太极生阴阳"是否表明朱熹仍主理能生气呢？显然不是。他明确宣称周子所谓太极动静生阴阳不过是和阴阳滚说，意思是"太极即在阴阳里"。而理与气"论其生则俱生，太极依旧在阴阳里"，两者的存在并无先后。只是从理论上说，"但言其次序"，有理而后有气。所以，所谓"推其本"即"但言其次序"，亦即前引曾祖道等所录从理论上"推上去"之意。朱熹在其他地方谈到"次序"时说：

> "天秉阳，垂日星；地秉阴，窍于山川。播五行于四时，和而后月生也。"阴阳变化，一时撒出，非今日生此，明日生彼，但论其先后之序，则当如此耳。（《语类》卷八十七，李闳祖录，59岁后）

又说：

> 有国家者，不成说家未齐，未能治国，且待我去齐得家了却来治国？家未齐者，不成说身未修，且待我修身了却来齐家？无此理。但细推其次序，须著如此做。若随其所遇，合当做处则一齐做始得。（《语类》卷十五，沈僩录，69岁后）

可见"论其生则俱生，太极依旧在阴阳里，但言其次序，须有这实理方始有阴阳也"，这里所说的"但言其次序"是从理论上、逻辑上讲的，并不是指事实上的次序。由此，我们可以说朱熹关于理气先后的"晚年定论"是逻辑在先说。

经过如上考察，可以做如下结论：从横的方面看，朱熹对理气是否有先后的讨论可分为论本原与论构成两个不同问题。这种不同的讨论角度导致朱熹在理气关系上的一些不同说法。应当注意把朱熹论构成方面的二元说法与论本原问题区别开来。从纵的方面看，朱熹的理气先后思想经历了一个发展演变的过程。早年他从理本论出发，主张理气无先后。理在气先的思想由南康之后经朱陈之辩到朱陆太极之辩逐步形成。理能生气曾经是他们的理先气后思想的一个内容。而他的晚年定论是逻辑在先，逻辑在先说是在更高的形态上返回本体论思想，是一个否定之否定。当然，这个发展和演变的过程并不是对立面的演进和交替，在本质上，是以不同的形式确认理对于气的第一性地位。

第四章　理气动静

周敦颐在《太极图说》中说："太极动而生阳，动极而静，静而生阴。"按这个说法，太极是自身运动的实体，这是由于周敦颐学说中的太极是混然一气，自身有运动和分化。朱熹以太极为理，利用《太极图说》构造理学的本体—人性—修养体系，这是理学自身发展的一个重要步骤，但是这样一来，在解释发挥《太极图说》的思想时，除理气先后而外，在逻辑上出现的另一问题是：被朱熹规定为理的太极究竟是否能动静？如果说太极有动静，那么在什么意义上肯定它有动静？如果说太极自身不能动静，又如何解释"太极动而生阳"？这是朱熹理气观中一个颇为复杂的问题，须要加以具体的解析。

一　理乘气动

朱熹在《太极图说解》中解释周敦颐的太极动静论说：

> 太极之有动静，是天命之流行也，所谓一阴一阳之谓
> 道……盖太极者，本然之妙也；动静者，所乘之机也。太
> 极，形而上之道也；阴阳，形而下之器也。是以自其著者
> 而观之，则动静不同时，阴阳不同位，而太极无不在焉。
> 自其微者而观之，则冲漠无朕，而动静阴阳之理已悉具于
> 其中矣。

太极究竟能动与否，《太极图说解》的这些说法并不明确，从朱
熹的说法来分析，"自其著者而观之，则动静不同时，阴阳不同
位"，动静属于现象世界（著者）的表现，即是说动静应是指阴
阳二气的动静，而不是指太极自身的动静，太极是指作为本体
存在于二气动静之中的理。如果分别来看，气之动有动之理，
气之静有静之理。如果综合来看，则动之理、静之理其实是同
一太极。因此，动静不是指太极自身的动静，而是指太极所乘
气机的动静。正是从这里的"所乘之机"发展出了后来的"太
极犹人，动静犹马"的比喻。

　　那么，应如何理解所引上段首句"太极之有动静，是天命
之流行也，所谓一阴一阳之谓道"呢？在与《太极图说解》成
稿同年的一封书信里朱熹详细解释了他的《太极图说解》的基

本思想。其中谈到太极的动静说：

> 盖天地之间，只有动静两端，循环不已，更无余事。此之谓易。而其动其静，则必有所以动静之理焉. 是则所谓太极者也。……盖谓太极含动静则可（自注：以本体而言也），谓太极有动静则可（自注：以流行而言也），若谓太极便是动静，则是形而上下者不可分，而"易有太极"之言亦赘矣。（《答杨子直》第一书，《文集》卷四十五）

太极既被规定为"所以动静之理"，动静当然不是指太极的动静，所谓"易有太极"也是指一动一静的阴阳变易中有所以动静的太极本体（理）。因此，所谓以本体而言可谓太极含动静，实即《太极图说解》所谓"自其微者而观之……动静阴阳之理已悉具其中"，指太极本体本来包含动之理、静之理，因为程颐本来即说微指本体而言。这样看，"太极含动静"应指"太极含动静之理"。

所谓以流行而言可谓太极有动静又何所指呢？其实也就是《太极图说解》所说的"太极之有动静，是天命之流行也，所谓一阴一阳之谓道"。流行在这里指天命之流行，天命流行是兼理气而言，指气在理的支配下动静阖辟往来运动的过程。《易·系辞》所谓一阴一阳之谓道，按朱熹继承二程的理解，一阴一阳指气之流行，道指气之流行的所以然。所以"一阴一阳之谓道"在朱熹看，整个命题是指气在理的支配下运动的过程。由此看来，"太极有动静"也不是指太极自身的动静，而是指太极体现于二气动静交错的运行过程。太极含动静是从本体之微上说，太极有动静是从流行之著即用上说。

由此可见，《太极图说解》一开始便以极其曲折的方式把周敦颐的学说尽量纳入到朱熹自己的体系里来。《太极图说》本讲太极能动静，意思很清楚。朱熹以太极为理，而形上之理如何有形下之动静就成了朱熹必须加以解释的问题。所以，他只能以天命流行为中介，曲折地把"太极动而生阳"解释为"太极之有动静，是天命之流行也，所谓一阴一阳之谓道"，意谓周敦颐所谓太极动静云云乃指天命之流行，非指太极自身可以动静。朱熹这种增字解经的办法表现出他在处理太极动静问题上的良苦用心。元人吴澄曾云："太极无动静，动静者气机也。气机一动则太极亦动，气机一静则太极亦静，故朱子释《太极图》曰：'太极之有动静，是天命之流行也'，此是为周子分解。太极不当言动静，以天命之有流行，故只得以动静言也。"（引自《周子全书》卷一）他指出太极作为理本不当言动静，朱熹为解通周说，所以只得在天命流行的意义上解释太极的所谓动静。但吴澄没有看到朱熹与其说是"为周子分解"不如说为他自己分解，《太极图说解》用语的含混正是朱熹与周敦颐思想不同造成的，是以含混其词掩盖其不同。如果朱熹公开宣称太极不动，便无法利用《太极图说》作为思想资料来表述思想，构造体系。而如果完全认可周的太极可动思想，又与朱熹太极为理而不动的思想相矛盾。《太极图说解》曲折费解的种种说法毋宁是朱熹不得已而采取的做法。

根据上述分析，《太极图说解》主张太极自身并不动静，只是所乘之机有动静。如果说到太极动静，也只是指理随气而动，事实上朱熹常常讲的"天理流行"正是在这个意义上讲的，并不是指理在气中运动或现实世界之外还有一个理的世界在运动。

《太极图说解》关于动静的思想朱熹后来作了进一步发展，《语类》载：

> 阳动阴静，非太极动静，只是理有动静，理不可见，因阴阳而后知，理搭在阴阳上，如人跨马相似。（卷九十四，周谟录）

这是说周敦颐所谓阳动阴静并不是指太极自身能动静，所以说"非太极动静"，动静的主体是阴阳，动静的根据是理。能够运动的二气与自身不动的太极好像人骑马行走，人（太极）没有绝对运动，但有相对运动。所谓"理有动静"如前述太极有动静之义，指含动静之理。

在朱熹晚年的议论中常可见到类似"人跨马"的说法：

> 问"动静者，所乘之机"。曰：理搭于气而行。（《语类》卷九十四，郑可学录）
>
> 注：太极者本然之妙，动静者所乘之机。太极只是理，理不可以动静言，惟"动而生阳，静而生阴"，理寓于气，不能无动静。所乘之机，乘，如乘载之乘，其动静者乃乘载在气上，不觉动了静，静了又动。曰：然。（《语类》卷九十四，叶贺孙录）

（直卿）又云：先生《太极图解》云，动静者所乘之机也。……盖太极是理，形而上者；阴阳是气，形而下者。然理无形，而气却有迹。气既有动静，则所载之理亦安得谓之无动静？……先生因云：某向来分别得这般所在，今心力短，便是这般所在都说不到。（《语类》卷五，叶贺孙录）

按周谟所录在己亥（朱熹50岁）以后，未详确切时间，郑可学所录在辛亥（朱熹62岁），叶贺孙所录则皆在辛亥以后，其后条中朱子自云今心力已短，在晚年无疑。因此至少守漳前后朱熹关于理乘气动的思想已经明确。《语类》更有一条录云：

太极理也，动静气也。气行则理亦行。二者常相依而未尝相离也。太极犹人，动静犹马，马所以载人，人所以乘马。马之一出一入，人亦与之一出一入。盖一动一静，而太极之妙未尝不在焉。（卷九十四，董铢录）

董铢所录在朱熹67岁以后。如前所说，这些都是《太极图说解》"动静者所乘之机"思想的合乎逻辑的发展，也是朱熹比较成熟的看法。

以上讨论了朱熹关于太极动静的基本思想。以下围绕"理有动静"问题再作一些补充说明。

如果说《太极图说解》所谓"太极有动静"的提法是限于《太极图说》的资料本身使然，那么，在后来的论述中朱熹反复论及的"理有动静"或"太极有动静"则表明"理有动静"已成为他关于动静思想的一种自己的表述方式。

朱熹所谓理有动静不是指理自身可以运动，如前引周谟录"阳动阴静，非太极动静，只是理有动静"，既然太极犹人，动静犹马，故理有动静显然不是指理能运动。朱熹所谓"理有动静"有两个意义。其一指理是气之动静的根据。朱熹答郑可学书云：

> 理有动静，故气有动静，若理无动静，则气何自而有动静乎？（《答郑子上》第十四书，《文集》卷五十六）

这是说气的动静是以静之理、动之理为根据的。朱熹答陈淳之问说"有这动之理便能动而生阳，有这静之理便能静而生阴，既动则理又在动之中，既静则理又在静之中"（《语类》卷九十四，陈淳录）。气之动乃为其中有所以动之理为根据使然，气之静乃为其中有所以静之理为根据使然。其二，从理一看，实际只是一个理，而从分殊看，用处不同，或为动之理，或为静之理，故亦可说理有动静。如《语类》载："梁文叔云：太极兼动静而言。曰：不是兼动静，太极有动静。喜怒哀乐未发也有个太极，喜怒哀乐已发也有个太极。只是一个太极，流行于已发之际，敛藏于未发之时。"（卷九十四，未详何人录）照这里的解释，"太极有动静"，也不是指太极的自身运动，而是说虽然只是一个太极，但从流行的不同过程看，有时作为静中之本体，有时作为动中之本体。"动则此理行，此动中之太极也，静则此理存，此静中之太极也。"（《语类》卷九十四，张洽录）所以从分殊上说有静中之太极，有动中之太极，这就是所谓"太极有动静"（与《太极解义》以流行言之义有别）。

程朱理学者看问题多从必然出发，认为一切事物的存在和运动都是合乎规律的表现。程颐曾谓"往来屈伸，只是理也"，后程门侯师圣乃言理可屈伸。《文集》载万正淳问："侯氏曰'消息盈虚，往来神明，皆是理也。吉凶悔吝，刚柔变化，皆是物也，恐难分明。'愚谓是数者皆物也，而有理存焉。又曰'以阴阳言之则曰道，以乾坤言之则曰易，贯通乎上下则曰诚。夫道非阴阳也，所以一阴一阳者道也，程子固言之矣。……'而又曰'总摄天地、斡旋造化、动役鬼神、阖辟乾坤，万物由之以生死，日月由之以晦明者，诚也'，则是诚者乃一作用之物，有似乎《阴符经》之云者，而不可谓之贯通上下矣。"朱熹批云："看得是。"（《答万正淳》第四书，《文集》卷五十一）可见朱熹是反对以理能屈伸往来消息盈虚的。《语类》更载陈淳录：

> 问：屈伸往来，气也，程子云只是理，何也？曰：其所以屈伸往来者，是理必如此。（卷九十五，陈淳录）

朱熹认为，所谓"屈伸往来只是理"是说屈伸往来只是理必如此，理合如此，即气之屈伸往来乃是由于其中的内在规律决定其如此运动不已，气的运动完全是合乎规律要求的正常表现。事实上，对二程此语的误解出于记录过简所致，在二程亦以为屈伸往来之所以然者为理，朱熹这个解释是合乎二程思想的。

周敦颐在《通书》的《动静章》中说神是"动而无动，静而无静"的。朱熹以神为理，故理也可以说是动而无动，静而无静的。何谓"动而无动，静而无静"？朱熹《通书解》说："动中有静，静中有动。"《语类》载："动而无动，静而无静，非不动不静，此言形而上之理也。理则神而莫测。方其动时未尝不静，故曰无动。方其静时未尝不动，故曰无静。静中有动，动中有静，静而能动，动而能静。"（卷九十四，程端蒙录）又解释说："此说'动而生阳，动极而静，静而生阴，静极复动'，此自有个神在其间，不属阴不属阳，故曰阴阳不测之谓神。且如昼动夜静，在昼间神不与之俱动，在夜间神不与之俱静，神又自是神，神却变得昼夜，昼夜却变不得神。"（同上，潘植录）"譬之昼夜，昼固是属动，然动却来管那神不得。夜固是属静，静亦来管那神不得。"（同上，潘时举录）"神即此理也。"（同上，徐㝢录）这些思想都是说，当气动时理随气动而自身未动，这就是"方其动时未尝不静"。当气静时理随气静，而理作为使气静极复动的内在动因，含有动之几，这就是"方其静时未尝不动"。在这个意义上利用周敦颐的思想资料，可以说理是动而无动、静而无静的。

综上所述，从本体论上说，理自身并不运动。

二 性情动静

但是，朱熹在有些地方所说的太极的动静不都能用人马之喻等来解释。

为了理解这一点，首先需要认识朱熹《太极图说解》的基本性质和意义。在朱熹看来，周敦颐的《太极图》，由上圈无极而太极至下圈万物化生，具有"天"与"人"的双重性质与意义。一种是自然的（宇宙论的），一种是人生的（人性论的）。就是说，按朱熹的理解，《太极图》以一种图式揭示了两种理论，既阐发了"天地之化"，又揭示了"性情之妙"。朱熹曾说："某许多说话，是太极中说已尽。太极便是性，动静阴阳是心，金木水火土是仁义礼智信，化生万物是万事。"（《语类》卷九十四，叶贺孙录）这就是从人生论解释《太极图》。朱熹在《太极图解》中即先把整个图从头至尾从天地之化的角度加以解释，而后又把整个图从上至下从人生论的角度解释一遍。这样，对图、说都可以有两种解说。如《太极图解》论其人生意义说：

惟人也得其秀而最灵，则所谓人〇者，于是乎在矣。然形，☽之为也，神，☾之发也。五性，之德也。善恶，男女之分也。万事，万物之象也。

虽然，就一般意义上说，《太极图》为自然与人生提供了一个统一模式，但具体说来，并不意味着朱熹在运用《太极图》的模式和范畴对具体问题进行说明时在任何时候都兼有双重意义。因此须注意区别在朱熹使用太极阴阳动静这些范畴时所讨论的究竟是自然观还是人生论，或是兼有双重意义。事实上，太极动静问题上出现的复杂性，一个很重要的原因即朱熹往往也在性情论的意义上讲太极的动静。

　　根据《太极图说解》，朱熹哲学中的太极并不是一个纯粹自然观的范畴。太极常常用来指人物之性。在朱熹看来，以人身而言，性即太极，是心之动静的本体。当心之静而情未发，则为阴、为静；当心之动而情已发，是为阳、为动。无论心之动静，已发未发，太极作为性始终具于心中。朱熹说：

　　　　夫易，变易也。兼指一动一静、已发未发而言之也。太极者，性情之妙也，乃一动一静、未发已发之理也。（《答吴晦叔》第四书，《文集》卷四十二）
　　　　未发之前，太极之静而阴也；已发之后，太极之动而阳也。其未发也，敬为之主而义已具；其已发也，必主于义而敬行焉，则何间断之有哉！（《答何叔京》第二十九书，《文集》卷四十）

朱熹认为，性为未发，情为已发，性发为情，情根于性（同时心也有未发已发之分，思虑未萌、事物未至则心为未发，事物已至、思虑萌生则心为已发，心性情之未发已发详见本书心性论部分），一切外物对于性是一种"感"，对外物的这种感，性都会有一种"应"，这种感应的过程也就是性发为情的过程，理学家亦称为性动为情的过程。在朱熹哲学中"性"可用"太极"来替代，所以心之未发，性未发动为情，朱熹以此理即太极之静；当心之已发、性发动为情，此即太极之动。这里的动静实指已发未发，故说"未发之前，太极之静而阴也；已发之后，太极之动而阳也"。

由此可见，动静范畴在朱熹哲学中不限于机械运动（位置移动）的意义。冯友兰先生说："《礼记》中的《乐记》说：'人生而静，天之性也，感于物而动，性之欲也'，这个'动'也是有广泛意义的'动'。"① 宋儒继承了《乐记》对动静范畴的这种广泛运用，如周敦颐讲"五性感动而善恶分"（《太极图说》），朱熹解释说："五常之性，感物而动，而阳善阴恶。"（《太极图说解》）程颐亦说："自性之有动者谓之情。"（《遗书》卷二十五）朱熹说："性不能不动，动则情矣。"（《胡子知言疑义》，《文集》卷七十三）又说："未动为性，已动为情。"（《答冯作肃》第四书，《文集》卷四十一）所以在朱熹以太极动静论性情已发未发是很自然的。后来朱熹答吕子约书论此甚明：

> 以未发为太极，只此句便不是，所以下文一向差却。未发者，太极之静。已发者，太极之动也。须如此看得方无偏滞。（《答吕子约》第四十五书，《文集》卷四十八）

前引答吴晦叔、何叔京书皆在《太极解义》成稿之时，答吕子约书在朱熹 68 岁，已甚晚。理学用动静范畴描述性情间未发已发的关系，这里的动即同于"发"，所描述的是一种心理活动的过程。

从这里就易于理解朱熹关于太极动静的一些似令人费解的思想，如：

---

① 冯友兰：《中国哲学史新编》，人民出版社 1982 年版，第 30 页。

第四章 理气动静

> 太极无方所，无形体，无地位可顿放。若以未发时言
> 之，未发时却只是静。动静阴阳，皆只是形而下者。然动
> 亦太极之动．静亦太极之静，但动静非太极耳，故周子只
> 以"无极"言之。未发固不可谓之太极，然中含喜怒哀乐，
> 喜乐属阳，怒哀属阴，四者初未著，而其理已具。若对已
> 发言之，容或可谓之太极，然终是难说。（《语类》卷九十
> 四，黄㽦录）

除开各种无关的议论，显然这里所说的太极动静是指性情论而
非自然论。所谓"动亦太极之动，静亦太极之静"即答吕子约
书所谓"未发者太极之静，已发者太极之动也"。

　　总起来说，理或太极的动静问题所以复杂，一方面是由于
朱熹对太极的规定与周敦颐不同，由此引起在利用《太极图说》
的思想材料时不得已而采取的一些曲折说法，令人费解；另一
方面则是由于朱熹在较为广泛的意义上使用"动""静"这对范
畴，以致在动静形式下边所讨论的问题有很大差别。② 此外，
我们看到，不但范畴有不同意义，须要分疏，在朱熹哲学中，
同一个命题形式下常常讨论的也是不同的问题。而形式上相反
的命题由于在内容上所讨论问题的不同而并不发生矛盾。如从
人马之喻说气行则理行，理乘载在气上而有动静，这样，只能

------

② 按朱子所谓理有动静尚有一义，即指"仁义中正"四者之中仁中属动，义
正属静，故其答郑子上书云："理有动静……且以目前论之，仁便是动，义便是静，
此又何关于气乎？"（《文集》卷五十六）然此问题无甚意义，故不具论。

说"气有动静故理有动静"。而从气之动静的根据说，有动之理便能动而生阳，有静之理便能静而生阴，从这里看，又必须说："理有动静，故气有动静。"由于两句话中的"理有动静"意义不同，所以在朱熹哲学中这两个命题——"气有动静，故理有动静"与"理有动静，故气有动静"——并无矛盾。与此类似，从未发已发看，可谓太极有动静；从仁义中正分属看，亦可谓理有动静，以及从乘载之动静看理亦可说有动静。在这些意义上，也可以说"理可以动静言"，③然理或太极为形而上，其自身并不运动，故又须说"太极只是理，理不可以动静言"（见叶贺孙录）。显然，由于各有其特定意义，这里"理可以动静言"与"理不可以动静言"在具体意义上并无矛盾。这种种复杂情况表明，从司马迁的"好学深思，心知其意"到今天的"具体问题具体分析"，这些看上去似成老生常谈的要求仍是研究古代思想的基本方法。

---

③ 郑子上书问："理如何动静？有形则有动静，太极无形，恐不可以动静言。……"朱子答曰："理有动静，故气有动静，若理无动静，则气何自而有动静乎？"（《答郑子上》，《文集》卷五十六）是朱子以理可以动静言也。

第五章　理一分殊

朱熹哲学的研究中，"理一分殊"是一个常常受到特别重视的问题，毫无疑问，理一分殊是宋明理学中常常讨论的，也是十分重要的问题之一。

然而，理一分殊，在宋明哲学中又是一个复杂的问题。这主要是由于这一命题在历史发展中容纳了较开始提出它时广泛得多的含义，已经不能把它作为一个意义单一的命题来对待。这在朱熹哲学对这一问题的讨论，对这一命题的运用中表现得尤为明显。

"理一分殊"四字是程颐在回答杨时对《西铭》的怀疑时首先提出来的。杨时怀疑《西铭》讲天地父母、大君宗子的万物一体境界有同于墨氏兼爱的流弊。对此程颐回答说："《西铭》明理一而分殊，墨氏则二本而无分。分殊之蔽，私胜而失仁；无分之罪，兼爱而无义。分立而推理一，以止私胜之流，仁之方也；无别而迷兼爱，至于无父之极，义之贼也。"（《答杨时论西铭书》，《二程集》）程颐这个思想是说，"仁"是一切人的基本道德原则，但仁的具体实施则有等级差别。一个人爱他的父母兄弟胜过爱他人，这是因为远近不同造成的分别，程颐认为张载的《西铭》符合这个思想，正像孟子，既讲老幼及人，又反对爱无差等，不能说孟子同于兼爱。程颐认为，对一切人都应仁爱，这是理一；但爱由个人对不同对象的义务不同而有差别，这是分殊。根据这个思想，如果逐字加以解释，"理一分殊"就程颐本意而言，"理"指道德原则；"一"与"殊"相对，"一"指同一、统一，"殊"指差异、差别；"分"在这里指本分或等分。陈荣捷先生曾说："理一分殊一语始见于程颐的书信，这里的分并非按其平声意指分开，实际上这里应读去声，指义务、所得份、赋受。"①从伦理学来分析，程颐提出的这一命题包含着这样的思想，即基本的道德原则表现为不同的具体规范。更进一步，包含并涉及理的普遍与特殊、统一与差别的问题。

对这一思想朱熹后来作了许多发展，为全面阐明这一问题，这里先谈朱熹直接继承二程的伦理学上的理一分殊思想。

朱熹在《西铭解义》里说："天地之间，理一而已。然乾道成男，坤道成女，二气交感，化生万物，则其大小之分，亲疏之等，至于十百千万而不能齐也。"又说："盖以乾为父，以坤为母，有生之类，无物不然，所谓理一也。而人物之生，血脉之属，各亲其亲，各子其子，则其分亦安得而不殊哉！"（《西铭解义》）又说："天地之间，人物之众，其理本一，而分未尝不

① 《论朱熹与程颐之不同》，载《中国哲学》第十辑。

殊也。"(《孟子或问》卷一）这些地方所说的"分"都不是指分
开而是指本分或等分，一与殊亦指共同性与差别性。他还明确
指出："《西铭》大纲是理一而分自尔殊，然有二说：自天地言
之，其中固自有分别；自万殊观之，其中亦自有分别。不可认
是一理了，只滚做一看，这里各自有等级差别。"(《语类》卷九
十八，游敬仲录）等级差别即指等分的差别。

照理学看，每个人在宇宙中都占有一定的地位，对他人他
物具有一定的义务，由于地位不同，每个人对他人直接承担的
义务也不同。个人对亲属、对外人、对天地万物各具有不同的
义务，其间有等级差别，一个人应当首先爱其父母，然后及人
及物，这就是立爱必自亲始。虽然，仁爱在具体施行上亲疏有
等、贵贱有别，但在理学看来，其中体现的道德原则是一致的，
或者说是同一个基本原则。即是说道德的基本原理表现为不同
的道德规范。这也就是道德原则中普遍与特殊的关系，从这样
一个特定的角度涉及一般与个别的关系。

由此看来，"理一分殊"就程颐提出这一论题的时候说，它
是一个意义比较具体的命题，主要表现一种伦理学的意义。朱
熹也继承了这一点。但是如果认为朱熹讲的理一分殊也仅限于
这种意义，[2] 那就不正确了。朱熹的贡献正在于直到他才把这
一命题的意义加以扩大，包含了若干更普遍的哲学意义。

一个哲学命题开始提出的时候其意义有时是比较具体的。
而一个哲学命题一旦取得了一定的文字形式，以后的人们便可

---

② 李相显《朱子哲学》即仅以理一分殊为伦理学之命题，参见其书下册第
550 页。

以在文字形式允许的范围内从不同角度或方面去理解它和运用它，从而超出提出它时的具体意义。特别是由于文字的多义性，这一点表现得更为明显，甚至在某些情况下还超出了按照文字形式所规定的意义范围去运用前人思想资料。就"理一分殊"四字而言，"殊"本指差异、不同，不同的东西当然是多，所以理一分殊常被用以表示一多之间的某种关系。但是"多"可以是相互差异的多（物散万殊），也可以是无差别的多（月映万川），这两种一多关系就不一样。"一"指普遍的东西，"多"指特殊、个别的东西。当人们用理一分殊说明普遍与特殊或个别的关系时，普遍无疑是指理，而用来与"理一"相对的特殊东西既可以理解为特殊之理，也可以理解为特殊之物，这两种普遍与特殊的关系也不相同。再如，如果不按二程的原意去理解"分"，而把分作"分开""分散"使用，理一分殊便可以用来阐发本原与派生的关系从而包含本体论的意义。上述复杂情况正是我们在研究朱熹理一分殊学说时所看到的。因此，研究朱熹的理一分殊思想，与其说要用一句话来清楚地解释或概括"理一分殊"的意义，莫若具体地确定朱熹如何运用这一命题处理各种不同问题。

研究者常常指出，朱熹的理一分殊的主要意义之一是讨论一理与万理的关系。为不使问题混淆，首先须对"万理"的"理"作些辨析。所谓万理的理指具体万物之理，此无疑问。但是，朱熹讲的具体万物之"理"，有时是指事物内部所禀得的天理，即仁义礼智之性；有时则是指具体事物的规律、本质。如果用传统的概念来分疏，朱熹所谓"物理"的概念有两种意义，一是上述前者之意即"性理"，一是上述后者之意即"分理"。③
当朱熹宣称万物之理无差别的时候，他是指万物的"性理"，即
万物禀受于天而成就的性，并不意味着他认为万物的具体规律，
如舟之可行于水、车之可行于陆、大黄附子、厅堂桃李之理都
是无差别的。所以，所谓一理与万理的关系对于性理和分理是
不同的，从而理一分殊对二者的意义也不相同。在概念上朱熹
没有把两种具体物理区别开来，如果我们对此也不加区别，就
难以把问题搞清。

朱熹所讲的理一分殊，除了上述理学的普遍道德原则与具
体道德规范的关系而外，包含了哪些他对程颐所发展的内容呢？

一　月映万川

朱熹常以"理一分殊"表述他的哲学中作为宇宙本体的太
极与万物之性的关系。他说：

> 一实万分，万一各正，便是理一分殊处。（《语类》卷
> 九十四，潘植录）

周敦颐《通书》曾说："二气五行，化生万物，五殊二实，二本
则一，是万为一，一实万分，万一各正，小大有定。"（《理性命
章》）朱熹在《通书解》中对此加以解释说：

---

③　"分理"之说见于戴震，这里借用表示具体规律。"性理"乃宋明理学所常
用，然无确定意义，这里以作禀受为性之理用。

> 二气五行，天之所以赋受万物而生之者也。自其末以缘本，则五行之异，本二气之实，二气之实，又本一理之极，是合万物而言之，为一太极而已也。自其本而之末，则一理之实，而万物分之以为体，故万物之中，各有一太极。而小大之物，莫不各有一定之分也。

所谓"合万物而言之，为一太极而已也"不是指宇宙万物的总和为太极。万物并不是太极，万物之体才是太极。这句话是说，把天地万物作为一个总体来看，其中有一个太极，是整个宇宙的本体。或者说宇宙总体受此太极支配。这个太极是一。这是从宇宙本体的角度来讲的，即这个太极是宇宙的普遍规律、万物的存在根据。一切万物都禀受此理以为性，以为体。万物之性理虽然是"分"（禀受）自太极而来，但并不是分有了太极的一部分，因为每一物的性理与作为宇宙本体的太极是相同的，所以说"万物之中，各有一太极"。

朱熹从学李侗时即已在后者的影响下用理一分殊说明万物之性都是所禀自天的、彼此相同的理（见《延平答问》辛巳八月七日书及壬午六月十二日书）。后来的《太极解义》即以"太极"观念为主着力阐发这一思想。《太极图解》提出："五行之生，各一其性，气殊质异，各一其○（太极），无假借也。"强调每个事物气质虽不相同，但都具有彼此相同的太极，所以又说"男女一太极""万物一太极"。此一指同一，即一切事物的太极都是同一的、无差别的，且每一事物的太极与作为整个宇宙本体的太极也是无差别的。所以说："浑然太极之全体，无不各具于一物之中。"（《太极图说解》）这样：

> 盖合而言之，万物统体一太极也；分而言之，一物各
> 具一太极也。（同上）

统体指万物总体，"万物统体一太极"即前引《通书解》所说
"合万物而言之，为一太极而已也"，这就是理一。"一物各具一
太极"即《通书解》说的"万物之中，各有一太极"，这就是分
殊。朱熹认为这也就是周敦颐讲的"一实万分，万一各正"。

　　"一物各具一太极"，这里的太极指性理而不是分理。"理一
分殊"在朱熹哲学中的一个重要意义即指作为宇宙本体的太极
与万物之性的关系。照这个思想说，总起来看宇宙万物的本体
只是一个太极，同时每一事物之中也都包含着一个与那"为一
太极而已"的太极完全相同的太极作为自己的本性。在这种关
系中，"理一分殊"实即指"理一分多"，"多"之间并无差别。

　　既然每一个事物所具的太极与宇宙本体的太极完全相同，
何以说前者是"分"有后者以为体呢?《语类》载：

> 郑问："'理性命'章何以下'分'字?"曰："不是割
> 成片去，只如月映万川相似。"（卷九十四，陈淳录）
> 　问："'理性命'章注云：'自其本而之末，则一理之
> 实，而万物分之以为体，故万物各有一太极。'如此，则是
> 太极有分裂乎?"曰："本只是一太极，而万物各有禀受，
> 又自各全具一太极尔。如月在天，只一而已；及散在江湖，

则随处而见，不可谓月已分也。"（卷九十四，周谟录）

这是说理性命章注所说的"分"是指"禀受"，而不是把太极加以分割。既然在朱熹认为理性命章讲的就是理一分殊，因而禀受也是理一分殊之分的一种意义。

《太极图说解》《通书解》所确立的以理一分殊表述宇宙本体与万物之性关系成为朱熹理一分殊说的一个重要内容。《语类》："伊川说得好，曰理一分殊。合天地万物而言，只是一个理，及在人，则又各自有一个理。"（卷一，林夔孙录）这个思想与《太极图说解》《通书解》完全一致，更明确地用理一分殊说明统体太极与各具太极的关系。

这里附带讨论一下朱熹理一分殊说中的一多关系与佛教所谓一多相摄的比较。

从质（内容）上看万物统体之太极与万物各具之太极没有差别，因而差别仅仅在于，在量上前者是一，后者是多（万）。朱熹曾说：

> "万一各正，小大有定"，言万个是一个，一个是万个，盖体统是一太极，然又一物各具一太极。（《语类》卷九十四，程端蒙录）

统体太极是一，各具太极是万。包括月印万川的比喻在内，朱熹主要是从内容上强调一与万同，并不是说每一湖中的月亮不但与天上及其他江湖的月亮相同，而且包容了所有的月亮。

关于朱熹所说的一个与万个的关系与华严宗一多相摄学说的关系，需要从形式和内容两个方面加以分析。从形式上说朱熹与华严宗都讲一与万同，但是佛教讲的一是个别的一，不是总体的一，这与朱熹讲的一正好相反。按华严宗之说，一滴海水不但在质上与整个大海之水没有差别，而且一滴海水包尽大海之水，一根毛中有无边狮子，一法遍含一切法。这就不仅在质上，而且在量上断言个别就是全体，全体就是部分或个别，一即是多，多即是一。因此，上述朱熹所说的一个与万个的关系与禅宗"月印万川"相近，而与华严宗"一多相摄"的思想是有差别的。朱熹所说的"一"指普遍的一理，"万"指众多个别的性理，与华严宗以一指个别、万指全体不同。同时，朱熹在讨论这个问题时是从质上，而不是从量上着眼，一与万在质上同一而非在量上含摄。④ 朱熹虽然也讲人心含具万理，但这个万理不是指万个太极，只是指人心具有仁义礼智等道德条目。

固然，朱熹有些看法似乎看上去是以太极为万理总合。如"总天地万物之理，便是太极"（《语类》卷九十四，襄盖卿录），"所谓太极云者，合天地万物之理而一名之耳"（《隆兴府学濂溪先生祠记》，《文集》卷七十八），似乎认为宇宙的普遍规律即一切具体规律的总和。但这个思想与理一分殊不合，其实朱熹这里讲的总合并不是集合，不是指包含各种具体元素的总体、全体，而是指总规律、普遍规律、一般规律。

从内容上看，朱熹的万物各具一太极说，其思想主要来自

---

④ 杨荣国主编《简明中国哲学史》第 196 页："……这就是所谓理一分殊，即是佛教华严宗所谓一多相摄的观点。"

儒家传统的性善观念。他在《太极解义》的《附辩》中曾为自己提出这一命题进行辩解："万物之生，同一太极者也。而谓其各具，则亦有可疑者。然一物之中，天理完具，不相假借，不相陵夺，此统之所以有宗，会之所以有元也，是则安得不曰各具一太极哉！"又说："近而一身之中，远而八荒之外，微而一草一木之众，莫不各具此理。如此四人在坐，各有这个道理，某不用假借于公，公不用求于某，……各各满足，不待求假于外。……释氏云：'一月普现一切水，一切水月一月摄。'这是那释氏也窥见得这些道理，濂溪《通书》只是说这一事。"（《语类》卷十八，杨道夫录）朱熹其实只是借用佛教月印万川处处圆的比喻以加强性善论的论证而已。

总之，在表述宇宙本体与万物之性的关系上，理一分殊是指万物之性来自宇宙本体并以之为根据，且与宇宙本体的内容没有差别。

二　一实万分

朱熹不但在本体的意义上讲理一分殊，也从本原的意义上讲理一分殊，包含了把理一作为宇宙究竟本原的意义。

程颐讲的理一分殊本来是可以用体用论来解释的，理一是体，分殊是用，但二者之间没有本末的意义。照朱熹的讲法，理一分殊又是本（本原）末（派生）的关系。本体与本原意义略有区别，前者是本体论的说法，后者则有宇宙论的含义。月映万川的比喻主要着眼于本体论的角度，而在宇宙论上朱熹则用本根和果实来比喻说明本原与派生者的理一分殊关系。他说：

> 周子谓："五殊二实，二本则一，一实万分，万一各正，大小有定。"……所谓"乾道变化，各正性命"，然总又只是一个理。此理处处皆浑沦，如一粒粟生为苗，苗便生花，花便结实，又成粟，还复本形。一穗有百粒，每粒个个完全，又将这百粒去种，又各成百粒。生生只管不已，初间只是这一粒分去。物物各有理，总只是一个理。（《语类》卷九十四，陈淳录）

> 太极如一木生上，分而为枝干，又分而生花生叶，生生不穷。到得成果子，里面又有生生不穷之理，生将出去，又是无限个太极，更无停息。（《语类》卷七十五，叶贺孙录）

在本原上，太极是万物的究竟本原。先有理，后有气，然后有万物。万物之理都来自作为究极本根的太极，又都同于本根之太极。本根之太极与后来派生万物中的太极，如同一粒种子产生众多果实，这些果实又作为种子产生更多的果实，代代相续，生生不穷，而每代种子都与最初一粒种子相同。这个思想并不是说太极自身可以生出万物或生出万理来，在这里，比喻的意义不在于生，而在于作为初始本根的种子（太极）与代代产生的，又可以作为种子的果实（万物之理）之间的同一性。从横的方面看，是月映万川；从纵的过程说，则如一种万实。朱熹认为这个关系也就是程颐所说的"万物各具一理，而万理同出一源"。

"殊"本指不同及差异，程颐之理一分殊本亦以殊对一。但殊亦可引申为多，因为不同的东西总不是一而是多，如《小戴礼记》言"天高地下，万物散殊"（《乐记十九》）。然而"多"之间未必互相差别。我们看到，无论从本体还是从本原的角度，朱熹用理一分殊论述作为宇宙本原和本体的一理与万物性理的关系时，这个"殊"都不是指万物之理的差别而言。

三　理一分殊

如前所说，程朱理一分殊学说包含了伦理学上的一般原则与具体规范的关系。普遍原理表现为具体原则，具体原则中又贯穿着普遍原理。对于朱熹，是用普遍的同一性统一性与具体的差别性多样性的讨论来说明一般与特殊的关系。如朱熹说："理只是这一个，道理则同，其分不同。君臣有君臣之理，父子有父子之理。"（《语类》卷六，甘节录）他进一步说："所居之位不同，则其理之用不一。如为君须仁，为臣须敬，为子须孝，为父须慈。物物各具此理，而物物各异其用，然莫非一理之流行也。"（《语类》卷十八，沈僩录）每个人根据对不同对象所处的相对地位（于君为臣、于子为父等）确定其义务而采取不同的道德行为。而各种道德行为中又包含着统一的道德原则，换言之，基本原则体现为具体不同的行为规范，这就是理一而分殊。

从伦理学推广，天下万事万物也都有这种一般与个别的理

第五章　理一分殊

一分殊关系,《语类》载:

> 问:去岁闻先生曰,只是一个道理,其分不同,所谓分者,莫只是理一而其用不同?如君之仁、臣之敬、子之孝、父之慈、与国人交之信之类是也?曰:其体已略不同。君臣父子国人是体,仁敬慈孝与信是用。问:体用皆异?曰:如这片板,只是一个道理,这一路子恁地去,那一路子恁地去;如一所屋,只是一个道理,有厅有堂;如草木,只是一个道理,有桃有李,如这众人,只是一个道理,有张三、有李四,李四不可为张三,张三不可为李四;如阴阳,《西铭》言理一分殊,亦是如此。(《语类》卷六,甘节录)

个体事物不同,普遍之理在个体事物上的具体表现也不同。房子有厅堂之分,房子之理即由厅堂等不同形式具体表现出来。草木有桃李之别,其一般规律的表现则是个别的,仅就这里而言,朱熹已经接近于"没有一般的草木,只有具体的桃李"这样辩证含义的结论了。一般在个别之中,同一性表现为差别性,朱熹这些思想是有其合理性的。

与各具太极说着眼于性理的思想不同,朱熹认为事物的具体规律、性质是各有差别的。他指出:"花瓶便有花瓶底道理,书灯便有书灯底道理,水之润下,火之炎上,金之从革,木之曲直,土之稼穑,一一都有性,都有理。人若用之,又著顺它理始得。若把金来削做木用,把木来镕做金用,便无此理。"

151

（《语类》卷九十七，叶贺孙录）"因行街云，阶砖便有砖之理，因坐云，竹椅便有竹椅之理。"（《语类》卷四，叶贺孙录）"如物之无情者亦有理否？曰：固是有理，如舟只可行之于水，车只可行之于陆。"（同上，曾祖道录）"不知枯槁瓦砾如何有理？曰：且如大黄附子亦是枯槁，然大黄不可为附子，附子不可为大黄。"（同上，甘节录）上述这些说法，一方面强调理的存在的普遍性，另一方面显然也包含着承认事物的具体之理是相互差别的。舟车砖椅、厅堂草木，各有其理，由此要求人的实践必须依顺不同对象的具体物理，否则就会失败。确认具体物理的差别，对朱熹是完全自然的，因为正是在这一确认的基础上要求人的认识必须经由今日格明日格的积渐工夫。

既然具体的分理是差异万殊的，理一又在什么意义上成立呢？朱熹指出：

天下之理万殊，然其归则一而已矣，不容有二三也。（《答余正甫》，《文集》卷六十三）

这是说理一是指各个不同的分理贯穿着一个普通的原理。因之，所谓万物一理，不是指万物具体规律的直接同一，而是说在归根结底的层次上它们都是同一普遍规律的表现。朱熹说："若只理会得民之故，却理会不得天之道，便即民之故亦未是在。到得极时，固是一理，要之，须是都看得周匝，始得。"（《语类》卷七十五，黄榦录）这也是说事物的具体规律本是彼此相异的，但从更高的层次看它们都是普遍规律的具体体现，从而具有统一性，所以"到得极时"才能"见得是一理"。

客观世界的理一分殊决定了认识必须通过分殊而上升到理一。"或问理一分殊。曰：圣人未尝言理一，多只言分殊，盖能于分殊中事事物物头头项项理会得其当然，然后方知理本一贯。"（《语类》卷二十七，董铢录）这样，理一分殊也就为朱熹提供了认识论与方法论的基础。分殊决定了积累的必要性，理一决定了贯通的可能性。理会分殊是贯通一理的基础和前提，贯通一理是理会分殊的目的和结果。

四 万物一理

理一分殊也用以说明一理与万物的关系。朱熹说："天之生物，有有血气知觉者，人兽是也；有无血气知觉而但有生气者，草木是也；有生气已绝而但有形质臭味者，枯槁是也。是虽其分之殊，而其理则未尝不同。"（《答余方叔》，《文集》卷五十九）这里所说的分殊不是指具体物理而是指事物之间的差别，所谓理未尝不同则是指万物皆禀受天地之理为本然之性。《论语集注》说："盖至诚无息者，道之体也，万殊之所以一本也。万物各得其所者，道之用也，一本之所以万殊也。"（《里仁》）这里的万殊也是指各种不同的事物。《中庸或问》中说："天下之理未尝不一，而语其分则未尝不殊，此自然之势也。盖人生天地之间，禀天地之气，其体即天地之体，其心即天地之心，以理而言，是岂有二物哉！……若以其分言之，则天之所为固非人之所及，而人之所为又有天地之所不及者，其事固不同也。"

（卷三）这里所说的分殊指事为的不同，由之可见，朱熹讲的理一分殊有时是指不同事物都有相同的理或受共同的理所支配。在这里，用以与理一相对的不是个别的理而是个别的事物。

总起来看，理一分殊这一命题在朱熹哲学中含有多种意义，实际上被朱熹作为一个模式处理各种跟本原与派生、普遍与特殊、同一与差别有关的问题。当朱熹用以表述宇宙本原和本体与万物之性的关系时，理一分殊包含着理为气本的意义。以理一为宇宙的究竟本原实质上是把宇宙的普遍规律夸大到脱离了宇宙自身的绝对，这一思想路线明显是错误的。同时，为了论证仁义礼智的普遍内在，强调理的统一性而忽略了万物之理（性）的多样性。但是，也应看到，在朱熹以理一分殊为形式讨论现实世界中普遍规律与事物的具体规律、伦理的普遍原理与具体规范的关系时，明显地涉及一般和个别的问题。朱熹在这些问题上所讲的理一分殊承认一般的、统一的东西是通过个别的、多样的差异的东西所表现的，由此肯定人的认识可以由个别上升到一般，这些辩证的思想因素应当加以肯定。当然，理学这些涉及一般与个别问题的讨论有其局限，理学家不是从共相和殊相，从一般概念和具体事物的方面讨论个别和一般的关系，他们注重的是理的一般与个别问题。而在理一分殊形式下所讨论的理的一般和个别问题，主要之点也不在讨论一般在个别之中还是之外的问题，而主要是讨论作为一般之表现的个别之间是同是异，以及众多的个别现象、具体规律是否受共同的基本规律所支配的问题。

第六章　理气同异

　　深入研究朱熹哲学，另一个值得细致分析和考察的问题即人物理气同异的问题。这是朱熹，特别在其晚年，与学生反复讨论的一个问题。

　　在朱熹和他的学生间讨论的"理气同异"问题，按其内容实即指人物之性的同异问题。因此这里的"理"是指性理，而不是指气之流行的所以然或事物的分理、伦理。按照朱熹哲学，天地间一切有生之物都是禀受理气而生，那么，万物所禀之气是否相同？更重要的，每一个体所禀以为性的理是否相同？照前章所说，在朱熹以理一分殊的形式讨论这个问题时，他宣称人人一太极，物物一太极，由此每一事物所禀之理应是没有差别的。然而，如果不局限于各具太极的讨论，整个看来，在朱熹的著作、书信、语录中，这个问题上的说法十分纷杂，几乎是朱熹哲学中最为混乱的一个问题。这对于出于玄想的道学性理哲学当然是十分自然的。在这里我们尽可能地为之加以疏解，以便了解其中的矛盾并整理出一些脉络来。

关于人物性理是否相同的问题，二程已有论述。《遗书》卷二："天地之间，非独人为至灵，自家心便是草木鸟兽之心，但人受天地之中以生尔。人与物，但气有偏正耳。"这样来说，人物之性（理）皆同，只是气禀不同。得气之正者为人，得气之偏者为物。二程又说："万物皆备于我，不独人尔，物皆然。""万物皆备于我，此通人物而言。"（《遗书》卷二下）这是说理不但备具于人而且备具于物，人物之理（性）相同。又说："虽木植亦兼有五行之性在其中，只是偏得土之气，故重浊也。"（《遗书》二上）"近取诸身，一身之上，百理具备，……此个道理，虽牛马血气之类亦然，都恁具备，只是流形不同，各随形气后，便昏了他气（气当作性）。"（《遗书》卷二下）二程这些思想都是主张人物的性理相同。不过，二程还未提出禀理的说法，也没有提出理的同异偏全问题，这在朱熹则加以进一步发展。

一 理同气异

早在《延平答问》中朱熹与李侗之间便讨论过人物之性（理）同异的问题。朱熹认为仁是心之理，人有此仁理为性，而禽兽则"不得而与焉"，这也是"人之所以为人而异于禽兽者"。李侗则指出"若如此说，恐有碍"，认为"若以为此理唯人独得之，即恐推测体认处未精，于他处便有差也"。李侗强调人物之异在于气质，"人得其秀而最灵，五常中和之气所聚，禽兽得其偏而已，此其所以异也"。（以上皆见壬午六月书）朱熹随即接受了李侗的这种理同气异说。再答李侗书中他说："天地生物本乎一源，人与禽兽草木之生，莫不具有此理，其一体之中即无丝毫欠剩，其一气之运亦无顷刻停息，所谓仁也，但气有清浊，故禀有偏正。惟人得其正，故能知其本具此理而存之，而见其为仁。物得其偏，故虽具此理而不自知，而无以见其为仁。然则仁之为仁，人与物不得不同。知人之为人而存之，人与物不得不异。故伊川夫子既言'理一分殊'，而龟山又有'知其理一知其分殊'之说。"（辛巳八月七日书①）朱熹以理同气异解说理一分殊，较前一封信有较大改变，而在发挥理同气异思想上实已超过了李侗。

李侗死后不久，在答徐元聘书中他进一步讨论了这一问题："承喻人物之性同异之说，此正所当疑当讲者。……熹闻之，人物之性本无不同，而气禀则不能无异耳。程子所谓'率性之谓道兼人物而言'，又云'不独人尔，万物皆然'者，以性之同然者而言也。所谓人受天地之正气与万物不同。又云'只是物不能推，人则能推之'者，以气禀之异而言也。……然性只是理，恐难如此分裂，只是随气质所赋之不同，故或有所蔽而不能明耳，理则初无二也。至《孟子》说中所引，乃因孟子之言只说人分上道理，若子思之意，则本

---

① 按此辛巳八月书（朱子32岁）乃承上引壬午六月书（朱子33岁），故二书之年月，或辛巳八月书本为壬午八月书，或壬午六月书本为辛巳六月书，总有一误也。

兼人物而言之也。'性同气异'，只此四字，包含无限道理。"
（《答徐元聘》第二书，《文集》卷三十九）② 朱熹在这里进一
步阐明了理（性）同气异的思想。

乾道中成稿的《太极解义》以人人一太极、物物一太极、
万物各具一太极这些新的理论形式把理同气异的思想表达得更
为明显。这一点在上章论理一分殊时已经讨论过了。

可见，自绍兴末到乾道中，朱熹关于理同气异的思想已经
相当成熟。但是，这绝不是说朱熹以后仍始终坚持理同气异。
在朱熹的上述思想中包含着一个重要的矛盾。按照儒家传统的
思想，"天地之性人为贵"（《孝经》引孔子语），"人之超然万物
之上而最为天下贵也"（董仲舒《春秋繁露·天地阴阳》），反
对把人与物同等看待，反对把人之性混同于禽兽之性。特别是
孟子反驳告子时曾明确向告子提出责难："然则犬之性犹牛之
性，牛之性犹人之性欤！"（《孟子·告子上》）按照《太极解
义》，万物各具一太极而互无假借，提出万物之性都是禀受天地
之理而来，这种学说是要为儒家传统的性善论进一步寻求本体
论的支持。可是，这样一来，由于强调仁义礼智内在的普遍性
而牺牲了人之所以为人的特殊性，从而，人物各具一太极便与
孟子以来儒者强调人物本性的差异存在着突出的矛盾。这一矛
盾在朱熹强调理的普遍性时被忽略了。然而这一点不能回避，
也就决定了朱熹不可能始终坚持理同气异之说。在《太极解义》

---

② 按《文集》卷三十九所收皆朱子早年与知旧往来书信。徐元聘即朱子早年
之友，考《文集》惟答许顺之第二提及徐元聘，"齐仲、元聘书中各有少辨论"，其
书在乾道丙戌丁亥间，以此推之，《文集》答徐共二书当皆作于此时，朱子37—
38岁。

成稿若干年后完成的《论孟集注》中朱熹对这一问题已有所觉察。

二　理有偏全

淳熙四年丁酉，朱熹（48岁）《论孟集注》成。《孟子集注》阐述人物之性的差别说：

> 性者，人之所得于天之理也；生者，人之所得于天之气也。性，形而上者也；气，形之下者也。人物之生，莫不有是性，亦莫不有是气。然以气言之，则知觉运动，人与物若不异也；以理言之，则仁义礼智之禀，岂物之所得而全哉？此人之性所以无不善，而为万物之灵也。（卷十一，《告子上》）

朱熹认为，在由气所决定的有知觉、能运动、趋利避害方面，人与禽兽之物同作为生物个体是基本相同的。但从性上看，仁义礼智之性只有人禀受得全，物则禀受得不全。依此看法，就不能说人物的性理是完全相同的。不过，严格说来，"仁义礼智之禀，岂物之所得而全"究竟意何所指，在《孟子集注》本身尚难以确定，是指仁义礼智四德中物只禀得其中之一、之二或之三？还是指物对于四德虽皆有禀受，但在每一德上有所欠缺（如仁多义少之类）？或者像有些学者所理解的，所谓不全不是指禀受不全，而是指未能完全表现出来？③ 总之，在如何解释孟子思想以及如何把孟子思想与他自己的各具太极说协调起来方面，朱熹显然有一些困难。因为，对于孟子所说的人物之性的差别，不仅是一个如何解释的问题，而且是涉及朱熹必须承认的儒家传统思想的一个基本观点。

淳熙十四年丁未，朱熹（58 岁）在一封书信中讨论对犬牛人性一章解释的修改时说：

> 然则犬之性犹牛之性，牛之性犹人之性欤！犬牛人之形气既具，而有知觉能运动者，生也。有生虽同，然形气既异，则其生而有得乎天之理亦异。盖在人则得其全而无有不善，在物则有所蔽而不得其全，是乃所谓性也。今告子曰生之谓性，如白之谓白，而凡白之白无异白焉，则是指形气之生者以为性，而谓人物之所得于天者亦无不同矣。故孟子以此诘之．而告子理屈词穷，不能复对也，……盖知觉运动者，形气之所为，仁义礼智者．天命之所赋。学者于此正当审其偏正全阙，而求知所以自贵于物，不可以有生之同，反自陷于禽兽而不自知己性之大全也，告子一段，欲如此改定，仍删去旧论，似已简径，但恐于一原处未甚分明，请看详之。（《答程

---

③　冯友兰先生说："每一物中皆有太极之全体，然在物中，仅其所以为其物之理能表现，而太极之全体所以不能表现者，则因物所禀之气蔽塞之也……物所受之理本无不全，但因其禀气较偏且塞，故理不能全显而似于偏也。"（《中国哲学史》下册，第 912 页）

正思》第十六书，《文集》卷五十）④

与《孟子集注》相比，朱熹进一步发展了人物之性理有偏有全的思想。他指出，人物性理的偏全是指"形气既异，则其生而有得乎天之理亦异"，即形气不同致使人物所得的理也有不同。他认为告子犬牛人性相同的错误正在于实质上认为人与物所得于天的理也都相同了。这样看，朱熹在解释《孟子》告子章时是强调气异而理异的。这些思想与《太极解义》理同气异的思想的确难以一致。另外，如果说人物所得天之理不同，这种不同是否为天所赋予他们的不同所造成的呢？如关于气禀之不同，按照朱熹说人物之生或遇清明醇和之气，或遇邪恶驳杂之气，虽然是"偶然相值，非有安排"，但就气禀而言，源头便有不齐。所谓理禀是否也有类似情况呢？当然朱熹主张天赋万物之理本无不同，但在这里没有论及此点，故答程正思书尾说："但恐于一原处未甚分明。"后来朱熹答黄商伯书讲"论万物之一原则理同而气异，观万物之异体则气犹相近而理绝不同"，即进一步加以补充。

不过，从《学庸章句》成书（60 岁）到庆元党禁开始（66 岁）之前这一时期，朱熹的思想似乎还不是十分清楚，因之在此期间的议论文字中既有理同气异也有气异理异的说法。

---

④　此书首云："告子'生之谓性'，《集注》虽改，细看终未分明，近日再改一过"，又尾云"告子一段欲如此改定"，故知此书所论犬牛人性者当因改集注而发。然今所见集注似为旧本，而朱子改文则未尝印行也。此书《年谱》以在淳熙丙午，而实在丁未，详见朱陆之辩部分所考，此处略去。

《中庸或问》说："盖在天在人虽有性命之分，而其理则未尝不一，在人在物虽有气禀之异，而其理则未尝不同，此吾之性所以纯粹至善而非荀扬韩子之所云也。"（卷一）又说："盖天命之性，率性之道，皆理之自然而人物之所同得者也。"（卷一）人与物气禀不同，但"其理"则未尝不同，"其理"即指人物之性理。《语类》陈淳所录（守漳时）："如禀得气清明者，这道理只在里面，禀得气昏浊者，这道理亦只在里面，只被这昏浊遮蔽了。"（卷五十九）这些是理同气异之说。

同时，朱熹也讲理有同异偏全。《语类》："犬、牛、人，谓其得于天者未尝不同，惟人得是理之全，至于物止得其偏。"（《语类》卷五十九，叶贺孙录，辛亥后）《文集》："天之生物不容有二命，只是此一理耳。物得之者自有偏正开塞之不同，乃其气禀使然，此理甚明。……告子之失乃是不合以生为性，正是便认气为性，故其禀不能不同。"（《答林一之》第三书，《文集》卷五十七）⑤ 又说："气禀既殊，则气之偏者便只得理之偏，气之塞者便自与理相隔。"（《答杜仁仲》第一书，《文集》卷六十二）⑥ 这就是说，朱熹既承认所禀之理受气间隔而不能完全表现，又承认所禀受之理本身亦有偏阙。

朱熹这些思想只是确认天之生物本为一理，但理在人在物所得究竟是同是异并未完全解决。

---

⑤ 林易简，字一之，漳州从学，故与其书在 61 岁后。
⑥ 答杜仁仲书论及答梁文叔论魂魄书，按答梁书在辛亥（朱子 62 岁）前后，故此书亦在辛亥前后。

三 气异理异

如果说从《论孟集注》成书到《学庸章句》见世，在朱熹思想中"理同而气异"与"气异而理异"两种观点的关系还不十分清楚的话，而从绍熙末年起，他的学生开始不断地把这一矛盾直接摆在朱熹面前，迫使他进一步寻找一种解决方法。

朱熹门人辅广曾问朱熹：

> 人物皆禀天地之理以为性，皆受天地之气以为形。若人品之不同，固是气有昏明厚薄之异，若在物言之，不知是所禀之理便有不全耶？亦是缘气禀之昏蔽故如此耶？

这是说人与人之间的差别仅在于气质的差异，个体的性理并无不同，人的道德差别在于气质的昏明不同使所禀之理受到了蒙蔽，妨碍了理的完全表现。辅广的问题主要是，人和物的差异，究其所以，是因为物所禀受的理比人为偏而不全呢，还是说人与物的差别，与人的个体差别相似，也仅仅是由于气禀昏明不同而导致的理在表现程度上的差别呢？朱熹回答说：

> 惟其所受之气只有许多，故其理亦只有许多，如犬马，他这形气如此，故只会得如此事。

照这里所说，理的偏全（许多）是与气的偏全（许多）相联系的一个问题。若气禀有偏，则所受之理亦不全。也就是说人所受的理是全的，物所受的理是不全的。如前所说，这与《孟子集注》及答程正思书意同，而与各具一太极说相抵，故辅广进而举出太极之说质之：

> 物物具一太极，则是理无不全也。曰：谓之全亦可，谓之偏亦可。以理言之则无不全，以气言之则不能无偏。（以上皆见（《语类》卷四，辅广录）

按朱熹开始的说法，理禀是有偏全的，而当辅广指出这一点与太极说明相矛盾时，他的回答便模棱两可了。在什么意义上"谓之全亦可，谓之偏亦可"？如果说"以理言之则无不全"，则如何解释"惟其所受之气只有许多，故其理亦只有许多"？这样看来，或者辅广所录不清，或者便是朱熹对这一难题并未给出完满解答。

甘节所录一段类似：

> 问：犬牛之性与人之性不同，天下如何解有许多性？曰：人则有孝悌忠信，犬牛还能事亲孝、事君忠也无？问：濂溪作《太极图》，自太极以至万物化生，只是一个圈子，何尝有异？曰：人、物本同，气禀有异，故不同。（《语类》卷五十九，甘节录）

朱熹开始似承认人与犬牛之性不同，当甘节指出这与《太极图说》思想的差异时，他又转说人物性同，只是气质不同，这个情况与答辅广之问相似。按甘节所录在癸丑（64 岁）后，辅广所录在甲寅（65 岁）后，但这里的讨论尚未涉及庆元后讨论的一些问题，故当在甲寅为近。站在这些提问者的立场上，我们也会感到朱熹的说法并未能解决所提出的疑问。

庆元之后，在朱熹与学生的答问中对这些问题的讨论逐步深入。朱子门人黄商伯有疑：

> 《中庸章句》谓人物之生各得其所赋之理，以为健顺五常之德，《或问》亦言人物虽有气禀之异，而理则未尝不同。《孟子集注》谓以气言之则知觉运动人与物若不异，以理言之则仁义礼智之禀岂物之所得而全哉？二说似不同。岂气既不齐，则所赋之理亦随以异欤？

朱子答云：

> 论万物之一原，则理同而气异；观万物之异体，则气犹相近而理绝不同也。气之异者粹驳之不齐，理之异者偏全之或异。（《答黄商伯》第四书，《文集》卷四十六）[7]

---

[7]　此书乃答黄商伯《中庸章句》问目，《中庸章句》成于己酉，故此书在己酉之后。又《语类》卷三胡泳录"问黄寺丞云：气散而非无……"，卷一胡泳、沈僩录"先生答黄商伯书有云：论万物之一原，则理同而气异……"。今按胡泳录所引黄语及沈僩所录朱子答语皆见于此书，胡泳录在戊午，沈僩录在戊午后，故知此答黄商伯第四当在戊午，朱子 69 岁。

黄商伯把《孟子集注》的理有偏全说同《中庸或问》的理同气
异说的矛盾直截摆到了朱熹面前。按照朱熹这里的回答，就万
物一原说，天所命之理只是一个，但是万物各自得到的理则不
相同。这个思想基本同于前引答程正思书，不过更明确地补充
了答程书尚未分明的一原问题。朱熹向学生解释这封信的内容
时说："须是去分别得他同中有异，异中有同，始得。其初那理
未尝不同，才落到气上，便只是那粗处相同，如饥食渴饮，趋
利避害，人能之禽兽亦能之。若不识个义理，便与他一般
也。……庶民去之，君子存之，须是存得这异处，方能自别于
禽兽。不可道蠢动含灵皆有佛性，与自家都一般。"（《语类》卷
五十九，黄义刚录）一物各具一太极思想本来实与佛家所谓蠢
动含灵皆有佛性之说相近，朱熹在这里一方面强调"其初那理
未尝不同"即"论万物之一原，则理同"的思想，另一方面强
调禀受到形气中的理则有差异，以此与蠢动含灵皆有佛性区别
开来。

在另一封信中朱熹进一步阐发了他的思想：

> 所疑理气之偏，若论本原，既有理然后有气，故理不
> 可以偏全论。若论禀赋，则有是气而后理随以具，故有是
> 气则有是理，无是气则无是理，是气多则是理多，是气少
> 即是理少，又岂不可以偏全论耶？（《文集》卷五十九，《答
> 赵致道》第一书）⑧

---

⑧　赵致道绍熙末至庆元初始从学朱子，此书当在从学之初。

"论本原"即"论万物之一原"，理皆相同，故无所谓偏全。

　"论禀赋"即"观万物之异体"，理有偏全之分。赵致道主张理不应有偏全之说，朱熹加以辩驳。按朱熹说，五行之气含五常之理，禀得什么气即禀得此气中所含之理。未曾禀得此气即阙此气所含之理。禀得何种气多，则相对而言禀得此理亦多，反之亦然，如木气多则偏仁，金气多则偏义等，所禀五行之气若有偏重，所禀五常之理便不能无偏全。

　答严时亨书中朱熹进一步谈道：

　　生之谓性一章，论人与物性之异，固由气禀之不同。但究其所以然者，却是因其气禀之不同而所赋之理固亦有异。所以孟子分别犬之性、牛之性、人之性有不同者，而未尝言犬之气、牛之气、人之气不同也。人之所以异于禽兽一章亦是如此。若如所论，则孟子之言为不当，而告子白雪白羽白玉之白更无差别，反为至论矣。（《答严时亨》第三书，《文集》卷六十一）⑨

可以看到，前面引述的辅广提出的问题及黄商伯提出的问题，即人物之别究竟是仅仅由于气质昏明程度不一造成的还是由于气禀不同致使所赋之理亦有偏全的问题，在这里才得到明确的回答。这就是"究其所以然者，却是因其气禀之不同而所赋之

────────────

　⑨　《答严时亨》第二书云"礼书近方略成纲目，但疏义杂书中，工夫尚多"，按朱子丙辰始修礼书，纲目成后，丁巳分送诸门人作疏义，故其书当在丙辰。第三书乃承第二书，故当在丙辰末或丁巳初，朱熹67—68岁。

理固亦有异"。答赵致道书在绍熙末庆元初，答严时亨书在庆元三年，答黄商伯书在庆元四年（为论述方便故前述先引黄商伯书），大体上看，庆元后朱熹比较明确肯定了理有偏全，即由于五行之气禀受不均造成的五常之理禀受的偏颇。

《语类》载：

> 问……理无不善者，因堕在形气中，故有不同，所谓气质之性者是如此否？曰：固是，但气禀偏，则理亦欠阙了。（卷四，林夔孙录，67 岁后）
>
> 或问：如蝼蚁之有君臣，桥梓之有父子，此亦是理？曰：他只有这些子，不似人具得全，然亦不知如何只是这几般物具得些子。（卷五十九，吕焘录，70 岁）
>
> 如牛之性顺，马之性健，即健顺之性。虎狼之仁，蝼蚁之义，即五常之性，但只禀得来少，不似人禀得来全耳。（卷六十二，吕焘录，70 岁）

根据朱熹的这些说法，所谓理的偏全是指物所禀受的理有"欠阙""禀得来少"。但是，朱熹的这个理禀有偏全的思想并不是说惟有人禀有仁义礼智（信）而物只禀有其中之一德、二德或三德，如果那样便无法理解朱熹何以长时期不能摆脱既要肯定仁义礼智的普遍内在，又须同时确认人物本性的差别的困难境地。按照朱熹的理禀有偏全思想，仁义礼智仍然普遍内在于一切品物，只是性理似应有质和量的双重规定。就是说，人与物都无例外地禀有仁义礼智四德，但物因气禀之偏，故所禀受的仁义礼智有偏少，或仁少，或义少，或礼少，或智少，或其中二德少，或其中三德少，或四德皆少。然虽偏或少、仁义礼智四种德性总还是有的。朱熹说："只一阴一阳之道，未知做人做物，已具是四者，虽寻常昆虫之类皆有之，只偏而不全，浊气间隔。"（《语类》卷四，廖德明录）"物也有这性，只是禀得来偏了。"（《语类》卷五十九，黄义刚录）"仁义礼智物岂不有，但偏耳。"（《语类》卷六十二，陈淳录）这些都反复申明物既具四德，又偏而不全，朱熹说："五常，仁义礼智信，五行之理也。"（《通书解》）"性有偏者，如得木气多者仁较多，金气多者义较多。"（《语类》卷四，包扬录）"问：人具五行，物只得一行？曰：物亦具有五行，只是得五行之偏者耳。"（《语类》卷四，郑可学录）这种人与物禀受天理在量上的差别，若比喻的话："人物之生，天赋之以此理未尝不可，但人物之禀受自有异耳。如一江水，你将杓去取，只得一杓；将碗去取，只得一碗，至于一桶一缸，各自随器量不同，故理亦随以异。"（《语类》卷四，沈僩录）以上所引不尽为庆元后的语录，也有守漳前后的，这表明朱熹的这一思想自守漳以来经历了一个不很清楚到逐渐清楚的发展过程。

只有了解朱熹的理禀偏全说才能了解他的理有同异说的全部内容，才能懂得他的那些看上去模棱两可的说法。人与物皆禀仁义礼智之理，这是人物之性之"同"，在此意义上，即物亦不缺少仁义礼智，故也可说物性禀得全。但人得仁义礼智之全，物得仁义礼智之偏，这是人物之性之"异"，从这里看物性不能说禀得不偏。以这样的观点回过头来看，才能理解朱熹守漳以来所谓"谓之全亦可"（皆有仁义礼智），"谓之偏亦可"（仁义礼智有偏），"仁义礼智是同，而其中却有异处"，"须是去分别得他同中有异，异中有同，始得"，以及"性最难说，要说同亦得，要说异亦得"（《语类》卷四，林夔孙录）这些说法。当然，庆元之后在朱熹的言论中偶尔也可见人物性同的说法（这些应因时因地因对象地具体分析），但总的看，朱熹晚年更倾向于理禀有偏全而导致人物之性（理）有同异的说法，这一点应无可疑。⑩

综上所述，大体可以确认，在人物理气同异问题上朱熹的基本思想是"天赋之以此理未尝不同，但人物之禀受自有异耳"（《语类》卷四，沈僴录），亦即"论万物之一原，则理同而气异，观万物之异体，则气犹相近而理绝不同"，主张由于气禀的偏重导致人与物在禀受天理上的不同。如果全面地讨论气禀对人物之性的作用，朱熹的基本观点是："气禀既殊，则气之偏者便只得理之偏，气之塞者便自与理相隔。"（《答杜仁仲》第一书，《文集》卷六十二）即气禀不仅影响到理禀的偏全，而且会对所禀之理产生蒙蔽从而妨碍理的完全表现。

四　枯槁有性

这里附带讨论一下关于所谓"枯槁有性无性"或"枯槁有

---

⑩　《语类》卷四有"㤗录"一条甚长，其论理气同异者似为黄商伯书而发。按㤗不知何人之名，陈荣捷《朱子门人》谓为陈㤗，其父为朱子僚友，故当晚年从学，其所录亦以天地之理本无所偏，人物所禀不能无异。

理无理"的问题。

朱熹的学生余大猷（字方叔）曾向朱熹提出枯槁是否有性的问题。佛家如湛然本有"无情有性"之说，理学所谓枯槁有性的讨论从思想资料上吸取了佛家的讨论方式。然而从理论上说，这个问题也是朱熹哲学必然发生的问题。

余大猷致朱熹书说：

> 大猷窃谓仁义礼智信元是一本，而仁为统体。故天下
> 之物有生气则五者自然完具，无生气则五者一不存焉，只
> 是说及本然之性。先生以为枯槁之物亦皆有性有气，此又
> 是以气质之性广而备之。（《答余方叔》，《文集》卷五十九）

余方叔认为天下有生气之物才具有仁义礼智信五常之性，无生气之物便没有这种本然之性。因此他的问题的实质是枯槁之物有无本然之性。他曾以此质于朱熹。由于他表达得不清楚，只提出枯槁有性无性，朱熹便回答他说枯槁有性。朱熹举出枯槁有性的例证是大黄不可为附子，烧什么木则是什么气（见《语类》卷四，叶贺孙录），所以余方叔认为朱熹所说的枯槁有性只是肯定了枯槁有气质之性，并未回答关于枯槁有无本然之性的问题。于是他再作书问朱熹："大猷窃谓……只是说及本然之性，先生以为枯槁之物亦皆有性有气，此又是以气质之性。"（同上引）在余方叔的思想里枯槁之物只有气质之性而没有本然之性。

这个问题余方叔本来也是清楚的，但在"气质之性"和

"本然之性"两个概念的理解上不合朱熹哲学。余方叔认为枯槁之物无五常之性，只有气之性质，所以说无本然之性而有气质之性。而朱熹哲学中气质之性这一概念并不是专指气之性（如横渠所谓动静、相感、攻取之性），而是指本然之性堕入气质之中后表现出来的性，因而说是杂理与气而言的性。在朱熹本然之性被规定为气质之性的本体，所以只要说到气质之性，自然包括本然之性在其中，这样，在朱熹哲学中不能说有独立于本然之性以外的气质之性，不能说只有气质之性而无本然之性，因为气质之性本来就是本然之性与气质"化合"而有的。基于这样的立场朱熹在答徐子融书中批评了此种说法：

> 又谓"枯槁之物只有气质之性，而无本然之性"，此语尤可笑。若果如此，则是物只有一性，而人却有两性矣。此语非常丑差，盖由不知气质之性只是此性堕在气质之中，故随气质而自为一性，正周子所谓各一其性者，向使元无本然之性，则此气质之性又从何处得来耶？（《答徐子融》第三书，《文集》卷五十八）

根据如上思想，朱熹答复前引余方叔之问说：

> 天之生物，有有血气知觉者，人兽是也；有无血气知觉而但有生气者，草木是也；有生气已绝而但有形质臭味者，枯槁是也。是虽其分之殊，而其理则未尝不同。但以其分之殊，则其理之在是者不能不异。故人为最灵而备有

五常之性，禽兽则昏而不能备。草木枯槁则又并与其知者而亡焉。但其所以为是物之理，则未尝不具耳。若如所谓才无生气便无此理，则是天下乃有无性之物，而理之在天下乃有空阙不满之处也，而可乎？（《答余方叔》，《文集》卷五十九）

朱熹认为，无论人和动物、植物或其转化形态（枯槁）无不具有仁义礼智信五常之性，所以说虽其分之殊而其理未尝不同。然而五常之性惟人完备，物则禀受有偏，所以说以其分殊而其理之在是者不能无异。当然这里重点仍在强调五常之性的普遍性。

在朱熹与其门人余大猷（方叔）、徐昭然（子融）、陈文蔚（才卿）间的这个讨论，《语类》辅广有录："徐子融以书问：枯槁之中有性有气，故附子热、大黄寒，此性是气质之性？陈才卿谓即是本然之性。先生曰：子融认知觉为性，故以此为气质之性。性即是理，有性即有气。是他禀得许多气，故亦只有许多理。才卿谓有性无仁，先生曰：此说亦是，是他元不曾禀得此道理，惟人则得其全。"（《语类》卷四，65 岁后）[①] 所谓"禀得许多气，故亦只有许多理"，即与前章所引"惟其所受之气只有许多，故其理亦只有许多"意同，其中也包含了理禀有偏全的思想。

---

　　① 按辅广所录在甲寅（朱子 65 岁）后，故此有性无性之辩必不在甲寅之前，答徐子融第三、第四书乃论枯槁有性无性，而其第四书中云"熹今年一病，几至不可支吾，午节后方能强起"，此指乙卯夏（66 岁）大病。又以答陈才卿诸书参之，此辩当在甲寅冬至乙卯夏之间。朱子 65—66 岁。

据前引余方叔致朱熹书及辅广录中所引徐子融与朱熹书，朱熹曾以"枯槁之中有性有气，故附子热、大黄寒"作为对他们提出的枯槁是否有性的答复，今《文集》中答二人书不见有此语，惟《语类》载：

> 问：曾见《答余方叔书》，以为枯槁有理，不知枯槁瓦砾如何有理？曰：且如大黄附子亦是枯槁，然大黄不可为附子，附子不可为大黄。（卷四，甘节录）
>
> 问：枯槁之物亦有性，是如何？曰：是他合下有此理，故云天下无性外之物。……枯槁之物谓之无生意则可，谓之无生理则不可。如朽木无所用，止可付之爨灶，是无生意矣，然烧甚么木则是甚么气，亦各不同，这是理元如此。（同上，叶贺孙录）
>
> 枯槁之物亦有理乎？曰：不论枯槁，它本来都有道理。因指案上花瓶云：花瓶便有花瓶底道理，书灯便有书灯底道理。水之润下，火之炎上，金之从革，木之曲直，土之稼穑，一一都有性，都有理。（卷九十七，叶贺孙录）

由此可见，不能说余、徐等完全曲解了朱熹最初关于"有性有气"的答复。以上几条材料说明，朱熹在回答枯槁是否有性有理的时候，他没有直接回答余、徐提出的枯槁是否有本然之性，有仁义礼智信之理的问题。他举出的例证都只是指枯槁之物的气质之性、枯槁之物的分理。如他答徐子融书说："若于此看得通透，即知天下无无性之物。除是无物，方无此性，若有此物，即如来喻木烧为灰，人阴为土，亦有此灰土之气。既有灰土之气，即有灰土之性，安得谓枯槁无性也？"（《答徐子融》第三书，《文集》卷五十八）按照朱熹的解释，只要承认某物具有气质之性、分理，同时就包含着承认此物具有本然之性、性理，因为气质之性是本然之性与形气相杂之后形成的。本然之性作为本体即存在于气质之性之中，正如泥浆本身即包含有水一样。

　　关于本然之性与气质之性的关系在心性论部分还会论及。这里需要提出的是，在朱熹哲学中，"枯槁有性无性"与"枯槁有理无理"被视为同一个问题。如果说对于枯槁有无本然之性，朱熹是以直接确认枯槁之物有气质之性来回答的，那么，对于枯槁有无五常之理，朱熹也是从直接确认枯槁之物有分理来回答的。因此，如果说气质之性是本然之性坠入气质而成，同样，分理是性理坠入气质而成。既然在朱熹哲学中本然之性即性理，那么，气质之性即分理，事实上，对枯槁有性无性，朱熹不但以确认枯槁有气质之性，亦常常以确认枯槁有分理，确认花瓶、书灯各有其理，阶砖、竹椅各有其理来回答。而对枯槁是否有理，朱熹不仅用事物具有分理来回答，也用大黄、附子各有其性（气质之性）来回答。朱熹答徐子融说：

　　　　若生物之无知觉者，则又其形气偏中之偏者，故理之在是物者，亦随其形气而自为一物之理。虽若不复可论仁义礼智之仿佛，然亦不可谓无是性也。……又谓枯槁之物只有气质之性而无本然之性，此语尤可笑。……盖由不知气质之性只是此性堕在气质之中，故随气质而自为一性。

（《答徐子融》第三书，《文集》卷五十八）

可见"此性堕在气质之中，故随气质而自为一性"也就是"理之在是物者，亦随其形气而自为一物之理"。万物所禀得的天地之理，就其为性而言即本然之性，堕入气质中便随气质而成为此物的气质之性。就其为理而言即此物的性理，但堕入气质之中便随气质而成为此物之分理（气质之理）。因此，在朱熹哲学中应当有一个"气质之理"的概念以表示性理随物之形气而成为一物的分理。

根据以上所说及朱子"虽其分之殊，而其理则未尝不同；但以其分之殊，则其理之在是者不能不异"的说法，这里必须区分两个不同的"理"的概念：未尝不同的理是指天地普遍之理，在人物则指性理，在性即本然之性；不能不异的理是指个体人物的分理，在性即气质之性。从这里来了解理气同异的问题，"理同气异"的理是指性理即本然之性，"气异理异"的理则应指分理即气质之性，从而，这两个命题并不是对立的，而是互补的，是不同层次上的讨论。我们只能说朱子晚年更多地强调气质之性、气质之理的问题，气质之理的不同，本质上并不是"禀受"多少造成的，只是本然之理与气结合后呈现的另一层次上的理而已。朱子禀受多少的说法是他自己的一种迷惑。

关于性与理的关系，二程曾提出"性即理也"，这个命题具有复杂的意义。[12] 在这个问题上程朱的主要错误在于把自然规律与道德原则混为一谈，从而道德原则被提高到自然法则的地

---

[12] 参见张岱年《中国哲学史方法论发凡》，中华书局1983年版，第58页。

位而赋予了与自然法则同等的必然性和普遍性。但是自然（规律）的伦理化并不能靠"性即理"的独断来保证。如果说，从本体论的层面宣称，作为宇宙普遍法则的元亨利贞在人类社会和人的本性上表现为仁义礼智，还可以玩一下理一分殊的游戏，那么说仁义礼智的本性直接就是事物的具体规律就显得过于武断而有很多困难。在朱熹哲学中以本然之性为气质之性的本体，二者被规定为近似于二级本质与一级本质的关系。"性即理"被分成两个层次的内容，本然之性即性理，气质之性即分理。在气质之性与分理的层次上，朱熹承认每一事物都有其特殊本质与规律，并且包含着这样的思想，一类事物的性质、本质也就是该类事物的具体规律。而在本然之性与性理的层次上，坚持物皆有仁义礼智之性，坚持人的本性不仅是道德的根本原则而且来源于宇宙的根本规律，这些处理比二程要来得精致。

总起来看，关于人物理气同异的问题，主要是回答人物之性的同异问题。在朱熹哲学中，一方面宣称人物之性都是禀受天地之理而来，以便为人性确立宇宙本体的依据，这样，仁义礼智便普遍而无差别地内在于人和万物。另一方面又必须坚持人性贵于物性特别是禽兽之性的立场，这样，人之性便不能与物之性完全等同。解决办法必须使两方面协调起来。惟一的方法就是既宣称人物都禀受仁义礼智之理，又确认物所禀受的仁义礼智偏而不全。

人物理气同异问题的复杂性与理气先后等问题类似。第一，讨论常常发自不同立场和着眼点，如理气先后，论本原有先后而论构成则无先后，不可以论构成之无先后断定论本原之无先后。理气同异问题不但也有论本原与论禀赋的不同，还有论人和论人物的区别。无论人与物之性是同是异，人与人性（理）是绝对相同的，但不可把论人性完全相同当作论人物之性完全相同。和许多问题一样，朱熹常常没有清楚说明（或所录不详）讨论着眼的角度，需要认真加以分析。第二，思想在前后有发展和变化，总的看，朱熹早年注重人物性理之同，故强调物物一太极，理同而气异。在《论孟集注》后，由于注意到人物之性必须有差别，因之又提出了人物性理的偏全问题。而两者之间的矛盾一直难以处理。从绍熙末年到庆元中，朱熹比较明确地、更多地倾向于人与物所禀受的理有偏全的不同，但这实际上指的是分理而不是性理，朱子自己没有加以必要的分疏，使问题变得复杂了。

从哲学上说，在理气同异的问题上，有些理论上的矛盾朱子并未解决，其中主要是气质蒙蔽说与气异理异说的矛盾，如果按照气异理异说，人禀得何种气即禀得何种理，禀得何种气多，则禀得何种理多，这个说法必然导致只承认有气质之性，而不能承认有本然之性，本然之性说是与气质蒙蔽说联结在一起的。气质的清浊虽然可以蒙蔽性理，但并不影响到性理的完具或欠阙。而照气异理异说，不善的原因并不是因为气质蒙蔽了作为性之本体的理，而是由于所禀受的气质的偏驳本身决定了所禀得的理的偏少。

这两种不同的思想涉及本体论上理气观的两种不同立场，如果说宇宙之间，理是作为气之中的一种实体存在的，那么就自然地导出在人性论上的性之本体说和气质蒙蔽说。如果坚持气异理异说，那么推而上之，必然得出结论，即理并不是气之中的某种本体、实体，而只是气的属性、气的条理。而后一种论点就不是理学的本体论，而近于气学的气本观点了。朱子虽然也强调气异理异之说，但他并没有意识到，这一观点坚持到底，就要求在本体论上确立气本论，而他自己始终仍是一个理学的本体论者。同时，从构成论上究竟如何阐述本然之理到气质之理的转化，也是一个未被解决的问题。

就以理气同异的方式讨论本然之性与气质之性而言，实质上，朱子是用实体化的方式解决人性中的一般与个别问题。各一其性的气质之性即人性之殊相，本然之性即人性的共相，正如在理气论的其他部分一样，朱子常常把逻辑概念作为实体来理解，这在一定程度上混淆了问题的本来性质，并限制了理论思维的发展。

小　结

　　"理在物先""理在气先"思想所涉及的确实是个真正的哲学问题，这一点冯友兰先生说得不错。[①] 不过，理与气（及事物）的先后问题并非如冯先生认定的就是共相与殊相的关系（也非时下许多学者认定的是精神和物质的关系），实际上，理气、理物问题主要是指事物的规律与事物本身的关系，它虽然包含一般与个别的问题，但在直接意义上并不是共相与殊相的关系。

　　像朱熹这样一些哲学家认为，一类事物尚未产生或全部消灭，这些事物的规律、法则、原理的存在不受任何影响，因而在本原上，在物质世界尚不存在的时候，其普遍规律已经存在。这种思想及其在承认理是无形的永恒存在方面与新实在论确有相同之处，冯友兰先生从新实在论的立场出发，在其旧著《中

---

　　① 《哲学回忆录》，载《中国哲学》第七辑。

国哲学史》中指明了程朱理学与新实在论的相似特征，比起前人研究来说，确乎进了一步。

然而，从研究人的思维发展方面来说，程朱学派的这种惟"理"或泛"理"主义的提出在认识上有什么根据？有什么意义？如果说这种哲学是错误的，又是在人的认识的哪些环节上发生了偏差？如果不使用诸如合理性这一类字眼，能否说理学提出的这些思想表明他们在某些哲学问题上也有所见？这些不仅关乎对程朱理学的评价，也涉及对中国哲学史上与程朱理学相近的其他哲学学说（如老庄及玄学）在理论思维上的分析评价。

（1）关于规律的稳定性问题

二程在对"理"进行夸张的时候提出了这样的问题，"天理具备，元无少欠，不为尧存，不为桀亡。父子君臣，常理不易，何曾动来？"又说："天理云者，……这上头来，更怎生说得存亡加减，是它元无少欠，百理具备。""百理具在，平铺放着。"这些关于理的说法反映的哲学问题，即关于规律的稳定性和永恒性。规律是客观事物的稳定的性质联系。相对于现象的变动不居，规律是在现象的不断重复中表现自己的稳定的东西，规律的这种相对于现象的稳定性也就是相对独立性，即规律的这种静止、稳定、不随现象变动的特点是相对它借以表现的现象而言。因此，如果把规律的这种特点加以绝对化，把相对静止变为绝对永恒，把相对独立变为完全独立，使之成为一种永恒不变，甚至可以脱离或独立于现象世界的东西，那就必然导致唯心主义。在二程以及后来的朱熹看来，一切自然与社会的"理"都是绝对自足和永恒不变的，不以人的意志和行为为转移，独立于物质世界的具体发展。所谓"常理不易，何曾动来""百理具在，平铺放着"，明显是夸大了规律法则不以人的意志为转移的相对独立性和不随现象变动而改变的相对静止的特点。这就导致这样的结论，在冲漠无朕之中寂然不动的百理，预先把无限变化发展的具体规律包容在一起，无论物质条件发生什么变化，它们都永恒不变。这在逻辑上通向一种立场：规律是可以脱离物质条件的。如果向二程提出后来才提出的问题：一类事物都未有时其理是否存在？原有一类事物都消灭后其理是否还存在？可以想见，他们会做肯定的回答。但是在二程的体系中还没有讨论这些问题，因而也就没有回答这些可能提出的问题。而朱熹继承了二程的思想，提出"若论道之常存，却又初非人所能预，只是此个，自是亘古亘今常在不灭之物"（《答陈同甫》），正是抓住了"现象拥有这种持续着的固有性"（黑格尔语），在与陈亮辩论之后片面地发展出理在气先、理在物先的思想。

作为一个思想体系，理学的出现不是偶然的。把形而上的理夸大到绝对，从一个时代的思维水平看必然有其认识的根源，理学自身的发展过程也表明了这一点。二程已提出理无存亡的观点，胡宏则更强调理无有无，他说："形形之谓物，不形形之谓道。物拘于数而有终，道通于化而无尽。"（《知言·纷华》）又说："生聚而可见则为有，死散而不可见则为无。夫可以有无见者，物之形也，物之理则未尝有无也。"（《知言·阴阳》）都是强调物有生灭，理无生灭，从而认为理是永恒的存在。朱熹同样继承了这些思想，提出气"聚则有，散则无"，"若理则初不为聚散而有无也"。(《答廖子晦》，《文集》卷四十五)强调规律存在方式的特殊性来突出规律存在的永恒性，是理学的一个特点和认识出发点。如胡宏所说，气和具体事物有发生和消灭，而理是形而上的，无形无象，所以不能讲有产生和消灭，既然无所谓生灭，那就是永恒永在。新实在论把这种形而上的永存称作超时空的潜存。规律的存在方式与具体事物确乎不同。它没有具体事物生长遂成的生存过程，因而用有形事物的生灭来理解或描述规律法则的存在与否，显然是不恰当的。然而，规律的存在指规律在发生作用，如果规律不发生作用，谈它的存在就失去意义。难道可以说，地球尚未出现高级生物时人类社会发展的规律已就存在？原始社会商品生产还不存在，而价值规律就已存在？这一点是理学始终所不能理解的。

(2) 关于规律的普遍性问题

规律的普遍与特殊、一般与个别的关系是理学涉及的最重要的哲学问题。在这个问题上发生的错误也是理学所犯的主要错误。规律是有层次的，有普遍规律，有特殊的具体规律。但是，即使是特殊规律，作为一定范围内的事物的共同本质、联系，也具备普遍性，体现在此类一切事物之中，不因此类事物中某个个别事物的产生消灭而改变。一棵小树破土而生，但植物生长的规律不能说在这一棵小树之前并不存在。因而，所谓一般对个别的依存关系，是指一般依赖于整个个别而不是某个个别，这是规律的普遍性特点。但是，如果一类事物都不存在，这一类事物的特殊规律也就不存在。夸大规律的这种普遍性，以至断言一类事物的规律可以脱离该类事物而存在，必然走到唯心主义的方面去。朱熹讲未有此物已有此物之理及未有君臣父子已有君臣父子之理，表明他正是夸大了普遍性这一环节。

事物不仅有特殊规律，而且有一般规律。一类事物及其特殊规律的消失，不会导致曾经也支配这一类事物的一般规律的消失。20世纪30年代冯友兰先生曾提出"未有飞机之前已有飞机之理"的问题。但是飞机之理不是单一的，其中包括飞机作为一种飞行器的特殊规律，也包括它所依据的空气动力学原理和规律。飞机所根据的空气动力学规律不能说在飞机产生之前不存在。当时张岱年先生曾指出，一物的规律有二，一所根据的规律，一所遵循的规律；空气动力学的规律是飞机所根据的规律，飞机的具体规律是飞机所遵循的规律；所遵循的规律不能说在此物之先，但所根据的规律可以在此物之先；如对于生物而言，物理学规律是其所根据的规律，生物学的规律是所遵循的规律。[②] 这里阐明了应当正确地分析理在物先的命题，以揭示出理学的认识论根源。我以为，张先生说的所根据的规律即一般规律，所遵循的规律即特殊规律；只是在当时采用了这些特定概念罢了。显然，理学混淆了这两类规律和特定事物的关系，把某些特殊规律当成普遍规律，也不了解一般规律同样依赖于物质条件，没有空气，也就没有空气动力学的规律，这种规律并不是永恒的。

---

② 《谭理》，载《大公报》之《世界思潮副刊》1933年3月30日。

小　结

　　由于一般与个别的相对性，一定场合下的普遍性在另一场合下成为特殊性。如空气动力学的规律对飞行器来说是所根据的普遍规律，对更普遍的范围则是特殊规律。最一般的规律即根本规律，如对立统一、矛盾发展。物质世界的现象变化万千，生息无穷，理有生灭是指具体的特殊的规律以及不是最根本的那些一般规律所依附的物质条件有生灭，由此决定这些规律也有"生""灭"。但是，我们承认物质世界是永恒的，因此物质世界最根本的规律也是永恒的，理学也可以说是把某些具体规律都当作根本规律而使之永恒化。

　　朱熹在解释"天下万物之理，无独必有对"时说："其所以有对者，是理合当恁地。"（《语类》卷九十五，陈淳录）他也指出，气的屈伸动静是理合如此。这是说事物的存在和运动都是合乎一定规律要求的表现。我们今天也常常说，某个事物的出现是合乎规律的表现等等。当我们这样说的时候，包含着承认我们所说的规律在这一事物之前就在发生作用。我们还可以说，规律的要求必然导致该现象的产生。这样，我们就不难理解，朱熹所谓有理而后有气的思想包含着这样的逻辑：气的产生应当是合乎规律的必然现象，因此"毕竟理在气先"。问题在于，当我们说某个事物出现或产生是合乎规律的表现时，这里的规律是指一个较大进程的普遍规律。而在朱熹，规律和个别事物的关系与规律和物质条件的关系被混淆了。具体事物可以说是合乎规律地产生，但不能认为整个物质世界也是如此产生，因为物质世界是永恒的。这也说明，朱熹在理气观上的错误与他继承了二程气有生灭的思想有关。

正如朱熹关于现实世界中理气不离的思想有其合理处一样，主张事物的产生合乎规律的必然，这一思想在用于说明具体事物时也显示出其合理处。理学是强调必然的。朱熹说："天下之物，皆实理之所为，故必得是理然后有是物，所得之理既尽，则是物亦尽而无有矣。"（《中庸章句》第二十五章）他指出："凡有一物，则其成也，必有所始；其坏也，必有所终。而其所以始者，实理之至而向于有也；其所以终者，实理之尽而向于无也。若无是理则亦无是物矣。"（《答李时可》第一书，《文集》卷五十五）黑格尔说"凡是现实的都是合理的，凡是合理的都是现实的"，认为现实的属性仅仅属于那同时是必然的东西，必然的东西归根到底会表明自己也是合理的。朱熹说"其所以始者，实理之至而向于有也"同样包含了这个思想。在黑格尔看来，在发展的过程中，以前的一切现实的东西，都会成为不现实的，都会丧失自己的必然性。朱熹说"其所以终者，实理之尽而向于无也"也包含了这个思想。理的意义包含事物存在发展的必然性。在朱熹看来，具体事物的产生和存在是由于它符合必然性而具有合理性。当必然性与合理性消失的时候这个事物也就走向灭亡，这个思想还是很深刻的。当然，朱熹不可能把这一思想运用于他所处的制度及其观念体系，他也不能理解整个世界存在的根据、原因、必然性即在世界自身之中。

（3）关于把规律实体化的问题

《周易·系辞传》说："一阴一阳之谓道"，本指阴阳对立统一是世界的普遍法则。二程特别是程颐对此作了新的解释："一阴一阳之谓道，道非阴阳也，所以一阴一阳，道也。"（《遗书》卷三）"离了阴阳更无道，所以阴阳者是道也。"（《遗书》卷十五）这是指一阴一阳循环往复的过程是由于在其内部有一种支配它如此运动的规律作为根据。这样，二程便在全新的意义上把"一阴一阳之谓道"规定为理与气的关系，并把"一阴一阳之谓道"与"形而上者谓之道，形而下者谓之器"联系起来，这些在宋明理学的本体论上产生了明显的刺激作用。朱熹全面继承了这些思想，他也强调："阴阳非道也，一阴又一阳，循环不已，乃道也。只说一阴一阳，便见得阴阳往来循环不已之意，此理即道也"，"所以循环者乃道也"，甚至说"从古至今，恁地滚将去，只是个阴阳，是孰使之然哉？乃道也"（皆见《语类》卷七十四）。朱熹同样主张，阴阳之气往来运动，其中有一种支配其如此往来运动的规律，规律作为一种内在力量，支配阴阳之气屈伸往来循环不已的运动过程。就这一思想来看，也还不是完全错误的。程朱的所以然为道的思想在描述运动过程受内部隐藏的规律支配方面，是有所见的。然而，程颐用来突出强调支配作用的"所以"，赋予道（理）以一定的实体色彩，朱熹讲"是孰使之然哉，乃道也"，使这一色彩就更加明显。而且，朱熹提出人物禀受天地之理为性，以及他的"不离不杂""决是二物""太极犹人"的思想都表明他在很大程度上把规律实体化了。

宋明时期的唯物主义思想家对朱熹的理气思想提出了不少深刻的批评。罗钦顺指出朱熹"终身认理气为二物"，他说"凡物必两而后可以言合，太极与阴阳果二物乎？"（《困知记》卷下）指出朱熹讲所以阴阳者实际上是把理当作独立存在的实体。王廷相对宋儒的太极动静生阴阳说也提出了尖锐批评，他还特别反驳了理无生灭的思想。他说："儒者曰：'天地间万形皆有敝，惟理独不朽'，此殆类痴言也。理无形质，安得而朽？以其情实论之，揖让之后为放伐，放伐之后为篡夺，井田坏而阡陌成，封建罢而郡县设，行于前者不能行于后，宜于古者不能宜于今，理因时致宜，逝者皆刍狗矣，不亦朽敝乎哉？"（《雅述下》）"或谓气有变，道一而不变，是道自道、气自气，歧然二物，非一贯之妙也。"（《雅述上》）王夫之也指出："未有弓矢而无射道，未有车马而无御道，未有牢醴璧币、钟磬管弦而无礼乐之道。则未有子而无父道，未有弟而无兄道，道之可有而且无者多矣。"（《周易外传》卷五）他们直接反驳了朱熹的理在物先思想。严格说来，王廷相、王夫之的批评尚未能阐明新旧理间共同的、相对稳定的理，尚未能阐明理是变与不变的统一，以及理的普遍与特殊的辩证关系，但这些思想家对理学哲学的批判十分难得，其中精辟的见解在今天仍有其价值。

总而言之，从理学的实质来看，当然是把伦理提高为本体，然而这种提高又以一定的认识为依据。因此，理学不仅是把当然提高为本体，而且也把必然提高为本体。从理论思维上看，朱熹理在气先、理在物先的思想主要是基于在哲学上夸大了规律的某些特性，如规律的相对独立性、稳定性、普遍性以及规律存在方式的特殊性等，并总是从实体化的方面处理各种与理有关的问题，因之得出了一系列错误的哲学论点。总结朱熹哲学关于规律与事物关系上的理论思维的经验教训，应当是有意义的。

在中国哲学史上，西周时代提出阴阳五行学说，而后《管子》提出水和精气为万物本原，《庄子》中出现"通天下一气"的思想，以及后期墨家与荀子的唯物思想，奠定了早期唯物主义的基础。两汉以降，王充的气论，裴颜的崇有论，杨泉的水气论，到宋明时代张载、王廷相、王夫之的气一元论，构成了贯穿中国古代哲学的朴素唯物主义的主干。

如果说唯气论是中国古代哲学唯物主义的一个显著特点、一种主要形态，那么，在中国哲学史上作为唯物主义主要对立面的，从老庄到程朱的学说属于何种形态，具有何种特点，这似乎仍是一个值得进一步加以分疏的问题。

老子哲学中的最高范畴是"道"。老子说："有物混成，先天地生。寂兮寥兮，独立而不改，周行而不殆。可以为天下母。吾不知其名，字之曰道，强为之名曰大。"（《老子》二十五章）混成是指没有确定形态，指道。老子认为"道"是"先天地生""为天下母"。又说："道可道，非常道；名可名，非常名，无名天地之始，有名万物之母。"（《老子》一章）道不知其名，亦即无名，它是天地的开始。老子还说："吾不知其谁之子，象帝之先。"（《老子》四章）"道生一，一生二，二生三，三生万物。"（《老子》四十二章）"一"指混沌未分之气，老子的这些观点都主张"道"是万物的根源，在物质世界之先已经存在。

"道"是什么？老子指出道是"视之不见""听之不闻""搏之不得"，是"无状""无象"的。但道又不是空无所有，是"无状之状""无象之象"，是一种无所不在的实际存在。按照老子对道的这些描述，道显然不具有任何物质的规定性，是一种没有具体规定的、不能通过感官把握的实体。道是永恒的"玄之又玄"，但道在"域中"，又有"久"的特点，说明道并非超时空。道虽然是万物的本原，但道是无为的，"生而不有，为而不恃，长而不宰"（《老子》五十一章），这表明道没有意志，没有意识。由此可见，所谓"道"并不是超时空的绝对精神，也不是指"观念"。因此，如果严格按照老子本人的规定，我们只能说《老子》的"道"就是一个"非物质性的绝对"。[3] 说道在老子哲学中指精神或者观念，都超出了《老子》本身提供的材料。

被老子看作万物本原的这个"非物质性的绝对"，实际上是老子把事物的普遍规律绝对化所造成的。"道"的概念起源于春秋时代，其原意本指道路，引申而为自然社会的法则。《老子》书中多次谈到的"天道"也是指自然变化的法则，如"天道无亲，常与善人"（七十九章），"天之道，利而不害"（八十一章），"不窥牖，见天道"（四十七章）等。韩非也是以"理"解"道"的。这些都说明，老子以道为万物本原，正是与他关于规律的抽象联系在一起的。老子对道的那些描述，乃是由于认识水平的历史局限，实质上也就是在这种玄妙而模糊的形式下反映出那个时代对世界规律性的某些特点的认识。因此，老子哲学的实质就在于，把事物的普遍规律绝对化，认为它可以先于世界的产生和发展而存在，从而成为天地万物的本原。这种以"道"为万物本原的学说，我们可称之为"惟道论"。

---

③ 张岱年先生语，见《老子哲学辨微》，载《中国哲学发微》，山西人民出版社 1981 年版，第 341 页。

同样的分析适用于庄子。《庄子》中的"道""自本自根，未有天地，自古以固存；神鬼神帝，生天生地。在太极之先而不为高，在六极之下而不为深，先天地生而不为久，长于上古而不为老"（《大宗师》）。这些说法完全继承了老子所谓"先天地生""象帝之先""道生一"（《庄子》中太极即老子所说一）的思想。《庄子》描述道是"若有真宰，而特不得其眹；可行己信，而不见其形；有情而无形"（《齐物论》），"有情有信，无为无形，可传而不可受，可得而不可见"（《大宗师》），"于大不终，于小不遗，故万物备，广广乎其无不容也，渊乎其不可测也"（《天道》）。这些都是说，事物的内在规律支配事物运动的过程，好像有所主宰使然。④ 事物的规律有外在表现（情），有重复性和稳定性（信），但没有可以为人直接感觉的外部形态（无形）。老子和庄子这些充满玄妙语汇的描述曲折地反映出他们对事物规律性的某些认识。上述老庄哲学的"道"都是指规律，只是他们囿于各种限制还不能用明确而科学的概念加以表述。因此，在自然观上，《庄子》与《老子》一样，也是主张一个由规律夸大的"非物质性的绝对"作为万物的本原，在理论上表现为惟道论。在中国古代哲学中，作为古代朴素唯物主义主要对立面的实际上就是这样一种学说。

这种学说在其发展的第二阶段，是魏晋玄学的主流派，何晏、王弼的学说。何晏《无名论》："夫道者，惟无所有也。自天地以来皆有所有矣，然犹谓之道者，以其能复用无所有也。"

---

④　罗钦顺亦言："夫往而不能不来，来而不能不往，有莫知其所以然而然，若有一物主宰乎其间，而使之然者，此理之所以名也。"（《困知记》续卷上）

在本原上"道"在"有所有"的万物之先，天地万物既有之后道仍然保持着它的作用。王弼指出，道是"万物以始以成"（《老子注》二十一章），"万物皆由道而生"（三十四章注）。与老庄所不同的是，老庄的惟道论偏重于宇宙生成论；而何王的惟道论更多地具有本体论色彩。道的作用不仅在于是万物的根源，更在于是万物的"所由""所以"，"凡物之所以生，功之所以成，皆有所由。有所由焉，则莫不由乎道也。"（五十一章注）"所以""所由"即指道是万物的根据和规律。事物的根据与规律相互联系，事物的规律性即决定着事物如此存在发展的内在根据。黑格尔曾说："实存转回到规律，就像转回到自己的根据一样。"很明显，与老庄哲学一样，玄学的道这一观念也不是指精神、意识或观念。

程朱理学对玄学的继承在理论思维上远超过对佛教的吸收，所谓"朱子道，陆子禅"（潘平格语），确实道出了理学主流派程朱学说的渊源。在王弼学说中，以无为为内容的道也就是理，"物无妄然，必由其理"（《周易略例·明象》）。故裴颜亦针对言"理之所体，所谓有也"。程朱理学的最高范畴为"理"，亦称"道"，朱子虽有"道是统名，理是细目"之说，然究竟言之，"理便是天道也"（《遗书》卷二十二上），在理气论上道与理并无差别。理的意义本来即条理、秩序、规律，此种用法在先秦哲学已经具备。《易·系辞》"易简而天下之理得矣"，《庄子·秋水》"天地之理，万物之情"，《荀子》"可以知，物之理也"，虽皆未给以明确界说，但此种用法无可怀疑。至宋代张横渠说："天地之气，虽聚散攻取百涂，然其为理也顺而不妄。"

（《正蒙·太和》）朱子亦言："阴阳五行错综不失条绪便是理。"
（《语类》卷一）都是以理为万物运动所必遵循的规律。因此，
朱熹所说"未有天地之先，毕竟是先有此理"（《语类》卷一），
"先有个天理了，却有气"（同上），本质上仍是老庄唯道思想的
继续和发展。朱熹明确宣称理"无情意，无计度，无造作"，无
知觉，因此理不是精神，以意识作用为特点的精神在理学中是
"心"而不是理。作为范畴，理也不是指人的观念。理虽在广义
上包括仁义礼智，但不是指作为观念形态的仁义礼智。按照理
学自身的逻辑，包括仁义礼智在内的全部道德规范，是宇宙普
遍法则在人类社会的具体表现。因此，道德规范也就是宇宙法
则，二者在内容上是同一的。这个宇宙法则普遍制约自然和
人类社会的发展，先于一切事物而存在，可以不依赖物质、
脱离物质而存在。比起老庄和玄学，理学更加明确和自觉地
从哲学上夸大规律法则的某些特点，把规律和规律所依赖的
物质条件对立起来，从而使规律成为一种绝对。新儒家与道
家或玄学的不同处在于，自觉地把封建社会的道德规范包容
在这个规律之内，从哲学上为中国封建社会的价值体系提供
理论依据。

　　由此可知，作为中国古代唯物主义主要对立面的老庄、何
王、程朱的学说，一方面，其思想路线是唯心主义的，另一方
面，在这些体系中作为万物本原的并不是精神或观念，而是一
种与规律的抽象和绝对化相联系的"非物质性的绝对"，是一种
以唯道论为具体形态的特殊形式的唯心主义。这种学说，与特
别是近代西方那些把人的意识、思维、观念夸大为绝对、以之

为万物本原的唯心主义学说有所不同，其基本特征是把物质世界的规律性夸大为绝对，以之为世界的究竟本原。这里面表现出中国哲学唯心主义的特殊性（当然中国还有佛教及受佛教影响的主观唯心学说），值得进一步深入研究。

本 论 二

心 性 论

第七章　已发未发
——兼论朱熹心性论之发展演变

一　道南指诀

朱熹早年最重要的老师是李侗（延平），李侗学出罗从彦（豫章），罗从彦受业于二程高弟杨时（龟山）。龟山—豫章—延平—考亭这一传承系统一般称为道南学派。然而，如果仅仅从师承着眼，则不能理解道南的特点及道南发展到朱熹出现的重大变化，就不能认识理学由北宋到南宋的发展，也就不能认识朱熹出现的意义以及朱熹早期思想演变的基本线索。

从杨时到李侗，道南一派极力推崇《中庸》的伦理哲学，尤其注重其中的未发已发说。《中庸》说："喜怒哀乐之未发谓之中，发而皆中节谓之和。中也者，天下之大本也。和也者，天下之达道也。"杨时强调："学者当于喜怒哀乐未发之际，以心体之，则中之义自见。"（《龟山文集》卷四）这就把《中庸》未发的伦理哲学转向具体的修养实践，而"体验未发"也成了龟山门下的基本宗旨，这在罗从彦以至李侗的发展中尤为明显。朱熹说："初龟山先生倡道东南，士之游其门者甚众，然语其潜思力行、任极诣极如罗公（从彦），盖一人而已。……（李侗）闻郡人罗仲素（从彦字）先生得河洛之学于龟山杨文靖公之门，遂往学焉。……尽得其所传之奥。"（《延平先生李公行状》，《文集》卷九十七）这表明自杨而罗至李代表了道南的正统传承。罗从彦与李侗一生用力处唯在体验未发，李侗曾与朱熹书说："某曩时从罗先生问学，终日相对静坐。只说文字，未尝一及杂语，先生极好静坐，某时未有知，退入堂中亦只静坐而已，先生令静中看喜怒哀乐未发谓之中，未发时作何气象。"（《延平答问》庚辰五月八日书）所以朱熹也说："先生（李侗）既从之（从彦）学，讲诵之余，危坐终日，以验夫喜怒哀乐未发之前气象为如何，而求所谓中者，若是者盖久之，而知天下之大本真有在乎是也。"（《延平先生李公行状》，《文集》卷九十七）李侗向朱熹传授的仍是这一点，朱熹曾指出："李先生教人，大抵令于静中体认大本未发时气象分明，即处事应物自然中节，此乃龟山门下相传指诀。"（《答何叔京》第二书，《文集》卷四十）可见，"静中体验未发"确实是道南龟山一派的真传宗旨。

所谓体验未发，是要求体验者超越一切思维和情感，以达到一种特别的心理体验。其基本方法是最大限度地平静思想和情绪，使个体的意识活动转而为一种心理的直觉状态，在这种高度沉静的修养中，把注意力完全集中到内心，成功的体验者常常会突发地获得一种与外部世界融为一体的浑然感受。因而，道南宗旨在本质上看是直觉主义的，从理学家常常谈到这种体验来看，这种体验在个体表现上虽有种种差别，其实在性则不必怀疑。实际上，个体的这种心理体验，由于不依赖外部物质手段，在人类历史的早期已被发现，特别在东方宗教中被广泛利用来作为宗教境界的经验验证和追求手段，成为许多宗教成功的一个重要条件。① 理学家因出入佛教禅宗，也注意到这一心理体验，然而与佛教不同，他们企图把这种内心体验作为提高人的品格境界和心性修养的手段。这是由于，内心体验的结果很大程度上与主体的潜意识有关，即体验者为这种体验规定的目的：追求宗教心理境界还是追求道德心理境界。因而，采取同一种沉静的体验方式，一个宗教徒所得到的体验可能是与神同体，而一个理学家所体验的则可能是一个与物同体的天地境界。但在心理体验这一点上二者又确乎相近，实际上佛教对理学的影响主要也在这里。朱熹早年曾从开善道谦禅师（大慧弟子）下工夫，对禅宗"里面体认"非常熟悉（见延平与罗博文书），故在受教延平寻求未发后，他即指出："元来此事与禅学十分相似，所争毫末耳，然此毫末却甚占地位。"（《续集》卷五，《答罗参议》第六书）

罗从彦与李侗终日静坐体验，寻求"天下之大本真有在乎是也"的感受，这一追求承自杨时。杨时的格物思想也渗入了这种对未发体验的色彩。杨时说："物固不可胜穷也，反身而

---

① 参见李泽厚《漫述庄禅》，载《中国社会科学》1985 年第 1 期。

诚，则举天下之物在我矣。"（《龟山文集》卷二十六）朱熹后来总是批评杨时这一观点，说："近世如龟山之论便是如此，以为'反身而诚'，则天下万物之理皆备于我，万物之理须你逐一去看，理会过方可，如何会反身而诚了，天下万物之理便自然备于我，成个甚么！"（《语类》卷六十二，沈僴录）实际上朱熹未必意识到，杨时说的反身而诚万物皆具于我正是与杨时自己提倡的体验未发联系在一起的。而这一种基于未发体验的与物同体说又根于程颢。程颢说："仁者，浑然与物同体。……存久自明，安待穷索！此道与物无对，大不足以名之，天地之用皆我之用，孟子言'万物皆备于我'，须反身而诚，乃为大乐。"（《遗书》卷二上）由此来看，大程子所谓"仁者，以天地万物为一体"，"仁者，浑然与物同体"，都不仅仅是一种理性境界，而包含有心理体验在其中。《宋元学案》云"明道喜龟山，伊川喜上蔡"，窃尝疑之，朱子为龟山三传，其学最近于伊川，故似应龟山传伊川之学于朱子，如何龟山反特为明道所喜？正是在追求未发的心理体验上表明杨时更继承了程颢，以故杨时辞明道而归时，明道意味深长地说："吾道南矣。"

但是，未发的心理体验有极大的偶发性，它不能通过普遍的规范加以传授，必须经由个体的独自体认，且要经较长时间的训练，因而，与鹤翔庄的气功自发功不同，不是所有人经由遵循简单规范的训练便能掌握，相反，大多数人常常难以感受到那种心理体验。这样，这种内心体验作为道德修养的一种方式，其普遍有效性和可靠性就成为疑问，从而在如何对待未发静中工夫上也就产生了理学的派别分异。如程颐对未发就很模糊，他只强调主一无适，使未发工夫只是一种安定主体的手段，而这到朱熹就更加明显。

朱熹从学李侗时，李侗曾努力引导他向体验未发上发展，然而，正如朱熹所说："余蚤从延平李先生学，受《中庸》之书，求喜怒哀乐未发之旨，未达而先生没。"（《中和旧说序》）"昔闻之师，以为当于未发已发之几默识而心契焉，……向虽闻此而莫测其所谓。"（《答何叔京》第四书，《文集》卷四十）"旧闻李先生论此最详，……当时既不领略，后来又不深思。"（《答林择之》第二十书，《文集》卷四十三）不管朱熹根深蒂固的章句之好是否或多大程度上妨碍他尽心于未发体验，一个明显的事实是，朱熹始终不曾找到那种体验，尽管在延平生前死后他都作了很大努力。正是由于未能找到那种可以受用的体验（《困学诗》所谓"旧喜安心苦觅心，捐书绝学费追寻"云云，说的正是这种情形，而不在于与佛教有无牵连）才使他有丙戌、己丑两次中和之悟的反复究索，也使他走上另一条道路，即不是从心理上，而是从哲学上探求未发已发，以致引发出他的整个心性情的理论体系；不是通过未发工夫获得神秘体验，而是把未发工夫作为收敛身心的主体修养。所谓涵养进学、主敬致知的为学大旨的确立，实际上表明朱熹离开了道南的本来方向而转为程颐主张的理性主义轨道，这一线索在以下叙述中将看得更为清楚。

二　丙戌之悟

李侗死后，朱熹开始独立进行思想探索，他面对的主要问题就是宋明理学常常讨论的“已发”“未发”的问题，这也是他早年极力究索的主要课题。《中庸》提出“喜怒哀乐之未发谓之中，发而皆中节谓之和”，故已发未发问题又称为中和问题。

乾道八年壬辰朱熹（时 43 岁）曾作《中和旧说序》，叙述他早年对中和学说研究的演变过程：

> 余蚤从延平李先生学，受《中庸》之书，求喜怒哀乐未发之旨，未达而先生没。
>
> 余窃自悼其不敏，若穷人之无归。闻张钦夫得衡山胡氏学，则往从而问焉。钦夫告予以所闻，余亦未之省也，退而沉思，殆忘寝食。一日喟然叹曰：“人自婴儿以至老死，虽语默动静之不同，然其大体莫非已发，特其未发者为未尝发耳。”自此不复有疑，以为《中庸》之旨果不外乎此矣。后得胡氏书，有与曾吉父论未发之旨者，其论又适与余意合，用是益自信，虽程子之言有不合者，亦直以为少作失传而不之信也，然间以语人，则未见有能深领会者。
>
> 乾道己丑之春，为友人蔡季通言之，问辨之际，予忽自疑斯理也。……程子之言出其门人高弟之手，亦不应一切谬误以至于此。然则予之所自信者，其无乃反自误乎？则复取程氏书，虚心平气而徐读之，未及数行，冻解冰释。……
>
> 暇日料检故书，得当时往还书稿一编．辄序其所以而

题之曰《中和旧说》。②（《文集》卷七十五）

可见，朱熹早年的中和思想曾经有过两次重要演变，第一次即序中所谓"一日喟然叹曰"的见解，学者一般称为"中和旧说"（王白田《年谱》以中和旧说悟于乾道丙戌，故亦称丙戌之悟）；第二次即序中所说"己丑之春"的"冻解冰释"一般称为己丑之悟。关于中和学说的两次变化历来被认为是朱熹思想发展的重要里程碑，有必要将这一过程加以考察分析，特别是由此研究朱熹心性论的形成演变，并确定两次中和之悟在朱熹心性学说形成过程中的地位和影响。

李侗从学罗从彦时，罗从彦引导李侗"于静中看喜怒哀乐未发时作何气象"，这是继承了程门杨时一派"体验于未发之前"的修养宗旨，意思是说要努力体验喜怒哀乐没有发作时的内心状态。理学认为真正体验到这种状态，加以保持，并在感情发作时使之中节，人就可以达到一个道德的境界。故朱熹曾指出"此乃龟山门下相传指诀"。朱熹受业李侗时，李侗也曾力图使朱熹继承这一宗旨，"李先生教人，大抵令于静中体认大本未发时气象分明，即处事应物自然中节"（《答何叔京》第二书，《文集》卷四十）。然而这一切当时并未被朱熹所理解和接受，《中和旧说序》也说"未达而先生没"。

李侗死后，朱熹对这个问题继续加以探究。曾就一些问题

---

② 按旧治朱子学者及今海外学人皆以"中和旧说"指朱子丙戌之悟，然细审之，《中和旧说序》所谓"故书""当时往还书稿"似兼指丙戌、己丑两次中和之悟，非独指丙戌之悟也。本书虽沿用旧说，以方便理解和讨论，然朱子之本意亦不可不察也。

请教过张栻（据《中和旧说序》），后者则向他介绍了以胡宏学说为代表的湖湘之学。这方面的详细情况现已没有更多的材料能帮助说明。③ 根据现存朱熹给张栻的书信及其他材料看，张栻当时并没有把胡宏关于中和的思想完全介绍给朱熹，所以朱熹后来在《中和旧说序》中说他是在第一次中和之悟后才读到五峰答曾吉父论中和书。张栻向朱熹介绍的主要是湖南学派有特色的"先察识后涵养"学说以及张栻本人对已发未发的若干看法，在当时这些对朱熹并没有产生多大影响。

对当时的朱熹来说，主要的困难在于，由于未能在体验上把握未发，必须在理论上加以追溯，而理学前驱中关于未发已发的学说纷纭各异，特别是二程和他们的弟子之间（包括程颐本人前后期之间）在已发未发学说上的观点互相矛盾难以统一。如龟山一系强调"体认未发气象"，注重未发时的工夫，这与程颐所谓"善观者却于已发之际观之"强调已发工夫的说法就不一致。又如湖南学派主先察识，察识已属已发，而这与程颐强调"存养于未发之前"的说法无法协调。此外，龟山说"当于喜怒哀乐未发之际以心体之，则中之义自见"，这种把未发的工夫归结为某种"体认"的思想与程颐所说"于喜怒哀乐未发之前更怎生求，只平日涵养便是"也有抵触。就是程颐自己，既说"存养于未发之前"又讲"善观者却于已发之际观之"，两者的矛盾也很明显。他甚至说过"凡言心者，皆指已发而言"，照这样看，既然心在任何时候都是已发，又如何去存养于未发呢？

---

③ 朱熹于张栻死后编定《南轩文集》，将与其早年思想有关的材料尽行删除，故张栻早年思想及其当时与朱子往来书皆不可得见，颇为可惜。

加之程颐又说："'喜怒哀乐之未发谓之中。'中也者，言寂然不动者也，故曰'天下之大本'。'发而中节谓之和。'和也者，言感而遂通者也，故曰'天下之达道'。"这样，所谓未发者应当是"寂然不动"的，到哪里去找这个寂然不动者呢？

在苦心极力的思索之中朱熹忽有所省，这就是《中和旧说序》所说的"一日喟然叹曰"云云。他立即把自己的想法写信告诉张栻，前后一共写了四封。自王懋竑以来，人们一致认为，答张栻的这四封书信代表了朱熹的中和旧说。这四封信即《文集》答张钦夫第三、四、三十四、三十五书，因答张钦夫第三首云"人自有生"，故又有学者称这四封信为"人自有生四书"。王懋竑考定此四书作于乾道二年丙戌，时朱熹 37 岁。

在这几封信中朱熹提出，人生自幼至死，无论语默动静，心的作用从未停止。因此对一个现实的人而言，无论何时"莫非心体流行"。所谓心体流行是指心的不间断的作用过程，在朱熹看来，人只要在生存，心的作用就没有停止。即使是在睡眠或无所思虑的时候也是知觉不昧，仍然是心体流行。这里心体的体非体用之体，乃程氏"其体则谓之易"之体，指变易的总体。朱熹以为，既然一个生存着的人心体流行不间断，那么人心在任何时候都不是寂然不动，都应是处于"已发"状态。既然心总是处于一种已发状态，那么未发便不是指心，而应当也只能指心之体即性（性即是理），只有性才是真正寂然不动的未发。因此，他反对以"未发之前"（小程）、"未发之际"（龟山）、"未发之时"（延平）那种用未发已发把心体流行的过程划分为不同阶段的观点，认为对心来说，"无分段时节"，莫非已发。由此，他提出，所谓未发已发并不是指一个事物有发作之前与发作之后的区别，未发是指内在的体，已发是指外在的用，未发之体始终是隐藏着、通过外在的他物来表现的。这就是"人自有生"前两书的主要思想，也就是《中和旧说序》所说："一日喟然叹曰：'人自婴儿以至老死，虽语默动静之不同，然其大体莫非已发，特其术发者为未尝发耳'"，后来在己丑之悟时他把上述思想概括为"心为已发，性为未发"。

获得这一思想使朱熹深感满意，觉得从此一通百通，因之即使这些思想与程氏等人的其他说法相抵牾也在所不顾（《中和旧说序》亦云"虽程子之言有不合者，亦直以为少作失传而不之信也"），兴奋之余他写出了著名的诗句"问渠哪得清如许，为有源头活水来"④。

心为已发、性为未发的思想固然主要出于朱熹自得，但按他后来的说法，除自我体知之外，这个思想的确立与在程颐答吕大临论中书得到印证有关联。⑤ 他在后来己丑之悟时回忆中和旧说云"《中庸》未发已发之义，前此认得此心流行之体，又因程子言'凡言心者，皆指已发而言'，遂目心为已发，性为未发"（《与湖南诸公论中和第一书》，《文集》卷六十四）。事实上，在湖湘之学中本来包含有这个观点。胡宏答曾吉甫书说"未发只可言性，已发乃可言心"。但朱熹中和之悟并非得自五峰，所以《中和旧说序》说"后得胡氏书，有与曾吉父论未发

---

④　参见拙作《朱熹观书诗小考》，《中国哲学》第七辑。
⑤　程颐答吕大临书云"凡言心者，皆指已发而言"。然朱子丙戌诸书未及程子此语。

之旨者，其论又适与余意合，用是益自信"。

　　已发未发学说作为一种心性哲学主要是为确定一种适当的修养方法提供一个理论的基础。湖湘胡氏之学在理论上讲心为已发、性为未发与他们提倡在修养上"先察识后涵养"是一致的。因为心为已发，所以只须于已发处用功，在良心发见处省察，尔后努力加以扩充，故胡宏主张"只于已发处用功"。朱熹在丙戌之悟前通过张栻对湖南学派先察识之学已有所闻，所以在得出心为已发思想的同时，他立即把这一点与湖湘之学主张的"察识端倪"联系起来。在"人自有生"第一书中他即说："其良心萌蘖，亦未尝不因事而发见，学者于是致察而操存之，则庶乎可以贯乎大本达道之全体而复其初矣。"这种强调从已发入手，先察识后涵养的方法表现出朱熹当时受到湖湘之学的明显影响，而与李侗用力于未发、重在涵养的方法相距甚远。这就是后来答林择之书中所说的"旧闻李先生论此最详，后来所见不同，遂不复致思"。

　　从心性论的哲学角度来看，中和旧说所谓心为已发，性为未发的思想实质是以性为体，以心为用的观点，这以"人自有生"第一书所谓"一日之间万起万灭，而其寂然之本体则未尝不寂然也，所谓未发，如是而已"看得很清楚，即是说人心处于不间断的作用变化之中，只有心的本体——性才是寂然未发的，稍后他在答何叔京书中也说"性心只是体用"（《答何叔京》第十二书，《文集》卷四十）。程门中谢显道即主性体心用，朱熹30岁时编定《上蔡语录》，故朱熹性心体用思想与谢氏当有一定关系，后来朱熹在《知言疑义》和《孟子纲领》多次就性体心用对谢提出批评，也表明他对谢氏这一思想是十分熟悉的。此外，胡宏也说过"圣人指明其体曰性，指明其用曰心"。可见，性体心用——心为已发性为未发——先察识后涵养在逻辑上构成一个整体，肯定其中一点，在逻辑上很容易被引导到承认其他二点。

实际上很明显，在中和旧说中朱熹实质上把"未发""已发"当作与"体""用"相当的一对范畴来处理心性论，这与《中庸》的作者从情感发作的前后定义"未发""已发"的意义完全不同。这一次中和之悟的意义即在于，在对未发的追索和理解上，朱熹已从实践的体认工夫转向理论的心性哲学。

附：中和旧说年考

中和旧说王白田《朱子年谱》、夏炘《述朱质疑》皆以在乾道二年丙戌，时朱子 37 岁。近人钱穆《朱子新学案》则以中和旧说为在戊子，朱子 39 岁，且以中和旧说为朱子丁亥秋冬湖湘之行时得自张南轩。盖《中和旧说序》中言曾问于南轩，又五峰亦有心为已发之说，故钱说非全无据，然白田王氏初尝亦以中和旧说在戊子，后始改云丙戌，虽白田未言其故，而其改为丙戌自有依据，钱说于此则考之未详。今辨之如下：

（1）人自有生四书为中和旧说

"人自有生"第一书说："人自有生，即有知识，事物交来，应接不暇。念念迁革，以至于死，其间初无顷刻停息。……虽一日之间万起万灭，而其寂然之本体则未尝不寂然也。"（《答张钦夫》第三书）此即《中和旧说序》所云"人自婴儿以至老死，虽语默动静之不同，然其大体莫非已发，特其未发者为未尝发耳"。第一书又云："夫岂以日用流行者为已发，而指夫暂而休息，不与事接之际为未发时耶？"人自有生第二书则云"大抵此事浑然，无分段时节先后之可言，今著一'时'字、一'际'字便是病痛"（《答张钦夫》第四书），乃承人自有生第一书。又人自有生第三书云"前此方往方来之说，正是手忙足乱，无著身处"（《答张敬夫》第三十四书），乃指第二书中所说"自今观之，只一念间，已具此体用，发者方往而未发者方来"，是第三书亦中和旧说时书也。人自有生第四云"已发者人心，而凡未发者皆其性也，亦无一物而不备矣。夫岂别有一物拘于一时，限于一处而名之哉？即夫日用之间，浑然全体，如川流之不息，天运之不穷耳"（《答张敬夫》第三十五书），明言心为已发，性为未发，故知上述人自有生四书皆中和旧说时书也。

（2）答何叔京昨承不鄙书与人自有生四书同时

答何叔京第三书（昨承不鄙）云"若果见得分明，则天性人心、未发已发浑然一致，更无别物"，此与人自有生第二"大抵此事浑然"、第四"即夫日用之间，浑然全体"意同，谓天性为未发，人心为已发，体由用显，用据体生，体用浑然，不可以未发为拘于一时一处。可见此书亦中和旧说时书也。又《中和旧说序》谓当悟中和旧说之时"虽程子之言，有不合者，亦直以为少作失传而不之信也"，此明朱子在中和旧说时于程子语录疑而不信。人自有生第二书即提出对程子几条语录的怀疑，且朱子后自注其书，云"此书所论尤乖戾，所疑《语录》皆非是"。而答何叔京此书亦云"虽子程子之言，其门人所记录亦不能无失，盖记者之误不可不审所取也"，此亦可明答何叔京此书乃中和旧说时书也。

（3）答何叔京书作于丙戌

答何叔京第二书云："《孟子集解》本欲自备遗忘，抄录之际，因遂不能无少去取，及附己意处。近日读之，句句是病，不堪拈出，它时若稍有所进，当悉订定以求教，今未敢也。"第三书乃云："《孟子集解》当悉已过目，有差谬处，切望痛加刊削。"第四书云："《孟子集解》重蒙颁示，以《遗说》一编见教……当择其尤精者著之解中。"盖朱子作《孟子集解》初不欲出，因叔京恳请，故属之过目刊削，叔京阅后辄以《遗说》一编出示朱子，以俾补《集解》之作，是此三书相承未远之证一也。又答何叔京第二论程氏语录云："《语录》顷来收拾数家，各有篇帙，首尾记录姓名，比之近世所行者差为完善，故各仍其旧目而编之，不敢辄有移易，近有欲刻板于官司者，方欲持以畀之。"第四书云"《语录》比因再阅，尚有合整顿处，已略下手，会冗中辍。"是则三书相承未远之证二也，又答何叔京第三书云"《渊源录》亦欲早得"，第四书乃云"《渊源》《闻见》二录已领"，是乃三书相承之证三也。按何镐（字叔京）邵武人，邵武距崇安不过百余里，故此三书相间必不甚久。

答何叔京第四（专人赐教）一书尾云："《杂学辨》出于妄

作，乃蒙品题过当，深惧上累知言之明，伏读恐悚不自胜。"按朱子曾作《杂学辨》，后有何叔京跋语（《文集》卷七十二），"品题"即指叔京所作跋语，其跋作于乾道二年丙戌孟冬十月，以此知答何叔京第四书在丙戌之冬，而第二书、第三书亦当在丙戌同年无疑也。第三书尾云"本欲专人致书以谢临辱，又苦农收乏人"，其书必在丙戌之秋，此书乃何叔京访朱后所作，亦与《续集》答罗参议第六"何叔京秋间相过"之说相合，第二书首云"近得伯崇过此，讲论逾月"，而答许顺之十一书云"此间穷陋，夏秋间伯崇来相聚，得数十日讲论"（其书中言"湖南之行……刘帅遣到人时已热，遂辍行"，证明其书在丙戌）即指答何叔京书所谓讲论逾月者，故知答何叔京第二书在丙戌初秋。由上述可知，答何叔京第三书论已发未发者当在丙戌之秋。而答张栻第三十五书（人自有生第四书）云"近范伯崇来自邵武，相与讲此甚详"，其甚详者亦指范伯崇夏秋间相与讲论逾月也。以此知答张栻第三十五书亦在丙戌之秋。

（4）答张栻四书作于丙戌丁亥

人自有生第三书（《答张敬夫》第三十四书）云："夜气固未可谓之天地心，然正是气之复处，苟求其故，则亦可以见天地心矣。"答何叔京第八云："钦夫极论复见天地心不可以夜气为比，熹则以为夜气正是复处，固不可便谓天地心，然于此可以见天地心矣。"此二书同时甚明，答何叔京第八书当在答张敬夫第三十四书同时稍后，考何叔京第八书云"近事一二传闻可庆，然大病新去，尤要调摄将护"，此处乃指乾道三年丁亥龙大渊、曾觌去国，后答何叔京第十书言此甚明。按龙、曾于丁亥春去国，而朱子答何叔京第八书有"今恐已热"之说，故答何叔京第八书当在丁亥春夏间，而答张敬夫第三十四书（人自有生第三书）当在丁亥之春。⑥

按人自有生四书之说，第一书为最先者无疑。第四书当承第一节，盖其书云"前书所禀寂然未发之旨、良心发见之端，自以为有小异于畴昔，偏滞之见，但其间语病尚多，未为精切。比遣书后，累日潜玩，其于实体似益精明"，此可明第四书之作虽在第一书之后，但时钦夫尚未复其第一书也。而人自有生第二书云"兹辱诲喻"，始为钦夫复书后又作之书也，故第二书当承第四书。前考第四书在丙戌之秋，第一书在其前，当在丙戌夏秋间，第二书承第四，其书疑程子《语录》，与答何叔京第三书亦同时先后，当在丙戌秋。而人自有生第三书为最后，乃在次年丁亥之春矣。

钱穆以中和旧说在戊子，其主要依据是朱熹答石子重第五书："大化之中自有安宅，此立语固有病。然当时之意却是要见自家主宰处。"这是指人自有生第三书所云"浩浩大化之中，一家自有一个安宅，正是自家安身立命主宰知觉处"。答石子重书中云"熹自去秋之中走长沙"，故其书在乾道四年戊子无疑，钱穆即据以断言人自有生四书皆在戊子。然答石子重此书尚有"熹忽有编摩之命，出于意外"之云。按朱子除枢密院编修待次

⑥ 近见日本福岛仁氏《朱子心性论之成立过程》（《日本中国学会报》，三十三集），以答何叔京第八书为据，断四书皆在丙戌，以证白田之说不误，其意甚是，然答何叔京第八书在丁亥春夏间，故未可以四书皆在丙戌之证也。故言中和旧说悟于丙戌则可，以四书皆在丙戌则不可。

乃在乾道三年丁亥十二月，朱子自潭州归家则在十二月下旬，既然此书有"忽有"之说，必在闻除命之初，故此书虽在戊子，但必在戊子正月。且朱子书既云"当时"，则大化安宅之论非与石书同时明矣。又大化安宅语出人自有生第三书，朱子十二月下旬至家，何以能至戊子初便与长沙有四书往还，以至传至石子重、又与石子重往来论之耶？故人自有生四书绝非戊子之作甚明。

朱子中和旧说非得自南轩尚有一证。人自有生第二书朱熹说："向见所著中论有云：'未发之前心妙乎性，既发则性行乎心之用矣'，于此窃亦有疑，盖性无时不行乎心之用，但不妨常有未行乎用之性耳。今下一前字，亦微有前后隔截气象。"朱子丙戌之悟主张心为已发，以为心体流行"无分段时节先后之可言，今著一'时'字、一'际'字便是病痛"，而张栻则以为心有"未发之前"与"既发"之后，这说明朱熹丙戌之悟非从张栻得来。实际上张栻这个观点倒较为接近后来朱熹己丑之悟的立场，宜乎其立即复书赞同朱子己丑之说也。

三　湖湘之行

乾道三年丁亥八月，朱熹赴潭州访张栻。乾道元年刘珙帅湖南，与南轩相处，而朱熹此时亦与南轩通书论学，交谊渐契。乾道二年夏刘珙曾遣人接朱熹赴湖南相会，朱熹因热未能成行（见答许顺之书）。同时也因朱熹苦于中和思考，湖南之行兴趣不大。丙戌秋得中和之悟，心情极为畅快，虽次年丁亥刘珙已去任，他仍赴长沙一行。同访南轩的有朱熹旧友范念德（伯崇），门人林用中（择之）。⑦

李侗死后，除甲申相见外（据朱熹答罗参议书，甲申九月曾至豫章为张浚送葬，与张栻得三日款），朱张间时有通书往来，刘珙帅长沙时刻程氏文集，朱熹因改字问题曾与刘张往复讨论。又据朱熹与罗参议书，朱张关系在此二年间有较快发展，如"时得钦夫书"（《答罗参议一》，乙酉，《续集》），"钦夫尝收安问"（《答罗参议四》，乙酉丙戌间），"时得钦夫书问，往来讲究此道"（《答罗参议六》，丙戌），《中和旧说序》所谓问学于南轩，当指甲申后二年间所通书。朱熹答罗参议第四书说："钦夫尝收安问，警益甚多，大抵衡山之学只就日用处操存辨察，本末一致，尤易见功。某近乃觉知如此，非面未易究也。"这是说湖湘之学注重日用间辨察良心萌蘖，扩充操存，可见张栻向朱熹介绍的湖湘之学主要是察识端倪的内容。

湖湘之行，为朱熹与张栻"讲究此道"提供了一个良好机会。两人讨论的道学问题虽未留下详细记载，从一些零散材料中也可以窥见得大体情形。

朱熹自延平逝去，苦心考究中和之说，至丙戌有所省悟，这个过程一直是与张栻通书讲论联系在一起的，且中和旧说最后一书作于丁亥春，故湖南之行必然要讨论中和之说。据李本

---

⑦　据朱熹《跋胡五峰诗》："……明年（绍兴辛巳）胡子卒，又四年，熹始见钦夫而后获闻之。"（《文集》卷八十一）辛巳朱子32岁，又四年甲申，朱子35岁，据此朱熹似于甲申始识张栻。但《语类》卷一百○三云"上初召魏公，先召南轩来，某亦赴召至行在，语南轩云……"，此指隆兴癸未冬事，故朱熹初识张栻当在癸未，朱子34岁，同年李侗卒。

年谱"是时范念德侍行，尝言二先生论《中庸》之义，三日夜而不能合"。王懋竑《年谱考异》以李本此语无所据，"于《文集》《语录》皆无所考"。如果《中庸》之义是指未发已发之论，因前此二人通书对此无甚异议，则三日不合之说确乎可疑，若不拘于三日不合之说，李本年谱此条正反映了朱张论《中庸》未发之义的热烈情形。

朱熹后来曾说："旧在湖南理会乾坤。乾是先知，坤是践履；上是知至，下是终之。却不思今只理会个知，未审到何年月方理会终之也，是时觉得无安居处，常怵地忙。又理会动静，以为理是静，吾身上出来便是动。"（《语类》卷一百〇四，杨方录，庚寅）这是说当时认为人心都是已发，是动；性即理，是静。在动中察识端倪，不注重静中涵养工夫，所以忙而无安。这表明朱熹湖南之行颇受湖南先察识后涵养的影响，朱熹临别赠南轩诗也说"从君识乾坤"。

在心性已发未发问题上朱熹大概进一步解释了丙戌之悟的立场。而朱张湖南讨论最多的还是衡山之学的察识端倪即先察识后涵养之说。朱熹临别答张栻赠诗说："始知太极蕴，要眇难名论。谓有宁有迹，谓无复何存，惟应酬酢处，特达见本根。"这是说性即太极是未发，是体，无形无迹，修养工夫应当在日用酬酢处即已发上用功。所谓"惟应酬酢处，特达见本根"即"只就日用处操存辨察"（《答罗参议书》），"据其已发者而指其未发者"（人自有生第四书）。

朱熹湖南之行虽与张栻讨论了未发之义、太极之妙、乾坤动静等，但他自己感受最深的是察识端倪之说，在湖南之行的次年（戊子）与诸人书信中这一点显得更为清楚。

朱熹答程允夫书说："去冬走湖湘，讲论之益不少。然此事须是自做工夫，于日用间行住坐卧处方自有见处。然后从此操存，以至于极，方为己物尔。敬夫所见超诣卓然，非所可及，近文甚多未暇录，且令写此一铭去，此尤胜他文也。……《艮斋铭》便是做工夫底节次，近日相与考证古圣所传门庭，建立此个宗旨，相与守之。"（《答程允夫》第五书，《文集》卷四十一）先于日用间有见处即先察识，然后加以操存即后涵养。张栻《艮斋铭》说"四端之著，我则察之；岂惟思虑，躬以达之"。意谓人性本善，但工夫应在日用间察识心中著露的四端之心，加以扩充力行，逐步体验到大本性善，不由外铄。朱熹大力推崇这种修养主张，鼓吹要以先察识后涵养为"宗旨"，做工夫，这与他后来确立的主敬立本、穷理致知的方法大不相同。

所谓察识端倪即察识良心发见处，即孟子所说的四端。同年答何叔京两书中他进一步发挥《艮斋铭》的意旨，他说："向来妄论持敬之说，亦不自记其云何，但因其良心发见之微，猛省提撕，使心不昧，则是做工夫底本领。本领既立，自然下学而上达矣。若不察于良心发见处，即渺渺茫茫恐无下手处也。……所喻多识前言往行，固君子之所急，熹向来所见亦是如此，近因反求，未得个安稳处，却始知此未免支离。如所谓因诸公以求程氏，因程氏以求圣人，是隔几重公案。曷若默会诸心以立其本。"（《答何叔京》第十一书，《文集》卷四十）下一书更说道："前此僭易拜禀博观之弊，诚不自揆。……若使道可以多闻博观而得，则世之知道者为不少矣。"（《答何叔京》第十三书，《文集》卷四十)⑧这些见解在许多方面都与后来的陆学相近，如专主求乎良心发见，猛省提撕，而以日用持敬为不然。以为由博观多识以求道不若默会于心以立本等等。同年答石子重书他也说道："敬中须有体察功夫，方能行著习察，不然兀然持敬，又无进步处也。"(《答石子重》第五书，《文集》卷四十二)⑨朱熹的这些思想比衡山之学走得更远一些。无怪乎王阳明取答何叔京十一、十三两书入《朱子晚年定论》以为合于陆氏之说，而陈建氏亦言 40 岁前与禅陆合（见《学蔀通辨》）。然而，这些思想并非"晚年定论"，在 40 岁之前的思想演进中也只是一个短暂的插曲，而紧接而来的己丑之悟才从根本上确立了朱熹的学术面貌。

四　己丑之悟

丙戌之悟和先察识之说经一个很短的时期又被朱熹推翻了。"乾道己丑（朱熹 40 岁）之春，为友人蔡季通言之，问辨之际，予忽自疑斯理也。……而程子之言出其门人高弟之手，亦不应一切谬误，以至于此，然则予之所自信者，其无乃反自误乎？则复取程氏书，虚心平气而徐读之，未及数行，冻解冰释。"(《中和旧说序》)

乾道五年己丑，朱熹 40 岁，在"冻解冰释"之后，他"亟以书报钦夫及尝同为此论者。惟钦夫复书深以为然，其余则或

---

⑧　《答何叔京》第十一、十三两书《年谱》皆列之戊子，朱子 39 岁。
⑨　《答石子重》第五书首云"熹自去秋之中走长沙"，故此书在戊子。

信或疑，或至于今累年而未定也。"（同上）这是说为了阐明他的己丑思想，说服以前同持旧论的同志，朱熹与他们进行了反复讨论。[10]

《文集》卷六十四《与湖南诸公论中和》第一书最初应当是寄与张栻的，即所谓"亟以书报钦夫及尝同为此论者"。其书云：

> 《中庸》未发已发之义，前此认得此心流行之体，又因程子凡言心者皆指已发而言，遂目心为已发，性为未发。然观程子之书多所不合，因复思之，乃知前日之说非唯心性之名命之不当，而日用功夫全无本领，盖所失者，不但文义之间而已。

> 按《文集》《遗书》诸说，似皆以思虑未萌、事物未至之时为喜怒哀乐之未发。当此之时，即是此心寂然不动之体，而天命之性当体具焉。以其无过不及，不偏不倚，故谓之中。及其感而遂通天下之故，则喜怒哀乐之性发焉，而心之用可见。以其无不中节，无所乖戾，故谓之和。此则人心之正而情性之德然也。

> 然未发之前不可寻觅，已觉之后不容安排，但平日庄敬涵养之功至而无人欲之私以乱之，则其未发也镜明水止，而其发也无不中节矣。此是日用本领工夫，至于随事省察，

---

⑩ 这些讨论的书信朱熹在乾道八年壬辰（43岁）编在一起，题为《中和旧说》，向来皆以朱子所谓"中和旧说"一语专指丙戌之悟，实际上朱子是把包括己丑以后的中和论辩统编为《中和旧说》，所谓《与湖南诸公论中和第一书》当即编入《中和旧说》的第一书，故有此题。

> 即物推明，亦必以是为本而于已发之际观之，则其具于未
> 发之前者固可默识。故程子之答苏季明，反复论辨，极于
> 详密，而卒之不过以敬为言。又曰"敬而无失即所以中"，
> 又曰"人道莫如敬，未有致知而不在敬者"，又曰"涵养须
> 是敬，进学则在致知"，盖为此也。向来讲论思索，直以心
> 为已发，而日用工夫亦止以察识端倪为最初下手处，以故
> 阙却平日涵养一段工夫。

所以作这样长的引述是因朱熹自己在这里清楚地说明了他的思
想，基本上包含了己丑之悟的要点。[⑪]

(1)"未发""已发"指心理活动的不同阶段或状态

朱熹在《已发未发说》中说丙戌之悟"于心性之实未始有
差，而未发已发命名未当"，同时答林择之书也说："疑旧来所
说于心性之实未有差，而未发已发字顿放得未甚稳当。"(《答林
择之》第六书，己丑，《文集》卷四十三) 这是指，丙戌旧说中
确认的两点：①人只要生存，心的作用就不会停止（即心体流
行无所间断）；②性作为内心本质始终是通过他者表现，自身是
隐而不发的。这些所谓"心性之实"并不错误，旧说的错误在
于认为凡心有所作用（心体流行）即属已发，从而人生至死，
心始终流行不已，在任何时候都是已发。己丑之悟则认为，上

---

　　⑪　按《文集》卷六十七有《已发未发说》，其辞意皆与答湖南第一书大体相
同。只是在"按《文集》《遗书》诸说"前列举程氏语录十数条，此说可能为朱熹
己丑初悟时所作，而与湖南第一书似据此说略作修改而成。故下述并《已发未发
说》而论之。

述关于已发未发的见解也就是程颐开始答吕大临所问时提出的
"凡言心者皆指已发"的思想，而程颐后来放弃了这些思想，原
因是这些对已发未发的理解与《中庸》原意相去太远，他说：
"程子所谓'凡言心者皆指已发而言'，此却指心体流行而言，
非谓事物思虑之交也。然与《中庸》本文不合，故以为未当而
复正之。"（《已发未发说》）

按照朱熹己丑反复综合程颐各种说法所得的理解，"已发"
是指思虑已萌，"未发"是指思虑未萌。在朱熹看来，人生至死
虽然莫非心体流行，但心体流行可以分为两个阶段或两种状态。
思虑未萌时心的状态为未发，思虑萌发时心的状态为已发，也
就是说心有已发时，有未发时，或者说有未发时心，有已发时
心。《已发未发说》说：

> 右据此诸说（程颐论未发十五条），皆以思虑未萌、事
> 物未至之时为喜怒哀乐之未发，当此之时即是心体流行寂
> 然不动之处，而天命之性体段具焉。以其无过不及，不偏
> 不倚，故谓之中。然已是就心体流行处见，故直谓之性则
> 不可。吕博士论此大概得之，特以中即是性，赤子之心即
> 是未发，则大失之，故程子正之。（《文集》卷六十七）

按朱熹的思想，思虑未萌被规定为心体流行的寂然不动阶段或状
态，思虑已萌被规定为心体流行的感而遂通阶段或状态，前者是
未发，后者是已发。照这里说，"中"也只是表征心的未发状态，
并不就是性，在朱熹，"心体流行"指心之作用的不间断过程。

这里心体指全体、总体，即答林择之书所说"心则通贯乎已发未发之间，乃大《易》生生流行、一动一静之全体也"（《答林择之》第六书，《文集》卷四十三）。朱熹认为即使是无所思虑时，耳亦有闻、目亦有见，知觉不昧，故仍属心体流行。当此之时，思维作用没有主动发挥，也未被动反应，相对于思虑萌发而言属于静的状态，故说是寂然不动。而思虑意念产生在主体与客体相互作用之后，总的看属于动的状态，故说是感而遂通。

　　从这个观点看，湖南之学主张的先察识，从良心发见入手做工夫，主要是在已发时心上用功，而在思虑未萌、事物未至时心的未发阶段"欠缺一段工夫"，即"无前面一截工夫"，缺少静中的涵养工夫。所以朱熹便对他戊子以来接受湖湘之学的"以察识端倪为最初下手处，以故阙却平日涵养一段工夫"进行反省，强调加强未发时的涵养，在这一点上朱熹又向李侗强调静中涵养工夫的立场回归，他说"旧闻李先生论此最详，后来所见不同，遂不复致思，今乃知其为人深切，然恨已不能尽记其曲折矣"。（《答林择之》第二十书，己丑，《文集》卷四十三）

　　在理论上，朱熹由原来主心为已发转为心有已发未发，心贯乎已发未发，相应地修养方法上也一改以《艮斋铭》为宗旨的旧说，把修养方法区分为未发的持敬功夫和已发的致知功夫，从而确立了他以主敬致知为宗旨的"一生学问大旨"。未发的主敬不同于李侗的静中体认，已发的致知也超出了湖湘学派察识良心而更多容纳了知识论的内容，表明朱熹既非简单回到李侗，也不是仅用未发补充胡学，己丑之悟几次拈出程颐"涵养须用敬，进学则在致知"，表明朱熹已经确立了他自己的学问宗旨。

而这一转变本质上是把道南的方向引向程颐的理性主义轨道。

（2）"未发"指性，"已发"指情

学者往往把己丑之悟笼统地加以处理，其实，从最初的《已发未发说》到稍后的《与湖南诸公论中和第一书》，及再后的《答张敬夫》第四十九书，以及同时答林择之诸书，在这个过程中朱熹的思想及其表现的一些说法有一些值得注意的变化。

己丑之春刚刚改变旧说时他在《已发未发说》中说："思虑未萌、事物未至之时为喜怒哀乐之未发，当此之时，即是心体流行寂然不动之处，……然已是就心体流行处见，故直谓之性则不可。"这显然是把心理活动区分为已发未发的不同阶段，以便确立在未发已发阶段两下用功的工夫，克服湖南之学先察识之说偏于"动"和"已发"的倾向，突出平日涵养的地位。但在与湖南第一书中他的说法有些变化："按《文集》《遗书》诸说，似皆以思虑未萌、事物未至之时为喜怒哀乐之未发，当此之时，即是此心寂然不动之体，而天命之性当体具焉。以其无过不及，不偏不倚，故谓之中。及其感而遂通天下之故，则喜怒哀乐之性发焉，而心之用可见。以其无不中节，无所乖戾，故谓之和。此人心之正而情性之德然也。"此书虽与《已发未发说》文句多有相同之处，但也有一些重要的不同。这里不再讲心体流行。照这里讲，已发未发不仅是讲人心之正，而且指明情性之德，即不只是把人心区分为不同阶段，而且包含着对性和情的某种理解。从这封信看，喜怒哀乐未发时只是"喜怒哀乐之性"，喜怒哀乐已发则是指现实情感；性无所偏以为"中"，

情若中节则便为"和"。喜怒哀乐之性即心之体，喜怒哀乐之情即心之用。不过，上述一切还只是我们把此书的片段环节联系起来所作的清楚表述，毕竟朱熹自己在这里并没有明确说明喜怒哀乐未发即是性，已发即是情，未发之性是心之体，已发之情为心之用。到了稍后答张敬夫书中他的说法又有新的变化。

> 诸说例蒙印可，而未发之旨又其枢要。既无异论，何慰如之。然比观旧说，却觉无甚纲领，因复体察，得见此理须以心为主而论之，则性情之德、中和之妙，皆有条而不紊矣。
>
> 然人之一身，知觉运用莫非心之所为，则心者固所以主于身，而无动静语默之间者也。然方其静也，事物未至，思虑未萌，而一性浑然，道义全具，其所谓中，是乃心之所以为体，而寂然不动者也。及其动也，事物交至，思虑萌焉，则七情迭用，各有攸主，其所谓和，是乃心之所以为用，感而遂通者也。然性之静也而不能不动，情之动也而必有节焉，是则心之所以寂然感通周流贯彻，而体用未始相离者也。（《答张敬夫》第四十九书，《文集》卷三十二）⑫

照这里所说，"未发"指"性之静"，"已发"指"情之动"，思虑未萌到七情感动，不仅是心的寂然到感通的过程，而且是浑然一性到性发为情的过程。无论性发动为情或未发动为情，心

---

⑫ 《年谱》以此书在己丑，其说是，按首云"诸说例蒙印可"，乃指朱子致湖南第一书后张栻即来书以为然，此书即朱子又复其书也，当在己丑之夏。

都贯通无间。心之体为性，心之用为情。

为了便于理解这一点，有必要简略谈及中国古代哲学的性情观。中国哲学一般认为，性是情的根据，情是性的表现。荀子云"性之好恶喜怒哀乐谓之情"（《正名》），以喜怒哀乐之情为出于性。《乐记》讲"感于物而动，性之欲也"，按宋儒解释，也是指性感于物而动为情。南北朝之刘昼言"性之所感者情也""情出于性"（《刘子新论·防欲》），唐之韩愈讲"性之于情视其品""情之于性视其品"（《原性》），认为有何种性即发为何种情，由何种情可知有何种性，也是情出于性、性发为情的一种思想。至李翱则更说"无性则情无所生矣，是情由性而生，情不自情，因性而情，性不自性，因情以明"（《复性书》）。这些思想，特别是李翱的性情论（实际是性情体用说）对宋明理学影响很大，如程颐说"其未发也，五性具焉""其中动而七情出焉"（《颜子所好何学论》）及"自性之有动者谓之情"（《遗书》卷二十五），所以在朱熹之前，性动（发）为情、情根于性，是一个普遍的看法。[13]

如果朱熹明确说明喜怒哀乐之情未发为性，仁义礼智之性发动为情，就不会使人们对像《答张敬夫》第四十九书中那样一些曲折说法感到费解。朱熹的说法所以令人费解，主要是由于，《中庸》讲未发已发本以指喜怒哀乐等七情的发作与否，而程颐则提出"既思即是已发（自注：思与喜怒哀乐一般）"（《遗书》卷十八），认为应对《中庸》所谓未发作广义理解。由

---

[13] 以"未发""已发"论性情，不但在二程已有此说，即使王安石亦然，见其《性情论》。

于朱熹的己丑中和之悟是着重于综合程颐关于未发已发的思想，所以他不直截说"喜怒哀乐未发，而一性浑然"，却说"思虑未萌，而一性浑然"，实质上朱熹的思想是指情之未发即是性，性之发动则为情。其次，朱熹不直截说"思虑未萌即是性"，却强调"思虑未萌，而一性浑然"，这是由于，朱熹认为性是理，"然既谓之理，则便是个有条理底名字，故其中所谓仁义礼智四者，合下便各有一个道理，不相混杂。以其未发，莫见端绪，不可以一理名，是以谓之浑然"（《答何叔京》第二十七书，《文集》卷四十）；"及其发而为用，则仁者为恻隐，义者为羞恶，礼者为恭敬，智者为是非。随事发见，各有苗脉，不相淆乱，所谓情也"（《玉山讲义》，《文集》卷七十四）。未发的浑然是对已发的条理而言。

了解了朱熹之所以强调思虑未萌和一性浑然，便可知答张钦夫书所谓"方其静也，事物未至，思虑未萌，而一性浑然，道义全具，其所谓中，是乃心之所以为体而寂然不动者也"，简单而就实质说来，即谓情之未发便是性，便是心之体。

关于性情未发已发与心的关系，朱熹认为无论性未发为情的静的状态还是情已发为用的动的状态，心是无间于动静，贯通乎未发已发的。

通过上述可见，己丑之悟所谓未发已发包含两个方面的意义，一是指心的未发已发，一是指性情的未发已发。这两方面并不是一回事。有不少学者以为在朱熹哲学中，心之未发便是性，心之已发便是情，严格地说，是绝对不可以的。心之未发指思虑未萌时心，心之已发指思虑已萌时心。思虑未萌时的心与性之间，思虑已萌时的心与情之间是不能画等号的。虽然一方面未发时心与性，已发时心与情在时间上平行，即性未发为情时心亦未发，性已发为情时心亦已发。而另一方面，性未发时不可谓无心，性仍具在心中，所以未发时心不等于性；已发时心可以宰制情感，所以并不等同于情，如果说思虑情感未发生时只是性，没有心，或思虑情感已发时只是情，更无心，那么心贯未发已发就无法成立了。

心的未发已发是区别心理活动及其状态的两个阶段，这里的已发未发是同一层次的概念。而性情未发已发则是与体用相同的概念，两者不但在实际上有过程的区别，层次也不相同。已发未发这两方面的意义所以易被混淆，易被理解为心之未发就是性，原因其一是孟子关于心的概念运用得不很严格，如四端在朱熹规定为情，而孟子皆以心论之，在这个四端的意义上固可说心之未发是性，但笼统地说心之未发是性便造成混乱。其二是程颐讲既思即是已发，朱熹为体现这一思想，不说情之未发是性，而说思虑未萌而一性浑然，也容易使人误以为朱熹的心性论是讲心之未发即是性。

附：《遗书后序》考

以上是对己丑之悟的基本分析。从"工夫"的角度看，己丑之悟使朱熹排除了湖湘之学先察识的影响，确立了主敬致知的宗旨，但这里有一个问题：既然戊子（39岁）答何叔京、石子重书都还对持敬之说不以为然，直到己丑之悟（40岁）明先察识之非，始提出以主敬为本的方针，何以在一段被认为是戊子所作的《遗书后序》中却已提出了："先生之学，其大要则可知已。读是书者诚能主敬以立其本，穷理以进其知，使本立而知益明，知精而本益固，则日用之间且将有以得乎先生之心，而于疑信之传可坐判矣"呢？（《文集》卷七十五）陈荣捷先生即以《遗书后序》为据，不赞成历来己丑之悟的说法。[⑭]

考《续集》卷二《答蔡季通》第九书云："近看遗书目录序，'时有先后'以下一节说道理不出，欲更之云：'先生之学，其大要则可知已。读是书者诚能主敬以立其本，穷理以进其知；两者交相为用而不已焉，则日用之间且将有以默契乎先生之心，而于疑信之传可坐判矣。"据此可知，原《遗书后序》本有"时有先后……"一节，后来才改为主敬穷理云云。今《遗书后序》无有"时有先后"之语便是明证。就是说戊子遗书编成时序文本无主敬为本的思想。这就与我们前面所述戊子以《艮斋铭》为宗旨及己丑之悟的改变没有矛盾了。

那么，主敬穷理一段是何时改定的？今《遗书后序》与答蔡季通书所改大意虽同，但蔡书所谓"交相为用""有以默契"之云与今序"益明益固""有以得乎"之句毕竟有别。考朱子《答林择之》第二十一书云："又云（下指择之语）'涵养则其本益明，进学则其智益固，表里互相发也'，此语甚佳。"（《文集》卷四十三）此三语与今《遗书后序》"使本立而知益明，知精而本益固"尤极相近。答林择之书《年谱》列之己丑，由此可知，己丑之悟后朱熹先改正遗书序文（即答蔡书所论者），又吸取林

<hr>

⑭　见拙译陈文《论朱熹与程颐之不同》，载《中国哲学》第十辑。

择之语，始改定为现在所见的文字。

所谓"主敬以立其本，穷理以进其知"实际上就是程颐"涵养须用敬，进学则在致知"的翻本。程颐此语在朱熹与湖南第一书中已被拈出，而在己丑冬答程允夫书中也强调"伊川又言涵养须用敬，进学则在致知，又言人道莫如敬，未有致知而不在敬者，考之圣贤之言如此类者亦众，是知圣门之学别无要妙，彻头彻尾只是个敬字而已"（《答程允夫》第六书，夏炘言，据《朱程问答》本是己丑十一月书，《文集》卷四十一）。王懋竑说朱熹"至庚寅拈出程子'涵养'二语，生平学问，大指定于此"，其实在己丑中和之悟的同时已经确立了"主敬以立其本，穷理以进其知"的宗旨。

总之，透过己丑之悟各种曲折的说法，朱熹已产生了性为心之体、情为心之用的思想，但也应承认这些思想还不很明确。己丑之悟的重点还是在确立未发时心的涵养工夫，而不是性情之辨，后者则是在己丑以后几年中关于《知言》和《仁说》的讨论中进一步得到阐发的。

五　《知言疑义》

据《中和旧说序》，己丑春朱熹悟旧说之非后立即写信给张栻及湖南其他学者如胡广仲、吴晦叔等，以及曾同赴湖湘的林择之。然而"惟钦夫复书深以为然，其余则或信或疑，或至于今累年而未定也"。即使是张栻也只是赞同朱熹的中和之说，并未放弃先察识的见解，"近得南轩书，诸说皆相然诺，但先察识

后涵养之论执之尚坚"(《答林择之》第三书，己丑夏)。为此朱
熹与他们就许多方面持续进行了讨论，为节省篇幅，对这些讨
论不拟赘述。[15]

自乾道五年己丑之悟到乾道九年癸巳《伊洛渊源录》成，
四年之间是朱熹哲学思想建立、发展的一个重要阶段。己丑后
因中和说与察识涵养问题与湖南学者论辩累年，中间围绕《知
言疑义》产生的一系列讨论，至乾道八年朱熹作《仁说》之后
与各方学者进行的往复辩论，再加上关于《太极解义》的讨论，
形成了朱熹一生论辩最多的时期。《文集》卷六十七所载朱熹著
写的哲学论文绝大部分产生于这一时期，如《已发未发说》《程
子养观说》《君子所贵乎道者三说》(以上己丑)，《〈中庸〉首章
说》《明道论性说》《〈乐记〉动静说》《易寂感说》《元亨利贞
说》(以上庚寅)，《巧言令色说》《观过说》《尽心说》《观心说》
(以上辛卯)以及《仁说》(壬辰)等。这里以《知言疑义》为
主讨论这一时期朱熹的心性论思想。

《知言疑义》(《文集》卷七十三)是朱熹、张栻、吕祖谦讨
论胡宏《知言》的综合记录。在丙戌中和旧说时期，在心为已
发、先察识后涵养方面朱熹受胡宏为代表的湖湘之学影响很大。
己丑反省旧说之后，他即开始用批判的眼光重新看待五峰学说，
批判的注意力首先指向胡宏的代表作《知言》。己丑次年庚寅，
朱熹(41岁)把对《知言》的十数条批评寄给当时知严州的张

<hr>

⑮ 湖南学者以《大学》之序论证致知先于涵养，又证之以先知后行之说，为
此与朱子相辩累年，又湖南学者以观过知仁论先察识，朱子则以观过只是知仁之一
途，若以惟观过方可知仁则是只在已发用功而不务平时涵养。由观过之辩所引发，
朱子又作《观心说》及《尽心说》，在此二说中提出的心具众理等思想值得注意。

栻，时吕祖谦亦教授严州，张吕二人在朱说的基础上也整理出一些对《知言》的疑义，[16] 于是在三人之间展开了对《知言》一些主要观点的讨论，最终由朱熹加以综合整理。在《知言疑义》及同时的论文中朱熹的心性论有了进一步发展。

（1）心主性情

《知言疑义》最突出的思想进展是明确提出心统性情和心主性情。《知言》本说“心也者，知天地宰万物，以成性者也”，朱熹指出：“‘以成性者也’，此句可疑，欲作‘而统性情也’，如何？”张栻则说：“‘统’字亦恐未安，欲作‘而主性情’如何？”朱熹非常赞同：“所改‘主’字极有功。”（上皆见《知言疑义》）朱熹提出要把《知言》“心以成性”的说法改为“心统性情”，这是很值得注意的。张栻不大赞同朱说，认为改为“心主性情”更好。朱熹立即赞同。众所周知，朱熹后来极力推崇张载“心统性情”之说，以为二程所道不到，而在这里，朱熹提出“统”却未及横渠，以及又立即转为赞同张栻改“统”为“主”，这表明朱张二人都没有注意到张横渠本有心统性情之说，也就是说，在《知言疑义》中朱熹是通过自己的途径得出心统性情的思想。[17] 尽管他后来赞成改为心主性情，要之心主性情

---

⑯ 按《东莱文集》吕祖谦与朱子第六书云：“《知言》往在严陵时，与张丈讲论，亦尝疏出可疑者数十条”，其书在庚寅，而朱子答吕祖谦第九书“《知言疑义》再写欲奉呈”，其书在辛卯，故知《知言》之论当始于庚寅，而终于辛卯。

⑰ 据淳熙二年编成的《近思录》，横渠“心统性情”一语原出于《横渠先生语录》，此条可见今《张载集》，中华书局 1978 年版。《性理拾遗》：“张子曰：心统性情者也。有形则有体，有性则有情。发于性则见于情，发于情则见于色，以类而应也。”

亦心统性情之一义，其间并无矛盾。

　　心主性情在朱熹哲学中指心对于性情的“主宰”作用。按照朱熹的思想，心未发时并非无条件地中，心已发时也非无条件地和，总是要以主敬为条件。他说：“未感物时若无主宰，则亦不能安其静，只此便自昏了天性，不待交物之引然后差也。……不能慎独，则虽事物未至，固已纷纶胶扰，无复未发之时。既无以致夫所谓中，而其发必乖，又无以致夫所谓和。惟其戒谨恐惧，不敢须臾离，然后中和可致。”（《答林择之》第二十书，庚寅，《文集》卷四十三）严格说来，心本不好说主宰性的，朱熹所谓心主乎性，只是指在未发时要用主敬来保持心的“中”，否则“只此便自昏了天性”，他认为这也就是程颐强调“敬而无失乃所以中”的意义所在（见《答胡广仲》第一书，《文集》卷四十二）。所以他说：“夫心，主乎性者也。敬以存之，则性得其养而无所害矣。”（《答张敬夫问目四十一》，庚寅辛卯，《文集》卷三十二）至于心对情的主宰作用易于理解，“感于物者心也，其动者情也，情根乎性而宰乎心，心为之宰，则其动也无不中节矣”（《问张敬夫》第三十七书，庚寅，《文集》卷三十二），指理智对于情感的控制作用。

　　《知言疑义》写成后，在一些主要问题上朱熹与五峰学派的学者反复讨论过，其答胡广仲书说：

　　　　心主性情，理亦晓然。今不暇别引证据，但以吾心观之，未发而知觉不昧者，岂非心之主乎性者乎？已发而品节不差者，岂非心之主乎情者乎？心字贯幽明，通上下，

> 无所不在，不可以方体论也。今曰"以情为达道，则不必言心矣"，如此则是专以心为已发，如向来之说也。然则谓未发时无心可乎？（《答胡广仲》第五书，壬辰，《文集》卷四十二）

这是说情感念虑未发时，以敬提撕，使心有所知觉而不昏瞆，这就是心主乎性。情感念虑已发时，心对情感思虑有控制和调节的作用，这就是心主乎情。情感思虑未发时有未发时心，不能说未发时只是性而没有心，故不能说心之未发就是性。情感思虑发动后心能加以控制，可见已发之心虽包括七情念虑，但不能说心之已发只是情，以为已发只是情而不必言心，就是把已发之心与情完全混作一谈了。

（2）心有体用

《知言》说："圣人指明其体曰性，指明其用曰心，性不能不动，动则心矣。"朱熹指出："心性体用之云，恐自上蔡谢子失之。此云'性不能不动，动则心矣'，语尤未安，此'心'字皆欲作'情'字。"（《知言疑义》）朱熹不赞成以性为体，以心为用，这与己丑之悟对丙戌之说的反省是一致的。所以朱熹把《知言》改为"性不能不动，动则情矣"，虽本于伊川"自性之有动者谓之情"，又是以他自己从丙戌到己丑的反复体究为基础的。按照朱熹，用是情，不是心。性情相为体用，性心则不为体用。他答何叔京书说："心主于身，其所以为体者，性也；所以为用者，情也。是以贯乎动静而无不在焉。"（《答何叔京》第二十九书，辛卯壬辰，《文集》卷四十）性为心之体、情为心之用的思想在这里比己丑时更加明确了。《元亨利贞说》云：

> 元亨利贞，性也。生长收藏，情也。以元生、以亨长、以利收、以贞藏者，心也。仁义礼智，性也。恻隐羞恶辞让是非，情也。以仁爱、以义恶、以礼让、以智知者，心也。性者心之理也，情者心之用也，心者性情之主也。程子曰"其体则谓之易，其理则谓之道，其用则谓之神"，正谓此也。（庚寅，《文集》卷六十七）

以性为心之体即指性为心之理，就是说性之为理不仅在于它是心所禀受的一种实体（天地之理），而且在于性就是人的内心原则、本质和规律。《元亨利贞说》由天至人，由心至性情，思想已很成熟，特别是采用二程易体—道理—神用作为统一模式说明心性情关系，以及心者性情之主的观点，表明朱熹关于"心统性情"的思想已经基本形成。

　　本来，在《延平答问》朱熹已表现出完全接受了二程性即理的思想，但两次中和之悟都没有阐明心性情与理的关系。己丑之后，答张栻书明确提出"心具众理，变化感通，生生不穷，故谓之易"（《问张敬夫》第三十六书，庚寅）。《尽心说》提出"心则人之所以主于身而具是理者也"（辛卯，《文集》卷六十七）。心主于身与心具众理的思想都明确形成。在朱熹看，心"变化感通，生生不穷"，"心则通贯乎已发未发之间，乃大《易》生生流行，一动一静之全体"（《答林择之》第六书，己丑，《文集》卷四十三），正如易是指天地变化的总体过程一样，心也是指人的心理活动的总体过程。因此心相当于二程说的"其体则谓之易"；心具众理以为性，相当于二程说的"其理则谓之道"；性发为情以为心之用，相当于二程说的"其用则谓之神"。朱熹还指出："夫易，变易也，兼指一动一静、已发未发而言之也。太极者，性情之妙也，乃一动一静、已发未发之埋也。……若以'易'字专指已发为言，是又以心为已发之说也。"（《答吴晦叔四》，庚寅，《文集》卷四十二）这是说心是动静、已发未发的变易总体过程，太极则是此变易总体中的理，而这也就是所谓"易有太极"在心性论上的意义。以心为心理活动的总体，其中包含性情体用两个方面，这正是朱熹后来明确的心统性情的一个主要意义。

（3）性情未发已发

己丑之悟后，为进一步阐发中和思想，朱熹比较了《中庸》首章与《乐记》关于动静的学说。己丑之悟关键在于确立了未发时的涵养地位，但是《乐记》的性情理论并不重视静时工夫。朱熹说："《中庸》彻头彻尾说个谨独工夫，即所谓敬而无失、平日涵养之意。《乐记》却直到'好恶无节'处方说'不能反躬，天理灭矣'。殊不知未感物时若无主宰，则亦不能安其静，只此便自昏了天性，不待交物之引然后差也。"（《答林择之》第二十一书，庚寅，《文集》卷四十三）朱熹认为《乐记》只讲已发时反躬天理，这是由于《乐记》与《中庸》所言"有疏密之异"（同上），为此他作《中庸首章说》和《乐记动静说》，并与胡广仲等就《乐记》论性情动静问题特别进行了讨论。

在这些讨论中朱熹提出,《乐记》所说"感于物而动,性之欲也",这里的"性之欲,即所谓情也"(《乐记动静说》),他认为这也就是《中庸》说的已发,"感于物而动亦性之欲,若发而中节,欲其可欲,则岂尝离夫性哉"。(《答胡广仲》第二书,庚寅,《文集》卷四十二)他引用程颐《颜子所好何学论》中"其未发也五性具焉""其中动而七情出焉""情既炽而益荡,其性凿矣"一段话说:"熹详味此数语与《乐记》之说指意不殊,所谓静者亦指未感时言尔。当此之时,心之所存,浑是天理,未有人欲之伪,故曰天之性。及其感物而动,则是非真妄自此分矣。然非性则亦无自而发,故曰'性之欲'。'动'字与《中庸》'发'字无异。"(《答胡广仲》第四书,辛卯,《文集》卷四十二)这就把《中庸》的未发已发说与《乐记》的动静说和程颐性发(动)为情的思想联结在一起,强调情是性之已发,非性则无自而发。后来朱熹在总结同胡广仲等的辩论时更明确说"仁义礼智信"即"乃所谓未发之蕴而性之真也"(《记论性答稿后》,壬辰,《文集》卷七十五),指明性(理)是未发,情是已发。

本来在己丑之悟时朱熹关于性情未发已发的思想还不十分明确,而这一点从庚寅到壬辰便日益明确了。《中庸首章说》写道:"'喜怒哀乐未发谓之中,发而皆中节谓之和……'何也?曰:天命之性,浑然而已。以其体而言之则曰中,以其用而言之则曰和。"这就是说喜怒哀乐未发只是浑然天命之性,指情之未发为性。中标示性之本体,和则指性之发用。这一点朱熹稍后答胡广仲书补充说："《中庸》鄙说诚有未当。……中和体用之语，亦只是句中少曲折耳。盖中者所以状性之德而形道之体，和者所以语情之正而显道之用。熹前说之失，便以中和为体用，则是犹便以方圆为天地也。"（《答胡广仲》第五书，壬辰，《文集》卷四十二）正如方圆之于天地一样，中和只是对性情的形容，性情为体用而不可以直谓中和为体用，否则就同于以方圆为天地了。《太极说》说："情之未发者性也，是乃所谓中也，天下之大本也。性之已发者情也，其皆中节则所谓和也，天下之达道也。皆天理之自然也。妙性情之德者心也。"⑱朱熹答张栻书："喜怒哀乐之未发谓之中，性也。发而皆中节谓之和，情也。子思之为此言，欲学者于此识得心也。心也者，其妙情性之德者欤！"（《答张敬夫问目》，辛卯，《文集》卷三十二）这些论述把已发未发说的第二方面意义即性为未发、情为已发的思想阐述得更明确了。

朱熹晚年回顾说：

> 旧看五峰说，只将心对性说，一个情字都无下落。后来看横渠心统性情之说，乃知此话大有功，始寻得个'情'字着落。（《语类》卷五，沈僩录）
>
> 伊川初尝曰："凡言心者，皆指已发而言。"后复曰：

---

⑱　王懋竑尝疑《太极说》非朱子之作，以其与《太极解义》不相应故，又朱子尝言南轩《太极说》刊于高安，故王氏疑此《太极说》为南轩所作（见《年谱考异》）。今按《太极说》甚短，故刊于高安者当指南轩之《太极解》，南轩《太极解》可见《元公周先生濂溪集》（北京图书馆藏宋本），与此《太极说》不同，而此说与朱子答张南轩第四十一书意同，故不必疑为南轩作。

> "此说未当。"五峰却守其前说，以心为已发，性为未发，将"心性"二字对说，《知言》中如此处甚多。（《语类》卷一百〇一，黄㽦录）

前已说明，心统性情思想当出于朱熹自得，时似未注意横渠已有此言。但这些追述清楚地说明了朱熹心性论从"心对性说"的性体心用说发展到"心兼性情"的心统性情说的过程。在《知言疑义》中朱熹建议改"心以成性"为"心统性情"时，吕祖谦曾有异议，谓五峰本以心性对说，而朱熹所改却多了"情"字。朱熹当时解释说"心必兼性情，然后语意完备"，主张性情对说、心对性情说，这实际上已由克服湖南学派的心性论而发展为心统性情的思想，后来朱熹也说过"心统性情，统犹兼也"（《语类》卷九十八，黄升卿录）。

总起来看，从己丑之悟以后到仁说之辩以前，朱熹心性论有突出意义的进展在于确立了"情"在他的心性哲学的地位，从而他的心性论的基本思想也已逐步形成，这些思想包括：性即是理，心为知觉（见《知言疑义》），心具众理，心主于身。心为变化感通之全体，其理为性，其用为情。心主乎性而宰乎情，故心统性情，心主性情。性情相为体用，情之未发为性，性之已发为情，心通动静、贯性情。

附：仁说之辩

乾道七年辛卯之夏，张栻去朝，退居长沙，编成《洙泗言

仁录》。这个做法本于伊川"将圣贤所言仁处类聚观之"之说
（《遗书》卷十八），而朱熹收到书后却不以为然。他说，把孔孟
言仁处类聚成编"恐不免长欲速好径之心，滋入耳出口之弊"。
其实，在他看来，孔孟仁说尚属笼统，而汉以下后来儒者一切
论仁都是"揣摸"。他说："大抵二先生之前，学者全不知有仁
字，凡圣贤说仁处，不过只作爱字看了。自二先生以来，学者
始知理会仁字，不敢只作爱说，然其流复不免有弊者。盖专务
说仁，而于操存涵泳之功不免有所忽略，故无复优柔厌饫之味、
克己复礼之实，不但其蔽也愚而已。而又一向离了爱字，悬空
揣摸，既无真实见处，故其为说恍惚惊怪，弊病百端，殆反不
若全不知有仁字而只作爱字看却之为愈也。"（《答张敬夫十六》，
辛卯，《文集》卷三十一）他指出以前种种仁说之弊有两个极
端，一是把仁与爱割裂而使仁成为恍惚本体；一是把仁与操存
隔截而忽略了克己工夫。这两者又常常是联系在一起的。于是
乾道八年壬辰他自己撰写了《仁说》，[19] 阐发他的仁学思想。
《仁说》前曾作《克斋记》论仁及克己之说，《仁说》与《克斋
记》文字相近，下面合起来讨论。

　　《仁说》发挥二程"天地以生物为心"的思想，提出天地以
仁为心，人得天地之心以为心，从天人合一方面论证人性的根

---

　　[19] 《仁说》之作，陈荣捷云："《仁说》之作，不知何时，日本学者友枝龙太
郎以《仁说》成于朱子四十四岁前后，今恐在前不在后也。"（《朱学论集》，第41
页）考朱子答林择之书（《别集》卷六）云"《尤溪学记》及《克斋记》近复改定，
及改去岁《仁说》"，其书又云"得婺州报云，薛士龙物故，甚可伤"。按薛士龙卒
于乾道癸巳，故此书在癸巳无疑，时朱子44岁，而以"去岁"之说可知《仁说》
之作乃在乾道壬辰，朱子43岁，此绝无可疑。

据。《仁说》批评以万物一体为仁使仁脱离了人的本性及其现实表现，而使仁学失去其内在意义；又批评以知觉言仁可能导致认欲为理而忽略了仁学的规范意义。这两点可以说都是针对大程子以下的心学传统而言，强调仁学的本质在于克除私欲以复其仁体。但这些都是仁学本身的问题。这里关心的则是围绕《仁说》产生的争论中包含的性情学说。其实《仁说》的主要内容也在心性论上，朱熹给吕祖谦书曾明白指出，《仁说》"其实亦只是祖述伊川仁性爱情之说，但剔得名义稍分，界分脉络有条理"（《答吕伯恭》第二十四书，癸巳秋，《文集》卷三十三）。

《仁说》说："盖天地之心其德有四，曰元亨利贞，而元无不统。……故人之为心其德亦有四，曰仁义礼智，而仁无不包。其发用焉，则为爱恭宜别之情，而恻隐之心无所不贯。……盖仁之为道乃天地生物之心，即物而在。情之未发而此体已具，情之既发而其用不穷。"（《文集》卷六十七）《克斋记》也说："惟其得夫天地生物之心以为心，是以未发之前四德具焉，曰仁义礼智，而仁无不统。已发之际四端著焉，曰恻隐羞恶辞让是非，而恻隐之心无所不通。"（《文集》卷七十七）这些思想都是强调仁义礼智是性，发用则为爱恭宜别之情，特别指出仁是性，爱是情，性发为情，情根于性。

朱熹在同张栻讨论《仁说》时强调，必须注意把性情两个层次区分开来。他与张栻论《仁说》的第一封信中指出，张栻"以不忍之心与义礼智均为发见"是不对的，是"但知仁之为性而不知义礼智之亦为性也"（《答张钦夫论仁说》，《文集》卷三十二）。不忍之心（恻隐之心）是四端之一，是爱的情感。与四端都是发见于外者不同，四德都是内在的本性，所以不能把四德之中的义礼智同于发见之情。

《仁说》的心性论核心是性情之辨，它集中体现为一个思想——"仁者心之德爱之理"。在与张栻论《仁说》第二书中他指出："殊不知仁乃性之德而爱之本，因其性之有仁，是以其情能爱"，又说"性发为情，情根于性"（《与张敬夫》第四十四书）。与张栻论仁说第三书云"仁本吾心之德"（《与张敬夫》第四十五书），第四书云"仁只是爱之理"（《与张敬夫》第四十六书），以及答胡广仲"须知仁义礼智四字一般，皆性之德，乃天然本有之理"（《答胡广仲》第五书，《文集》卷四十二），答吴晦叔"仁者，性之德而爱之理也。爱者，情之发而仁之用也"（《答吴晦叔十》，《文集》卷四十二），都反复申明"仁者，心之德而爱之理"这一后来写入《论语集注》，被视为理学经典之语的思想。朱熹自己对此也很重视："熹前说以爱之发对爱之理而言，正分别性情之异处，其意最为精密"（《答张敬夫》第四十三书），并指出"由汉以来，以爱言仁之弊，正为不察性情之辨，而遂以情为性尔"（《与张敬夫》第四十四书）。仁者心之德爱之理这一命题力图概括心性情三者的关系，仁是性，性是心的内在性质（德），是情的所以根源（理）。

由上述可见，《仁说》的性情之辨其基本出发点是性情间的未发已发关系。在与何叔京论《仁说》《克斋记》的一书中朱熹指出：

性情一物，其所以分，只为未发已发之不同耳。若不以未发已发分之，则何者为性、何者为情耶？仁无不统，故恻隐无不通，此正是体用不相离之妙。若仁无不统而恻隐有不通，则体大用小，体圆用偏矣。（《答何叔京》第十八书，《文集》卷四十）

就性情关系说，性为未发，情为已发，未发之性为体，已发之情是用。答张栻书中他也直接用未发已发论性情："盖人生而静，四德具焉，曰仁曰义曰礼曰智，皆根于心而未发，所谓理也，性之德也。及其发见，则仁者恻隐，义者羞恶，礼者恭敬，智者是非，各因其体以见其本，所谓情也。"（《答张敬夫》第四十三书，《文集》卷三十二）答胡伯逢书也说："孟子所谓性善者，以其本体言之，仁义礼智之未发者是也。所谓可以为善者，以其用处言之，四端之情发而中节者是也。盖性之与情虽有未发已发之不同，然其所谓善者，则血脉贯通，初未尝有不同也。"（《答胡伯逢》第四书，《文集》卷四十六）[20] 凡此种种，都是比己丑之悟时更加明确地用"未发""已发"来规定性情之间的关系。

在结束关于朱熹已发未发思想演变的讨论之前，需要提起注意的是，从庚寅到壬辰的思想发展，朱熹确认《中庸》本旨是未发为性，已发为情。但是，未发为性，不意味着已发时无性。是说情未发只是性，已发则性行乎情之中，而不是指性仅仅存在于情之未发。其次，未发为性，不可谓未发时无心。当

---

[20]　前引答张敬夫、何叔京、吴晦叔、胡广仲及此答胡伯逢论《仁说》《克斋记》诸书皆在壬辰癸巳，为简便起见，不更详为考证。

情之未发，性非独立存在，仍具于未发时心，与未发之心浑然一体。前面说过，已丑之悟已发未发论有两种意义，未发既指未发之性，亦指未发之心，虽然朱熹后来更多强调未发已发作为性情规定的意义，但从朱熹哲学来看，无论从涵养工夫还是心性论本身，未发已发的两种意义仍然存在。因此，在朱熹后来的思想发展中，一方面，如60岁所成《中庸章句》说"喜怒哀乐，情也，其未发则性也，无所偏倚，故谓之中。发皆中节，情之正也，无所乖戾，故谓之和"，以未发为性，已发指情。另一方面作为对《中庸》性情对说的补充，又说"只是这个心，自有那未发时节，自有那已发时节"（《语类》卷六十二，程端蒙录），"伊川又说于已发处观，……却不曾说得未发时心，后来伊川亦自以为未当"（同上，董铢录），"未发只是这心未发耳"（同上，陈淳录），"已发未发，只是说心有已发时，有未发时"（同上，刘炎录），"众人之心莫不有未发之时，亦莫不有已发之时"（《中庸或问》卷一），这些都是说未发已发不仅指性发为情，也用以指心理活动的不同状态或阶段，没有这后一意义也就无所谓作未发的涵养工夫了。

已发未发说是朱熹为学方法的重要基础理论，在他的思想形成发展过程中占有重要地位。它对心性哲学的意义在于由性情体用思想引导出心统性情的学说，它对道德修养的意义在于由肯定未发而确立主敬涵养。在未发的主敬工夫中，要求超越具体思维，最大程度地平静思想和情绪，在这种似沉思而并非思的修养中，把注意力集中到内心，使心过渡到在觉醒状态下的一种特殊宁静状态。在这种状态下，一切心理浮动如感情、欲望都被排除，理学家认为，这种修养不但可以提高人的精神境界，也为穷理致知准备了充分的主体条件。

从杨时到李侗，把《中庸》的未发已发说归结为思虑未发的心理体验，因而强调未发的直觉体会成了道南一派的指诀真传。然而，由于朱熹与这种体验之学格格不入，他终于走向另一方向，超越杨时而接承程颐，即不是从心理上，而是从哲学上探求未发，从而导出他的整个心性情理论；不是通过未发工夫获得内心体验，而是把主静之功作为主体修养的手段，以为穷理致知奠定基础。从追求未发体验的直觉主义转为主敬穷理的理性主义，才是朱熹早期学术思想演进的真正线索，也是他的心性论发展的基本背景。第一次中和之悟以心为已发性为未发的思想，虽然实际上只是性体心用的观点给当时处于矛盾的朱熹提供了暂时出路，但它标示的发展方向仍有其意义。第二次中和之悟的心贯已发未发的思想与主敬穷理的为学方法，互相补充，表明了理性主义宗旨的确立。其性发为情的思想也终于发展为心统性情说，标志着朱熹心性论的基本完成。从修养方法上看，己丑之悟及与湖南论辩力图确立一种与道南不同的、为理性方法服务的静中工夫，《仁说》之辩则为动中工夫确立了基础。

第八章　性之诸说

一　天命之性

"性"这一概念在朱熹哲学中有不同意义。一是以指人物禀受的天地之理，常称为天命之性，相对于它所依赖安顿的气质而言，有时简称为天命，相对于气质之性而言，则称为本然之性。二是以指人物的气质之性，在用法上或兼指人物之性，或者专指人性，少数情况下他也采取胡宏著作中常有的、以性为天地之理的说法，凡此皆须在具体问题的分析上加以注意。这里主要讨论朱熹关于性的学说中至关重要和基本的天命之性，也就是性即理的思想。

二程曾提出"性即理也"。从人性论上说，其意义在于强调人的本性完全合乎道德原则，并与宇宙普遍法则完全一致。然而，在二程学说里虽然大谈其"性与天道"，使性与理之间建立起了某种联系，但性与理的统一只是一种自然的天人合一，还没有后来那种禀受天理为性的实体说法。朱熹则把理更加以实体化，用本体论进一步论证性即是理。朱熹认为，天地之间有理有气，人物的产生都是禀受天地之气为形体，禀受天地之理为本性，这样，朱熹的性即理说就较之二程有了进一步发展。钱穆亦指出，伊川讲性即理主要是阐发孟子之义，在伊川思想中性理"非从宇宙界落下"，而在朱子学说中，天地间公共之理落入人之形气才形成所谓性，"宇宙界人生界一贯直下"（参见《朱子新学案》第 33 页）。

朱熹这个思想主要基于对传统儒家性善论未能在性与天道之间建立起一种直接联系的不满。他说："孟子亦只是大概说性善，至于性之所以善处，也少得说。须是如说'一阴一阳之谓道，继之者善也，成之者性也'处，方是说性与天道尔。"（《语类》卷二十八，潘时举录）又说："孟子不曾推原原头，不曾说上面一截，只是说'成之者性'也。"（《语类》卷四，黄义刚录）这里"继之者善"指天地之理，"成之者性"指人物之性。朱熹认为孟子性善论没有阐明性的本体论来源和根据，理论上少了"上面一截"，因此不能说明人物之性与天地之理的必然联系。性之所以为善，朱熹认为并不在于仅仅可以由道德情感活动的追溯得到说明（如孟子所说"乃若其情则可以为善"），也不在于仅仅出于性与天道的自然相合。

朱熹禀受天理以为性的说法依据的思想资料首先是当时被视为孔子所作的《易·系辞》中的"一阴一阳之谓道，继之者善也，成之者性也"。照朱熹解释，继之者善即指天地间流行的天理，成之者性即指流行的天理被禀受到个体人物身上所成之性。其次是周敦颐《太极图说》所谓"无极之真，二五之精，妙合而凝"，朱熹认为这是指一切事物都是二五之精与无极之真结合而成，二五之精指二气五行，无极之真则指天地之理。根据这些说法，"性"只是全部"理"之中以特殊方式存在的一部分，天地之理如同波涛汹涌的大海，人物之性则如被盛入器皿中的海水，它们的内容完全一致。如果说两者有差别的话，那就是理与性在存在形式上有随气流行和被气拘定的分别。他说：

> "继之者善，成之者性"，这个理在天地间时，只是善，无有不善者。生物得来，方始名曰"性"。只是这理．在天则曰"命"，在人则曰"性"。（《语类》卷五，陈淳录）
>
> 性只是理，万理之总名。此理亦只是天地间公共之理，禀得来便为我所有。（《语类》卷一百一十七）

流行于天地之间的理，朱熹认为就是《易·系辞》说的"继之者善"，而被禀受和安顿在人物身上的理则是"成之者性"：

> "继之者善"，方是天理流行之初，人物所资以始；"成之者性"，则此理各自有个安顿处，故为人为物，或昏或明方是定。若是未有形质，则此性是天地之理，如何把做人物之性得。（《语类》卷七十四，程端蒙录）

人物之性只是理的一部分，相对于理的全体，相对于天地流行之理只是一种局部的、特殊形式的存在。朱熹自己把上述思想形象地比喻为"'继之者善'便是公共底，'成之者性'便是自家得底。只是一个道理，不道是这个是，那个不是。如水中鱼，肚中水便只是外面水"（《语类》卷九十八，叶贺孙录）。

朱熹认为，从人和物的角度看，人物之性都是从天禀受得来的。若从天的角度看，则可说是天命与或赋予万物。当然这绝不是指天作为某种有意识的最高主宰者分派给人与万物。朱熹说："伊川言天所赋为命，物所受为性。理一也。自天之所赋与万物言之，故谓之天命，以人物之所禀受于天言之，故谓之性。其实所从言之地头不同耳。"（《语类》卷九十五，程端蒙录）这样，通过禀受说朱熹认为把《中庸》说的"天命之谓性"和伊川所解"天所赋为命，物所受为性"也联结起来了。

理学虽然在性与天道之间建立起直接的联系，但这种联系由于出于人为的玄想，从而在解释这种联系的具体内容上不可避免地要采取各种牵强附会的方法。按照朱熹哲学的表述逻辑，人的道德本性源于天地之理，但不等于说自然及其规律是完全道德化的。"理一分殊"的思想为朱熹提供了摆脱那种粗俗论证的模式。按照朱熹的解释，性与天道"譬如一条长连底物事，其流行者是天道，人得之者为性。乾之'元亨利贞'，天道也，人得之则为仁义礼智之性"（《语类》卷二十八，袭盖卿录）。"吾之仁义礼智即天之元亨利贞，凡吾之所有者，皆自彼而来也"（《语类》卷六十，潘时举录）。他又说："盖人之性皆出于天，而天之气化必以五行为用，故仁义礼智信之性，即水火金木土之理也。木仁金义火礼水智，各有所主，独土无位而为四行之实，故信亦无位而为四德之实也。"（《答方宾王》第三书，《文集》卷五十六）宇宙的普遍规律在不同范围和领域内具有不同的表现形式。仁义礼智是元亨利贞或五行之理的分殊表现，所以既是当然，又是必然。如果说，理学的这种思想为人类历史某一阶段的道德规范寻找永恒的自然法则的根据是完全不了解道德的历史性和阶级性，这种批评可能是苛求于古人。那么，无可否认的是，理学实质上是从一定时代（封建中国）的道德规范出发，牵强地利用某些自然界的片面联系为之论证，以维护当时社会的整个制度体系和价值标准。而从伦理哲学本身来说，这种学说无论从目的还是从效果上更加强了人性的超社会、超人类的先验色彩。

二　气　质

人性问题本来是为了说明人的善恶品质的形成，说明人的善恶行为的根据。"性即理"说是否完全解决了这个问题呢？在朱熹看并不是。他说："只说个仁义礼智是性，世间却有生出来便无状底，是如何？只是气禀如此，若不论那气，这道理便不周匝，所以'不备'；若只论气禀，这个善这个恶，却不论那一原处只是这个道理，又却'不明'。"（《语类》卷四，潘时举录）又说："人之性皆善，然而有生下来善底，有生下来便恶底，此是气禀不同。"（《语类》卷四，滕璘录）这是说，禀理为性说只讲了人具有先天的善的品质，却无法说明恶的品质所由生。如果恶的品质只是在后天的物欲引诱下形成的，就无法解释理学认定的有所谓天生恶人，在朱熹看，恶的品质同样具有先天的根据，虽然这种先天的恶可以经过道德修养加以改变。这样，为了理学人性论的完备和明确，在用理说明人的先验的善的本质的同时，还必须对不善的先天影响作出说明，这就是气质或气禀的说法。

先秦儒家中，孟子认为恶完全是后天形成的，与先天无关。朱熹说："孟子之论，尽是说性善，至有不善，说是陷溺，是说其初无不善，后来方有不善耳。若如此，却似'论性不论气'，有些不备。"（《语类》卷四，黄㽦录）而自汉以降，一般儒家思想家常常倾向于认为，除了所谓圣人之外，人性中在不同程度上也先天地具有恶的行为的根据。董仲舒以情为"贪性"，扬雄更说出性的善恶混，直到韩愈，仍认为一般人的人性中总是含有对于四德有所违背的内容。至有宋一代，气的学说普遍应用于解释人物的构成，思想家几乎都以气去解释人的禀性、性格以至道德品质之间的差异及其产生的根源。朱熹在提出气质思想的时候，从确认有天生善人和天生恶人出发，明显地表现出他总是力图从先天的方面寻求问题的解决，这个路线显然是错误的。

朱熹说："孟子已见得性善，只就大本处理会，更不思量这下面善恶所由起处，有所谓气禀各不同。后人看不出，所以惹得许多善恶混底说来相炒，程子说得较密。因举'论性不论气，不备；论气不论性，不明，二之则不是'，须如此兼性与气说，方尽此论。盖自濂溪太极言阴阳五行有不齐处，二程因其说推出气质之性来。"（《语类》卷五十九，陈淳录）又说："及周子出，始复推太极阴阳五行之说，以明人物之生，其性则同，而气质之所从来，其变化错揉，有如此之不齐者。于程子则又始明性之为理，而与张子皆有气质之性之说，然后性之为善者无害于气质之有不善，气质之不善者终亦不能乱性之必为善也。"（《孟子或问》卷十一）朱熹指出，从周敦颐到二程，理学气质之说所要解决的问题一是说明人的品质何以存在差别，一是着重说明气质的不善是人的恶的品质的根源。

气质并不是气质之性；气指阴阳五行之气，质指由气积聚而成的一定形质，"气积为质；而性具焉"（《语类》卷一，游敬仲录），"气，是那初禀底；质，是成这模样了底。如金之矿、木之萌芽相似。又云：'只是一个阴阳五行之气，滚在天地中，精英者为人，渣滓者为物；精英之中又精英者，为圣，为贤；精英之中渣滓者，为愚，为不肖。'"（《语类》卷十四，林恪录）气质是指形气及其构成的一定体质。按照朱熹的看法，阴阳五行之气在不停运行的过程中不断积聚出各种形质，形质所由积聚的材料大体可分为精英之气和渣滓之气。前者以清明、正通、纯粹为特征，后者以昏浊、偏塞、驳杂为特征。由此，前者积聚的形质是人，后者积聚的形质是物。用人物气质构成材料的不同来解释人与物的差别是理学世界构成论的一个基本思想。他说："人物并生于天地之间，本同一理而禀气有异焉。禀其清明纯粹则为人，禀其昏浊偏驳则为物。"（《孟子或问》卷一）又说："自一气而言之，则人物皆受是气而生；自精粗而言，则人得其气之正且通者，物得其气之偏且塞者。"（《语类》

卷四，沈僩录）

　　所谓清浊偏正，在朱熹看，只是大概而论。与物相比，人类禀受的是精英之气，但人类个体的彼此之间，或相对而清，或相对而浊，这些差别的存在虽然不影响人之为人，但造成人类个体之间的道德与智慧的先天差异，对人类自身是至关重要的。他说："清浊偏正等说，乃本《正蒙》中语，而吕博士《中庸详说》又推明之，然亦是将人物、贤智、愚不肖相对而分言之，即须如此。若大概而论，则人清而物浊，人正而物偏。又细别之，则智乃清之清，贤乃正之正，愚乃清之浊，不肖乃正之偏。而横渠所谓物有近人之性者，又浊之清、偏之正也。"（《文集》卷六十二，《答李晦叔》第七书）

　　当然这个过程完全是一个自然的、无意识的、无目的的过程。朱熹指出："只是从大原中流出来，模样似恁地，不是真有为之赋予者，那得个人在上面分付这个？"（《语类》卷四，陈淳录）"生气流行，一滚而出，初不道付其全气与人、减下一等与物也，但禀受随其所得。"（《语类》卷九十四，周谟录）他强调，气禀的这种复杂多样和差异完全"是偶然相值著，非是有安排等待"（《语类》卷五十五，林夔孙录）。所谓偶然相值，是说由于不同时间、地点的气候条件不同，人生所遇的天地之气千差万别，朱熹说："且如天地之运，万端而无穷。其可见者，日月清明、气候和正之时，人生而禀此气，则为清明浑厚之气，须做个好人。若是日月昏暗，寒暑反常，皆是天地之戾气，人若禀此气，则为不好底人，何疑？人之为学，却是要变化气禀，然极难变化。"（《语类》卷四，滕璘录）

二程曾有"论性不论气，不备；论气不论性，不明"之说，理学主张把天命与气质两方面对人的作用都讲到，就能够完备地解释人的善恶品质的产生和差别。然而，从理论效果看，在论气与论性之间维持一种平衡也并不容易，强调论性，"则何故自古只有许多圣贤"？强调论气，"则人皆委之于生质，更不修为"（见《语类》卷四，李闳祖录）。论性是强调每个人具备成圣成贤的可能性，但如果不对这种可能性向现实转化的如此困难作出合理解释，这种可能性就要流于虚幻，因此，对于儒家人性论来说，发展出气质之说是有其必然性的。

如果整个地讨论气质对人的影响，气禀就不仅决定个人的智慧和品质，而且决定人生的社会际遇和命运，如贫富寿夭等等。但是这里不准备对质禀的全面影响做更多讨论①。造成人的天生材质以及性格、聪明程度的差别，其原因是极其复杂的。古代哲学以气来解释，是可以理解的。实际上张载提出气质时本是用来说明禀性的刚柔缓急。程朱学说进一步发展到用以说明善恶本质所由生，这就不可能对人的道德本质的形成做出有价值的解说，而且这种学说越细致也就越荒唐。

三　天命与气质

一切个体事物都是天命之性与气质的"凝""合"，两者的关系怎样呢？

---

① 参见张立文《朱熹思想研究》第九章第二节，中国社会科学出版社 1981 年版。

天命气质不相离。朱熹说："所谓天命之与气质，亦相衮同，才有天命，便有气质，不能相离。若阙一，便生物不得。既有天命，须是有此气，方能承当得此理。若无此气，则此理如何顿放！"（《语类》卷四，黄㽦录）这里天命即指天命之性，即性理。这是说天同时赋予万物理与气，对于任一现实的具体事物的产生，两者缺一不可。"天命之性，若无气质，却无安顿处，且如一勺水，非有物盛之，则水无归着。"（《语类》卷四，叶贺孙录）所谓顿放安顿都是指成之者性而言。"性离气禀不得，有气禀性存在里面，无气禀性便无所寄搭了。"（《语类》卷九十四，陈淳录）按照朱熹哲学，天地之理只能叫理，禀于人物之身的理才能叫性。因此，虽然相对于特定的形气体质而言，未有此气此质时天地之理未尝不在，但性一定是与气质结合无间的。强调这一点，一方面为反对佛教的有独立存在的性的说法，另一方面则表明一切现实的人物之性都必然地受到气质的作用。

天命气质不相杂。性理与气质不仅不离，而且不杂，这就是《太极图解》所说的，尔后为朱熹反复强调的"即阴阳而指其本体，不杂乎阴阳而为言尔"。理与气在一个具体事物上的结合，在朱熹认为，不是如盐与水溶成一体，倒像是油混合于水又保持为油，宏观地看去油水混合一体，但实际上油并未"杂"于此水。因此，这种"妙合"并不妙，"虽其方在气中，然气自气，性自性，亦自不相夹杂"（《答刘叔文》第二书，《文集》卷四十六），"所谓理与气，此决是二物，但在物上看，则二物浑沦，不可分开各在一处，然不害二物之各为一物也"（《答刘叔文》第一书，《文集》卷四十六）。

气质隔蔽性理。前已指出，朱熹认为气禀是造成人的恶的品质的根据，"人之所以有善有不善，只缘气质之禀各有清浊"（《语类》卷四，金去伪录）。至于气禀影响人之品质的具体方式，朱熹有不同的说法。如上节所说，气质本身的美恶（天地之戾气本身即恶）直接决定人的善恶品质。而在朱熹哲学中更多地认为，对于人类而言，气禀之成为恶的根源主要是起于昏浊造成的对本性的隔蔽，从而影响了人的善的本质在某些方面的表现。朱熹曾以灯笼为喻："且如此灯，乃本性也，未有不光明者。气质不同，便如灯笼用厚纸糊，灯便不甚明；用薄纸糊，灯便明似纸厚者；用纱糊，其灯又明矣；撤去笼，则灯之全体著见，其理正如此也。"（《语类》卷六十四，陈文蔚录）对每一个人来说，性都是全体备具，而表现出来则有全有偏，"只为气质不同，故发见有偏"（同上）。朱熹常用的另一个宝珠之喻也表达了同样的思想，都是要说明人的道德品质的先天差异完全取决于气禀的清浊是否隔蔽性理的表现。至于人与动物的区别，则除了动物形气的昏浊偏塞隔蔽性理之外，就其所禀得的理本身而言也是偏而不全的。

关于性理和气质的关系，有一个问题需要提到。这就是，朱熹哲学在对人物之生的看法上，"理与气合"和"理随气赋"两种说法是否一致。罗钦顺曾指出："至于'无极之真，二五之精，妙合而凝'三语，愚则不能无疑。凡物必两而后可以言合，太极与阴阳果二物乎？其为物也果二，则方其未合之先各安在耶？"（《困知记》卷下）

朱熹曾说："人之所以生，理与气合而已。"(《语类》卷四，沈僴录)"此身在天地间，便是理与气凝聚底。"(《语类》卷三，黄义刚录)"理与气合，所以有人。"(《语类》卷六十，潘植录)"人之有生，性与气合而已。"(《答蔡季通》第二书，《文集》卷四十四)"真者，理也；精者，气也。理与气合故能成形。"(《答刘叔文》第二书，《文集》卷四十六)这些说法往往使人以为，在具体人物产生之前，理和气似乎是各自独立的存在，只是到人物产生时才"合"在一起。

然而朱熹又说"及此气之聚，则理亦在焉""只此气凝聚处，理便在其中"(《语类》卷一，沈僴录)，"天以阴阳五行化生万物，气以成形，而理亦赋焉"(《中庸章句》第一章)，"气以成形，而理亦赋焉"(《语类》卷一，董铢录)，"若论禀赋，则有是气而后理随以具，故有是气则有是理，无是气则无是理，是气多则是理多，是气少即是理少"(《答赵致道》第一书，《文集》卷五十九)。按照这些说法，则理本来即在气之中，气聚成形，理即随之安顿在形质之中。理只是由以前的随气流行转变为安顿在气质里。

按朱熹哲学体系的逻辑展开说，第一阶段上应当是理在气先；第二阶段上，有气产生，而理又在气之中；在第三阶段上有具体事物产生。每一事物都合理气二者于自身，在这个阶段上既有不断产生和消灭的具体事物，也有尚未积聚为物的气及其中尚未安顿入物的理。因此，从朱熹哲学自身的逻辑来看，第二及第三阶段上理与气都是结合不离而不是独立存在的。本章理气论部分关于理是否脱离气而独自运动的讨论正是这一问题在动静上的表现。因此，按照朱熹哲学的自身逻辑，不能说事物产生之前理与气各自独立流行于宇宙之中，只是到一定形气结聚之时才搭附在气之上。当然，在朱熹看来，理在天地流行之气上的"搭附"与堕入气质之中的"安顿"有所不同，因为后者"便被气质拘定"（《语类》卷九十四，周谟录）。实际上，在朱熹哲学体系中理与气合、理随气赋并无不同。就既定的人、物来分析，皆由理气构成，但从人物构成的过程来说，具体事物产生之前理并不是无所依附的独立流行。朱熹自己也说："气升降，无时止息，理只附气。"（《语类》卷四，廖德明录）因此，对朱熹的理与气质关系的学说，应当注意，第一并不意味着理在本原上不在气先，第二也不意味着具体形质产生之前理是处于无所依附的存在状态，虽然这两方面由于朱熹的某些说法很容易使人产生误解。

四　天命之性与气质之性

论者常常认为，在朱熹哲学中，人性是由天命之性与气质之性共同构成的。这种观点很大程度上是出于把气质之性理解为气质自身的属性（如攻取之性）。这些分析是否合乎朱熹思想，还可研究。天命之性指所禀得的天地之理，此无疑问。这里着重讨论究竟什么是气质之性？朱熹哲学中的气质之性是不是气质的攻取缓急之性？为什么朱熹强调天命之性不在气质之性之外？以及重点讨论朱熹"性之本体"的观念，并由此对天命之性与气质之性的关系进行分析。

如前所述，由于一切人物兼受所禀理气的两方面影响，所以现实的人物之性不能说纯粹由理或纯粹由气所决定。为了说明人性是受理气共同制约的，不仅要有天命和气质的概念，还要有综合反映理气影响的人性概念，这就是气质之性的概念。

二程本有"人生而静以上不容说，才说性时便已不是性"的说法。按照朱熹的理解，"人生而静以上，未有形气，理未有所受，安得谓之性"（《语类》卷九十五，郑可学录）。这是说，所谓"人生而静以上"是指个体人物尚未产生。也就是前面说过的，人物未生时是"继之者善"，理尚无一定的安顿，只有到了"成之者性"即"人生而静以下"的阶段，理安顿于一定形质之中才能转化为人物之性。所以"人生而静以上"无性可言，只是到"人生而静以下"才能谈到性。那么，又如何解释"才说性时便已不是性"呢？《语类》载：

> 问"人生而静以上"一段。曰：程先生说性有本然之性，有气质之性。人具此形体，便是气质之性。"才说性"，此"性"字是杂气质与本来性说。"便已不是性"，这"性"字却是本然性。（《语类》卷九十五，叶贺孙录）

本来，继之者善只能叫作理，至成之者性才可叫作性。然而一旦形气已具，理有安顿，这时现实人物表现出来的性由于受到气质作用的影响已经不是本然之理的性了。朱熹说：

> "人生而静以上"，即是人物未生时。人物未生时，只

可谓之理，说性未得，此所谓"在天曰命"也。"才说性时，便已不是性"者，言才谓之性，便是人生以后，此理已堕在形气之中，不全是性之本体矣。故曰"便已不是性"也。此所谓"在人曰性"也。大抵人有此形气，则是此理始具于形气之中，而谓之性，才是说性，便已涉乎有生而兼乎气质，不得为性之本体也。然性之本体，亦未尝杂，要人就此上面见得其本体元未尝离，亦未尝杂耳。（《语类》卷九十五，董铢录）

答严时亨书也指出：

"人生而静"是未发时，"以上"即人物未生之时，不可谓性。才谓之性，便是人生以后，此理堕在形气之中，不全是性之本体矣。然其本体又未尝外此，要人即此而见得其不杂于此者耳。（《答严时亨》第一书，《文集》卷六十一）

这些思想都是说，人物未生时天地之理不能叫性，理顿放于一定形气之后始可谓性。但理一旦进入形气体质就不可避免地受到气质的"污染"，从而使一切现实的、直接的人性都不是性的本来面目（性之本体）了。

朱熹多次阐述了这一观点，他说："不容说者，未有性之可言，不是性者，已不能无气质之杂矣。"（《答刘韬仲问目》，《续集》卷九）"生下来唤做性底，便有气禀夹杂，便不是理底性了。"（《语类》卷九十五，叶贺孙录）"才说性时，便有些气质在里。"（《语类》卷四，黄榦录）"人性本善而已，才堕入气质中，便熏染得不好了。虽熏染得不好，然本性却依旧在此。"（《语类》卷九十五，金去伪录）"既是气禀恶，便也牵引得那性不好，盖性只是搭附在气禀上。既是气禀不好，便和那性坏了。"（《语类》卷九十五，沈僩录）在上述所有论述中，朱熹明显地表现出一种思想，即一切现实的直接人性都不是性之本体了。这个对每个人直接产生作用的，已不是性之本体的现实人性，也就是"气质之性"。在这个意义上来说，严格地讲，对具体现实的人来说，不能简单地说性即是理，只能说性之本体是理。所以说："性之本体，理而已矣"（《孟子或问》卷十一），"性之本体便只是仁义礼智之实"（《答林德久》第三书，《文集》卷六十一），"不容说处，即性之本体"（《答黄商伯》第四书，《文集》卷四十六），"孟子言性之本体以为善者是也"（《语类》卷四，余大雅录）。

只有理解了上述说法，才能真正理解朱熹所说的"论天地之性则专指理言，论气质之性则以理与气杂而言之"（《答郑子上》第十四书，《文集》卷五十八），才能理解朱熹为什么把天命之性称作"本然之性"。因此，虽然朱熹哲学中所谓天命之性，对于人来说，是强调道德性的内在根据，而他所谓气质之性，并不是仅以指气的某些性能，如健顺攻取，对于人类来说，并不是仅以指后人所谓"血气之性"[2]的感性欲求。从"性之

---

[2] "义理之性"与"血气之性"之分，首见于朱子门人陈埴（字器之）之《木钟集》，可参见《宋元学案》卷六十五《木钟学案》。

本体"的观念来看，气质之性是本然之性的转化形态，指受到气质熏染的性理之性，本然之性是气质之性的本体状态，并不是与气质之性并立的、在气质之性以外、与气质之性共同构成人性的性。而气质之性所反映出的，既有理的作用，也有气的作用，是道德理性与感性欲求的交错综合，并不是一个仅仅决定血气知觉的性。

如果在同一层次上看，不能说在气质之性以外另有本然之性。朱熹常常反驳那种认为人同时有两种并立的人性的观点。他说："气质是阴阳五行所为，性即太极之全体。但论气质之性，则此全体堕在气质之中耳，非别有一性也。"（《答严时亨》第一书，《文集》卷六十一）"大抵本然之性与气质之性亦非判然两物也"（《答方伯谟》第三书，《文集》卷四十四），"气质之性，便只是天地之性。只是这个天地之性却从那里过，好底性如水，气质之性如杀些酱与盐，便是一般滋味。"（《语类》卷四，沈僩录）性之本体如水，气质之性如盐水，水是盐水的本体即本然之体。由是，气质之性与本然之性对于人来说，其意义近乎一级本质和二级本质。人生而静以下直接的现实人性都是气质之性，不能无气禀之杂。

基于这样的观点，朱熹当然要反对余方叔、徐子融等主张的"只有气质之性而无本然之性"的观点。③ 朱熹答徐子融书说："又谓枯槁之物只有气质之性而无本然之性，此语尤可笑。若果如此，则是物只有一性，而人却有两性矣。此语非常丑差，盖由不知气质之性只是此理堕在气质之中，故随气质而自为一

---

③　参见本书理气论之"理气同异"章。

性，正周子所谓各一其性者。向使元无本然之性，则此气质之性又从何处得来耶?"（《文集》卷五十八）一切气质之性都是由本然之性转化而来，所以不可能有与本然之性无关的、完全独立于本然之性的气质之性。

关于朱熹气质之性学说的自身发展，钱穆曾以金去伪所录一段为据，认定朱熹当时以为不必有气质之性一说。金录这一段是："问：'《近思录》中说性，似有两种，何也?'曰：'此说往往人都错看了。才说性，便有不是。人性本善而已，才堕入气质中，便熏染得不好了。虽熏染得不好，然本性却依旧在此，全在学者著力。今人却言有本性，又有气质之性，此大害理。'"（《语类》卷九十五，金去伪录）其实，这里朱熹反对的只是把二者视为并立的人性，并不是反对人有气质之性，这里所表达的正是上述本然之性是气质之性的本体的思想。按《语录姓氏》，金去伪所录在淳熙二年乙未，朱子时 46 岁。如果上引金录之语确实在乙未④，那么说关于上述气质之性与本然之性的思想在那个时期已经基本形成了。

性之本体的观念一方面指天地之性是一切直接的现实人性未受气质熏染前的本然状态，另一方面，由于朱熹对理的理解是实体化的，所以又多强调理在气质之性中而"未染"，故说"才是说性，便已涉乎有生而兼乎气质，不得为性之本体。然性之本体亦未尝杂，要人就此上面见得其本体元未尝离，亦未尝杂"（《语类》卷九十五，董铢录）。

像余方叔、徐子融等人把气质之性仅仅理解为气之性能的

---

④　事实上《语类》中金录不皆在乙未。

观念，在理学发展中也是有根据的。张载讲的气质之性即指气的攻取之性，而二程所谓气质之性更是指气的性。不过这样一来，人就似乎有了两种人性，所以这是明确的性二元论说法。在朱熹，气质之性被规定为由天地之性（加上气禀）转化而来，性理是气质之性的本体。因此，若从思想看，朱熹还是从理气两方面解释人性，在此意义上可以说仍是二元论的思想。但在理论的表述方面与二程有所不同，在朱熹哲学中本然之性是比气质之性更深一个层次的概念。这样本然之性与气质之性被规定为两层而不是两种人性，在这种意义上亦可谓采取了一元而多层次的形式。

在了解朱熹有关气质之性的思想方面，应当注意区分气质、气质之性、气质之心（甚至还有气质之情⑤）几个概念。气质主要是物质的概念，指一定的形气体质。气质之性则指天地之性受到气质熏染形成的人性。气质之心则是指与“道心”相对的“人心”。朱熹曾说：“人心者，气质之心。”（《语类》卷七十八，甘节录）人心固根源于气质，但气质之心与气质之性不同，按照朱熹哲学的规定，气质之性所反映出来的不仅仅是气的作用，而气质之心则仅指由气质决定的知觉嗜欲之心。

五　性与情

在讨论朱熹已发未发思想时对性情关系已作了大体分析，

---

⑤　朝鲜李朝儒学如李退溪等以七情出于气，四端出于理，是又把情分为本然之情与气质之情。

这里除了简要叙述性情基本关系外，再作一些补充。

朱熹在解释孟子"恻隐之心，仁之端也；羞恶之心，义之端也；辞让之心，礼之端也；是非之心，智之端也"时说：

> 恻隐、羞恶、辞让、是非，情也。仁、义、礼、智，性也。心，统性情者也。端，绪也。因其情之发，而性之本然可得而见，犹有物在中而绪见于外也。（《孟子集注》卷三）

朱熹认为，性是心理活动的内在本质，而情是这种本质的外部表现，可以通过各种可见的外在情感把握在中而不可得见的内部本质。不可见的内在本质称作"未发"，可见的外在情感表现称作"已发"。

在朱熹哲学中性除了其他种种规定，如性是所禀之理，是道德原则之外，一个重要的规定即性是情的根据。性情未发已发的说法就是强调情以性为内在根据，性以情为外在表现。性情间的这种未发已发关系很明显就是体用关系，故"性是体，情是用"（《语类》卷五，沈僩录）。情有尚未发生之时，故性不是任何时候都有所表现，因之由性的未发到情的已发常常是一种由静到动的过程，从过程的意义上说，性对情也可以说具有"本""根"的意义（详见已发未发章）。

朱熹从性善的基本立场出发，不但全面吸收了前人性情体用、性发为情的思想，而且通过"感应"的学说具体地阐发上述思想。朱熹《玉山讲义》说："凡此四者（仁义礼智），具于人心，乃是性之本体。方其未发，漠然无形象之可见；及其发而为用，则仁者为恻隐，义者为羞恶，礼者为恭敬，智者为是非，随事发见，各有苗脉，不相淆乱，所谓情也。"（《文集》卷七十四）朱熹答陈器之书解释《玉山讲义》的性情关系时进一步指出：

> 盖四端之未发也，虽寂然不动，而其中自有条理，自有间架，不是笼统都无一物。所以外面才感，中间便应，如赤子入井之事感，则仁之理便应，而恻隐之心于是乎形。如过庙过朝之事感，则礼之理便应，而恭敬之心于是乎形。盖由其中间众理浑具，各各分明，故外边所遇，随感而应。（《答陈器之》，《文集》卷五十八）

这是指，由未发之性到已发之情，一般需要以外部事物的接触为条件。当外部事物与人发生接触的时候，相对人之性而言，是一种"感"，对于这种"感"，性自然地作出反应，这是"应"。性所作的反应即表现为一定的情感发生。孺子入井是感，仁性动而生恻隐之情，这是应。这种感应的过程就是所谓性动为情的过程。故朱熹说："有一事来，便有一理以应之。"（《语类》卷三十七，李方子录）朱熹这个思想也就是认为，外部事物进入人的知觉范围之内，在主体方面要引起一种相应的心理上的反应，而这种心理活动实际上是以人性为根据的。

最后，关于朱熹的性情学说，有一个问题必须提出来讨论。中国哲学本以喜怒哀惧爱恶欲为情，因此"情"主要指人的情感活动，以七情为具体内容。但理学在发挥《中庸》情感未发已发的学说时提出"才思即是已发"，力图把思虑的内容包含在"情"之内。朱熹也主张"心是神明之舍，为一身之主宰。性便是许多道理，得之于天而具于心者。发于智识念虑处皆是情，故曰'心统性情'也"（《语类》卷九十八，周谟录）。按照这些思想，"情"已不止于一般的喜怒哀乐情感活动，而是包括其他许多思维活动在内。当然，就七情本身来说，作为情感活动的外在方式也常常以某种具体思维为内容，没有任何内容的纯粹喜怒哀乐是不存在的。此外，依照朱熹哲学，情是有善有恶的。因此"情"的范围不限于四端这些善的智识念虑，也应包括以七情为外在方式的许多不善的智识念虑。这样一来，情在朱熹哲学中的意义至少有三种，一是指作为性理直接发见的四端，二是泛指七情，三是更包括某些具体思维在其内。

但是，这样一来，在朱熹哲学的心性论中就有一个较大的问题了。按照朱熹哲学，"性发为情，情根于性"这个理论，若特殊地看，即四德与四端相对应，固可自圆其说。然而按照朱熹说，七情也都是性之发（如《中庸章句》），按才思即是已发说，许多具体思虑也都是性之发。不管七情是否配属四端，⑥人总还有发而不善的情感念虑，这些情究竟是否也发自本然之性？如果说这些情也是四德之性所发，则善之性发为不善之情，体用便无法一致，这显然是一个很大的矛盾。这个由情有善恶引起的矛盾的另一种表现是，朱熹的性情体用说常常是对性善

---

⑥　朱熹曾有七情分属四端说，但又有七情不可分属四端说（皆见《语类》八十七）。七情之情当属心理学意义的情感活动，四端之情则属于道德意识与道德情感活动，实际上每一种道德意识活动都可以七情为情感方式，很难说哪一种情感一定对应于哪一种意识。

论的一种逆推式论证，按照朱熹哲学，情是性的表现，由此，从普遍存在于常人的四端之情可以证知人无不具有四德之性。但是，情有善恶，于是，同样的方法也可以说，从人有种种不善之情推知人也有与之相应的不善之性。所以朱熹这种以情证性的方法缺乏普遍性而陷于矛盾。

解决矛盾的出路之一是狭义地理解性之已发的情，即如后来某些儒者强调的，《中庸章句》讲的喜怒哀乐实际上只是指四端，并非说一切七情皆为性（理）之发。另一出路是四端七情分理气，朱熹曾说："四端是理之发，七情是气之发。"（《语类》卷五十三，辅广录）⑦ 如果确认朱熹讲的性情体用的情只是四端，不是指七情，那就要解决七情自何而发的问题。四端七情分理气说实际上就是把道心人心分属理气之发的方法运用于情的分析。但是道德情感如四端亦可以七情为形式而为七情的一部分，从而难以笼统地说七情是气之发。实际上，还有一条出路，即如果广义地把情理解为一切情，则未发之性就不能是仁义礼智本然之性，而应当是气质之性。因为朱熹哲学中的气质之性既体现有理的作用又体现有气的作用，气质之性有善有恶，从这里才能使体用一致，不过这又是朱熹不曾说过的。《语类》有一条"喜怒哀乐未发之时，只是浑然，所谓气质之性亦皆在其中，至于喜怒哀乐，却只是情"（《语类》卷四，黄㽦录），似略有此意。

---

⑦ 朝鲜李朝时李退溪与奇高峰之间曾有四端七情分理气之辩，即源于此，可参见拙作《略论朝鲜李朝儒学李滉与奇大升的性情理气之辩》，载《北京大学学报（哲学社会科学版）》1985年第3期。

　　当然，以上所说只是指若要解决朱熹性情论的矛盾在逻辑上存在的几种出路，朱熹并没有真正这样去解决。即如四七分理气说在朱熹思想材料中仅有一条，远不足以说明朱熹已有此种思想。实际上，朱熹所谓情发于性的学说，情是包括四端、七情都在其内的。这种观点虽然在体用一致上存在着矛盾和困难，但在一定程度上包含有合理的积极成分，这就是由于确认情以性为根据，从而必然不能承认彻底的禁欲主义，在一定程度上肯定"情"的地位。朱熹一再批评李翱的灭情思想，努力修正《大学》的心有情则不得其正的"正心"思想，皆本于此。

第九章　心之诸说

一　心与知觉

在朱熹哲学中，心的主要意义是指知觉。

朱熹所说的"知觉"应有广狭不同意义。狭义的知觉指人的知觉能力，即精神，也就是能知能觉，在《知言疑义》中朱熹就曾指出："所谓心者，乃夫虚灵知觉之性，犹耳目之有见闻耳。"（《文集》卷七十三）这是指心是人的知觉能力，如耳目具有见闻的功能。所谓"虚灵知觉之性"的说法反映朱熹当时思想及概念的运用还不十分成熟和确定，意谓心是虚灵和知觉的能力，且这种能力是与生俱来的。后来他常说"有知觉谓之心"（《语类》卷一百四十），又说"性只是理，情是流出运用处，心之知觉，即所以具此理而行此情者也"（《答潘谦之》第一书，

《文集》卷五十五）。这种心的知觉能力也称为"神明"，故说"心者，人之神明"（《孟子集注·尽心上》），有时亦称"灵明"。

广义的知觉则不仅指人的知觉能力，而且包括人的具体知觉，即知觉能力的具体运用。作为思维活动，既包括感觉，也包括思维，人的心理活动统被视为"知觉"。朱熹说"人心是知觉"（《语类》卷七十八，杨至录），"心者，人之知觉，主于身而应事物者也"（《大禹谟解》，《文集》卷六十五）。中国哲学后来吸收了佛教"能""所"相对的范畴，用以区别认识的主体与认识的客观对象。从整个认识活动的过程考察，还有一个环节，即具体的认识活动及由于这种活动在能思主体方面形成或产生的观念等有内容的具体思维、思想。在朱熹哲学中，"所"常常不是指认识反映的客观对象，而是指认识的结果、认识的内容。因此，知觉不仅指能知觉，而且指所知觉，这个所知觉是指有内容的具体知觉（观念、思想）。正是由于有了这种意义，宋儒才大讲而特讲所谓"道心""人心"的问题。朱熹说："人只有一个心，但知觉得道理底是道心，知觉得声色臭味底是人心……道心、人心，本只是一个物事，但所知觉不同。"（《语类》卷七十八，肖佐录）能知觉的主体只是一个，但所知觉的内容不同。道德意识的知觉是道心，各种情欲的知觉是人心，而无论道心人心都是心，"如'人心惟危，道心惟微'，都是心"（《语类》卷四，黄㽦录）。所以，心的意义除指知觉思维的能力之外，亦指具体的知觉思维。知觉能力无所谓善恶，具体的知觉思维则有善恶，朱熹所谓"性无不善，心固有不善"（《语类》

卷五，袭盖卿录），即指上述心的后一义而言。

对心的基本看法决定了朱熹对心与性、心与理诸关系的主要看法。心作为能思能知之官自然既非性也非理。狭义的知觉之心仅仅是一种思维能力，没有任何当然与否的规范意义。至于广义的知觉之心明显地包含各种具体思维内容，其中有合理的，也有不合理的。反过来说，性或理也不具备上述的任何一种意义。因此，心无论如何都必须与性和理区别开来。

二　心为主宰

在心的问题上朱熹常常强调的另一点是心为人身的主宰。他说："心是神明之舍，为一身之主宰。"（《语类》卷九十八，周谟录）如果说以知觉为心是侧重于心的认识作用，那么心为主宰的思想则主要是把人作为实践活动的主体来考察心在个体实践活动中的作用。

朱熹说：

> 心者，人之所以主乎身者也；一而不二者也；为主而不为客者也；命物而不命于物者也。（《观心说》，《文集》卷六十七）

这是指心主宰并支配全身的一切活动，人的意识活动主体只是一个，并没有两个，这个主体又具有高度的能动性和意志自由。他又说：

> 人之一身，知觉运用莫非心之所为，则心者固所以主于身，而无动静语默之间者也。（《答张钦夫》第四十九书，《文集》卷三十二）

知觉在这里指人的感觉和思维，运用则指人的一切现实活动和行为，包括躯体自身的各种活动。知觉思维是心的功能，行为运用也是在心的支配下完成的。他说："视听行动，亦是心向那里，若形体之行动，心都不知，便是心不在，行动都没理会了。"（《语类》卷五，陈淳录）又说："所谓心者，固主乎内，而凡视听言动、出处语默之见于外者，亦即此心之用而未尝离也。"（《答杨子直》第一书，《文集》卷四十五）就是说人的一切思维、情感、欲望及各种行动都是心的作用或运用，受心所支配。

朱熹心为主宰的思想，从狭义方面看，指心对个体形体的器官、肢体的支配作用，从这方面看，心为身之主的思想显然是继承了中国古代哲学特别是《管子》"心之在体，君之位也"（《心术上》）、《荀子》"心者，形之君也"（《解蔽》）的思想。

广义地说，心为主宰的思想涉及心与物、心与事的一些关系。《观心说》所谓"命物而不命于物者也"及"人心至灵，主宰万变，而非物所能宰"（《答潘叔度》第三书，《文集》卷四十六），这里所讨论的主要是指心作为意志具有选择的自由，具有高度的自主性和能动性，并不是说心是天地万物赖以存在的主宰者。这里所涉及的心与物的关系，实际上也是继承了荀子的思想。荀子说："心者，形之君也，而神明之主也，出令而无所受令。自禁也，自使也，自夺也，自取也，自行也，自止也。故口可劫而使墨云，形可劫而使诎申，心不可劫而使易意。"（《解蔽》）"命物而不命于物"即"出令而无所受令"，"心不可劫而使易意"即"非外物所能宰"，都是强调树立主体的意志结构，强调主体的自觉决定和选择。

朱熹哲学又常强调心能"应万事"。他说："心者，人之知觉，主于身而应事物者也。"（《大禹谟解》）《孟子集注》中说："心者，人之神明，所以具众理而应万事者也。"朱熹无论在论心为知觉或心具众理都不忘记心能应事物。物与事的概念当然是有区别的。物可指离开人的主观意识的客观存在，事则是一个实践的范畴，指主体的一切实践活动，特别是社会实践活动，事是主体对客体的作用过程。理学重视人之作为实践特别是道德实践活动的主体，强调心在人的道德实践中始终处于支配地位。朱熹指出："那有一事不是心里做出来底？如口说话，便是心里要说，如'紾兄之臂'，你心里若思量道不是时，定是不肯为。"（《语类》卷七十八，黄义刚录）"盖凡事莫非心之所为。"（《语类》卷九十五，童伯羽录）正是由于心始终处于支配人所从事的实践的地位，所以理学虽最终着眼于道德实践的完成，但始终把对心的修养置于首位。朱熹认为，心的主宰作用包括对一切事的支配作用。《大学或问》发展了《孟子集注》的思想，提出"心之神明，妙众理而宰万物"。"宰万物"即从"应万事"来，这里的物仍指事，在宋明理学中物事的用法通常很不严格。所谓宰万物并不是指一切客观事物都必须听命人心的主宰，而是指心对于人所从事的实践活动的支配作用。

心主于身还有一个意义，即心主性情，指理性的自我控制，道德意识对情欲的制约作用，可参见本书心统性情等章。

上述几种意义，简言之，即"心，主宰之谓也"（《语类》卷五，程端蒙录），这个思想并不如有些学者认定的，讲心是万物的本体、心与万物的主从关系[①]，其实，朱熹只是综合了以前许多哲学家在这方面的思想，即心与万事的关系，晋人傅玄亦早有云"心为万事主"（《傅子》，引自《中国哲学大纲》第239页）。这些思想并没有什么特别的神秘意义，从这里断定朱熹有以心为宇宙本体的思想是没有根据的。

三　心体虚明

朱熹所谓心之本体指心的本然状态。关于朱熹心之本体的思想，需要有所区分。朱熹一般所讲的心之本体，心是指作为一般意识活动主体的知觉思虑之心，如所谓心之本体虚明。在这个意义上讲的心之本体是广义的。有时朱熹则把心仅仅作为道德意识的主体，相当于所谓实践理性，在这个意义上讲的心之本体是狭义的，近于良心的观念，但此种用法较少，在朱熹哲学中也不占主要地位。这里只讨论广义的心之本体的思想。

对于一般认识主体的心，朱熹十分强调其本体的虚明灵妙。《大学或问》说："人之一心，湛然虚明，如鉴之空，如衡之平，以为一身之主者，固其真体之本然。"（卷二）朱熹答黄子耕书

---

① 参见蒙培元《理学的演变：从朱熹到王夫之戴震》，福建人民出版社1984年版，第41页。

论修改这一段《或问》说：②

> 人之心，湛然虚明，以为一身之主者，固其本体。而喜
> 怒忧惧随感而应者，亦其用之所不能无者也。然必知至意诚
> 无所私系，然后物之未感，则此心之体寂然不动，如鉴之
> 空、如衡之平。物之既感，则其妍媸高下，随物以应，皆因
> 彼之自尔，而我无所与，此心之体用所以常得其正而能为一
> 身之主也。（《答黄子耕》第七书，《文集》卷五十一）

这里是说主体在认识事物的时候常常有所偏蔽，以至不能"因
彼之自尔"，如实地反映事物的本来面目。只有经过一定的修养
工夫才能使主体解除偏蔽，达到一种无所偏蔽的状态。这种状
态本来是主体修养的理想境界，而朱熹认为实际上就是心之本
体。因此，主体修养的目的就其本来的意义说是回复到心的本
然状态，所以说："心犹镜也，但无尘垢之蔽，则本体自明，物
来能照。"（《答王子合》第十二书，《文集》卷四十九）

朱熹又说：

> 人心如一个镜，先未有一个影像，有事物来，方始照
> 见妍丑。若先有一个影像在里，如何照得！人心本是湛然
> 虚明，事物之来，随感而应，自然见得高下轻重，事过便

---

② 按本书首云："熹忧悴无憀，无足言者，治葬、结庐二事皆在来年。"故此
书乃绍熙辛亥因长子亡故去漳归家后所作也，又其中云"近修《大学》此章《或
问》颇详，今漫录去"即指此处所引一段。

当依前恁地虚，方得。(《语类》卷十六，叶贺孙录)

如果用镜来喻心，无尘垢之蔽，是本体之明；无影像在中，是本体之虚。可见朱熹关于心之本体虚明的思想是说，心作为认识主体，本来是没有偏蔽、没有成见、没有任何情绪干扰的。如果能够经过一定方式的修养以保持这种本体的虚明，在认识和应接事物的时候就不会发生偏差。

朱熹关于心体虚明的思想，首先是从重视人的道德实践出发的。如果不能正确地了解对象及对象与主体的关系，在应接和处理事物的时候就会产生失误。但是，不可否认，以心为镜，以认识为照物，包含了认识论的意义特别是反映论的观点。中国哲学自庄子以来就有这样一个传统的讲法，其中含有朴素的唯物主义的认识论因素。并且，心体虚明的思想如同朱熹对于心的许多其他看法一样，也是继承了《管子》《荀子》的思想。《心术上》说："物至则应，过则舍矣，舍矣者，言复所于虚也。"朱熹所说"随感而应""事过便当依前恁地虚，方得"，显然也就是《管子》所说之虚。从认识论来看，朱熹主张修养主体使之如明镜无尘垢之蔽，实际上是荀子提倡的"解蔽"思想，而所谓"湛然虚明"即荀子所谓"大清明"的主体境界，所不同者，朱熹以虚明不仅为修养所欲达之境界，而且认为在根本上就是心的本然状态。一切修养不过是复其本体之虚明。

除了强调心体虚明之外，朱熹也常常强调心之虚灵。这里讲的虚灵是指思维功能的灵妙特点而言。他说："人心虚灵"(《语类》卷五十七，叶贺孙录)，"心官至灵，藏往知来"(《语类》卷五，吕焘录），"人心至灵，虽千万里之远，千百世之上，一念才发，便到那里，神妙如此"（《语类》卷十八，辅广录）。又说"此心至灵，细入毫芒纤芥之间，便知便觉。六合之大，莫不在此。又如古初去今是几千万年，若此念才发，便到那里……这个神明不测，至虚至灵，是甚次第！"（《语类》卷十八，叶贺孙录）所谓"灵"是指心的运用的神妙不测而言，即意识活动及其变化的速度、范围不受限制的特点，所以也叫作"心无限量"。对心的这种描述在中国哲学亦早有之，如扬雄讲心能潜天潜地而神，至二程讲心无限量都是此意。这种心无限量的说法并不意味着心能包容宇宙万物，只是描述思维的这种无所不至的特殊功能。按照朱熹哲学，心之本体是绝对灵妙的。他说"此心本来虚灵"（《语类》卷六十，叶贺孙录），"虚灵自是心之本体"（《语类》卷五，万人杰录）。但人心有所蒙蔽时则对于事物或有所不识、有所不体，囿于成见，梏于私意，这就妨碍了心本来所具有的无限量的功能得到正常发挥。因此，就一般人心运用来看，虽然仍可看到心的神明不测，而只有心之本体才是真正"至灵"的。

关于虚灵，还涉及心与气的关系。朱熹曾说："性犹太极也，心犹阴阳也"，论者常由此而认定朱熹哲学中性即理、心则气，如黄宗羲之《明儒学案》，近人钱穆之《朱子新学案》皆如此。这是不能成立的。太极阴阳之譬在朱熹只是用以说明心与性（理）的不离关系，不是以心为气，就人之心脏而论，或可言气（构成），然无哲学意义。而知觉之心不属形而下者，不可言气。《语类》载："问：'人心形而上下如何?'曰：'如肺肝五脏之心，却是实有一物。若今学者所论操舍存亡之心，则自是神明不测。'"（《语类》卷五，廖谦录）心为知觉，知觉只是气的一种能力或特性。朱熹曾说："知觉正是气之虚灵处"（《答林德久》第六书，《文集》卷六十一），"能觉者，气之灵也"（《语类》卷五，甘节录），气之灵是说气的虚灵特性，指意识是气的一种功能，并不是说心就是气，所以又说"心比性，则微有迹；比气，则自然又灵"（《语类》卷五，廖谦录）。

最后，应当注意，所谓心之本体虚明，这里的心指一般的认识主体，包括道德意识活动在内，我们看朱熹对心之本体的论述常常是从未感事物时来说明。这是因为在朱熹看，心之本然状态存在于未感事物的时候，而应接事物的时候，虽心之本体未尝不在，但此时心已有所运用，故不能说是心之本体了，如镜已照物。当然，所谓未感事物也是指圣贤或经过相当修养而能保持未感物时心体虚明的人，并不是说一切人心在未感物时都无条件地虚明。从这里看，由于这里所说的心是指一般意识活动的主体，因此它包含了这样的思想，即未感物时心无所偏倚，无过不及，感物之后，七情合理。也就是说包含了所谓未发已发的中和思想。但朱熹之所以在心的未发已发之外，还突出讲所谓心体虚明，就是因为这里不是仅着眼于心性的伦理活动，而是从一般的意识活动，包括认识活动出发的。心体虚明虽然也包含有道德意识方面的意义，但不能把心体虚明仅仅理解为道德意识方面的意义，否则就不能说明朱熹何以强调虚明虚灵了。朱熹关于心之本体的观念主要是把心作为一般意识活动的主体，要求去除主体偏蔽而提出来的。

以上几节讨论表明，朱熹哲学中关于心的许多主要观点，如心是能知能思之官，知觉是心的特殊功能，心为一身之主，心能主宰情欲，心能支配一切行事，心有神明不测的功用，以及心如镜说、心之虚明说等，全面继承了中国古代哲学特别是荀子关于心的见解。同时，朱熹又继承和发展了理学前驱关于心具理、人心道心和心统性情等思想。以下几节我们将逐个讨论朱熹理学中特有的关于心的一些见解。

四　心与理（性）

在心和理的关系上，朱熹的基本观点是"心具众理"。从一般认识主体的观点言，心体为虚，"先未有一个影像"；而从心作为道德意识活动的主体来看，朱熹认为心中包含万理，在这个意义上心又不虚。他说："心之全体，湛然虚明，万理具足。"（《语类》卷五，程端蒙录）"以前看得心只是虚荡荡地，而今看得来，湛然虚明，万理便在里面。"（《语类》卷一百一十三，黄义刚录）就是说，心不仅是一个理论理性，而且是道德理性。

早在与张栻书中朱熹明确指出过"心具众理"（《问张敬夫》第三十六书，《文集》卷三十二）。《孟子集注》也说："心者，人之神明，所以具众理而应万事者也。"（《尽心上》注）《语类》更大量记载了朱熹心具理的思想，如"一心具万理""心包万理，万理具于一心"（《语类》卷九）等等。心具众理说显然是建立在对心与理、心与性既区别又联系的认识基础上。为了理解这一点，必须首先了解朱熹哲学中心与理的区别。

　　这里所说的心与理的关系不是指心与存在于万物之中的理两者间的关系，而是指心与作为人性的理之间的关系。前面说过，心在朱熹哲学中具有不同意义，在朱熹看来，无论在哪个意义上心与性、与理都不相同。

　　为了强调心与理的区别，朱熹常常在他的论述中采用心能包理的比喻。他说："凡物有心，而其中必虚。如饮食中鸡心猪心之属，切开可见，人心亦然，只这些虚处，便包藏许多道理。"又说"性如心之田地，充此中虚，莫非是理而已。心是神明之舍，为一身之主宰，性便是许多道理，得之于天而具于心者"（《语类》卷九十八，周谟录）。按照这个比喻，人生所禀受的天地之理不是存在于身体的各个部位，而是存在于心中。所谓"心包万理""心虽是一物，却虚，故能包含万理"（《语类》卷五，林学蒙录）的说法显然是与建立在把理实体化基础上的禀理为性说联系在一起的，正是由于这个原因，戴震后来极力批判这个视理"为如有物焉"的"得于天而具于心者"的说法。尽管朱熹有时也强调"性，不是有一个物事在里面唤做性"（《语类》卷六十，钟震录），但他的那些说法，如"心是虚底物，性是里面穰肚馅草"（同上）、"心以性为体，心将性做馅子模样"（《语类》卷五，袭盖卿录），以及"心性之别，如以碗盛水，水须碗乃能盛，然谓碗便是水，则不可"（《语类》卷十八，沈僩录）显然很大程度上把理实体化了。但是无论如何，根据这些说法，心与理、心与性是不可混为一谈的。如果说心是一个系统，那么性或理只是这一系统的一个方面、一种属性或本质，而不是整个系统本身。

其次，心能知觉，理或性则不具备心所具有的知觉功能，从这一点看，心与理、与性也不容混淆。朱熹说："理未知觉"（《语类》卷五，陈淳录），理"无情意、无计度、无造作"（《语类》卷一，沈僩录）。因此，"灵处只是心，不是性，性只是理"（《语类》卷五，陈淳录），"心与性自有分别，灵底是心，实底是性，灵便是那知觉底"（《语类》卷十六，黄义刚录）。朱熹强调"性有仁义礼智之善，心却千思万虑、出入无时，是性不能以该尽此心也"（《语类》卷一百，万人杰录），"所觉者心之理也，能觉者气之灵也"（《语类》卷五，甘节录），心能思维，有知觉、有情感、有意志，这是心与理、与性的一个重要分别。

又次，心有善恶。知觉之心不仅指能知能觉的精神，也指具体的知觉活动、具体的思维和情感。心千思万虑，出入无时，其中合理者为善，不合理者为恶。因此"心有善恶，性无不善"（《语类》卷五，甘节录），从这里也可看到心与性理的重要分别。

此外，按照易有太极的模式，心的变化作用过程相当于"易"，而性相当于"太极"，是心的变易总体过程的内在根据，即是说，性是体，而心则兼乎体用（见后心统性情章）。同时，性是静，心贯动静；性是未发，而心通未发已发（见前未发已发章）。这些也都是心与性的重要区别，这些内容因在本章前后都有论说，不更重复。

心具众理的意义，由上述可见，从构成论上说，即心包藏着禀受的天地之理，在伦理学上指人的内心先天地具有道德的品质和属性。从哲学上看，对于思维心理活动来说，心是一个标志现象总体的范畴，性则是一个标志本质的范畴。这两个概念及其所用以表征的对象决不是同一个层次上的。用传统的范畴来分疏，心之体是性，但不可说心即是性，即是理。如果认为心之体是性因而心即是性，那显然是难以成立的。

心具众理说本身蕴含着心与理的相互区别，也表明两者相互联系。理具于心不在于被朱熹比喻为实体之理充于心之中虚，更在于表现为与知觉不相离。朱熹说："性只是理，情是流出运用处，心之知觉即所以具此理而行此情者也。"（《答潘谦之》，《文集》卷五十五）如果理只是如朱熹比喻的在心脏里盛受着，那就失去了性的意义。人所禀受的理所以为性，不在于人把它叫作性，而是指它在人的现实意识活动中实在地扮演着"性"的角色。因此，理之为性，作为支配思虑的内在道德依据，必然也必须体现在对知觉思虑的作用中。所以，"理不离知觉，知觉不离理"（《语类》卷五，甘节录），"道理固本有，用知，方发得出来，若无知，道理何从而见"（《语类》卷十七，沈僩录）。因此，从理学所注重的视心为道德意识活动的主体来看，知觉不仅仅是一种"虚灵知觉"，心也不仅是一个纯粹理性。当知觉进行道德判断的活动时，也就是人性支配知觉并通过具体知觉表现自身的过程。从这里看，心与性的联系也是重要的，所以说心性"此两个说着一个，则一个随到，元不可相离，亦自难与分别，舍心则无以见性，舍性又无以见心"（《语类》卷五，余大雅录）。

总起来说，朱熹认为："心性固只一理，然自有合而言处，又有析而言处，须知其所以析，又知其所以合，乃可。然谓性便是心，则不可；谓心便是性，亦不可。"（《语类》卷十八，沈僩录）要之，朱熹更反对以心为性，特别反对"只是于自己身上认得一个精神魂魄，有知有觉之物，即便目为己性"（《答连嵩卿》，《文集》卷四十一）。他认为佛教正是把精神知觉看作性，"佛氏亦只是认知觉作用为性"（《语类》卷九十五，郑可学录），在他看来陆学也犯有类似错误（详见朱陆之辩部分）。因此，心性之辩成了朱熹哲学一个至关重要的问题。

前面已经指出，心具众理是指理先天地内在人心，并不是说心具众理是经过修养之后才达到的一种境界。朱熹认为，心具众理即孟子万物皆备之说。他说："万物不是万物之迹，只是万物之理皆备于我。……是这道理本来皆备于吾身。"（《语类》卷六十，叶贺孙录）又说："人有此身，便有所以为人之理，与生俱来，乃天之所付。"（《答叶仁父》第一书，《文集》卷六十三）这些都是强调理先天具备于人心之中。然而，在朱熹看来，对人的意识活动而言，本质与现象不是完全同一的，有些现象并不是本质的直接表现。人心中包含各种不合理义的思维情感，但理作为本质始终在心中潜存，为了使人的现实意识完全变为道德意识，受到性理的完全支配，理学要求人要在修养境界上做到"心与理一"。程颐已提出"己与理一"（《遗书》卷十五），李侗更明确说"理与心为一，庶几洒落"（《延平答问》，《戊寅十一月十三日书》），朱熹也完全继承了这一思想，他临终时告诫学者："为学之要，惟在事事审求其是，决去其非，积累久之，心与理一，自然所发皆无私曲。"（见江永《考订朱子世家》）《文集》载朱熹与弟子李孝述问答：

　　孝述窃疑：心具众理，心虽昏蔽而所具之理未尝不在。
但当其蔽隔之时，心自为心，理自为理，不相赘属。如一
物未格，便觉此一物之理与心不相入，似为心外之理，而
吾心邈然无之。及既格之，便觉彼物之理为吾心素有之物。
夫理在吾心，不以未知而无，不以既知而有。

　　先生（朱熹）批云：极是。（《文集》《续集》卷十）

人心昏蔽之时，道德本性不能完全得到表现，意识活动也就不
可能完全合理。这时候虽是"心具众理"，但不是"心与理一"，
更不是"心即是理"。

　　"心与理一"与"心即理"及"心具理"是不同意义的命
题，不可随意相混。但命题与概念一样，可以用来指不同意义，
此外《语录》的记录误差也可能把问题混淆，若不具体加以分
析，就可能犯望文生义的错误。如朱熹曾说："仁者理即是心，
心即是理，有一事来，便有一理以应之，所以无忧。"（《语类》
卷三十七，李方子录）这是解《论语》"仁者无忧"的，是说达
到圣贤地位的人（仁者）他们的心已达到了与理合一的境界，
故一切思想行为从容中道，莫不合理。在这个意义上可以说这
些仁者"心即理"了。并不是指一切人心即是理。但严格说来，
对于仁者这仍只是一种"心与理一"，故与李方子同时听讲的另
一弟子记录此语便不同："仁者心与理一，心纯是这道理，看甚
么事来，自有这道理在处置他，自不烦恼。"（同上，林恪录）
可见朱熹在这里表达的并不是陆学的那种心即理思想。又《语
类》辅广录："心与理为一，不是理在前面为一物，理便在心之

中。"（卷五）可见这里讲的心与理一即指理具于心，不是说心外无理，而是说性理即在心之中，不是后天得之于外的。朱熹又曾说："儒释之异，正为吾以心与理为一，而彼以心理为二耳，然近世一种学问，虽说心与理一，而不察乎气禀物欲之私，故其发亦不合理，却与释氏同病，又不可不察。"（《答郑子上》第十四书，《文集》卷五十六）这里所说的心与理一也是指心具理，理具心，指儒者所讲的心不是空无所有，其中包含众理，而佛家之心只是个知觉，故又说"彼（释氏）见得心空而无理，此见得心虽空而万理咸备也"（《答郑子上》第十五书，《文集》卷五十六）。所谓"近世一种学问"即指陆学，朱熹认为陆氏虽知心中有理，但不懂得由于气禀的作用致使心之所发不尽合理，由此可见在朱熹哲学中只能讲心具众理而不能承认心即是理。

五　人心道心

朱熹认为，心为人之知觉，人的一切思维活动都是心之所发，出入无时，千思万虑，这是心的神明不测之处。但是"虽皆神明不测之妙，而要其真妄邪正又不可不分耳"（《答何叔京》第二十五书，《文集》卷四十）。就是说必须区分知觉中的真妄邪正。显然，从伦理学的角度看，人的意识活动其内容不是全部合乎社会要求的道德原则。既然按照朱熹哲学的规定，心亦指人的具体意识，因此善的意念思虑是心，不善的意念思虑也是心，所以说心有善恶、有邪正。"或问：'心有善恶否？'曰：'心是动底物事，自然有善恶。'"（《语类》卷五，廖谦录）根据这个思想，朱熹反对胡宏的"心无不仁"之说。"胡五峰云：'人有不仁，心无不仁。'先生以为下句有病。如颜子'其心三月不违仁'，是心之仁也。至三月之外，未免少有私欲，心便不仁，岂可直以为心无不仁乎？"（《语类》卷九十五，程端蒙录）朱熹指出，既然贤如颜渊尚且少有私欲，因此不是心无不仁，而是心有不仁，只是心中之仁（理）未尝不在。

这个思想也就是反对以一切知觉皆为仁（合理）。上蔡以知觉言仁，朱熹极力反对，在《仁说》前后还就此与湖南学者专门讨论过。他认为："觉者，是要觉得个道理，须是分毫不差，方能全得此心之德，这便是仁。若但知得个痛痒，则凡人皆觉得，岂尽是仁者邪？"（《语类》卷一百〇一，潘时举录）反对以一切知觉和意识活动都为道德意识活动。二程本曾以知觉譬仁，而程门中如上蔡辈更偏于强调这一点。朱熹认为，如果说知觉痛痒即是仁，那就降低了仁的道德意涵。因此，必须在知觉中区分道德意识活动与非道德意识活动，努力使道德意识最大限度地支配人的行为。为了这一目的，理学自二程起，大力宣讲伪《古文尚书》中所谓"人心""道心"的问题。

朱熹认为，人的所知所觉，按其内容大体分为两种：

> 此心之灵，其觉于理者，道心也；其觉于欲者，人心也。（《答郑子上》第十书，《文集》卷五十六）
>
> 只是这一个心，知觉从耳目之欲上去，便是人心；知觉从义理上去，便是道心。（《语类》卷七十八，林学蒙录）
>
> 只是一人一心，合道理底是天理，徇情欲底是人欲。

（《语类》卷七十八，滕璘录）

道心、人心的观念在朱熹是比较清楚的。合于道德原则的知觉是"道心"，专以个人情欲为内容的知觉是"人心"。道心指道德意识，人心指感性欲念。无论如何，道心、人心都是人的知觉之心，所以"如'人心惟危，道心惟微'，都是心，不成只道心是心，人心不是心！"（《语类》卷四，黄𩦸录）

人何以会有道心、人心两种不同知觉？《中庸章句序》说：

> 心之虚灵知觉，一而已矣。而以为有人心、道心之异者，则以其或生于形气之私，或原于性命之正，而所以为知觉者不同，是以或危殆而不安，或微妙而难见耳。然人莫不有是形，故虽上智不能无人心；亦莫不有是性，故虽下愚不能无道心。

朱熹认为，凡人之生，都是禀气为形、禀理为性。各种情欲根源于构成血肉之躯的形气，而道德意识直接发自以理为内容的人的本性。情欲不加控制则流于不善，所以为"危"。良心潜隐在内心深处，微妙难见，所以为"微"。人无例外地具有形体和性理，所以无例外地兼有人心和道心。

按照这一观点，圣人也兼有人心、道心。因此，如果宣布人心为邪恶之心而要求加以去除，圣人也就不成其为圣人，这当然是不可以的，况且人心既然包括人的耳目口腹男女之欲，就是人类生存所不可少。朱熹承认，人作为感性现实存在，有

其自然生存和发展而需要的方面，他反复申明"人心"并不是
邪恶之心：

> 人心是知觉，口之于味，目之于色，耳之于声底，未
> 是不好，只是危。若便说做人欲，则属恶了，何用说危？
> （《语类》卷七十八，杨至录）
> 人心亦不是全不好底，故不言凶咎，只言危。（《语类》
> 卷七十八，滕璘录）

不能说"人心"所包括的由人的自然属性决定的各种生理欲望
都是"不好"。因此，如果照一般所理解的，"人欲""私欲"是
与天理相对立的必须去除的恶的欲念的话，那么，朱熹是反对
把"人心"等同于"人欲"或"私欲"的，他说："人心，人欲
也，此语有病，虽上智不能无此，岂可谓全不是。"（《语类》卷
七十八，肖佐录）"人心亦未是十分不好底。人欲只是饥欲食、
寒欲衣之心尔。"（同上，黄士毅录）当然，如果只是以"人欲"
"私欲"指人的生理欲望和由此产生的基本物质要求，而不是以
"人欲""私欲"为全不是的话，也无碍把"人心"叫作人欲或
私欲。朱熹就是用这样的方法解释二程以人心为私欲的说法，
他说："所谓人心私欲者，非若众人所谓私欲也。"（《答吴晦叔》
第十一书，《文集》卷四十二）又说："如饥饱寒燠之类，皆生
于吾之血气形体，而他人无与焉，所谓私也，亦未便是不好，
但不可一向徇之耳。"（《答陈安卿》第二书，《文集》卷五十七）
　　由此可见，朱熹认为无论把人的情欲叫作人心还是人欲、

私欲，其中总是包含着人们生存的必要条件，所以不全为恶，不可完全摒除。但是更必须看到人心不受道心控制所可能造成的危害。他说："心者，人之知觉，主于身而应于事者也。指其生于形气之私者而言，则谓之人心，指其发于义理之公者而言，则谓之道心。"（《大禹谟解》）形气所产生的完全是服从个体自身需要的欲念，所以为私。道德意识符合社会的整体利益，所以为公。若听凭个人情欲的任意发展，从个人来说便失去了道德境界，只能成为小人；从社会来说，必然破坏社会的等级秩序，所以说人心惟危，必须以道心来统率人心。

根据以上观点朱熹提出：

> 必使道心常为一身之主，而人心每听命焉，则危者安，微者著，而动静云为自无过不及之差矣。（《中庸章句序》）

所谓道心为主、人心听命是指，使道德意识支配个人的一切思想和行为，使个人的情欲受到道德观念的指导和控制。《语类》载：

> 问："饥食渴饮，此人心否？"曰："然。须是食其所当食，饮其所当饮，乃不失所谓'道心'，若饮盗泉之水，食嗟来之食，则人心胜而道心亡矣！"问："人心可以无否？"曰："如何无得！但以道心为主，而人心每听命焉耳。"（《语类》卷七十八，沈僩录）
>
> 有知觉嗜欲，然无所主宰，则流而忘反，不可据以为

安，故曰危。道心则是义理之心，可以为人心之主宰，而人心据以为准者也。且以饮食言之，凡饥渴而欲得饮食以充其饱且足者，皆人心也。然必有义理存焉。有可以食，有不可以食。（《语类》卷六十二，余大雅录）

关于朱熹的人心道心思想，一般说来是比较清楚的，但也有几个问题要注意。

第一，道心不是性，道心与人心不是体用关系。冯友兰先生旧著《中国哲学史》中说"性为天理，即所谓'道心'也"（下册，第 918 页）。早如明代罗钦顺即有此说。近来有学者亦主此说，认为道心是义理之性，以道心人心为体用之分，为形上形下分，这些说法是否合乎朱熹思想皆可商榷。朱熹讲"指其发于义理之公者而言，则谓之道心"（《大禹谟解》），"知觉从义理上去，便是道心"（《语类》卷七十八，林学蒙录），可见，道心与人心都是属于已发之心，并不是性。道心发于仁义礼智之性，但不是性。人心发于血气形体，但不是血气，道心、人心都是神明不测的知觉之心，都不是形而下者。朱熹也未把道心人心规定为体用关系。朱熹说，"人自有人心、道心，一个生于血气，一个生于义理"（《语类》卷六十二，沈僴录），因此，可以说"人心者，气质之心也"（《语类》卷七十八，甘节录），"道心则是义理之心"（《语类》卷六十二，余大雅录），但不能说人心即血气之性、道心即义理之性，否则就是心性不分。

第二，在人心道心的问题上朱熹思想前后也有一些变化，这里只简略述及。他早年认为"心一也，操而存则义理明而谓

之道心，舍而亡则物欲肆而谓之人心。自人心而收回，便是道
心；自道心而放出，便是人心。顷刻之间，恍惚万状，所谓
'出入无时，莫知其乡'也。"（《答许顺之》第十九书，《文集》
卷三十九）从孟子的存心思想看，所谓操存舍亡，孟子是主张
操而存之，反对舍而亡之。由于朱熹哲学常常把操存舍亡与道
心人心联系起来，认为道心丢舍便是人心，人心收回便是道心，
这样一来人心就成了应当完全否定的陷溺之心。乾道末淳熙初
（癸巳甲午）朱熹与吕子约等人辩论心说③时又提出，"人心"
为一般知觉之心，以"道心"为心之本体。这些与他晚年成熟
的思想如《中庸章句序》《大禹谟解》等的说法是不一致的。

第三，按《中庸章句序》，应使人心听命道心的主宰。但朱
熹有时也有另外的说法，如"以道心为主，则人心亦化为道心
矣"（《答黄子耕》第九书，《文集》五十一），及"有道心，则
人心为所节制，人心皆道心也"（《语类》卷七十八，童伯羽
录）。照此说，追求个人情欲满足的"人心"一旦处于道德理性
的指导和制约之下，即转化为"道心"了。其实，在朱熹哲学
中，对一般人而言，道心作为道德意识，人心作为个体情欲，
两者的关系如同两圆相交，其重合的部分即道心主宰下的人心。
这一部分是道心化的人心，所谓"人心亦化而为道心"不是说
在道心主宰的境界上人去除了一切情欲，而是说"人心与道心
为一，恰似无了那人心相似"（《语类》卷七十八）。

最后，在论道心人心时朱熹常常强调人只有一个心。他说：

---

③ 癸巳甲午朱子与吕子约、石子重、方伯谟等曾有心说之辩，亦颇有往复。
今不暇详述。

"若说道心天理，人心人欲，却是有两个心。人只有一个心，但知觉得道理底是道心，知觉得声色臭味底是人心，不争得多。……陆子静亦以此语人非有两个心。道心、人心，本只是一个物事，但所知觉不同。"（《语类》卷七十八，肖佐录）就思维主体来看，道心人心只是同一思维主体的不同思想内容，因而道心人心不是指人有两个主体，早在《观心说》中他就强调道心人心为一心的思想，并且特别反对以心观心的说法，认为如果讲观心，便同于佛教观心之说，"则是此心之外复有一心而能管乎此心也。然则所谓心者，为一耶？为二耶？"（《文集》卷六十七）但是，从实际上看，人的内心常常交织着感性欲念与道德观念，甚至道德意识与非道德意识的冲突，道德活动的基本特征就是用"道心"评判裁制"人心"。这种道德评价和自我控制的心理过程也可以说是一心管乎一心，两种心互相斗争的过程。朱熹的道心人心说本来是面对这一普遍现实的，但由于他为防止混同佛教观心说而强调只有一心，于是便无法对道德自我评价、良心控制的机制作出进一步说明。朱熹门人黄商伯曾请问："既发之情是心之用，审察于此，未免以心观心。"这是询问心对情的调节控制与所谓以心观心究竟有何区别。朱熹回答说："已发之处，以心之本体权度，审其心之所发，恐有轻重短长之差耳。所谓'物皆然，心为甚'是也。若欲以所发之心别求心之本体，则无此理矣。此胡氏观过知仁之说所以为不可行也。"（《答黄商伯》第四书，《文集》卷四十六）所谓以心之本体权度，实际以良心裁制。所谓以道心主宰人心实际上也是指以良心、以人在社会生活中形成的稳定道德观念制约情欲。

以理节情，以理节欲，本是孔子以来儒家哲学的固有思想，宋儒尤其注重培养理想人格，要求提高道德自觉，同时又注重维护当时社会的等级秩序和价值体系，因此他们的道心人心说及理欲之辩具有双重的性质，对此应给以具体分析。

从朱熹的人心道心思想来看，他并不是一概排斥或否定人的自然属性及由此产生的感性欲念，但是，朱熹哲学总的倾向是突出要求人用道德理性克制、压抑自然的需要、欲求和愿望，要求个人利益降低到最低程度以服从社会对个体的需要，资本主义时代恰恰把两者的关系倒了过来。然而这两者的矛盾如何统一，始终是人类社会面临的重大课题。

第十章　心说之辩

　　朱熹一生之中，学术论辩甚多，如乾道二年及乾道五年与张栻的两次中和之辩，乾道八年、九年与张栻的仁说之辩，历来被视为朱熹思想发展的重要里程碑。淳熙二年在鹅湖与陆九渊的支离易简之辩、淳熙十一年至十三年与陈亮的王霸义利之辩，都是南宋学术史上的重要事件。即使是充满意气冲突的淳熙十五年、十六年与林栗、陆九渊的《西铭》、太极之辩，也未尝不涵有学术的意义。对此，当时学者有颇不以为然者，如陈傅良绍熙初曾致朱子书说："念长者前有长乐之争，后有临川之辩，至如永康往还，动数千言，更相切磋，未见其益。而学者转相夸毗，浸失本旨。盖刻划太精，颇伤简易。"[①] 长乐指林栗，临川指陆九渊，永康指陈亮，以为朱子好辩而无益。而朱子则以为："犹恨其言之未尽，不足以畅彼此之怀，合异同之

_____
　　① 引自《朱子年谱》卷四上，绍熙辛亥与陈君举论学条。

趣，而不敢以为悔也。"（《答陈君举》，《文集》卷三十八）平心说来，朱子平生的论辩，除晚年与林栗、陆九渊外，都是相当严肃认真的学术讨论，不论对他自己还是对当时的思想学术的活跃，都有重要的意义。

淳熙初年，朱熹与同时学者吕祖俭（字子约）、石𡩋（字子重）、方士繇（字伯谟）、吴翌（字晦叔）、游九言（字诚之）、何镐（字叔京）等人以书札往来，辨析"心"之学说，是朱子生平中一次引人注目的学术讨论。由于讨论涉及的问题比较复杂，其年代又不易确定，故以往研究只注意前后中和之辩、仁说之辩等，而未见有学者注意此辩（我在前面各章中曾略提及，在《朱子书信编年考证》中也曾对此辩前后时间加以考定，但都未及详论）。本章将详细叙述这一辩论之始末，并借此讨论朱熹哲学中对"心"的看法。[②]

一 寂 感

淳熙元年（1174）甲午，吕子约曾有问目卷子寄呈朱熹，其最后一问为：

> "出入无时，莫知其乡"，只是大概言人之心如是，甚言此心无时不感而不可以不操也，不操则感动于不善而失

② 关于心说之辩的年代，除在必要处加以说明外，皆请参考《朱子书信编年考证》（上海人民出版社 1989 年版）淳熙元年甲午一节。又，为方便论述及与朱子往来书札相协调，本书于论辩诸儒皆以姓字称之。

294

其本心矣。虽曰"失其本心",而感处即心也,故程子曰
"感乃心也"。而程子答"心有亡也"之问,又曰"才主著
事时(小注:先生以目视地)便在这里,才过了便不见"。
又云"心岂有出入",亦以操舍而言。盖寂然常感者,心之
本体。惟其操舍之不常,故其出入之无止耳。惟其常操而
存,则动无不善,而瞬息顷刻之间,亦无不在也。颜氏之
子三月不违,其余则日月至焉,政以此心之常感而易危故
也。(《答吕子约》第十书,《文集》卷四十七)

孟子曾引孔子语:"操则存,舍则亡,出入无时,莫知其乡。"
(《孟子·告子上》)③ 道学的创始人程氏兄弟对此曾有讨论,
据载:

> 范淳夫之女读《孟子》"出入无时,莫知其乡,惟心之
> 谓欤",语人曰:"孟子不识心,心岂有出入?"先生闻之
> 曰:"此女虽不识孟子,却能识心。"④

据《外书》此卷前后所录,此段中所录的"先生"当为程颐
(伊川),但《外书》另卷则载此语为程颢(明道):"明道先生
曰:'操则存,舍则亡,出入无时',非圣人之言也,心安得有
出入乎?"(卷十二)⑤《二程遗书》亦记伊川与门人问答:

---

③　此四句后尚有"惟心之谓欤"一句,但此一句是否孔子之语,诸说不同。
④　《河南程氏外书》(以下简称《外书》)卷十一,《二程集》(中华书局 1981
年版),第 415 页。
⑤　《外书》卷十二,《二程集》,第 425 页。

> 问："'舍则亡'，心有亡，何也？"曰："否，此只是说心无形体。才主著事时（先生以目视地），便在这里，才过了便不见。如'出入无时，莫知其乡'，此句亦须要人理会，心岂有出入？亦以操舍而言也，'放心'，谓心本善，而流于不善，是放也。"⑥

由此可知，吕子约问目正是感于程伊川论心之说而发。"寂""感"的说法出自《易·系辞》"寂然不动，感而遂通天下之故"，以寂感论心，始自中唐李翱。北宋儒学继其后，二程都把"寂感"从描述宇宙过程的范畴发展为意识活动的规定，以描述意识主体与外部现象相互作用的关系。所以吕子约把心的"出入"与"寂感"相联系，从道学的发展来看是很自然的。

"寂"表示思维、意识的相对静止，"感"表示思维、意识的明显活动。吕子约认为，所谓"出入无时"是指意识总是处于有所活动的状态，就心的本来特质而言，其感应活动总是善的，故称为"本心"。但在实际上，如果主体缺少自觉的"操"的工夫，意识活动就会经常流于不善，这叫作"失其本心"。吕子约在这里没有说明"操"的具体内容⑦，按照二程的说法，操就是指"敬"为内容的自觉规范⑧。吕子约还认为，当意识活动感动于不善的时候，这种"感"仍然是心，只是这种感应

---

⑥ 《河南程氏遗书》（以下简称《遗书》）卷十八，《二程集》，第207—208页。
⑦ "此之谓失其本心""求其放心"，皆见《孟子·告子上》。
⑧ 《遗书》卷十五，录伊川语"操之之道，敬以直内也"，《二程集》，第151页。

之心已经不是孟子所说的"本心"了。吕子约的上述说法多本
于孟子、二程，朱熹也是赞同的，但吕子约进而提出，心是无
时不感的，不断活动着的，而"心之本体"是寂然无出入的，
心的出入无时是"操"的工夫不能持久造成的结果。这些说法
涉及的"心之本体"问题，朱熹的看法与吕氏不同，朱熹批其
问目说：

> 寂然常感者，固心之本体也。然存者，此心之存也；
> 亡者，此心之亡也。非操舍存亡之外别有心之本体也。然
> 亦不须苦说到此，只到朱勾处便可且住也。（《答吕子约》
> 第十书，《文集》卷四十七）

朱熹与吕子约在心说上的不同看法主要是对于"心之本体"的
观念的理解。"心之本体"或"本心"在哲学上是指意识的本来
状态、本来面貌、本来特质。同时，魏晋隋唐至宋代哲学里面，
"本体"亦常与"发用"相对，在这个意义的使用上，"发用"
是现象层次的东西，"本体"则是现象背后代表本质的东西，
"本体"是现象背后的本源性实体。由于这种本体—发用的思想
模式，"心之本体"往往容易被理解为是与意识活动不同层次的
东西，意识活动是感应不已的，心之本体则是寂然不动的。从
认识论意义上说，本心表示不由经验获得的一种先验的道德理
性，孟子以后的心学反复强调道德意识是人心的本来状态。

　　在吕子约的提法中，认为"出入无时"指感应之心，即经
验意识活动，又认为在感应之心之外另有一个寂然无出入的本

体之心。朱熹则反对把心之本体理解为与现象的、经验的意识不同层次的东西。他认为，"心"只是指经验意识层次的心，不能说在经验意识之外另有一个不同层次的本心。所谓本心或心之本体并不是隐蔽不发的东西，而是指经验意识的合理状态，当意识自觉地主敬而使其活动保持于善，这种状态就是心之本体（的表现）。所以他强调心之本体就是感应之心的合道德状态，"存者此心之存也""非操舍存亡之外别有心之本体也"。

朱熹在吕子约卷子上的批语比较简要，从后来的书信往来可知，吕子约就此作了一篇专门讨论这一问题的《心说》寄示朱熹，并对朱子批语中的一些提法提出若干疑问。吕子约《心说》今已不存，据朱熹与其书，其中由孔子论心四句话，讨论了心无形体、寂然本体、操存察识等问题。朱熹得其《心说》及书后即作答云：

> 所示心无形体之说，鄙意正谓如此，不谓贤者之偶同也。然所谓"寂然之本体，殊未明白"之云者，此则未然。盖操之而存，则只此便是本体，不待别求。惟其操之久而且熟，自然安于义理而不妄动，则所谓寂然者，当不待察识而自呈露矣。今乃欲于此顷刻之存，遽加察识，以求其寂然者，则吾恐夫寂然之体未必可识，而所谓察识者，乃所以速其迁动而流于纷扰急迫之中也。程夫子所论"才思便是已发"，"故涵养于未发之前则可，而求中于未发之前则不可"，亦是此意。然心一而已，所谓操存者，亦岂以此一物操彼一物，如斗者之相捽而不相舍哉！亦曰"主一无

适"、"非礼不动",则中有主而心自存耳。(《答吕子约》第
十三书,《文集》卷四十七)

吕子约对朱熹前书中"寂然常感者,固心之本体……非操舍存
亡之外别有心之本体"的说法有所未明,他理解为,如果本体
不是另一层次的东西,而呈露于意识活动之中,那就应用湖南
学派的"察识"方法在意识活动中辨察寻找这个本心⑨。而在
朱熹看来,把意识状态保持为诚敬专一,不使走作,这种状态
就是寂然之本体的呈露,因而既不能说超越意识活动之外另有
心之本体,也不需要在意识活动时察识寻找心之本体,人的道
德意识状态就是本体的呈露。针对察识的问题,朱熹强调了他
自己丑之悟以后反察识的一贯立场,认为在修养工夫上,心体
是通过平时操存涵养而自然呈露于意识状态,并不是靠察识去
求得的,察识在这里是完全不必要的。他特别引用程颐关于未
发的说法,即人之本心要通过涵养来使之呈露,而不是用思辨
去"求"得的。朱熹后来在答石子重书中也重申了这一点:

> 心说甚善,但恐更须收敛造约为佳耳。以心使心,所
> 疑亦善。盖程子之意亦谓自作主宰,不使其散漫走作耳。
> 如孟子云"操则存",云"求放心",皆是此类,岂以此使
> 彼之谓邪?但今人著个察识字,便有个寻求捕捉之意,与
> 圣贤所云操存主宰之味不同。此毫厘间须看得破,不尔则

----

⑨ 请参看本书本论二心性论第七章"已发未发"之第二节"丙戌之悟"部分
所述。

流于释氏之说矣，如胡氏之书，未免此弊也。昨日得叔京书，论此殊未快。答之如此，别纸求教。（《答石子重》第四书，《文集》卷四十二）

这也表明，由吕子约引发的心说之辩，对于朱熹和其他学者来说，都不仅只有心性理论的意义，也关联着为学工夫的实践。朱熹指出，所谓"操""存"绝不意味着人有两个心，用一个去宰制另一个，操存的实践意义只是指"主一无适""有主则实"[⑩]，使意识集中为一种诚敬的状态。朱熹很明显是用程颐的主敬思想来解释孟子的操存之说。朱熹始终认为，"心，一也"，心只是指经验的意识和知觉，因而反对把本然之心与感应之心截然两分，反对在意识活动中去寻找另一个心。

二　操　舍

前节所引朱子答石子重书表明，心说之辩已不限于朱吕二人，同时学者多有参加。吕子约得朱子第二书后又以书来论此，朱子再答其书说：

向示《心说》，初看颇合鄙意，细观乃复有疑。亦尝窃与朋友论之，而未及奉报。今得所论，益知向所疑者之不谬也。盖操舍存亡虽是人心之危，然只操之而存，则道心

---

⑩　"主一无适"见《遗书》卷十五，"有主则实"见《遗书》卷一，分别见《二程集》第143、8页。

之微便不外此。今必谓此四句非论人心，乃是直指"动静
无端、无方、无体之妙"，则失之矣。又谓"荒忽流转，不
知所止，虽非本心，而可见心体之无滞"，此亦非也。若心
体本来只合如此，则又何恶其不知所止，而必曰"主敬以
止之"欤？近与一朋友论此，录以奉呈，幸试思之，复以
见告。昨日得钦夫书亦论此，于鄙意亦尚有未尽者，异时
相见面论之，笔札不能既其曲折也。（《答吕子约》第十六
书，《文集》卷四十七）

据此可知，朱熹得吕子约《心说》后，即公诸友人共同讨论，
据后来朱熹再答吕子约书"操舍存亡之说，诸人皆谓人心私欲
之为"的说法，参与讨论的其他学者都提出了"人心"（《答吕
子约》第十七书，《文集》卷四十七）的问题。《尚书·大禹谟》
有"人心惟危，道心惟微"的说法，这些学者认为《孟子》中
的"操存舍亡"是指"人心"而不是"道心"而言。吕子约不
赞成这个思想，他认为孟子所引孔子论心的四句并不是指"人
心"而言，而是指心体之妙。就是说，其他学者把操舍存亡看
成是"惟危"的"人心"，含有否定性的看法，而吕子约则认为
这四句直指心体之妙[11]，对操存舍亡都作了肯定。朱熹在这封
信里对其他学者以操存舍亡皆为人心的说法未表示异议，他只
强调，如果存亡出入都是惟危的"人心"，那就不能把存亡出入
的意识现象都看成心之妙用，因为吕子约所用的"妙用"不仅
指功能的不测，亦指价值的合当。朱熹还指出，虽然操存舍亡

---

⑪　朱子后来《答吴晦叔书》指出吕子约以操存舍亡皆为心体之流行。

皆"人心之危"，但与"人心"相对的"道心"并不在存亡出入
的心之外独立存在，正如他在前封信中所说，操而存者便是心
之本体，操而存者即是"道心之微"。他认为，吕子约始终把流
转出入的感应之心与"本心"或"心之本体"割裂了。

由于当时学者在评论吕子约《心说》时把"存亡出入"都
看成"人心"，朱熹在丌始时也曾接受了这一说法，他在与张栻
（钦夫）信中也谈到这一点：

> 熹谓存亡出入固人心也，而惟微之本体，亦未尝加益；
> 虽舍而亡，然未尝少损；虽曰"出入无时"，未尝不卓然乎
> 日用之间而不可掩也。若于此识得，则道心之微初不外此，
> 不识则人心而已矣。盖人心固异道心，又不可作两物看，
> 不可于两处求也。（《问张钦夫》第三十九书，《文集》卷三
> 十二）

由于显然不能把存亡出入之心都看作"道心"，所以朱熹暂时承
认了存亡出入皆为"人心"的看法。不过这样一来便产生了一
些问题，如果人心是出入无时变动不居的，而道心是不随人心
出入而有所损益的，二者就成了不同层次的二截。尽管朱熹仍
然强调"道心"呈露于日用之间，而不外乎人心，但对他一贯
强调的道心即意识活动之合理状态的思想毕竟有所损害。

程伊川曾明确说孟子所引四句"只是说心无形体"[12]，故朱
熹对吕子约《心说》中心无形体说表示赞同，而对吕氏关于心

---

[12] 《遗书》十八，《二程集》，第207页。

之本体的说法有所不满。他将吕氏《心说》出示给论学诸友，以求讨论，据后来他答吴晦叔书，首先对吕氏《心说》作出评论的是石子重、方伯谟。朱熹答石子重书：

> 按孔子言"操则存，舍则亡，出入无时，莫知其乡"四句，而以"惟心之谓欤"一句结之，正是直指心之体用，而言其周流变化、神明不测之妙也。若谓"以其舍之而亡，致得如此走作"，则是孔子所以言心体者，乃只说得心之病矣。圣人立言命物之意恐不如此。兼"出入"两字有善有恶，不可皆谓舍之而亡之所致也。又如所谓"心之本体不可以存亡言"，此亦未安。盖若所操而存者初非本体，则不知所存者果为何物，而又何必以其存为哉？但子约谓"当其存时，未及察识而已迁动"，此则存之未熟而遽欲察识之过。昨报其书尝极论之，今录求教，其余则彼得之已多，不必别下语矣。因此偶复记忆胡文定公所谓"不起不灭心之体，方起方灭心之用，能常操而存，则虽一日之间百起百灭，而心固自若"者，自是好语。但读者当知所谓不起不灭者，非是块然不动、无所知觉也。又非百起百灭之中别有一物不起不灭也。但此心莹然，全无私意，是则寂然不动之本体。其顺理而起，顺理而灭，斯乃所以感而遂通天下之故者云尔。向来于此未明，反疑其言之太过，自今观之，却是自家看得有病，非立言者之失也。（《答石子重》第三书，《文集》卷四十二）

在这封信里，朱熹明确区分了出与入、操存与舍亡。他指出，存、亡、出、入虽然都是心的周流变化，但出是恶，入是善，出是舍亡所致，入是操存而然，所以石子重将存亡出入都归结为"舍则亡"的结果是不恰当的。朱熹还认为，如果孔子这四句都是讲舍之而亡，那就等于说孔子这几句只是讲了人心之病，这与孟子引用孔子语全面描述心的体用是不一致的。

朱熹特别讨论了石氏"心之本体不可以存亡言"的说法。吕子约本来就有"心无时不感，心之本体寂然"的观点，朱熹从一开始就指出操而存者即是心之本体，不要在理论上把感应之心与心之本体割裂，不要在实践上到感应出入之心以外去寻找心之本体。意念活动时起时伏，有生有灭，这是心之用；但孔孟所说的"存""亡"并不是指一般意念活动的起伏生灭，存是指道德意识的存，亡是指道德意识的亡，所以这里的存亡就不能理解为仅仅是心之用，存亡出入包含着心之本体的呈露或蔽藏。

与答石子重同时，淳熙元年夏朱熹与方伯谟书亦对此加以讨论：

> 所喻心说似未安，盖孔子说此四句，而以"惟心之谓欤"结之，不应如此着力，却只形容得一个不好底心也。来书所说自相矛盾处亦多，可更详之。（《答方伯谟》第六书，《文集》卷四十四）

方伯谟与石子重一样，也是把"存亡出入"都看成道德意识的丧失（不好底心）状态，受到了朱熹同样的批评。方说今亦不存，但朱熹同时答吴晦叔书中对此有所述及：

> 《孟子》"操舍"一章，正为警悟学者，使之体察，常操而存之。吕子约云"因操舍以明其难存而易放"，固也。而又指此为心体之流行，则非矣。今石子重、方伯谟取以评之者，大意良是，但伯谟以为此乃"人心惟危"，又似未然。人心，私欲耳，岂孟子所欲操存哉？又不可不辨也。（《答吴晦叔》第十二书，《文集》卷四十四）

朱熹在这里指出，在理解操存舍亡的问题上出现了两种倾向，一种是方伯谟所主张的，以"操则存，舍则亡，出入无时，莫知其乡"皆为"人心惟危"。对此朱熹指出，"操则存"是孔孟论心的肯定语态，把操而存者和舍而亡者都归属为"人心"，等于说孟子要修持保养"人心"，这是不对的。另一种是反对以孔子四句都属于"人心"，而又把四句都看成心之本体的表现，正如在答吕子约书曾指出的一样，这也是不正确的。[13] 孔孟论心四句指出道心难存而易放，于此可见人心之危，但并不是以操舍存亡皆为"人心"，朱熹在前此答吕子约、张钦夫书中对此未加辨明，而至此始明确反对把存亡出入都视作作为私欲的"人心"，他指出，孟子肯定操存，反对舍亡，操存者即是道心，舍亡者才是人心。

---

[13] 朱子《答吕子约》第十六书言吕子约以四句中指人心，乃直指心体之妙，朱子非之。

朱熹在答湖南学者游诚之书中再次申明了他对孔子四句宗旨的看法：

> 心体固本静，然亦不能不动。其用固本善，然亦能流而入于不善。夫其动而流于不善者，固不可谓心体之本然，然亦不可不谓之心也，但其诱于物而然耳。故先圣只说"操则存"（存则静，而其动也无不善矣），"舍则亡"（于是乎有动而流于不善者）、"出入无时，莫知其乡"（出者亡也，入者存也，本无一定之时，亦无一定之处，特系于人之操舍如何耳），只此四句，说得心之体用始终、真妄邪正，无所不备。又见得此心不操即舍，不出即入，别无闲处可安顿之意。若如所论，出入有时者为心之正，然则孔子所谓出入无时者乃心之病矣。不应却以"惟心之谓欤"一句直指而总结之也。所答石、吕二书写呈，但子约书中语尚有病，当时不暇子细剖析，明者择焉可也。（《答游诚之》第三书，《文集》卷四十五）

朱熹在答吕子约第十六及答张钦夫三十九书中曾未加考虑地承认了以操舍存亡、出入无时皆为"人心"的提法，针对游诚之以"出入无时"仅指心之病的提法，朱熹在这里再次明确提出：存亡出入是兼心之体用、善恶而言，其中存者静，舍者动，入者善，出者恶，不能把存亡出入都视为不善的"人心"，否则"道心"无法安顿。他说先时答吕子约书中"语尚有病"当即指往时未能在存亡出入之间区别人心、道心。他在后来另一封答友人书中也谈到，答游诚之一书中所论"方稍稳当"（《答何叔京》第二十书，《文集》卷四十），才比较稳妥地确立了他的全部立场。

三　真　妄

朱熹在评衡了各个学者的心说得失后，给吕子约写了最后一封论心说书，其中说：

> 操舍存亡之说，诸人皆谓人心私欲之为，乃舍之而亡所致，却不知所谓存者亦操此而已矣。子约又谓存亡出入皆神明不测之妙，而于其间区别真妄又不分明。两者盖胥失之。要之存亡出入固皆神明不测之所为，而其真妄邪正、始终动静，又不可不辨耳。（《答吕子约》第十七书，《文集》卷四十七）

朱熹指出，关于操舍存亡之说的讨论，一方面，石子重、方伯谟等人都认为存亡出入者属于人心，即属于私欲；另一方面，吕子约则认为存亡出入者都是心之妙用而加以肯定。朱熹批评前一种说法指出，如果把存入者与出亡者同视为人心之危，以为都是舍之而亡造成的，那就把孟子企图肯定和企图否定的东西混为一谈了。他批评后一种看法指出，存亡出入虽然都是心，但其中存入为真为正，出亡为妄出邪，不加分别，同样是把肯定的东西与否定的东西混为一谈。

朱熹答何叔京书进一步说明了上述立场：

> 伏蒙示及心说，甚善。然恐或有所未尽，盖入而存者即是真心，出而亡者亦此真心为物诱而然耳。今以存亡出入皆为物诱所致，则是所存之外别有真心，而于孔子之言乃不及之，何邪？子重所论，病亦如此，而子约又欲并其出而亡者不分真妄，皆为神明不测之妙，二者盖胥失之。熹向答二公，有所未尽，后来答游诚之一段方稍稳当。今谨录呈，幸乞指诲。然心之体用始终，虽有真妄邪正之分，其实莫非神明不测之妙；虽皆神明不测之妙，而其真妄邪正又不可不分耳。（《答何叔京》第二十五书，《文集》卷四十）

朱熹强调，可以认为孔子论心四句"操则存，舍则亡，出入无时，莫知其乡"是描述心之神明的不测之妙，但这里所说的不测之妙是指心的变化功能而言。就意识活动的内容和性质来说，这些不测之妙的意识活动中有真妄邪正之分。"操"而使真心存而不出，为真为正；"舍"而致真心为物诱放失而亡，为妄为邪。因而，把存入状态与舍亡状态都看成心体的妙用而不加区分，或把二者都看成物诱的结果，同样是错误的。吕子约《心说》失于把存亡出入都说成心体妙用而统加肯定，何叔京、方伯谟等则失于把存亡出入都解释为与道心对立的人心而统加否定。朱熹还指出，把存亡出入都当作舍之而亡的人心，势必导致在操存之外去寻找真心，事实上意识的操而存的状态就是真心，这个真心并不在意识活动之后、之外，它就呈露于神明不测的意识活动中，而又须与意识活动的邪妄者区分开来。

朱熹在另一封与何叔京书中继续讨论了这个问题：

> 心说已喻，但所谓"圣人之心如明镜止水，天理纯全"者，即是存处。但圣人则不操而常存耳，众人则操而存之。方其存时亦是如此，但不操则不存耳。存者道心也，亡者人心也。心一也，非是实有此二心，各为一物，不相交涉也。但以存亡而异其名耳。方其亡也，固非心之本然；亦不可谓别是一个有存亡出入之心，却待反本还原，别求一个无存亡出入之心来换却。只是此心，但不存便亡，不亡便存，中间无空隙处。所以学者必汲汲于操存，而虽舜、禹之间，亦以精一为戒也。（《答何叔京》第二十六书，《文集》卷四十）

这是说，圣人不需要进行操持的努力即能常常保有道德意识状态，而常人则必须进行操持的努力才能使道德意识状态存而不失，常人经过操持而呈现的道德意识与圣人不勉而能的道德意识状态是相同的，在性质上同属道心。朱熹反对把意识系统和状态理解为两种不同的心的相互斗争，他认为意识状态在任何特定时间中总是单一的，而不是包含着对立的。意识活动处于道德状态下即是"道心"，处于非道德状态下便为"人心"，非此即彼，非彼即此，意识总是处于这两种状态之中的一种，并不断交替变化。朱熹否认存在着一个无存亡无出入的心之本体，在他的理解中，心之本体就是指操之而存的意识状态。

四　心　体

在叙述了心说之辩的始末之后，我们来总的讨论一下心说之辩所显示的朱熹关于心的理论，并借此了解理学中程朱派与心学派的不同立场。

在朱熹与吕子约等人的反复论辩中，最根本的问题可以说就是关于"心之本体"的问题。吕子约把感应之心与寂然心体相区别；石子重以心有存亡而心之本体不可言存亡；游诚之以心动而流于不善，心体则静无不善；何叔京以存亡出入之心外另有真心等，这些提法体现了一个共同的思想模式，即魏晋以来的体用模式：把事物分为内在与外在两个不同层次。

这种体用观是认为事物具有一种"本体"——"发用"的结构，"发用"是外在现象，"本体"则是决定发用、而隐藏在发用之后秘而不显的内在实体。佛教的心性论进一步发展了这种思想模式，禅宗主张"不生不灭，湛然常寂，此是本心形相也"[⑭]，心念的生灭属于现象，本心则是现象之后的本体，而且，这里的"本心"或"本体"具有本来状态、本来特质的含义。朱熹答石子重书所引的胡安国（文定）"不起不灭心之体，方起方灭心之用"正是移用了佛教心性观的表达方式。心之起灭与心体常寂的区分是佛教特别是禅宗的基本立场，禅宗所推崇的理想境界并不是取消一切意识活动，禅宗追求的"静"

---

⑭　《大珠禅师语录》卷上，引自《中国佛教思想资料选编》二卷四册，中华书局1983年版，第176页。

"定""寂"并不是指境心不起，而是指心境在任何意识状态下都能保持安宁与平和。在这个意义上，意识的活动是"方起方灭心之用"，心境的持久安宁是"不起不灭心之体"。从哲学上看，这种观念认为心有出入、生灭、感应、流转，变化不测；而心之本体则无出入、无起灭、无感应流转，寂然不动。用《周易》的语言来表述，心之本体是"寂然不动"的，心则是"感而遂通（天下之故）"的。这样一种体用观与心性观，对唐宋以后的儒家学者影响极大。在心说之辩中作为朱熹对立面的学者无不受此种思想的影响。在这种观念中，意识活动的心与心之本体是两个不同层次的东西，意识活动是"动"，是表现着的（已发）；心之本体是"静"，是自身不表现的（未发），它只通过现象来显示其某种作用；心之本体的特质才是人心真正的、具有本源性的特质。知觉感应之心与心之本体的这种区分很像康德（Kant）根据"本体"（Noumenon）与"现相"（Phänomenon，也译作"现象"）的区分所理解的"意志"（Wille）与"意念"（Willkur）的分别[15]；由于"本体"具有本来状态、本来特质的意义，所以这种区分也就是荒木见悟所说的"本来性"与"现实性"的区别。

　　在朱熹哲学中，也承认意识活动有其内在根据，就是说，如果意识活动是"用"，那么也有决定意识活动的"体"，这个体就是"性"而不是什么"本心"。因而事实上在朱熹哲学的结构中并不需要"本心"这一类概念。这并不是说朱熹把其他学

---

　　[15]　康德之说参看李明辉：《孟子的四端之心与康德的道德情感》，《鹅湖学志》第 3 期，1989 年，李先生译"Noumenon"为"理体"。

者称为"本心"的东西称作"性"，也不是说其他学者把朱熹称为"性"的东西称作"本心"。因为，"本心"无论作为心的理想状态还是本然状态，都仍具有心的特质；而"性"则只是一个标志意识系统本质的范畴，无论如何也不能被赋予任何心的功能。

在朱熹哲学中，"本体"与"发用"，本体与现相，本来性与现实性的分析只适用于性与情之间，一般来说，朱熹是尽量避免把这种分析引入"心"的规定，这样就使朱熹关于心的理论具有以下特点：

"心"只是一个现实的、经验意识的概念，只是一个感应知觉之心，在经验意识与现实知觉之外之后不存在其他作为本体的心，在变化出入的心之外不存在其他不起不灭的心。

意识活动有善有恶，意识状态有静有动。由于朱熹反对在本体的意义上使用心之本体（心体）的概念，因而他所说的心体与心之本体实际上是作为静的意识状态来理解的。就是说，心（意识状态）有不同的时态，思虑未萌、未接外物时的意识状态为静；既接外物、思虑已萌时的意识状态为动。用朱熹的另一种方式区分，前者为未发时心，后者为已发时心。这里"未发"与"已发"的区分不是指前述那种本体—现象的内外体用关系，而是一种前后源流的关系，是意识过程不同阶段的呈现而已⑯。质言之，朱熹所说的"心体"指未发时心，它与已发时心并不是不同层次的东西，而是同一层次上不同时态的表

⑯ 这种分别可参看我对阳明哲学中未发已发的分析，见拙著：《有无之境——王阳明哲学的精神》第四章（人民出版社1991年版），第68页。

现而已。

朱熹在答石子重书中说："但此心莹然，全无私意，是则寂然不动之本体；其顺理而起，顺理而灭，斯乃所以感而遂通天下之故。"顺理而起灭指心之已发，即意识的活动状态。莹然即透彻光明，正是指心之未发，即意识的相对静止状态。他答游诚之书说："心体固本静，然亦不能不动。其用固本善，然亦能流而入于不善。夫其动而流于不善者，固不可谓心体之本然，然亦不可不谓之心也。"这里的心体本静也是指未发时心而言，所以朱熹在心说之辩中所不得不使用的"心之本体"都不是指意识结构的内在实体，而是指意识过程的原始状态。

正是由于朱熹反对把心之本体理解为意识中的另一实体，所以他才不厌其烦地强调操而存者即是本体，即是真心，反对在操存舍亡的意识过程之外去寻找本体。正是由于他所理解的心体与感应知觉之心是同一层次的东西，所以他强调"心，一也"，主张道德意识状态即是心体的呈露。也正是由于在朱熹哲学中操存者代表的道德意识状态和舍亡者代表的非道德意识状态都是同一层次的"心"，是同一个心，所以在朱熹哲学的立场上断不能讲"心即是理"。相反，他始终强调"感乃心"，"动而流于不善者……亦不可不谓之心"，出者为心，入者亦为心；存者为心，亡者亦是心。如果提倡"心即是理"，在朱子学看来，必然会产生出者、亡者、妄者、邪者是不是心的问题。朱熹这种以"心"为意识的立场，与心学要求设定纯粹主体、设定意识现象之后的心之本体的立场是不同的。在朱熹哲学中，体用的分析用之于心性系统，表现为"心之体为性，心之用为情"

"性发为情""情根于性"的界定，而拒绝像佛教或心学所作的那样，把"心"分为本体的心与发用的心。朱熹的这种立场很大程度上是为了警惕佛教的影响。

心说之辩中表现的朱熹的心性学说，至少对于他自己的思想发展来说，标志着进入了一个更成熟的阶段。盖自乾道己丑以后，经历已发未发之辩与仁说之辩，朱熹心性学说的基本构架已基本确立，心说之辩则给他提供了一个对待"心之本体"的明确立场，并由此发展了他关于道心人心的看法。心说之辩的第二年的鹅湖之会揭开了南宋学术史新的一页，了解了朱熹心说之辩稳定确立的关于"心"的立场，可以知道，他自鹅湖起对"心即理"说的反对，并不是鹅湖不欢而散的结果，恰恰是他自乾道己丑以来已形成的思想体系使然。与后来《朱子语类》中对问题讨论的分散记录不同，心说之辩中朱熹的思想，见之于可靠的笔札文字，我们可以在他反复强调的东西中把握其立场，是一个难得的个案分析的素材。

第十一章　心统性情

　　所谓心性论，只是简略言之，就其结构来说，是心、性、情三要素组成的构架体系。以上讨论了朱熹关于心、性、心性、性情的各种思想，这里来讨论心与性情的关系，与前面各章相较，带有总体讨论的性质。

　　总体上看，在心性情三者的基本关系上，朱熹的主要观点是"心统性情"。据《近思录》及朱熹所说，"心统性情"一语首见于张载的语录。朱熹对此倍加推崇，认为这是张载对理学的巨大贡献，在理学中只有程颐"性即理也"一语堪与相比："伊川'性即理也'，横渠'心统性情'，二句颠扑不破。"（《语类》卷五，刘砥录）然而，张载的具体思想今已不得而知，就是朱熹所说的心统性情，其具体意义也须详加分析。

　　"心统性情"的第一个主要意义是心兼性情。

　　朱熹说：

　　"心统性情。"统，犹兼也。（《语类》卷九十八，黄升
卿录）

　　性其理，情其用。心者，兼性情而言，兼性情而言者，
包括乎性情也。（《语类》卷二十，黄榦录）

　　心是包得这两个物事，性是心之体，情是心之用。
（《语类》卷一百一十九，黄义刚录）

　　仁、义、礼、智，性也，体也；恻隐、羞恶、辞逊、
是非，情也，用也。统性情、该体用者，心也。（《答方宾
王》第四书，《文集》卷五十六）

心兼性情，亦可说心包性情，指心是赅括性情的总体。性是心
之体，情是心之用，心则是赅括体用的总体，而性情都只是这
一总体的不同方面。

　　为了更好地理解这一点，应当而且必须联系朱熹在论心性
情时常常引述的二程关于"易—道—神"的思想来考察。朱
熹说：

　　仁、义、礼、智，性也；恻隐、羞恶、辞让、是非，
情也；以仁爱，以义恶，以礼让，以智知者，心也。性者，
心之理也；情者，心之用也；心者，性情之主也。程子曰：
"其体则谓之易，其理则谓之道，其用则谓之神"，正谓此
也。（《元亨利贞说》，《文集》卷六十七）

二程（实为程颢）曾说："上天之载，无声无臭，其体则谓之

易，其理则谓之道，其用则谓之神。"（《遗书》卷一，二先生语）按照朱熹对此的解释：

> 其阖辟变化之体，则谓之易。然所以能阖辟变化之理，则谓之道；其功用著见处，则谓之神。（《语类》卷九十五，叶贺孙录）
>
> "易"之为义，乃指流行变易之体而言。此体生生，元无间断，但其间一动一静相为始终耳。程子曰"上天之载，无声无臭，其体则谓之易，其理则谓之道，其用则谓之神"，正谓此也。此体在人则心是已，其理则所谓性，其用则所谓情，其动静则所谓未发已发之时也。此其为天人之分虽殊，然静而此理已具，动而此用实行，则其为易一也。（《答吴德夫》，《文集》卷四十五）

所谓"其体则谓之易"，这里的"体"不是指体用的体，而是指阖辟变化的总体，指流行变易的总体过程。朱熹强调指出："如伊川所谓'其体则谓之易，其理则谓之道，其用则谓之神'，方说得的当。然伊川所谓'体'字，与'实'字相似，乃是该体、用而言。"（《语类》卷一百二十，万人杰录）朱熹上述思想企图说明：天地变化运动的总体称为易（易本为变易），天地运动变化所以根据之理称为道，各种具体的运动变化称为神。按朱熹的理解，二程的这个思想揭示了一个方法论的模式，即易（体）—道（理）—神（用），可以广泛用于说明一切具有一定功能的、自身运动变化的系统，就是说从三个要素来把握一个系统的总体关联，一个是系统的总体，一个是系统工作的原理，一个是系统的作用。朱熹发挥的这个思想，应当承认，具有相当深刻的含义。

朱熹认为这一普遍模式完全适用于说明心性情的关系。他常常用这个易—道—神的模式说明心性情关系：

> 以其体谓之易，以其理谓之道，这正如心、性、情相似。易便是心，道便是性。易，变易也，如弈棋相似。寒了暑，暑了寒，日往而月来，春夏为阳，秋冬为阴，一阴一阳，只管恁地相易。（《语类》卷九十五，叶贺孙录）

> 其理属之人，则谓之性；其体属之人，则谓之心；其用属之人，则谓之情。（《语类》卷一百，曾祖道录）

> 所谓易者，变化错综，如阴阳昼夜，雷风水火，反复流转，纵横经纬而不已也。人心则语默动静、变化不测者是也。（《语类》卷九十五，程端蒙录）

根据这个模式考察人的意识活动，心是标志思维意识活动总体的范畴，其内在的道德本质是性（因为朱熹这里主要把心作为一个道德意识活动的系统），具体的情感念虑为情。按这个观点，任何一个工作系统都可如此分析，心如一部自动机床，其切削磨铣为情，其所以切削磨铣之原理为性，此机床即所以具此理而行此情者，乃心。此机床空转（未接事物）为未发，加工时（已接事物）为已发，机床的自动调节控制即心之主宰。这个比喻只是大概言之。其实朱熹自己也有类似比喻：

正淳问："'其体则谓之易'，只屈伸往来之义是否?"
曰："义则不是。只阴阳屈伸，便是形体。……谓如以镜子
为心，其光之照见物处便是情，其所以能光者是性，因甚
把木板子来，却照不见? 为他元没这光底道理。"(《语类》
卷九十五，黄𥔣录)

对于上述这样一种系统，如果从体用的观点看，这个系统的原
理是此系统的"体"，这里的"体"不是前面所说的变易流行总
体之体，而是指系统内在、深微的原理、本质、规律而言。系
统的功用是此系统的"用"，而系统总体则包括体用，兼摄
体用。

由此可知，心统性情的一个主要意义即心兼性情，指心是
兼括体用的总体，朱熹自己也说过："心，言其统体"(《语类》
卷十五，李闳祖录)，心之体是性，心之用是情。亦可见，心之
体是理是性，绝不等于心即是理或性，正如不能把自然变易的
总体以及镜子之类与它各自的理混为一谈一样。由此还可见，
所谓性即是理，在朱熹哲学中除指人所禀得天地之理，性之内
容即道德原则外，亦指性是心理活动的本质、规律。

心统性情的第二个主要意义是心主性情。

朱熹说：

性是体，情是用，性情皆出于心，故心能统之。统，
如统兵之"统"，言有以主之也。(《语类》卷九十八，黄
卓录)

所谓心主性情是指心对于性情具有统率管摄的主宰作用。朱熹说：

> 性以理言，情乃发用处，心即管摄性情者也。（《语类》卷五，程端蒙录）
>
> 性，本体也；其用，情也；心，则统性情、该动静而为之主宰也。（《孟子纲领》，《文集》卷七十四）
>
> 性者心之理也，情者心之用也，心者性情之主也。（《元亨利贞说》，《文集》卷六十七）

为什么心能主乎性情呢？早在乾道中与湖南学者论《知言》时朱熹即明确指出："心主性情，理亦晓然。……未发而知觉不昧者，岂非心之主乎性者乎？已发而品节不差者，岂非心之主乎情者乎？"（《答胡广仲》第五书，《文集》卷四十二）朱熹的这一思想显然与他的心为主宰的思想联系在一起。理智对情感的控制常见于生活之中而易于理解，"情根乎性而宰乎心，心为之宰，则其动也无不中节矣。……盖虽曰中节，然是亦情也，但其所以中节者乃心耳"（《问张敬夫》第三十七书，《文集》卷三十二）。朱熹讲的情不限于心理学意义的情感、情绪，也包括所谓"智识念虑"，所以心对情的主宰作用既指理智对情感的主导作用，又应包括人在社会生活中形成的道德观念对各种情欲及非道德观念的裁制，从后一点看，与道心主宰人心是有交叉的。

至于心对于性的"主宰"作用须从未发时的主敬工夫来看，不可拘泥于词语。本来，性作为意识活动总体的本质、规律，对意识活动应起一种支配的作用，而朱熹又认为，对心的修养在一定程度上决定着性的这种支配作用能否得到正常表现和发挥。按照朱熹的思想，情之未发则为性，此时心中浑具天理，虽为未发而不可谓无心，为了保持心之未发的"中"的状态不受干扰，必须有所主宰，有所涵养；"未感物时，若无主宰，则亦不能安其静，只此便自昏了天性，不待交物之引然后差也。……不能慎独，则虽事物未至，固已纷纶胶扰，无复未发之时。"（《答林择之》第二十书，《文集》卷四十三）就是说，思虑未萌，心为未发，但要有所主宰，即提撕此心，使有所警觉而又非思虑，使心境平静清明而不昏乱，使注意力有所集中而不驰散，这就是所谓未发时的主敬涵养，是保持中的状态的必要条件。心在未发时的主敬提撕，保证、决定"性"能不受干扰地作用于人的现实思维的这种作用，朱熹即称为心对于性的"主""统""宰"的作用。他说："心，主宰之谓也。动静皆主宰，非是静时无所用，及至动时方有主宰也。"（《语类》卷五，程端蒙录）认为"情本于性，故与性为对，心则于斯二者有所知觉而能为之统御者也。未动而无以统之，则空寂而已；已动而无以统之，则放肆而已"（《答冯作肃》，《文集》卷四十一）。都是指未发之心对性能否不受干扰地支配思维情感的作用而言。

　　和许多理学家一样，朱熹对心性的这些说法常常基于个人的心理体验，缺乏科学性和清晰性，但可以肯定的是，所谓心主乎性绝不意味着心能主宰天地之理，能主宰天地万物。

第十二章　心非即气

　　朱子哲学中有关"心"的讨论很多，涉及的方面也比较广泛，因此在一篇论文中把有关"心"的问题作全面的讨论，是很困难的。

　　在这里，我想集中地讨论一下朱子哲学中心与气的关系，更明白地说，就是：在朱子哲学中"心"是不是气？或者"心"是否属于气？我们知道，在明代后期的哲学中有不少学者明确主张"性是理、心是气"，认为性和心的关系就是理和气的关系，如黄宗羲就是用这样的观点批评明代朱子学代表罗钦顺。同时，在韩国性理学史上如李栗谷也主张"心属气之发"。现代著名朱子学研究学者钱穆先生在其《朱子新学案》中肯定地认为："朱子分论理气，性属理，心属气。"⑰又说："朱子释心，曰知觉、曰虚灵、曰神明，知觉虚灵神明皆属气一边事，非即

---

　　⑰　钱穆：《朱子新学案》二，三民书局1971年版，第1页。

理一边事。"⑱已故当代新儒家大师牟宗三先生更早就在《心体与性体》中认定朱子的心是气心，不是自律的道德主体。其实，在拙著旧本《朱熹哲学研究》（中国社会科学出版社1988年版）第158页曾对这个问题做过简单的讨论。在这里我愿意进一步阐明我对这个问题的看法。要使讨论的问题清楚而不致混淆，有必要对以下两个问题进行区分：一个是朱子自己是否说过心是气，是否认为心是属气；另一个是后来学者从逻辑上来了解朱子的结构，其中的心是不是一个属气的范畴。这是两个完全不同的问题。本章的讨论仅仅集中在前一个问题上面。

一　太极阴阳

应当承认，认为朱子哲学中心属气或心就是气，这样的看法并不是完全没有理由的。在朱子的论述中，有一些表述带给人们一种印象，似乎"心"是与气有关的，是接近于气的一个范畴。如《语类》载：

> 性犹太极也，心犹阴阳也。太极只在阴阳之中，……惟性与心亦然。（《语类》卷五，刘砥录）

"犹"指类似、好像，这是说性和心的关系类似于太极与阴阳的关系：太极在阴阳之中而不离于阴阳，性在心之中而不离于心。

---

⑱　钱穆：《朱子新学案》二，第1页。

"犹"字表示朱子只肯定了两种关系的相类性，但并未肯定心是气。相似的另一段语录：

> 心之理是太极，心之动静是阴阳。（《语类》卷五，吴
> 振录）

这里朱子不说心是阴阳，而说"心之动静是阴阳"，表现出他的讲话是颇谨慎的。另一方面，阴阳在中国哲学中的意义很广泛，从而太极阴阳作为一种模式，不限于指述理和气这样的关系，也可以指其他有动静的现象。因此，动静往往可以置换为阴阳，而并不表示实体的意义，如心之动为阳、心之静属阴，但这不是说心之动是阳气、心之静是阴气。

二　气之精爽

在语录中只有一段对心与气的关系作了某种肯定的提示：

> 心者气之精爽。（《语类》卷五，甘节录）

仅靠这一条语录，我们并不能清楚了解朱子的意思，因为"心"可有两种意义：一指心脏，一指知觉。"精爽"亦可有两种意义：一指精气，一指虚灵。在理学中不仅周敦颐说"人得其秀而最灵"，王阳明也说"（气之）至精而为人，至灵至明而为心"（参《稽山承语》第十条）。因此，朱子的这一段话，可以认为

实际指的是心脏之心而言。

朱子哲学中"心"有时是指心脏而言，如说"凡物有心而其中必虚，如饮食中鸡心猪心之属，切开可见。人心亦然。只这些虚处，便包藏许多道理"（《语类》卷九十八，周谟录），"心以性为体，心将性做馅子模样"（《语类》卷五，袭盖卿录）。这些实体化的说法中，心都是指心脏而言。因此，心脏之心及五脏皆可说是气或精气，但并不是指知觉意识之心，并无哲学意义。

三　虚　灵

正如钱穆所说，朱子常用"虚灵""神明"说心。在这里我们仍然处处可见朱子在定义心的概念时表现的严谨性：

> 问："人心形而上下如何？"曰："如肺肝五脏之心，却是实有一物，若今学者所论操存舍亡之心，则自是神明不测。"（《语类》卷五，廖谦录）

理是形而上者，气是形而下者。心脏之心实有一物，可以谓之形而下，但哲学意义上的心并非实有一物，其特质为"神明不测"，故不能说是形而下。心既然不属形而下，当然意味着心不属气。

神明不测又称虚灵，故朱子说：

> 所觉者，心之理也；能觉者，气之灵也。（《语类》卷
> 五，甘节录）

能觉者气之灵，是说知觉能力是气所具有的一种特殊功能，是
气的一种能力或特性。这个说法表示，朱子确实肯定心与气有
关，但这种关系只是承认心之知觉以气为物质基础，并不是说
心就是气。所以朱子有一句名言：

> 心比性，则微有迹；比气，则自然又灵。（《语类》卷
> 五，廖谦录）

这个说法表示，心与性不同，心与气也不同，既不能说心是形
而上者，又不能说心是形而下者。所以心既不是性，也不是气。
《语类》又载：

> 问："先生前日以挥扇是气，节后思之：心之所思，耳
> 之所听，目之所视，手之持，足之履，似非气之所能到。
> 气之所运，必有以主之者。"曰："气中自有个灵底物事。"
> （《语类》卷五，甘节录）

这也说明"气之灵"与"气"并不是一回事。虚灵特指思维的
功能。

四 （知觉）运动营为

但朱子在有些地方也曾说过知觉运动与气有密切关系。在《孟子集注》中论人物之性：

> 性者，人之所得于天之理也；生者，人之所得于天之气也。性，形而上者也；气，形而下者也。人物之生，莫不有是性，亦莫不有是气。然以气言之，则知觉运动，人与物若不异也；以理言之，则仁义礼智之禀，岂物之所得而全哉？（《孟子集注·告子上》）

这是指有知觉、能运动、趋利避害等生理机能是属气，由气决定的。

《语类》卷四：

> 人之所以生，理与气合而已。天理固浩浩不穷，然非是气，则虽有是理而无所凑泊。故必二气交感，凝结生聚，然后是理有所附着。凡人之能言语动作、思虑营为，皆气也，而理存焉。故发而为孝悌忠信仁义礼智，皆理也。（《语类》卷四，沈僴录）

这是说人的动作言语等是气的作用，而孝悌之心则是理的表现。人为理气之合，故理与气在人皆有表现。《孟子集注》中的"知觉"和这里的"思虑营为"很明显是属于心的范畴的。朱子肯定它们皆是气，但是这并不表示朱子认为在总体上可以说"心即气"。因为朱子也同时指出忠信孝悌之心是理。所以这里所说的知觉是指动物皆有的生理性知觉与活动，这里所说的思虑也特指感性欲望（即人心）而言。要全面了解这一点，还必须和朱子的"人心道心"说联系起来加以考察。

五 知觉：道心人心

我们知道，"心"在朱子哲学的主要意义之一是指"知觉"，如说"心者人之知觉，主于身而应事物者也"（《大禹谟解》，《文集》卷六十五），"心之知觉，即所以具此理而行此情者也"（《答潘谦之》第一书，《文集》卷五十五）。"知觉"一方面指能知觉，即感知与思维的能力；一方面指所知觉，即具体的意念、思维。所以朱子说："人只有一个心，但知觉得道理底是道心，知觉得声色臭味底是人心……道心、人心，本只是一个物事，但所知觉不同。"（《语类》卷七十八，萧佐录）

知觉之心分为道心人心，其中道心根于理，人心生于气：

> 心之虚灵知觉，一而已矣。而以为有人心、道心之异者，则以其或生于形气之私，或原于性命之正，而所以为知觉者不同。（《中庸章句序》）

又说："心者人之知觉，主于身而应事物者也。指其生于形气之私者而言，则谓之人心。指其发于义理之公者而言，则谓之道心。"（《大禹谟解》，《文集》卷六十五）蔡沈书传则表述为人心"发于形气"，道心"发于义理"。此外，朱子还提到过"四端是理之发，七情是气之发"（《语类》卷五十三，辅广录）。这都是指人的念虑思维可分为两大部分，以人心为代表的感性欲望"发于气"，是"气之发"，即根于气而发，但并不是气。严格说来，人心只是根于形气而发的"知觉"，但不能简单地说人心是气。前面引用的《孟子集注》和《语类》卷四的讲法只是一种简略的表达，因为朱子自己在其他地方明确说过：

知觉运用莫非心之所为。（《答张钦夫》，《文集》卷三十二）

视听行动，亦是心向那里。（《语类》卷五，陈淳录）

退一步说，如果说"发于气""气之发"就称是承认属于气一边，那么很显然，朱子绝不能承认一切知觉都是发于气，也不能承认心全都是气之发。如果把孝悌忠信的"道心"也说成是气，是气一边，那显然是朱子所不能接受的。仅从这一点也可以看出，朱子是不可能认为在总体上心就是气。《孟子集注》和《语类》卷四所说，一方面是指生理躯体的动作，一方面是指"人心"而言，可以说是指比较低层次的知觉活动而言。所以在《语类》卷四的那一条中，朱子仍在强调动作思虑"皆气也，而理存焉"，强调发为孝悌的道心"皆理也"，发为孝悌忠信者即是心，所以即使在《语类》卷四的这条语录中，朱子也并非肯定心就是气。

六 总 论

其实，以上所涉及的种种问题，在语录中有一段陈淳记载的极为明确：

> 问："知觉是心之灵固如此，抑气之为邪？"曰："不专是气，是先有知觉之理。理未知觉，气聚成形，理与气合，便能知觉。"问："心之发处是气否？"曰："也只是知觉。"（《语类》卷五，陈淳录）

学生向朱子提了两个重要问题：一个是知觉是否气为之，即知觉是否为气的作用下的产生；第二个是心之发处是不是气。对这两个问题，朱子都给予了否定的回答。对前者，朱子的回答是，知觉是理与气结合后共同作用下形成的，不能说仅仅是气之所为。对于后者，朱子的回答是，不能说心之发处就是气，只能说心之发处是知觉。从朱子在遣词命义上的严谨习惯来看，他之所以始终不说心是气，而只说不专是气，是因为他认为心与气二者不能等同，必须注意在概念上把它们区别开来。所以朱子曾明确分梳："性者，即天理也……心者，一身之主宰；意者，心之所发；情者，心之所动；志者，心之所之；气者，即吾之血气而充乎体者也。"（《语类》卷五，魏椿录）性无形，心略有迹，气者为形器而较粗者，三者是有区别的。

　　陈淳所录的一条所提的问题，正是现代学者提出的问题。我想朱子对此已经作了明确的回答。那就是：心之知觉是心之灵，但虚灵不测的知觉之心不是实有一物，不是形而上者，心比气灵，心之发处只是知觉，而不即是气，亦非气之所为。

　　因此，在"实谓"的层次上，朱子思想中始终不能承认心即是气，或心属气一边事。

　　现在，我们要进一步深入讨论。为什么15世纪以后的朱子学或阳明学思想家会提出这样的问题？为什么现代思想家会这样理解朱子哲学？这些理解或申述或质疑，内在于朱子思想来看，其方法和结论有无问题？

　　如果综合地看朱子关于心的理解，以下可以视为朱子哲学中对心的经典表述：

> 心者，人之神明，所以具众理而应万事者也。（《孟子集注》）
> 心之神明，妙众理而宰万物。（《大学或问》）
> 心者人之知觉，主于身而应事物者也。（《大禹谟解》）
> 性者，心之理也，情者，心之用也，心者，性情之主也。（《元亨利贞说》，《文集》卷六十七）

所以在肯定心为"神明知觉"的前提下，朱子特别重视的心的特质是"具众理""主于身""应万事""统性情"。这五点可以说是朱子论心之大旨。

　　以"心统性情"为代表的朱子心性论的结构，十分值得注意的是，这一结构的表达、描述常常使用的模式并不是"理/气"的模式，而是"易/道/神"的模式。因为心性系统是一个功能系统，而不是存在实体。

黄宗羲则认为，朱子没有把"理/气"的分析用于心性关系的说明，是朱子哲学体系不一致的表现，在他看来，只有把"理/气"的分析原则运用贯通到心性关系，"天"和"人"才能合一。其实，在朱子哲学中，理和气的观念并不是没有应用于"人"。与"理/气"相对应，朱子使用"性理/气质"来分析人的问题。如说：

> 才有天命，便有气质，不能相离。（《语类》卷四，黄䇛录）
>
> 性离气禀不得。有气禀，性方存在里面；无气禀，性便无所寄搭了。（《语类》卷九十四，陈淳录）

"性"与"气禀（气质）"的关系就是"人"身之上的理气关系。

另一方面，由于朱子哲学区分了"未发"与"已发"，以情为已发、性为未发，故常常讨论"已发"的根据与根源。在这方面，即"活动→根源"的分析中，朱子也采取理气的分析。在有关人心道心、四端七情的根源性分析上，朱子主张人身为理气之合，人心、七情发于形气，道心、四端根于性理。所以，黄宗羲用"天人未能合一"批评朱子没有把"理/气"的方法论贯通到人论中去，是不合事实的。

黄宗羲的提法也表现出，他把"理/气"的二元分析看作一个绝对的、普遍的方法，认为无论主体、客体、实体、功能都应采取这种分析方法。朱子则与之不同。在人论方面，理气的方法只限于追溯意识情感的根源性分析，和人身的结构性分析。朱子从不把意识活动系统（即"心"本身）归结为"理"或者"气"。钱穆、牟宗三等先生也是把朱子哲学理解为一种"非理即气"的二元性普遍思维。在他们看来，心既然不是性，不属于理一边事，那就应当属于气，是气一边事。他们也未了解在朱子哲学中并不是每个部分都可以做这种二元性的分析。

朱子曾说：

> 天地之间有理有气。理也者，形而上之道也，生物之本也。气也者，形而下之器也，生物之具也。是以人物之生，必禀此理然后有性，必禀此气然后有形。（《答黄道夫》，《文集》卷五十八）

这种分析方法即"理/气"的分析是对存在实体所作的"要素分析"，把实体的事物分析、分解为理和气两个基本的构成要素，其中气作为"具"，扮演着质料、材料的角色。但是，从前边的论述（第三节"虚灵"）可以看到，这样的分析法不是绝对的，朱子拒绝把"形而上/形而下"这样的分析模式引入对"心"的讨论，这也意味着"理/气"的分析方式不适用于朱子自己对"心"的了解。在朱子哲学中，知觉神明之心是作为以知觉为特色的功能总体，而不是存在实体，故不能把对存在实体的形上学分析（理/气）运用于对功能总体的了解。在功能系统中质料的概念找不到它的适当地位。另一方面，形上学的"理/气"分析把事物分解为形式、质料的要素，而"心"是统括性情的总体性范畴，并不是要素。这些都决定了存在论的形上学分析不能无条件地生搬硬套在朱子哲学对"心"的把握上面。

企图把存在论的分析不加分析地运用到心性论，特别是贯穿到"心"上，在这一点上李栗谷也不例外。他主张：

> 只是一心。其发也，或为理义，或为食色，故随其所发而异其名。……大抵发之者气也，所以发之者理也。非气则不能发，非理则无所发。（《答成浩原壬申书》，《李栗谷全书》卷十）

栗谷显然是想把"发/所以发"这种存在论的分析套用在心性关系上，在"发/所以发"也就是"体/用"的模式，而朱子认为在心性论中只能性情为体用，心则统性情。对朱子来说，心之发只能说是知觉，但不能说是气，而栗谷则认为发者为气，则心属"发"、属气，这与朱子自己的思想是不合的。

如果从"已发"来看，朱子反对把"心"归属于气，除了哲学上的理由外，更重要的是价值上的理由。问题很明显，如果知觉之心即是气，或把知觉之心全部归结为气，那么，不仅"道心"也属于气，人的良心和四端都成了气一边事，心之知觉在内容和根源上都变成了与理无关的气心，这等于否认人有道德的理性。所以，"心即理"和"心即气"同样是朱子所反对的，可以说，唯其有人心，故心不即是理，唯其有道心，故心不即是气。

在朱子学的发展中，如果一定要把"理""气"的观念引入"已发"来分析，那么，应用于已发的知觉之心的"理""气"观念的意义就要发生变化，而不是存在论意义上的理气概念了。如在程朱哲学中道心亦称为天理，在此意义上，"知觉从义理上去"亦可称为理。人的"习"与"欲"亦可称为气。但在这种说法中，理指理性，气指感性欲望，已经与黄宗羲、钱穆、牟宗三所说的理、气概念不相同，与我们开始提出的问题不相同，在这里也就不必讨论了。

最后，再强调一遍，在全部《文集》《语类》中，没有一条材料断言心即是气，这清楚表明朱子思想中并没有以心为气的看法。

小　结

　　人性在中国古代哲学中不是认识论和本体论的范畴，一般认为，是一个伦理学的范畴。不过，从历史发展来看，人性范畴的伦理化和儒家哲学逐渐居于主导地位的过程大体相应。先秦哲学中，如告子、公都子以性无善无不善，断言人性与伦理学的善恶无关，甚至孔子也只讲性相近，而没有讲性善论。随着哲学的不断发展，除宗教哲学外，一般哲学家都认为人性与善恶有关，在儒家更是始终把人性作为伦理学的重要范畴。这样看来，在中国哲学中，人性由人类学的范畴逐渐演变为一个伦理学的范畴。

　　在中国哲学中，不曾有一个统一的人性界说，要提出一个适用于中国哲学中所有人性学说的人性定义也有困难，尽管如此，我们仍然似乎可以从哲学家们的各种理解和使用中作一点概括。从后来比较成熟的伦理学人性论来看，人性范畴至少有以下五个基本规定：（1）人类共有的；（2）不学而能的；（3）稳定深微的；（4）具有伦理意义的；（5）心理活动或心理结构的本质。

　　基于这样的认识，许多哲学家认为，性是与后天形成的（外部条件决定的）变化不定的东西相对待的，孔子以"性"与"习"相对，包含有这样的意思；告子主张"生之谓性"，即把人性规定为人生而自然的属性；孟子激烈反对告子，但孟子也用良心、良知、良能说明人性；荀子更明确提出性是"本始材朴"（《荀子·礼论》），"不可学、不可事而在人者谓之性，可学而能、可事而成之在人者谓之伪"（《荀子·性恶》）。董仲舒说："如其生之自然之资谓之性，性者质也。"（《春秋繁露·深察名号》）韩愈也说："性也者，与生俱生也。"（《原性》）"性"字本从心从生，它表示人生而自然的心理属性是题中应有之义。

　　生之自然并不是说生而具备，告子以食色为性，而性欲便是生之自然而又非生下来便有的。因为它是生之自然的，不是学习接受得来的，因而被认为是人性中本来包含的内容，只是其表现有一个从潜在到实现的过程。从论证的方法上看，孟子以孩提知爱长知钦说明性善，也是把爱恭宜别看作生之自然，而不是由外部强加给人的良知，从而认定人的道德行为本来在人性中有其根据。

　　人性的善恶是指，人在本质上是倾向于做符合社会道德要求的行为呢，还是在本质上倾向于违反社会道德要求呢？性善论和性恶论反映出哲学家对人性的内容看法不同。其实，不止人性学说，整个中国哲学的心性论，无非是在性（本质）心（意识）情（情感）的不同层次上揭示出人作为理性存在和感性存在的矛盾关系。在哲学史的早期发展阶段，由于人性的概念本身不具有必然的道德含义，因而没有那种认为符合人性便符合道德的观念，哲学家必须首先论证人性的道德意义，才能说符合人性的是道德的，而有些哲学家（如荀子）则认为合乎人性的东西是与道德相对立的。然而在后来的发展中，性成了一个具有必然、合理意味的概念，多数哲学家都认为，如果与性违背，就违背了自然与必然，而且复归本性的观念越来越普遍地渗入到各种哲学流派。

人性的善恶与哲学家对人性内容的理解相联系，但这两个问题又不完全相同。如同样以自然属性为性，告子认为无分善恶，荀子则认为为恶。不过大体说来，一般哲学家都认为人的自然属性是恶的行为的内在根源，人性的争论也围绕在人的社会道德属性和自然属性的关系上。从先秦哲学来看，孟子主要以人的社会属性为性，荀子则以人的自然属性为性，而世子（世硕）认为人兼有二者，两方面没有主次。

由于中国哲学把性看作生而自然的属性，因而即使讲性善如孟子，也不能不承认自然属性是人性的一部分。只是在孟子看来，从做一个道德的人来要求，对人的自然属性，"君子不谓性"也，不能认为追逐物欲是天然合理的，而应当重视发扬本性中的道德属性。两汉以降，性有善有恶论成为儒家人性学说的一个基本发展趋势，董仲舒讲人有性情，这个情不仅是现象的，而且是本质的，包含一切现实的不善情感和这些情感在人性中的根据。董仲舒显然综合了孟、荀，他与世子不同处在于，他认为由于宇宙间阴阳主次关系的普遍法则所决定，人性中善的一面是决定和主导的方面。扬雄的善恶混说就更近于世子，王充自认为不是儒者，但他说"惟世硕、公孙尼子之徒，颇得其正"，也是讲"人性有善有恶"（《论衡·本性》）。有汉一代，都是明显的性有善有恶论。韩愈的学说认为，一般人的人性中，仁义礼智信五者总有欠缺和违背，从而人的情感便有善有恶。按韩愈的思想，性是情的基础，因而一般说来人性有善恶不同的方面。理学又更明显，"天地之性"即道德属性，"气质之性"即自然属性，张横渠谓气质之性君子弗性，二程则亦云恶亦不可不谓之性。朱子之说在表达形式上虽与张程有别，但还是从理气两方面解说人性。可见，秦汉以后儒家人性论发展的趋势之一即不同程度地，以不同方式肯定自然属性是人性的一部分，从而实际上认为性是以善为主的有善有恶论，并始终把自然属性看作是恶的行为的来源，而贬抑它作为人性的意义。

在性的善恶和人性内容上，须要把内容和形式综合起来考察，如同样以自然属性为性，告子以为无善无恶，有人以为可为善可为恶，荀子则认为完全为恶。同样认为善和恶的行为在人性中都有根据，扬雄以为善恶混，王安石却讲无恶无善。而从理论表述的形式看，告子与王安石都讲无善无恶，其内容却不相同。反过来，孟子的性善说与胡宏的性无善恶说形式上不同，内容上却是一致的。

从秦汉到隋唐，儒家人性论的另一发展是人性的分品说，分品说的提出是为了解决人性的统一和差异，其理由荀悦曾说得很明白。在汉儒看来，笼统地讲性中有善有恶，会与传统圣人观念发生冲突，有了三品说，理论可以概括更为广泛的现象。

董仲舒的三品说认为，人性中性是善的一面，情是恶的一面，这是人性的统一性；同时，根据性情在个体中量的比例不同，在宏观上可以大体把人分为三品来表示其差异，上品的人性中情少到几乎没有，下品人性中情多到压倒仁性，此后王充、荀悦、韩愈皆主此说。从统一的角度看，人性中善恶比例的变化决定了三品人性，表明在理论上性有善恶论与三品说是相通的。从圣人到斗筲这样一个无限序列中，恶的成分从无限小增至无限大，三品是指这一增长过程中由量变造成的质的不同阶段，但这种质的不同阶段的划分基本上是人为的，从逻辑上说不排斥有不同的分品，到宋儒，不再讲三品，认为气质之性不止三种，可以有千百种，即进一步承认人性的个别表现是有差异的、具体的，三品变成了多品。

从先秦至隋唐儒家人性学说的另一发展是性情体用说的成熟。荀子讲"性之好恶、喜怒、哀乐，谓之情"（《正名》），似有性发为情之意，但不明显。《乐记》的作者以情为"性之欲"，包含有情出于性的含义。《刘子新论》提出"性之所感者，情也""情出于性"。《复性书》提出："情由性而生。情不自情，因性而情；性不自性，由情以明。"表明魏晋到隋唐，性情体用思想大体确立，即认为性是情的根据，情是性的表现。理学则明确用体用、未发已发来描述性情关系。在这些学说里，一方面强调情是性的表现，另一方面又始终对人的感性情欲持不同程度的否定态度，强调情欲和理性的矛盾。

本来，古代的人性观念，相对于现实意识而言，显然是一个本质层次的概念。但它只是标志人的本质中主导而稳定的方面，因此不排斥现实意识在内容上与自身的不一致性。相反却是以之为前提的。然而，伦理学的人性论必然要涉及善恶问题，这样，从秦汉到宋明，日益明确的性情体用思想就面对着一个必须加以解释的问题：如果说人性是现实意识（及情感）所以产生的根源（体），而后者是前者的外在表现（用），那么站在性善论的立场上看复杂的意识活动，道德意识以性善为根据，非道德意识以何为根据？在这个问题上朱熹走了两条不同的路子，人心道心说把人的道德观念和感性情欲分属为不同来源的产物，而性情体用说就面对了困难，如果一切善和恶的情感都是人性的表现，那不就在实质上走到了朱熹自己所反对的"同体而异用"的观点上吗？

上述矛盾在讨论性情关系时已经说到，这里所要说的是，由于伦理学所关涉的善恶问题，使本质（体）与现象（用）这一对范畴用于伦理—心理的说明时必须有更进一步的规定。即是说，如果坚持一切现象都从一定方面表现本质，那么本质就应当是一个多层次或多方面的规定，在本质中应区别出根本的本质和非根本的本质，否则就无法说明现象（有善有恶）与我们规定给它的本质（纯善）之间复杂的不一致（这里不是假象问题，不能说不善的情感是性善的假象表现），这一点在讨论人的本质时似很明显。朱熹哲学讲的性气、性情等问题力图在人的本质方面寻求意识复杂活动的根据，主张对应于人的已发的各种意识（道心人心）、情感（四端七情）在内心都有所根据。因此，真正说来，在朱熹哲学中人的本质不是单一的，善的方面是本质中的主导方面，同时也有由气禀决定的非善的另一面，

341

从而构成了人的本质的矛盾统一，由此说明人成圣成贤的可能性和现实心理活动所以产生善恶不同的复杂性。如果从属性的角度说，则可说人的现象意识是人的各种属性的综合表现，从这个观点看，朱熹是把气质之性作为各种属性的综合，而以本然之性指人的本质的、根本的属性。

性—情关系，从性的方面看是着眼于人的本质或本质属性，从情的方面看则是把伦理学与心理学进一步交融在一起。儒家哲学不仅把社会的道德原则说成人的本性，并把对这种本性的说明建立在恻隐羞恶"这种普遍而又日常的心理基础和原则之上"。① 情在朱熹哲学中的重要地位，一方面使得性善论由人伦日用中的情感心理的论证而加强，另一方面却也使彻底禁遏情欲的思想无法施展。

朱熹的人性论认为人有一种先天的永恒不变的本性，这无疑是种抽象的人性论。理学考察的人，是处于封建宗法等级制度中的人，从这个方面来看，理学以仁义礼智为人性内容，注重从人的社会性方面、从人类具有的区别于动物的属性方面去考察人性，虽然还不可能提出从"社会关系的总和"（马克思）去把握人性，但在这一点上亦有所见。

在心的问题上，以知觉认识为心的特质，实际上是以心指人的理性，这个理性不但是理论理性，也是实践理性，在伦理内容上，不但有道德理性的裁制（道心），又有自然的感性需求（人心），所以心也是理性与感性的矛盾统一。

---

① 参见李泽厚《美的历程》（中国社会科学出版社 1984 年版）及《宋明理学片论》（载《中国社会科学》1982 年第 1 期）。

　　人是社会的与生物的双重存在。作为感性的血肉存在，决定人必然有其生理需求的一面。同时，人更是社会的人，社会整体发展的要求通过种种途径和方式反映为人之内心道德理性的一面。就道德之为道德来说，其一般而基本的特征就在于，它要求把个体的感性情欲制约于社会通行的道德规范，强调在道德意识活动中用道德理性限制、压制个体的利己行为，从而实现社会的协调稳定。理学的道心人心说（及天理人欲说）为维护当时社会价值系统而强调道心主宰人心、天理排斥私欲，与资本主义要求打破等级、追求个人利益不受等级限制的思想有很大不同，反映出理学作为中古时期封建哲学的特殊性格。但是，无疑地，理学这些思想看到了、反映出而且紧紧抓住了这一人类社会中的普遍矛盾，即社会总体利益与个体种种情欲的冲突。理学固然是从封建社会等级制度的角度主张极力压抑个体情欲的层面揭示出这一矛盾，然而理学又是在当时社会条件下自觉地、最大程度地承担起社会道德调节这一使命，从而强烈地表现出社会道德的普遍特征。理学讲的全部道德修养，无非旨在使道德由外在的制约规范变成为个体的内在要求，使道德由社会实现普遍调节的手段，同时成为个体自我实现的目的，使人由感性必然的奴隶变为理性自由的主宰。这些都相当完备地体现出道德教育和培养的一般特征。只有从这里才能认识理学绵亘数百年并深刻影响民族心理的历史缘由，这就是，理学从当时社会的整体利益出发，极大地满足了当时中国封建社会对道德调节的要求，其成熟与完备，在中国历史上无与伦比。

　　理学作为一种道德哲学占统治地位与当时的宗法社会基础及其对道德调节的要求密切相关。然而，一个社会，如果由理学这样一种仅仅着眼于社会稳定的道德哲学处于绝对的统治地位，必然对社会发展的内在动力产生抑制作用。理学虽是适应中国社会自身的需要产生的，但它又反过来加深了中国后期封建社会的稳定机制，使资本主义生产关系的生长困难重重，这也是不能否认的。因此，尽管戴震对朱熹的批评，从把朱熹学说说成绝对禁欲主义来看并不恰当，但是必须承认他所揭示的这一问题具有的深刻历史意义。这一点，站在鸦片战争一百多年后的今天来看，就更加清楚了。

　　理学鼓吹的道德内容是具体的、历史的，而理学在具体、历史的形态中揭示出的伦理学矛盾具有普遍意义。因此清理理学这份遗产，既要揭示理学伦理哲学的历史性、阶级性，即维护等级社会秩序、适应中国封建社会整体稳定，揭示理学在形成后期封建社会稳定结构中的巨大作用及由此带来的阻碍资本主义发展的消极意义，改变理学遗留下来、至今根植于人民心理中那些不适应当代社会发展的价值观念；同时又应看到理学在封建等级宗法制度下、在强调压抑个人情欲的形式下，反映出的社会整体利益与个人利益、感性欲念与理性律则等普遍矛盾，并由此为建立适应当代社会的哲学—伦理学引为借鉴。伦理学的最高范畴"善"只有在它的内容中既保证社会稳定，又推动社会发展，才能够促进社会的健康发展。

　　关于心性论中的认识论问题将在格物论部分的结尾一并讨论。

本 论 三

格物致知论

第十三章　格物与致知
——朱熹格物论的形成

朱熹晚年刊行的《大学或问》中，曾对北宋以来几位"大儒"（司马光、吕大临、谢良佐、杨时、尹焞、胡安国、胡宏）关于格物的学说都提出了批评，唯独称扬李侗说：

> 独惟念昔闻延平先生之教，以为为学之初，且当常存此心，勿为他事所胜，凡遇一事即当且就此事反复推寻，以究其理。待此一事融释脱落，然后循序少进而别穷一事。如此既久，积累之多，胸中自当有洒然处，非文字言语之所及也。

朱熹认为，李侗的这些思想虽不及程颐格物思想明白有条，但在基本精神上完全一致。《语类》余大雅亦录："旧见李先生说：

'理会文字，须令一件融释了后，方更去理会一件。''融释'二字下得极好，此亦伊川所谓'今日格一件，明日又格一件，格得多后，自脱然有贯通处。'"（卷一百〇四）

实际上，李侗所谓"融释脱落"本不是指格物而言，在李侗与朱熹之间对格物做过何种讨论也已无由得知，因为《延平答问》中未尝一及《大学》格物之说。然而，如果仅以《延平答问》作为李侗、朱熹之间学问授受的全部内容，以为在两人间根本不曾讨论《大学》思想，则亦失之狭隘。盖自戊寅而癸未，朱子数见延平，居西林受教达数月之久，这些面对面的讨论肯定不是《延平答问》往来书札所能包容。

绍兴三十二年壬午夏，孝宗即位，诏求直言，朱子是年 33 岁，应诏上封事，中云：

> 古者圣帝明王之学，必将格物致知以极夫事物之变，使事物之过乎前者，义理所存，纤微毕照，了然乎心目之间，不容毫发之隐，则自然意诚心正。……盖"致知格物"者，尧舜所谓"精一"也。"正心诚意"者，尧舜所谓"执中"也。自古圣人口授心传而见于行事者，惟此而已。至于孔子集厥大成，然进而不得其位以施之天下，故退而笔之以为"六经"，以示后世之为天下国家者。于其间语其本末终始先后之序尤详且明者，则今见于戴氏之《记》，所谓《大学》篇者是也。故承议郎程颢与其弟崇政殿说书颐，近世大儒，实得孔孟以来不传之学，皆以为此篇为孔氏遗书，学者所当先务，诚至论也。（《壬午应诏封事》，《文集》卷十一）

次年癸未冬，朱熹入对垂拱殿，奏札第一首说："臣闻《大学》之道，自天子以至于庶人，一是皆以修身为本，而家之所以齐，国之所以治，天下之所以平，莫不由是出焉。然身不可以徒修也，深探其本则在乎格物以致其知而已。"（《癸未垂拱奏札一》，《文集》卷十三）由此可见，《延平答问》中虽未讨论过格物之说，而在壬午、癸未朱熹向孝宗陈述他的政治见解时都是把《大学》格物之道放在首位，这显然与李侗的影响有关。在《壬午应诏封事》中他说："凡此所陈，特其所闻于师友。"癸未入对次年朱熹答江元适书中述其"所闻于师友"说："熹之所闻，以为天下之物无一物不具夫理，是以圣门之学，下学之序，始于格物以致其知，不离乎日用事物之间，别其是非，审其可否，由是精义入神，以致其用。"（《答江元适》第二书，《文集》卷三十八）同年答友人书也说："熹自延平逝去，学问无分寸之进，……于致知格物之地，全无所发明。"（《答柯国材》第二书，《文集》卷三十九）① 这表明格物致知的问题不仅是李侗与朱熹之间讨论的重要论题，而且朱熹认为有关格物致知的思想是李侗留给他的重要精神遗产。

当然，朱熹在当时对于《大学》更多是作为一种政治哲学来接受的。的确，在以后几十年中，他始终以《大学》格致诚正、修齐治平的模式当作基本政治思想。在从学延平时期，他还没有充分注意从认识论和方法论上研讨《大学》格物之说。

---

① 按《答柯国材》此书云"自延平逝去"，则在癸未十月李侗已卒之后，又云："今岁房大人，据有淮南，留屯不去"，乃指隆兴二年甲申事，故此书作于甲申，书中又云"近衢州一江元适登仕泳以书来"，即指前引答江元适书等，故知答江书亦在甲申也。

而他后来关于《大学》以及整个方法论的思想却是与李侗"理一分殊"思想有直接继承关系。

一　延平渊源

李侗之学大旨有四：其修养工夫为"默坐体认"，其理想境界是"洒然融释"，其理论基础是《中庸》的中和之说，其方法是"理一分殊"。朱熹从学延平期间，前者对他的最大影响即"未发体认"与"理一分殊"。就李侗的主要思想来说，"体认未发"是主要的，本书心性论部分已对朱熹在李侗影响下研究中和之说的艰苦过程及其最终离开李侗而复归程颐的发展作了详细考察。而在这里则应指出，李侗在晚年向朱熹强调的"理一分殊"思想，不仅在坚定朱熹辨别儒释的立场上，更在对朱熹确立格物穷理的思想上有不可忽视的作用，这是朱熹早年学术思想发展的另一个方面。

《延平答问》载李侗庚辰七月与朱子书：

> 所云见《语录》中有"仁者浑然与物同体"一句，即认得《西铭》意旨，所见路脉甚正，宜以是推广求之。然要见一视同仁气象却不难，须是理会分殊。虽毫发不可失，方是儒者气象。（时朱子31岁）

从杨时到李侗的"体验未发"本来是从程颢"仁者浑然与物同体"的内心体验发展而来。杨时还根据这一点把格物说成体验万物皆备的直觉体认。李侗早年从罗仲素继承而来的"静中体验未发"本来是杨时宗旨的正传，而他在晚年同朱熹的讨论中指出，体认万物同体的仁学境界在某种意义上不如"理会分殊"更困难和重要，这显然对杨时的立场有所改变。这种强调分殊的态度主要是针对朱熹初学时对儒释之辨缺乏深刻认识而发的。

朱熹后来曾追述说，他早年曾学佛，求会得"昭昭灵灵底禅"，"后赴同安任，时年二十四五矣，始见李先生，与他说，李先生只说不是，某却倒疑李先生理会此未得"（《语类》卷一百〇四，辅广录）。朱熹绍兴癸酉赴同安途中参拜李侗，讲他学禅所得，李侗"只说不是"。《语类》又载包扬录："（佛学）旧尝参究，后颇疑其不是，及见李先生之言，初亦信未及，亦且背一壁放，且理会学问看如何，后年岁间渐见其非。"（《语类》卷一百二十六，包扬录）

《语类》更录：

> 某旧见李先生时，说得无限道理，也曾去学禅。李先生云："汝恁地悬空理会得许多，而面前事却又理会不得，道亦无玄妙，只在日用间著实作工夫处理会，便自见得。"（卷一百〇一，董铢录）

朱子孙婿赵师夏（致道）《延平答问跋》云：

> 文公先生尝谓师夏云："余之始学，亦务为笼统宏阔之言，好同而恶异，喜大而耻于小，于延平之言则以为何为

多事若是，天下之理一而已，心疑而心不服。同安官余，以延平之言反复思之，始知其不我欺矣。盖延平之言曰：'吾儒之学所以异于异端者，理一分殊也。理不患其不一，所难者，分殊耳。'此其要也。"

根据前引庚辰七月书及《语类》所录等，朱熹初见李侗时是用"天下之理一而已"调和儒释，这是继承了刘子翚"以儒佛合"的思想。李侗便用理一分殊引导朱熹彻底摒弃佛学。在李侗看来，在静坐体验万物一体的境界上，儒学与禅学的界线还难以划清，只有在把"一视同仁"的境界落实到人伦日用的"分殊"上，才能真正显示"吾儒"与"异端"的分别。因而，那种"悬空理会"的"理一"气象并不难，真正困难的是在"日用间著实"理会。只有同时掌握了"理一"和"分殊"，才是"儒者气象"。朱熹在《延平行状》中讲述延平教人大旨也指出："若概以理一，而不察乎其分之殊，此学者所以流于疑似乱真之说而不自知也。"（《文集》卷九十七）

更为重要的是，从朱熹一生整个思想发展来看，李侗重视分殊更重于重视理一的思想，无疑是朱熹"格物穷理"方法论的一个来源。朱熹后来回忆说：

沈元用问和靖："伊川《易传》何处是切要?"尹云："体用一源，显微无间，此是切要处。"后举似李先生，先生曰："尹说固好，然须是看得六十四卦、三百八十四爻都有下落，方始说得此话。"（《语类》卷十一）

这里所说的，也就是理一不难见，所难在分殊之意，切要处固然是"体"是"一"，然而"体"和"一"不离"用"和"殊"，必须在六十四卦、三百八十四爻上逐一理会、融会贯通，才是真正把握了理一，才算是体用一源。在《春秋》的研究上李侗的主张也是如此："《春秋》工夫未及下手，而先生弃去……然尝略闻其一二，以为《春秋》一事各是发明一例。"（《答柯国材》第二书，《文集》卷三十九）《延平答问》辛巳二月二十四日书中李侗回答朱熹关于尹氏"性，一也"之说的疑问时也说："尹和靖之说虽浑全，然却似没话可说，学者无著力处。"

可见，如果把注重分殊作为方法论来看，朱熹的格物穷理方法，正是注重由具体的分殊的事物入手，认为经过对分殊的积累，自然会上升到对理一的把握，这些思想显然贯穿李侗的上述思想。把格物到致知规定为从分殊的具体上升到理一的普遍，正是朱熹对程颐"今日格一件、明日格一件，积习既多，然后脱然自有贯通处"的发展。朱熹的为学方法主张由分殊而达一贯，他一生中多次表示，不应凭空理会玄妙道理，要作格物的踏实工夫。如说："圣人未尝言理一，多只言分殊。盖能于分殊中事事物物、头头项项，理会得其当然，然后方知理本一贯。不知万殊各有一理，而徒言理一，不知理一在何处。"（《语类》卷二十七）"不是一本处难认，是万殊处难认"，"理虽只是一理，学者且要去万理中千头万绪都理会，四面凑合来，自见得是一理。不去理会那万理，只管去理会那一理……只是空想象"。（《语类》卷一百一十七）这些说法与李侗对他的教导几乎无法分开。朱熹也用这个思想批评陆学："江西学者偏要说甚自得，说甚一贯……尝譬之，一便如一条索，那贯底物事，便如许多散钱，须是积得这许多散钱了，却将那一条索来一串穿，这便是一贯。若陆氏之学，只是要寻这一条索，却不知道都无可得穿。"（《语类》卷二十七）由此可知，虽然，从绍兴末到乾道中，朱熹苦究中和未发已发之义，表明李侗的《中庸》哲学对他曾有较大影响，而从实际结果来看，李侗理一分殊方法的精神才真正渗透到朱熹哲学的骨髓，并产生出积极的结果。

二　辨斥杂学

朱熹之父服膺程氏，屏山、白水、籍溪皆学宗伊洛，故伊洛主《大学》之教，朱子必甚早有闻，朱子在同安为主簿时尝制《策问》，中云：

> 《大学》之序，将欲明明德于天下，必先于正心诚意。而求其所以诚意者，则曰致知格物而已。然自秦汉以来，此学绝讲，虽躬行君子时或有之，而无曰致知格物云者。（《文集》卷七十四）[②]

在此问的结尾，他还着重要求学子讲述"致知格物之所宜用力者"。以《大学》之道为秦汉以下绝讲之学，这正是伊洛学问的重要论点。

按照朱熹《壬午应诏封事》所说，格物致知是指"极事物

---

② 钱穆《朱子新学案》以此《策问》作于朱子至同安次年，可以参之。

之变"和"明事物之理",癸未奏札中他明确指出:

> 夫格物者,穷理之谓也。盖有是物必有是理,然理无
> 形而难知,物有迹而易睹,故因是物以求之,使是理了然
> 心目之间而无毫发之差,则应乎事者自无毫发之缪。(《文
> 集》卷十三)

他还认为,"随事以观理""即理以应事",是《大学》之道的基
本内容。以穷理解释格物,这也是继承了二程的格物思想。癸
未入对的次年,他答汪应辰书亦云:"物必格而后明,伦必察而
后尽。(自注:格物只是穷理,格物即是理明。此乃《大学》功
夫之始;潜玩积累,各有浅深,非有顿悟险绝处也。近世儒者,
语此似亦太高矣。吕舍人书,别纸录呈。)彼既自谓廓然而一悟
者,其于此犹懵然也,则亦何以悟为哉。"(《答汪尚书》第三
书,《文集》卷三十)③朱熹认为,当时学者对格物的理解大都
因深受佛教影响而陷于偏失,这些人不主张即物穷理、潜玩积
累,而是"置诸冥漠不可测知之域,兀然终日,味无义之语,
以俟其廓然而一悟"。

约在乾道乙酉丙戌间,朱熹作《杂学辨》④,这部批判著作
的锋芒主要是针对北宋以来几位出入佛学的著名学者的著作,
这种批判表明朱熹的学术思想发展到一个新的阶段。《杂学辨》

---

③　《答汪尚书》第三书原注甲申十月二十二日,朱子35岁。
④　《杂学辨》何叔京跋语作于丙戌,然据朱子答何叔京第四书参之,不必为
丙戌所作,又以答汪尚书论吕舍人书参之,似在乙酉丙戌间为近。

中的《吕氏大学解》专门批判了吕本中的《大学解》，事实上对吕本中的批判在甲申冬答汪尚书书中已开始酝酿了。

在《吕氏大学解》中，朱熹批判的要点有三：

第一，强调积累之功。他说："致知格物，《大学》之端，始学之事也。一物格则一知至，其功有渐，积久贯通，然后胸中判然，不疑所行，而意诚心正矣。然则所致之知固有浅深，岂遽以为与尧舜同者，一旦忽然而见之也哉！此殆释氏一闻千悟、一超直入之虚谈，非圣门明善诚身之实务也。"（《吕氏大学解》，《文集》卷七十二）这是说格物必须经由一个逐步积累的过程，如果不是切实地在"今日格一物、明日格一物"上作功夫，以为可以超越积累的过程实现什么顿悟，那就是佛教的虚妄之说。

第二，强调切己之实。朱熹说："伊川先生尝言：'凡一物上有一理，物之微者亦有理。'又曰：'大而天地之所以高厚，小而一物之所以然，学者皆当理会'。吕氏盖推此以为说而失之者。程子之为是言也，特以明理夫之所在无间于大小精粗而已，若夫学者之所以用功，则必有先后缓急之序，区别体验之方，然后积习贯通，驯致其极，岂以为直存心于一草一木器用之间，而与尧舜同者，无故忽然自识之哉！此又释氏闻声悟道、见色明心之说，殊非孔氏遗经、程氏发明之本意也。"（同上）禅宗的悟道既非认识也非知识，因而它不要求以穷理为基础，禅宗顿悟的特点是不依赖经验知识的积累，而追求一种不可说的参悟，因而禅宗那种基于个体心理体验的神秘飞跃，常具有极大的随意性和偶然性，抛瓦击竹、草木风云，只要具有机缘，都可导致一种忽然的省悟。朱熹认为吕氏主张观草木之理而使忽然识之，正是佛教见色明心的顿悟。在朱熹看来，草木之理固所当穷，但这只是作为从分殊到理一的一个阶梯，如果以为只从草木上观理就能达到物格知至的境地，那就不可能真正切实地了解事物的道理、人伦的规范，也就不可能真正到达物格和知至。

第三，反对去文字而专体究。朱熹说："以悟为则，乃释氏法，而吾儒所无有。……若由吾儒之说，则读书而原其得失，应事而察其是非，乃所以为致知格物之事，盖无适而非此理者。今乃去文字而专体究，犹患杂事纷扰，不能专一，则是理与事为二，必事尽屏而后理可穷也。"（《吕氏大学解》，《文集》卷七十二）这是批评吕本中"闻见未彻，正当以悟为则"的主张。朱熹认为，格物的主要方式是读书、应事，这是继承了程颐"穷理亦多端，或读书，讲明义理；或论古今人物，别其是非；或应接事物而处其当"（《遗书》卷十八）的说法。如果既不读书，也不应事，而专门从事"以悟为则"，那就是认为理不在事中，而在事外，这样一种方法仍然是佛教的方法。

在理学开创时期，无论是张载"德性所知，不萌于见闻"，还是程颐的"德性之知，不假闻见"，都把对世界的最高了解和见闻之知对立起来，某种程度上吕本中也如此，而理学发展到朱熹，对立的两端被一条理一分殊的桥梁联结起来。在成熟的朱熹格物致知论里，不再重视"见闻之知"与"德性之知"之辨，朱熹的格物论的基点是从即物的见闻之知入手，这在理学的发展中是十分值得注意的。

程颐关于格物的思想本来就很清楚而不难理解，我们看到，朱熹在乾道初已相当全面地把握了程颐格物说的要点，如以穷理解释格物，以读书应事为格物所以用力之方，主张即事以观理，强调积久才能贯通。当然，这些思想更多的是在批评异端之学中阐发的，他对《大学》的专门研究还没有开始，《大学》及其格物论在朱熹为学方法中还没有占据最重要的地位，而这些在己丑之悟后，随着"主敬以立其本，穷理以进其知"宗旨的树立才真正改变。

三 《大学》草成

在《四书集注》中，《学庸章句》至己酉始出（时朱子 60 岁），迟于《论孟集注》者十几年，⑤ 然而《学庸章句》的草成并不在《论孟集注》已成之后。淳熙元年甲午朱熹（45 岁）答吕祖谦书说："《中庸章句》一本上纳，此是草本，幸勿示人，更有《详说》一书。……《大学章句》并往，亦有《详说》，后便寄也。'此谓知之至也'一句为五章阙文之余简无疑，更告详之，系于经文之下却无说也。"（《答吕伯恭》第三十六书，《文集》卷三十三）⑥ "此谓知本，此谓知之至也"本为《大学》经文述三纲八目之后，后来朱子《大学章句》以此句为传文第五章之结语。在这封信里朱熹和吕祖谦已提出"此谓知之至也"

---

⑤ 《论孟集注》一书，无序跋可考其成书之年，惟李心传《饶州刊朱子语续录后序》言论孟两书成于淳熙丁酉，时朱子 48 岁。《年谱》之说当亦据此。

⑥ 《年谱》以此书在淳熙甲午，时朱子 45 岁。

为"五章阙文之余简",表明他对《大学》的分章已基本确定,次年乙未朱熹(46 岁)答张栻云:"《中庸》《大学》章句,缘此略修一过,再录上呈,然觉其间更有合删处,《论语》亦如此,草定一本,未暇脱稿。《孟子》则方欲为之,而日力未及也。"(《答张敬夫》第二十八书,《文集》卷三十一)⑦ 可见《学庸章句》之作甚至早于《论孟集注》草成。

《文集》卷八十一有《记〈大学〉后》一篇,云:

> 右《大学》一篇,经二百有五字,传十章,今见于戴氏《礼》书。而简编散脱,传文颇失其次,子程子盖尝正之。熹不自揆,窃因其说,复定此本。盖传之一章释明明德,二章释新民,三章释止于至善(自注:以上并从程本,而增《诗》云"瞻彼淇澳"以下)。四章释本末,五章释致知(自注:并今定)。六章释诚意(自注:从程本),七章释正心修身,八章释修身齐家,九章释齐家治国。(来按:此下遗"十章释治国"五字)平天下(自注:并从旧本)。序次有伦,义理通贯,似得其真,谨第录如上。

按朱子此文未注年月,以《文集》排列之序观之,当在淳熙之初(乙未前后)。由前引答张、吕书参之,《大学章句》之定确乎在淳熙之初无疑,这篇《记〈大学〉后》的分章与己酉刊行的《大学章句》相同,特别是此记云"五章释致知(并今

---

⑦ 《年谱》以此书在淳熙二年乙未,又书原注十二月,当在乙未十二月,今不更赘考。

定）"，其"并今定"者当指自补格致传阙文，说明补传之作于淳熙初年，草定《大学章句》时亦基本完成。

《大学章句》初成时虽曾示及张、吕，但三人未曾详论，惟淳熙初与江德功书颇有论及。⑧ 在这封信里朱熹全面阐述了当时他关于格物致知的思想。朱熹认为，格物之说的全部内容包括："明其物之理"，"即是物以求之"，"必至其极而后已"。江德功认为格物应当解释为"接物"，致知应当解释为"穷理"，朱熹表示：

> 必欲训致知以穷理，则于主宾之分有所未安。（自注：知者，吾心之知；理者，事物之理。以此知彼，自有主宾之辨，不当以此字训彼字也。）训格物以接物，则于究极之功，有所未明。（自注：人莫不与物接，但或徒接而不求其理，或粗求而不究其极，是以虽与物接，而不能知其理之所以然与其所当然也。今曰一与物接，而理无不穷，则亦太轻易矣，盖特出于闻声悟道、见色明心之余论，而非吾之所谓穷理者，固未可同年而语也。）（《答江德功》第二书，《文集》卷四十四）

朱熹认为，格物固然要接物，但如果接物而不穷理，或穷理而

---

⑧　《文集》卷四十四《答江德功》第二书云："盖自十五六时，知读是书（《大学》），而不晓格物之义，往来于心，余三十年，近岁就实用功处求之。"可知是书作于朱子四十五六岁。又书首云："格物之说，程子论之详矣……熹之谬说，实本其意"，"谬说"当指朱子章句。书尾云"又谓熹解以格物致知混为一说"，"熹解"亦指朱子章句，又可知答江书实因朱子章句而起也。

不至极，那就不能算作格物，所以他反对仅仅以接物解释格物。他认为，"致知"和"穷理"在概念上是不同的，穷理是指对外在客体的考究，致知是指主体知识的扩充。二者虽然都和格物联系着，但着眼点不同，"格物可以致知，犹食所以为饱也"，穷理指主体运作的行为，致知则指行为在主体方面引起的结果，这也就是格物与致知的不同。

由上可见，淳熙初年朱熹关于格物致知的基本思想已经形成，比起隆末乾初，已有了一个很大的发展，《大学章句》从草定到刊行，其间迁延十五年，这也许并不是因为基本思想上的问题，而是章句工作本身的问题，下面我们就来谈谈《大学章句》的章句问题。

四　《大学章句》

朱子《大学章句》，因其中有一章补格物致知传，后人论列颇多，⑨ 这里先来简略讨论《大学》古本的次序考订，目的是讨论今本《大学》是否有阙文错简，朱熹之考订有无根据，如何评价朱熹关于《大学》的考订工作等。

《大学》本为小戴《礼记》第四十二篇，其开首云：

---

⑨　皮锡瑞云："宋人不信注疏，驯至疑经。疑经不已，遂至改经、删经、移易经文，以就己说，此不可为训者也。……（朱子）独于《大学》，移其文，又补其传，《孝经》分经、传，又删经文，未免宋人习气。"（《经学历史》）

大学之道，在明明德，在亲民，^⑩在止于至善。知止而后有定，定而后能静，静而后能安，安而后能虑，虑而后能得。物有本末，事有终始，知所先后，则近道矣。

古之欲明明德于天下者，先治其国；欲治其国者，先齐其家；欲齐其家者，先修其身；欲修其身者，先正其心；欲正其心者，先诚其意；欲诚其意者，先致其知；致知在格物。物格而后知至，知至而后意诚，意诚而后心正，心正而后身修，身修而后家齐，家齐而后国治，国治而后天下平。自天子以至于庶人，壹是皆以修身为本。其本乱而末治者，否矣。其所厚者薄，而其所薄者厚，未之有也！此谓知本，此谓知之至也。^⑪

"明明德""亲（新）民""止于至善"，朱熹称为"大学之纲领"；"平天下""治国""齐家""修身""正心""诚意""致知""格物"，朱熹称为"大学之条目"。不管是否叫作"纲领"或"条目"，《大学》集中围绕着这些问题论述了儒家以修身齐家为根本的政治伦理哲学，这一点是没有疑问的。

上引《大学》开首一段，朱熹合为一章称之为"经"，认为这一部分以下直至结尾的其他章节都是解释"经"文的"传"。这是根据先秦两汉著作中常见的以传系经的文体所作的推断。

---

⑩　程、朱以传文考之，认为"亲"当作"新"，其说亦非无据，朱子于《大学或问》云："若无所考而辄改之，则诚若吾子之讥矣，今亲民云者以文义推之则无理，新民云者，以传文考之则有据，程子于此其所以处之者，亦已审矣。"（卷一）

⑪　"此谓知本"以下朱子以为衍文。

朱熹还提出经的部分"盖孔子之言，而曾子述之"，"其传十章，则曾子之意而门人记之"，这也只是一种猜测，并无实据。

为了便于讨论，我们以《十三经注疏》中郑玄注本为据，按《大学》原有次序，把被朱熹称为"传"的这一部分分为十章，来与朱熹后来的分章加以比较，以见其考订之得失。

第 1 章　所谓诚其意者，……君子必诚其意。

第 2 章　《诗》云瞻彼淇澳，……此以没世不忘也。

第 3 章　《康诰》曰克明德，……皆自明也。

第 4 章　汤之《盘铭》曰苟日新，日日新，……是故君子无所不用其极。

第 5 章　《诗》云邦畿千里，惟民所止，……与国人交止于信。

第 6 章　子曰听讼吾犹人也，……大畏民志，此谓知本。

第 7 章　所谓修身在正其心者，……此谓修身在正其心。

第 8 章　所谓齐家在修其身者，……此谓身不修不可以齐其家。

第 9 章　所谓治国必先齐其家者，……此谓治国在齐其家。

第 10 章　所谓平天下在治其国者，……此谓国不以利为利，以义为利也。

由以上分章、并把经传加以比较，可以看出：

其一，第 3 章"《康诰》曰克明德……"是解释经文中"明明德"的。第 4 章"汤之《盘铭》曰苟日新，日日新……"是解释"新民"的。第 5 章"《诗》云邦畿千里，惟民所止……"是解释"止于至善"的。就是说，经文以下的章节中确有一部分是逐条解释"三纲领"的。

其二，从最后4章（第7—10章）"所谓修身在正其心者，……此谓修身在正其心"；"所谓齐家在修其身者，……此谓身不修不可以齐其家"；"所谓治国必先齐其家者，……此谓治国在齐其家"；"所谓平天下在治国者，……此谓国不以利为利，以义为利也"来看，经文以下，除逐条解释"三纲领"以外，显然应当还有一个部分来逐条解释"八条目"的相互关系。但是，在郑本中只有对正心与修身、修身与齐家、齐家与治国、治国与平天下之间相互关系的说明，而缺少对于格物、致知、诚意、正心诸条之间相互关系的解说。根据第7—10章"所谓……此谓"的章法，在第7章释正心与修身的关系之前应当有如下3章：

　　A　所谓致知在格物者，……此谓致知在格物。

　　B　所谓诚其意在致知者，……此谓诚其意在致知。

　　C　所谓正心在诚其意者，……此谓正心在诚其意。

（下接第7章"所谓修身在正其心者"）

只要细致考察《大学》原文，可以看到，上述推论是合乎道理的。我们看到，朱熹所作的《补格物致知传》正是为了弥补《大学》传文所缺少的环节。不过，朱熹补传"所谓致知在格物者，……此谓物格，此谓知之至也"，从章句结构上来说，应当是补A，但就朱熹这一补传的内容来说，包含了所缺的A、B思想，故也可说用以补A与B。此外，第1章"所谓诚其意者，……君子必诚其意"专论诚意，朱熹以为这一章本来是在第7章"所谓修身在正其心者"一章之前，即从章句结构上说，这一章本来是 C。朱熹认为这是由于错简而移置到了第 1 章的位置，因此不必补 C，只要把第 1 章移至第 7 章之前即可。

其三，上述两部分分别解释"三纲领"和"八条目"，从"传"的角度看，其基本结构已经完成。因此，程朱认为，原本中游离于解释"三纲""八目"之外的章节（第 2 章、第 6 章）应一律纳入对"三纲""八目"的解释之内。第 2 章"《诗》云瞻彼淇澳"一章，两程子改正《大学》都置入"所谓平天下在治其国者"一章中，朱熹则以为此段应接于第 5 章"与国人交止于信"一句话后，属于第 5 章的一个部分，也是解"止于至善"的，因为其中提到"道盛德至善"。至于第 6 章"子曰听讼吾犹人"一章，大程子以在"所谓平天下在治其国者"章中。小程子则以在"《康诰》曰克明德"一句前，而朱熹以为此是解释经文中"物有本末"一段，故当在传文释"止于至善"一章之后。程朱的这些说法都没有很明显的说服力。实际上，如果像程朱那样对这些过细节目去逐条考索，那就难免可能弄巧成拙。因为文章的主体结构确定之后，细节可以有各种不同作法。过分严格地按照某一种规范程式要求或改铸《大学》，结果只能适得其反，如即只二百字左右的经文也可以重新排列使之更规范化。

经过朱熹考订后传文的次序与原本比较：

朱本：　　　郑本：

第一章　　　第 3 章

第二章　　　第 4 章

第三章　　　第 5 章

　　　　　　（第 2 章）

第四章	第 6 章
第五章	补传
第六章	第 1 章
第七章	第 7 章
第八章	第 8 章
第九章	第 9 章
第十章	第 10 章

朱订本将原 3—6 章作为第一至四章，补第五章释致知格物关系，以原第 1 章为第六章，第七至十章取原第 7—10 章次序不变，以原第 2 章入朱本第三章中（《文集》卷八十一有《记〈大学〉后》一篇）。

由上述一般考察可知，首先，《大学》之书，就其一般结构来说，先是叙述三纲领八条目的内容，然后逐条对三纲领八条目的相互关系加以解释。不管这两个主体部分是否称为经传，朱熹对两者关系的看法基本正确。其次，传文原第 1 章释"诚意"者当在第 7 章释"正心修身"之前，这个看法自二程已定，大体也还是有所根据（所谓大体上，是说严格地讲，这一段本似应释正心与诚意的关系，实际上这一段只讲到诚意而未说明何以诚意是正心的前提，而且结语"君子必诚其意"与后四章"此谓"章法也有不同。但既然《大学》原文有此释诚意一段，那么只有把它置于释"正心修身"前才为合理。至于章法，《大学》本未必有严格程式，如经文"欲正其心者，先诚其意；欲诚其意者，先致其知"下本当接"欲致其知者，先格其物"，然却作"致知在格物"）。最后，按照传文的整体结构考察，今本

《大学》确乎缺少"所谓致知在格物者""所谓诚其意在致知者"
的内容，朱熹为作补传，于此不为无见。吾人尽可说朱子不当
补，但不能说《大学》定无缺文，至于朱子所补如何，则当另
论。一者，如果说《大学》缺文，当缺两章（前所列 A、B
者），不应独以所谓致知在格物论一章补之，朱熹这个做法当然
与他着眼于格物观念有关。二者，正如朱熹所说，其补传是
"窃取程子之意"以补之，以二程思想为补《大学》的根据，显
然不成其道理。至于其他种种细节，如"《诗》云瞻彼淇澳"及
"子曰听讼吾犹人"两节文字应置入哪一章，以及"此谓知本，
此谓知之至也"如何处理，尽可有各种安排方式，但都不成为
重要的问题。

　　总而言之，对朱熹《大学章句》"移其文""补其传"的做
法，我们不应囿于传统经学的立场，把《大学章句》仅仅当作
古籍整理之作来要求，由此完全否定《大学章句》。同时也应看
到朱熹的《章句》，尤其是补传，完全是由理学诠释出发，因而
不可能科学地恢复《大学》的本来面目。从整个中国哲学的发
展来考察，《大学》的命运几乎与儒家的历史命运相始终。《大
学》一书遭长期冷遇之后，经中唐韩愈的表彰，至两宋道学的
发扬，最后达到与《论》《孟》并肩、超于五经之上的高尊地
位，并不是偶然的。它与新儒家的兴起密切联系，标志着中国
封建社会终于在长期朦胧之后在本质上认清了儒家对于中国封
建社会的真正意义。而作为坚决维护中国封建社会的宗法关系
和伦理价值的儒家，在与道释两家长期的抗争之中，也终于找
到了新的有力的理论形式。《大学》作为这一新的理论体系的一

部分，以修身为基础的、强调一切服从于治国平天下的政治伦理哲学，迫使一切宗教哲学不得不向儒家俯首屈服，这一点确定了《大学》对新儒家具有的重要意义及其地位。理学对韩愈的发展在于，按照理学的理解（或其需要），《大学》不仅提供了作为封建宗法社会正统代表的政治哲学，而且尤为一切士人、官吏提供了认识与修养的基本方法，即为韩愈所忽视的《大学》的格致学说。二程和朱熹对《大学》的重视，归根到底，还在格物致知四个字上，因此，朱熹之所以为《大学》的"格物""致知"条目补传，就不仅因为《大学》本身有缺文，更不是着眼于典籍的一般整理，而是适应于进一步阐发理学方法论与修养论的需要，而整个《章句》也是为扩大理学思潮的影响提供了一个更为完善的哲学教本。

《大学》虽然提出了以格物致知为修齐治平的基础，但没有对格物和致知给出明确解说，这就给后世人们留下了充分发挥的余地，也自然导致在如何解释格物致知这个问题上的派别分化。⑫ 比较朱熹的《大学》学说与前后解说《大学》的各种意见来看，朱熹的《补格物致知传》及其思想又不仅是适应推动理学影响的一般需要，而且带有鲜明的程朱理学的学派色彩。朱熹的格物致知思想直接关系到一切理学体系的着眼点——为学之方，又是他全部哲学的一个最终归宿，因而有着不容忽视的重要意义。

---

⑫　参见余敦康《〈大学〉〈中庸〉和宋明理学》，载《历史论丛》第四辑。

五　格　物

格物是朱熹《大学》思想的核心观念，他曾说"此一书之间，要紧只在'格物'两字，……本领全只在这两字上"（《语类》卷十四，叶贺孙录）。

淳熙元年甲午，在《大学章句》草定初成时，朱熹与江德功有一书，其中第一次系统地说明了他对格物、致知、穷理的基本观点：

> 格物之说，程子论之详矣。而其所谓"格，至也，格物⑬而至于物，则物理尽"者，意句俱到，不可移易。……夫"天生烝民，有物有则"。物者形也，则者理也，形者所谓形而下者也，理者所谓形而上者也。人之生也，固不能无是物矣，而不明其物之理，则无以顺性命之正而处事物之当。故必即是物以求之。知求其理矣，而不至夫物之极，则物之理有未穷，而吾之知亦未尽，故必至其极而后已。此所谓"格物而至于物，则物理尽"者也。物理皆尽，则吾之知识廓然贯通、无有蔽碍，而意无不诚、心无不正矣。此《大学》本经之意，而程子之说然也。其宏纲实用，固已洞然无可疑者，而细微之间，主宾次第、文义训诂详密精当，亦无一毫之不合。（《答江德功》第二书，《文集》卷四十四）

---

⑬　《遗书》卷二上"格物"作"穷理"。

在朱熹看来，所谓"格物"包含有三个要点，第一是"即物"，第二是"穷理"，第三是"至极"。格物思想的核心是穷理，但穷理不能离开具体事物，穷理又必须穷至其极。后来，在己酉见世的《大学章句》中对这些问题作了进一步的阐发：

格，至也。物，犹事也。穷至事物之理，欲其极处无不到也。（释经一章）

所谓致知在格物者，言欲致吾之知，在即物而穷其理也。……是以《大学》始教，必使学者即凡天下之物，莫不因其已知之理而益穷之，以求至乎其极。（补传五章）

致知之道在乎即事观理以格夫物。格者，极至之谓，如格于文祖之格，言穷之而至其极也。（《大学或问》卷一）

及其进乎大学，则又使之即夫事物之中，因其所知之理推而究之，以各到乎其极。（《大学或问》卷二）

如果简单地说，或有所偏重地说，可以说格物就是穷理（如朱子早年壬午封事、癸未奏札），或者说格物就是即物穷理，或者说格物即穷极物理。但全面而综合地解说和规定格物，必须包含上面所说的三种意义。

程朱从穷理的方面理解"格物"的基本意义，可以认为与《大学》思想基本相合。但程朱对格物的理解与他们对格物所作的训义却不大一致。从前面所引朱熹对格物的解释来看，朱熹对"格"的解训是："格，至也"；至者，"极至之谓"也；极至者，"言穷之而至其极也"。朱熹这个解释是从二程来的。

　　按《大学章句》对经一章的解释，以至训格，则格物即为至物，意谓"穷至事物之理"。何谓"穷至事物之理"？《遗书》卷二上载"格，至也，穷理而至于物则物理尽"，据此说看，穷理而至于物即物穷其理，"至"亦至物、即物之意，此明道之言，朱子答江德功书即引此语。然伊川云："格，至也，如'祖考来格'之格。凡一物上有一理，须是穷致其理。"（《遗书》卷十八）《大学或问》卷二朱子引述此语稍有不同，其云："格，至也，凡有一物必有一理，穷而致之，所谓格物者也。"按朱熹此说，"穷致其理"即"穷而致之"，亦即穷而尽之，此说与明道不同。"穷至物理"为伊川语录所多见。如《外书》卷四"格物者，格，至也，物者，凡遇事皆物也，欲以穷至物理也"，《遗书》卷二十二上云："格，至也，言穷至物理也。"《外书》卷二云："格，至也。物，事也。事皆有理，至其理，乃格物也。""至其理"，当然不是指即其理，而当指尽其理。《大学章句》书成后，朱熹不再引明道语，多主伊川之说，以至为极至之意。

　　但是，以至训格，无论以格物为至物，或以格物为极尽物理，皆似不通。按程朱说，凡物皆有理，理即在物中，故言物不必更言其理，此说虽为牵强，尚可为说。但穷理之"穷"意仍无着落，格、至皆无穷索之意，而极尽云者，只可言穷之达于极尽，毕竟极尽无穷索之意。后来王阳明也指出："如以'至'字为义者，必曰穷至事物之理而后其说始通。是其用功之要全在一'穷'字；用力之地，全在一'理'字也。若上去一'穷'字，下去一'理'字，而直曰'致知在至物'，其可通乎？"（《答顾东桥书》，《传习录中》）所以，程朱对格物的基本精神的理解固然不差，但与其训格为至，究竟不相协调。朱门后学中有车若水者曾指出：

> 格物是穷理，不可易也。而以格为至，则有可筹绎者。"格于上下"，可以训至，"格物"难以训至。曰"致知在至物"，非辞也。愚尝谓格且比方思量之谓。此为是，此为非，此为正，此为邪，此为轻，此为重，今之谚欲知轻重，则曰"以称格之"，此字必有传承。《玉篇》云："格，至也，量也，度也。"《广韵》亦然。彼之字义，多出于古时经注。"格，至也"是《尧典》注，不知"度也，量也"出在何处。以此训格，正与今文合。（《玉峰脚气集》，《宋元学案》卷六十六，《南湖学案》）

就是说，格字古训除"至"外，尚有"量""度"之义。这个训义比较接近"格物"之"格"的本义，[14]而程朱都没有注意到这一点。

六　致　知

在朱熹哲学中，"致知"是比"格物"更费解的一个概念。

首先应当了解朱熹哲学中"知"的含义，作为一个范畴，知不仅仅指作为主体能知的知觉，还指主体知觉的结果即"知

---

[14]　参见张岱年《中国哲学大纲》补遗十四。

识"，即不仅指认识能力，亦指认识结果。

致知之知，也有这两方面的意义。《大学或问》说："故欲正心者，必先有以诚其意。若夫知则心之神明，妙众理而宰万物者也。人莫不有，而或不能使其表里洞然、无所不尽。"（卷一）又说："以一人之心，而于天下万物之理，无不能知；以其禀之异，故于其理或有所不能穷也。理有未穷，故其知有不尽，知有不尽，则其心之所发必不能纯于义理而无杂乎物欲之私，此其所以意有不诚，心有不正，身有不修，而天下国家不可得而治也。"（卷二）以知为人莫不有的神明，是指"能知"，所以说心于万理"无不能知"。而"理有未穷，故其知有不尽"，这里的知就不是指能知，而是指心之所知，即知识，所谓尽与不尽，都不是指能知，而是指人的知识是否"周遍精切"。同样，《补格物致知传》说：

> 所谓致知在格物者，言欲致吾之知，在即物而穷其理也。盖人心之灵莫不有知，而天下之物莫不有理，惟于理有未穷，故其知有不尽也。

这里人心莫不有的知即致知之知，它不仅指能觉之知，更以指知识之知。这是说，人心都有知识，但由于理有未穷，因之一般人心所具的知识都有所不尽。必须经过即物穷理以至其极的切实工夫，人心的知识才能达到无所不尽，这就是格物致知的全部意义。所以致知之知，主要还不是指人之能知，而是指心之知识。"人心之灵莫不有知，而天下之物莫不有理"，这句话的意义不在于强调主体与客体之间的区别，不能说理有未穷故知觉能力有所不尽，而是指人心的知识尽或不尽。这里的知与理虽有属于主体和属于客体的区别，但这个知并不是指主体用以穷究物理的能力。唯其如此，朱熹在解释《大学》经一章时说："致，推极也。知，犹识也。推及吾之知识，欲其所知无不尽也。""知至者，吾心之所知无不尽也。"可见致知之知主要以指"吾之知识"，吾之"所知"。知至作为致知的终极境界也是指心之所知无有不尽。邱汉生先生也指出："朱熹所说的人心之灵莫不有知，并不等于人心之灵莫不能知的，除了人心之灵莫不能知这一意义以外，它还具有人心之灵莫不有其知的更重要的意义。"⑮ 因此，知识之知是致知说的主要意义，而能知之义则是致知说包含的当然前提，朱熹在运用知这一概念时常常不加区别，以知识之知即知觉之知。

究竟何谓"致知"？《大学章句》在孤立解释"致知"二字时说："推极吾之知识，欲其所知无不尽也。"研究者常常认为致知是与格物不同的另一种工夫或方法，即发挥自己固有的知识，或用已知的东西推知未知的东西。其实，朱熹所说的"致知"只是指主体通过考究物理而在主观上得到的知识扩充的结果。致知作为格物的目的和结果，并不是一种与格物并行的、独立的、以主体自身为认识对象的认识方法或修养方法。朱熹说：

　　格物只是就一物上穷尽一物之理，致知便只是穷得物

---

⑮　邱汉生：《四书集注简论》，中国社会科学出版社1980年版，第89页。

理尽后，我之知识亦无不尽处，若推此知识而致之也。此
其文义只是如此，才认得定，便请依此用功，但能格物，
则知自至，不是别一事也。(《答黄子耕》第五书，《文集》
卷五十一)

格物指努力穷究事物之理，而当人们通晓事物之理后，人的知
识也就完备彻底了。所以致知完全是作为认识过程的格物在主
体知识方面产生的一个自然结果。因此，仅就"致知"本身的
意义来说，指扩展、充广知识，如果孤立地仅就格物前后主体
知识从不充分到较丰富的变化考察，好像仅仅是主体自身把知
识的范围扩充了，所以说"若推此知识而致之也"。实际上，是
指人的认识实践在主体方面获得的知识成果。朱熹认为，若没
有即物穷理，主体自身是无法扩充知识的：

问："致知，是欲于事理无所不知；格物，是格其所以
然之故。此意通否？"曰："不须如此说，只是推极我所知，
须要就那事物上理会。致知，是自我而言；格物，是就物
而言。若不格物，何缘得知？而今人也有推极其知者，却
只泛泛然竭其心思，都不就事物上穷究，如此，则终无所
止。"义刚曰："只是说所以致知，必在格物？"曰："正是
如此，若是极其所知，去推究那事物，则我方能有所知。"
(《语类》卷十五，黄义刚录)

格物与致知的关系，朱熹常常概括为"格物所以致知"，这是

指，一方面格物以致知为目的，另一方面致知是在格物过程中自然实现的。他说："格物所以致知，于这一物上穷得一分之理，即我之知亦知得一分；于物之理穷二分，即我之知亦知得二分；于物之理穷得愈多，则我之知愈广。"（《语类》卷十八，沈僴录）"夫格物可以致知，犹食所以为饱也。"（《答江德功》第二书，《文集》卷四十四）朱熹把格物与致知的关系通俗而形象地比喻为吃饭与食饱。他还指出："理之在物者，既诣其极而无余；则知之在我者，亦随所诣而无不尽矣。"（《大学或问》卷一）"即夫事物之中，因其所知之理，推而究之，以各到乎其极，则吾之知识，亦得以周遍精切而无不尽也。"（同上，卷二）"但物格于彼，则知尽于此矣。"（《语类》卷十五，万人杰录）这些都是指明，致知是指知识的扩充，它是由于穷尽物理而在主体方面达到的结果。并不是"别有一事"，不是一种与格物平行的独立工夫。在这一点上引起的误解常与朱熹以推训致有关。其实所谓推者，乃出于训诂之不得不然，意即推广、充广。朱熹曾说："格物致知只是穷理，圣贤欲为学者说尽曲折，故又立此名字。今人反为名字所惑，生出重重障碍，添枝接叶，无有了期。"（《答黄子耕》第五书，《文集》卷五十一）后来王守仁亦云"致知云者，非若后儒所谓充广其知识之谓也"（《大学问》），也指明朱熹所谓致知指充广知识。

因此，格物致知只是认识过程的不同方面，格物是就主体作用于对象而言，致知则就认识过程在主体方面引起的结果而言，所以说"格物，以理言也；致知，以心言也"（《语类》卷十五，林恪录）。"致知，是自我而言；格物，是就物而言"

（同上，黄义刚录），因而，"致知、格物，只是一事，非是今日格物，明日又致知"（《语类》卷十五，林恪录），格物与致知"只是一本，元无两样功夫也"（《答陈才卿》第五书，《文集》卷五十九），格物与致知并不是分别以物和心为对象的两种不同"工夫"。

关于"物格"与"格物"、"知至"与"致知"的关系略有些不同。朱熹说："经文物格犹可以一事言，知至则指吾心所可知处，不容更有未尽矣。程子一日一件者，格物工夫次第也；脱然贯通者，知至效验极致也。"（《答黄商伯》第四书，《文集》卷四十六）这是说，知至指致知的终极境界而言。一物穷格之后人的知识得到充广，这是致知；而只有经过反复格物、不断积累而后达到对万物之理的脱然贯通才可算作知至。就是说知至与致知有整体与部分、终极与过程的区别。这与物格和格物的关系不同，今日格一物是格物，格过此物后便可称为物格。至脱然贯通之后，亦可称为物格。《语类》载"格物，是零细说；致知，是全体说"（《语类》卷十五，潘时举录），这里的"致知"当作"知至"，指知至境界而言，说的就是上面这种物格与知至的区别。

关于"明德"问题，《大学章句》注云："明德者，人之所得乎天，而虚灵不昧，以具众理而应万事者也。但为气禀所拘，人欲所蔽，则有时而昏，然其本体之明，则有未尝息者。"朱熹在《孟子集注》中本曾说："心者，人之神明，所以具众理而应万事者也。"又从朱熹反复强调的"人心虚灵""知觉不昧"的观点来看，《大学章句》的"虚灵不昧，以具众理而应万事"应当是指心而言，即明德指心。但是按照所谓"气禀所拘，人欲所蔽"来看，又似指性。按朱熹的习惯说法，只有性理堕入气质中才言为气所拘，不言心为气质所拘，如说"形生质具，则性之在是者为气所拘"（《孟子或问》卷十一）。

按照《大学或问》，"惟人之生乃得其气之正且通者，而其性为最贵，故其方寸之间，虚灵洞彻，万理咸备，盖其所以异于禽兽者正在于此，而其所以可为尧舜而能参天地以赞化育者亦不外焉，是则所谓明德者也"。从"方寸之间，虚灵洞彻，万理咸备"来看，明德似当指心。但朱熹又说："然而本明之体得之于天，终有不可得而昧者，是以虽其昏蔽之极，而介然之顷，一有觉焉，则即此空隙之中，而其本体已洞然矣。"人一旦做到格物知至，"则吾之所得于天而未尝不明者，岂不超然无有气质物欲之累，而复得其本体之全哉！是则所谓'明明德'者，而非有所作为于性分之外也。然其所谓明德者，又人人之所同得，而非有我之得私也"（《大学或问》）。按照这些对明德的讲法，明德是指本体而言，因而即使明德指心，也不是指现实的人心，而是指心的本体。在朱熹哲学中心之本体虽是一个与性相当的观念，但又不等同于性。心之本体指本然之心，仍具有心的特征与功能，如虚灵不昧，性则不具备这些特征和功能。所以"心之本体"并不等于"心之体"，后者与性等同。当然朱熹用语有时并不严格。然而，从把明德说成人人所同得于天的东西，以及"人受天地之中以生，故人之明德非他也，即天之所以命我，而至善之所存也"（《大学或问》）的"天所命我"来看，明德又似指性。总之，明德究竟指心还是性，指心之本体还是性之本体，在《大学章句》及其《或问》中尚难得出答案。

　　如果说在《大学章句》《或问》中对明德的解释含糊不清且可能引起不同理解的话，那么《语类》则较多地谈到明德是性的观点：

　　　　或问："明德便是仁义礼智之性否？"曰："便是。"（《语类》卷十四，黄士毅录）

　　　　盖天之所以与我，便是明命；我之所得以为性者，便是明德。命与德皆以明为言，是这个物本自光明，显然在里，我却去昏蔽了他，须用日新，说得来，又只是个存心。（《语类》卷十六，杨道夫录）

朱熹哲学中本有心之德爱之理为仁之说，以心之德指性。朱熹早年已曾指出明德即心之德："明德统言在己之德。"（《答何叔京》第十九书，《文集》卷四十）《语类》录：

　　　　问："德是心中之理否？"曰："便是心中许多道理，光明鉴照，毫发不差。"（《语类》卷十四，徐寓录）

　　　　明德是自家心中具许多道理在这里，本是个明底物事，初无暗昧，人得之则为德。（同上，黄卓录）

　　　　这个道理在心里光明照彻，无一毫不明。（同上）

这些都是强调明德指心中之理，指性。

　　《语类》几乎无例外地以明德为性，但这仍不能解释，朱熹为什么在《大学章句》及《或问》中始终没有明确说明这一点。从总的思想方面来看，明德是指本体之明，明明德是指复归本体之明。如果人心都自然是明德，也就无须明明德了。所以无论如何，明德不是指心，不是指现实的人心，因为心在朱熹哲学中不是一个本体层次的概念。由此来看，明德只能是心之本体或者是本然之性，究竟是指哪个，朱熹自己没有说清楚，在朱门后学中也由此有不同说法。⑯ 朱熹可能在这个问题上有一些困难，如说明德是本心，则明明德如言明心，近于释氏之说，且本心远不是朱熹哲学中的一个重要概念。如说明德是性，性如何说"明"（光明照彻），也有不少困难。

朱熹在明德问题上的含糊还并未构成他的理论上的一个很大的矛盾或缺口。就心之本体来看，一方面心之本体状态仍具备心的虚明灵彻等特征，因而与性不同。另一方面心之本体作为心的本然状态是指在完全没有气禀物欲昏蔽的影响下从性上发出的知觉。而在朱熹哲学里，人生而静以下心都是直接发自气质之性，不可能免于气禀之累，所以说到这个本体的真正呈现或存在，只有在物格知至、心与理一之后。理学把人的修养的极致境界说成是本体的复归，而在这一点上，说复心之本体还是复性就没有多大差别了。所以，无妨说，在朱熹哲学中有以明德为性和为心之本体两种不同的说法。

---

⑯　参见蒙培元《理学的演变》。

第十四章 格物与穷理

一 格物与穷理

朱熹在答江德功书中曾批评江训格物为接物。他说："训格物以接物，则于究极之功有所未明（自注：人莫不与物接，但或徒接而不求其理，或粗求而不究其极，……今日一与物接而理无不穷，则亦太轻易矣）。"（《答江德功》第二书，《文集》卷四十四）有些研究者认为这表明朱熹根本否定认识应当以接触事物为基础，其实朱熹并不否定接物，只是反对把"格物"仅仅归结为接物。按照朱熹的哲学，必须从即物、穷理、至极三个方面综合地规定格物。因而从这个观点来看江德功的接物说，可能导致"徒接而不求其理，或粗求而不究其极"，即缺少穷理与至极的内容。

实际上，朱熹是十分强调即事即物去穷究物理的。他说："人多把这道理作一个悬空底物，《大学》不说穷理，只说个格物，便是要人就事物上理会。"（《语类》卷十五，廖德明录）"格物，不说穷理，却言格物。盖言理，则无可捉摸，物有时而离；言物，则理自在，自是离不得。"（同上，叶贺孙录）"《大学》所以说格物，却不说穷理。盖说穷理，则似悬空无捉摸处。只说格物，则只就那形而下之器上，便寻那形而上之道，便见得这个元不相离。"（《语类》卷六十二，沈僴录）在朱熹看来，格物的基本精神是穷理。然而《大学》何以不直说穷理而只说格物，按照朱熹的解释，乃是由于《大学》要为人指明穷理的具体做法。穷理不能离开具体事物的观点，绝不仅是朱熹在说明穷理与格物的区别及联系的解释，而是他的方法论的出发点，也是他的理气哲学的直接结论。根据朱熹哲学，在本源上理可以在气之先，而气与万物既生之后，理即在气与万物之中，从而在现实世界中并没有独立存在的理，因此穷理必须即物接物。

即物首先要确定格物的对象和范围。理学的"物"的概念常有广泛的含义。二程说："天下物皆可以理照，有物必有则，一物须有一理。"（《遗书》卷十八）又说："穷理亦多端，或读书，讲明义理；或论古今人物，别其是非；或应接事物而处其当，皆穷理也。"（同上）又说："语其大，至天地之高厚；语其小，至一物之所以然。学者皆当理会。"（同上）"求之性情，固是切于身，然一草一木皆有理，须是察。"（同上）二程的这些物物有理、穷理多端的思想完全为朱熹所继承。

"物"在朱熹哲学中指一切事物，凡天地之间，眼前所接之事，皆是物。"圣人只说'格物'二字，便是要人就事物上理会。且自一念之微，以至事事物物，若静若动，凡居处饮食言语，无不是事。"（《语类》卷十五，廖德明录）物不仅指客观的物质实体，如天地日月、草木山川，亦指人类的活动事为，还包括人的某些思维念虑在内。朱熹认为，当人检省内心的念虑时，被反省的念虑也是人的思维的对象，也属于格物的范围。就是说，一切可以被人们当作思维对象的都属于被格的"物"的范围。

在朱熹看来，心之念虑固然在穷格范围之内，但决不占主要的地位。他坚决反对以格物为格心的思想，《语类》载："因顾贺孙曰：公乡间陈叔向正是如此。如他说格物，云物是心，须是格住这心……这都是不曾平心读圣贤之书，只把自家心下先顿放在这里，却捉圣贤说话压在里面。"（《语类》卷一百二十，叶贺孙录）他坚决反对把格物归结为反省内求，他说："格物须是到处求，'博学之，审问之，谨思之，明辨之'，皆格物之谓也。若只求诸己，亦恐有见错处，不可执一。"（《语类》卷十八，邵浩录）朱熹的格物学说强调对外在对象的考察了解，正是作为"只求诸己"的对立主张而提出来的，在这个问题上他还特别对杨时提出了批评。杨时曾说："天下之物不可胜穷，然皆备于我而非从外得也。所谓格物亦曰反身而诚，则天下之物无不在我者。"（引自《大学或问》卷二）朱熹指出："杨氏盖本程子成物丧己之说而推之，但专以格物致知者为为己之学，则未尽乎学之道，而于为己之意尤无所发明云。"（《论语或问》下卷十四）又说："惟杨氏反身之说为未安耳，盖反身而诚者，物格知至，而反之于身，则所明之善无不实有，……若知有未至，则反之而不诚者多矣。安得直谓但能反求诸身则不待求之于外，而万物之理皆备于我、而无不诚哉！况格物之功正在即事即物而各求其理，今乃反欲离去事物而专务求之于身，尤非大学之本意矣。"(《中庸或问》卷四）所以，格物的基本精神是要求人通过对外在对象的考究以把握义埋。

朱熹认为，理在一切事物中普遍存在，天下事物无论精粗大小高下贵贱莫不有理。他说："上而无极、太极，下而至于一草、一木、一昆虫之微，亦各有理。一书不读，则阙了一书道理，一事不穷，则阙了一事道理，一物不格，则阙了一物道理。须著逐一件与他理会过。"(《语类》卷十五，杨道夫录)"大而天地阴阳，细而昆虫草木，皆当理会，一物不理会，这里便缺此一物之理。"(《语类》卷一百十七，陈淳录)他还说："盖天下之事，皆谓之物，而物之所在，莫不有理。且如草木禽兽，虽是至微至贱，亦皆有理。"(《语类》卷十五，杨道夫录)这些思想表明，朱熹认为格物的对象是极其广泛的。天下事物莫不有理，理之所在皆所当格。从理论上说，不能说哪一事物中没有理，哪一事物不应是穷格的对象。当然，在实践上，对对象须要进行先后缓急的选择，这是另外一个问题。

格物对象的这种广泛性决定了格物途径（用力之方）的多样性。天地之间，眼前所接，无非是物，人所在地位条件不同，入手处可以多种多样，这就是二程所说的穷理多端。《大学或问》说：

　　若其用力之方，则或考之事为之著，或察之念虑之微，或求之文字之中，或索之讲论之际。使于身心性情之德，人伦日用之常，以至天地鬼神之变，鸟兽草木之宜，自其一物之中，莫不有以见其所当然而不容已与其所以然而不可易者。（卷二）

所谓"求之文字之中"亦即二程所谓"或读书，讲明义理"，所谓"索之讲论之际"即二程所谓"或论古今人物，别其是非"，所谓"考之事为之著"即二程所谓"应接事物而处其当"。朱熹说："如读书而求其义，处事而求其当，接物存心察其是非、邪正，皆是也。"（《语类》卷十五，徐寓录）在二程和朱熹的哲学中，格物穷理的途径当然不限于上述几种，但是这几种穷理的方式显然是程朱思想中所认定的主要途径。这表明，程朱的格物穷理学说，就其获得知识的直接实践来说很大程度上局限于道德践履的范围内；就其获得知识的手段来说，主要是强调间接知识的学习。因此，朱熹讲的格物穷理，主要目的是通过读书讲学和道德践履把握道德的准则及一般原理，而不在于经过具体的实践活动具体地掌握客观事物的本质及规律，应用于技术发明和人类进步。朱熹给格物所规定的主要目的决定了其格物学说的基本性质，因为格物致知本来在《大学》逻辑链条中被规定为服务于正心诚意、明明德、止至善。朱熹在《大学章句》的最后也强调他所作的补格致传"乃明善之要"，要求把一切格致之功最终归结到使"吾心之全体大用无不明"的道德境界上去。所以，朱熹的格物学说首先是为士大夫和官僚阶级提供一种旨在最终提高人的道德境界的基本方法，在这个意义上当然也即修养方法。

然而，如果把朱熹的格物学说仅仅归结为道德修养方法，也不全面。在朱熹的体系中，真善一致，格物穷理既是明善的基本途径，也是求知的根本方法。因而，就格物致知所要直接把握的事物之理来看，不但有"身心性情之德，人伦日用之常"，而且有"天地鬼神之变，鸟兽草木之宜"，故完全否认朱熹的格物说中同时也有认识论的意义，那也是不全面的，正如在《大学或问》中所作的，他把穷理概括为穷其所当然之则与所以然之故。《大学或问》说：

> 天下之物则必各有所以然之故，与其所当然之则，所谓理也。（卷一）

他指出："穷理者，欲知事物之所以然与其所当然者而已。知其所以然，故志不惑；知其所当然，故行不谬。"（《答或人》第七书，《文集》卷六十四）所以然之故指事物的所以道理，所当然之则指人的行为规范。

关于所当然之则，朱熹说："父子兄弟骨肉之恩，理之所当然，而人心之不能已者。"（《答江德功》第二书，《文集》卷四十四）"圣人之心，无毫厘之差，谓如事当恁地做时，便硬要恁地做。且如'不得其酱不食'，这一物合用酱而不得其酱，圣人宁可不吃，盖皆欲得其当然之则故也。"（《语类》卷三十八，吕焘录）由此来看，当然之则主要指道德准则和礼节规范。

至于所以然之故，一般说来常以指事物的本质、属性、规律及各种过程的机制，朱熹解释"天地之所以高深，鬼神之所以幽显"说：

> 公且说，天是如何独高？盖天只是气，非独是高。只今人在地上，便只见如此高，要之，他连那地下亦是天。天只管转来旋去，天大了，故旋得许多渣滓在中间。世间无一个物事恁地大。故地恁地大，地只是气之渣滓，故厚而深。鬼神之幽显，自今观之，他是以鬼为幽，以神为显。鬼者，阴也；神者，阳也。气之屈者谓之鬼，气之只管恁地来者谓之神。（《语类》卷十八，杨道夫录）

不管天地高深、鬼神幽显这些问题的提法以及朱熹这里用以解释其所以然的理论从今天看来是否科学，朱熹确实是尽力以当时的科学知识和理论对这些问题加以解释。这也就是他所说的"天地鬼神之变"。《语类》载：

> 问："所谓'一草一木亦皆有理'，不知当如何格？"曰："此推而言之，虽草木亦有理存焉，一草一木，岂不可以格，如麻麦稻粱，甚时种，甚时收，地之肥，地之硗，厚薄不同，此宜植某物，亦皆有理。"（《语类》卷十八，徐寓录）

这也就是朱熹所说的"鸟兽草木之宜"，指关于事物的具体知

朱子哲学研究（增订版）

识。《语类》还载："事要知其所以然。指花斛曰：'此两个花斛，打破一个，一个在。若只恁地，是人知得，说得，须知所以破、所以不破者如何。"（《语类》九，窦从周录）这些引述都表示，朱熹格物说所包括的求知天地鬼神之变、鸟兽草木之宜以及一切具体事物的所以然，包含着探索事物的本质与规律的认识意义。

那么这样说来，朱熹提倡穷究事物的所以然与所当然，岂不是说格物的内容至少有一半是要人们去了解事物的本质和规律了吗？这与前面所说的格物穷理"要在明善"不是有些矛盾吗？回答当然是否定的。这是由于朱熹哲学中的"所以然之故"并不是仅仅用来指事物的本质和规律性。

按照朱熹所说，不但"天地鬼神之变""鸟兽草木之宜"有所以然之故，实际上盈天地间的一切事物，包括"身心性情之德""人伦日用之常"都有所以然之故。所以穷理是"自其一物之中，莫不有以见其所当然而不容己与其所以然而不可易者"，这就是说，每个事物都有所当然和所以然两个方面。他说："如事亲当孝、事兄当弟之类，便是当然之则，然事亲如何却须要孝，从兄如何却须要弟，此即所以然之故。"（《语类》卷十八，周谟录）道德规范是当然之则，道德规范所以产生形成的缘由是所以然之故。这就是说，在伦理学领域里，所以然之故是指一切道德准则的究竟根源。按照朱熹哲学，一切道德准则"其所以然，则莫不原于天命之性"（《论语或问》卷八）。他说"天命，即天道之流行而赋于物者，乃事物所以当然之故"（《论语集注》卷一，《为政》第二），"此事此物当然之理，必有所从

388

来。知天命，是知其所以来也"（《语类》卷二十三，滕璘录）。即是说，一切当然之则都根源于天命。

所以，朱熹对所以然之故的强调就不仅是要人去了解事物的本质与规律，更是认为人们应当从认识一切当然之则根源于天命的高度来提高主体的道德自觉。因此，在伦理学上所当然与所以然在层次上有所不同。"知事物之当然者，只是某事知得是如此。某事知得是如此，到知其所以然，则又上面见得一截"（《语类》卷二十三，胡泳录），"所以然之故，即是更上面一层"（《语类》卷十七，沈僴录），"天下万物当然之则，便是理；所以然底，便是原头处"（《语类》卷一百一十七，陈淳录）。知当然之则只是知应当如此这般去做的具体规范，知所以然之故才能知道为什么应当如此这般去做的普遍依据。因此，当然之则还较多地带有"事"的色彩，故说知所当然是"知此事"，而知所以然才是"觉此理"（《语类》卷十七，沈僴录）。所以又说知所当然只能使行不谬，知所以然才能志不惑而乐循理，从这里又有真知与浅知的分别。

从上述思想来看，朱熹的所以然之故的思想与莱布尼茨的充足理由说是有些类似的。在本体论上，充足理由说认为宇宙万物都有其为什么这样而不那样的理由。对于一般事实的认识是要寻找它们各自的理由，而归根结底，在无尽的特殊理由系列之上存在着最后的充足理由，这是一切事物的终极根据（上帝）。朱熹当然没有理由系列和上帝的观念，但他认为一切事物都有其所以然之故，说到底，一切事物的存在直接或间接地以天理为究竟根源。在莱布尼茨，充足理由是上帝的化身；而在朱熹，充足理由即被夸大为万物所根据的普遍规律的天理。

由于所以然之故，特别是在伦理学范围内，具有充足理由的意义，朱熹对它的重视就不是完全出于追求把握具体事物的本质和规律了。当然，所当然之则也不仅指社会的伦常规范，朱熹说："且如草木禽兽，虽是至微至贱，亦皆有理。如所谓'仲夏斩阳木，仲冬斩阴木'，自家知得这个道理，处之而各得其当便是。"（《语类》卷十五，杨道夫录）阳木、阴木生各有时，此物之所以然，人知得这个道理，处之使得其当，这是所当然。"仲冬斩阴木""仲夏斩阳木"本出于《周礼·地官》，而《荀子·王制》亦有"草木荣华滋硕之时，则斧斤不入山林"之说。朱熹上述说法，主要不在于强调对一切自然法则都存在相应的人的行为规则，以使人的行为符合这些自然法则，而是由于，盖自中国古代，为了保证农业发展，根据季节时令制定的保护性法规及活动安排已被列为礼制的内容，因而朱熹哲学的所谓当然之则，不仅包括一般的伦常规范，也包括一切礼法制度。

由上述可见，程朱理学所讲的格物穷理，就其终极目的和出发点而言，"要在明善，明善在乎格物穷理"（《遗书》卷十五），"致知，但知止于至善"（同上）。而就格物穷理的中间过程和所包括的范围来说，包含着认识自然事物的规律和本质。所以，程朱理学的格物穷理说，反对"只务泛观物理"，又反对排斥观察物理；既讲"以反身穷理为主"，又积极肯定见闻之知作为充广知识的必要途径。朱熹认为只有这样才能合内外之道。《语类》载：

"致知"一章，此是《大学》最初下手处，若理会得透彻，后面便容易，故程子此处说得节目最多，皆是因人之资质耳。虽若不同，其实一也。见人之敏者，太去理会外事，则教之使去父慈子孝处理会，曰"若不务此，而徒欲泛然以观万物之理，则吾恐其如大军之游骑，出太远而无所归"。若是人专只去里面理会，则教之以"求之性情，固切于身，然一草一木，亦皆有理"。要之，内事外事，皆是自己合当理会底，但须是六七分去里面理会，三四分去外面理会方可。(《语类》卷十八，辅广录)

朱熹自己能成为一个有多方面成就、学识极其渊博的学者，显然与他自己广泛地研究过许多事物有关。他对许多事物都有浓厚的兴趣，他说"历象之学，自是一家，若欲穷理，亦不可以不讲"(《答曾无疑》第五书，《文集》卷六十)，"琴固每弦各有五声，然亦有一弦自有为一声之法，故沈存中之说未可尽以为不然。大抵世间万事，其间义理精妙无穷，皆未易以一言断其始终，须看得玲珑透脱，不相妨碍，方是物格之验"(《答蔡季通》第十二书，《文集》卷四十四)。《语类》载："昔有道人云，笋生可以观夜气，尝插竿以记之，自早至暮，长不分寸，晓而视之，已数寸矣。……后在玉山僧舍验之，则日夜俱长，良不如道人所说。"(《语类》卷一百三十八，李闳祖录)他的个人实践也表明，他的格物穷理说，虽然在终极目的上是为了把握所谓"天理"，但就穷理的直接对象来说还广泛涉及具体事物的性质和规律。不管朱熹在"天理"与具体事物之间如何架起一座从普遍到特殊的桥梁，不管人们对具体事物的研究能否上升到那个"天理"，朱熹总是主张认识要从具体的事物着手。后来明代王学总体上固然是朱学格物方法的流弊引起的一种反动，但仅就王阳明"亭前格竹"而言，显然并没有真正理解朱熹的格物思想。

朱熹的理学思想是代表当时中国封建社会地主阶级统治的长远和整体利益的正统意识形态。就其学说的主要目的来说，是要按照这种理论改造或造就符合该社会根本利益的士大夫与官吏队伍。从传统儒家理想的圣贤境界来说，也要求把个人培养成从博学到笃行的全面人格。因此，理学中程朱一派不仅极力主张士人和官僚要在道德上完全服从于当时封建社会的根本利益，而且要求必须具有对历史的深刻认识、对自然事物的广泛了解。即不仅要求有完善的道德境界，而且要求有充分的学问知识。从这样一种观念出发，一切正统儒家学说，无不在强调道德完善的同时，尽力在方法论上指出学习知识的重要意义。朱熹的格物学说更是用真善同一的方法把二者联为一体，即真即善，即善即真，不能离善而求真，求善即在求真之中。

朱熹的格物穷理的方法论充分地肯定了人学习知识和研究外部事物的必要性，然而也应看到，理学注重知识学习，提倡研究事物，与培根以来近代西方哲学重视知识以自然科学为基础，以实际应用为目的的指导思想不同。他们重视知识主要不是为了促进科学发明与学术进展，增进人类福利，而是为了个人修身和国家治理。因此理学所注重的知识不但受到阶级与历史的限制，其范围也不能不有较大的局限性。他们提倡了解的科学知识大都属于传统儒家所规定的、统治国家所需要的天文知识、基本农业知识，以及为礼制服务的律历知识等。而在他们所理解的知识总体中，更多的是属于历史知识、政治知识、道德文化知识以及各种典章制度知识。这就决定了理学的方法论和知识论不是为科学研究提供指导方法，以寻求发现人们还不了解的客观世界的新知识、新规律。因此，要求 12 世纪的中国出现培根思想或科学方法论无疑脱离了历史的发展，然而也必须承认朱熹的哲学思想包括他的方法论不能不带有受前近代社会经济条件制约而具有不同于近代的特殊性格。

二　积累和贯通

关于格物的具体方法和程序，即所谓"次第工程"，也是朱熹格物思想的一个重要部分，甚至是核心的部分。可以把朱熹这一方面的思想概括为一句话，这就是他反复强调、程颐讲过多次的"今日格一件，明日又格一件，积习既多，然后脱然自有贯通处"（《遗书》卷十八），指积累可以达到贯通，贯通须由逐步积累。

格物的终极目标是要求"理之在物者，既诣其极而无余；则知之在我者，亦随所诣而无不尽"，"于天下之物，皆有以究其义理精微之所极，而吾之聪明睿智，亦皆有以极其心之本体而无不尽"。要达到这一终极境界就必须解决：是把天下万物逐一格过（且不论其可能与否），还是说只格一物便可以把握万物之理？朱熹关于今日格、明日格、积久贯通的思想，正是围绕解决这种一与万的矛盾展开的。

关于一与万的矛盾关系，在程颐弟子记录的程颐语录中有两种不同说法。一种说法是："一物格而万理通，虽颜子亦未至此，惟今日而格一物焉，明日又格一物焉，积习既多，然后脱然有贯通处耳。"（引自《大学或问》）另一种说法是："格物非欲尽穷天下之物，但于一事上穷尽，其他可以类推。……千蹊万径，皆可以适国，但得一道而入，则可以推类而通其余矣。盖万物各具一理，而万理同出一原，此所以可推而无不通也。"（同上）后面一种说法与程颐语录中大量的积久贯通的思想不合，或有记误。从后面这段语录大意来看，主要还是强调不必穷尽天下之理，尽格天下之物，这是程颐思想自属无疑。在程颐看，尽格天下之物不但不可能，而且对于达到贯通来说也不必要。积习达到一定程度的汇累，不必尽格天下之物就可以把握天下之理，这主要是通过贯通和推类来实现。理会得多，自然达到贯通；贯通之后，对于未曾格过的事物可以由已经贯通的普遍之理进行推类。程颐反复说"穷理者非谓必尽穷天下之理，又非谓止穷得一理便到，但积累多后自当脱然有悟处"（引自《大学或问》，与《遗书》卷二上所录语小异），"求一物而通万殊，虽颜子不敢谓能也。夫亦积习既久则脱然自有该贯，所以然者，万物一理故也"（《粹言·论学》），"须是遍求，虽颜子亦只能闻一知十，若到后来达理了，虽亿万亦可通"（《遗书》卷十九）。所以，前引"但于一事上穷尽"之说似有记误，当然，我们也可以说这个问题程颐没有完全讲清楚。

如果说一与万的矛盾在程颐还未完全讲清楚，而在朱熹则断然反对格一物能通万理。《语类》载：

> 问："'一理通则万理通'，其说如何？"曰："伊川尝云：'虽颜子亦未到此。'天下岂有一理通便解万理皆通？也须积累将去。如颜子高明，不过闻一知十，亦是大段聪明了。学问却有渐，无急迫之理。有人尝说，学问只用穷究一个大处，则其他皆通，如某正不敢如此说。须是逐旋做将去，不成只用穷究一个，其他更不用管，便都理会得，岂有此理！"（卷十八，周明作录）

> 这道理不是只就一件事上理会见得便了，学时无所不学，理会时却是逐件上理会去。……今公只就一线上窥见天理，便说天理只恁样子，便要去通那万事，不知如何得？萃百物，然后观化工之神；聚众材，然后知作室之用。（卷一百十七，陈淳录）

朱熹的这些思想是以他的理一分殊思想关于理的统一与差别、普遍与特殊的相互关系的观点为基础的。二程本有万物一理和理一分殊的思想，但这些思想二程尚未给以明确阐述。按照朱熹的思想，一切事物的性理可以说无所差别，但一切事物的具体分理是有差别的。从朱熹的格物说来看，穷理的对象更多是指具体事物的分理（规律）、具体事物的伦理（准则），因此，对于格物问题来说，万物一理这一命题的意义是指千差万别的具体物理为一普遍原理所支配。普遍的统一天理体现于一切差别的特殊物理之上，一切具体物理都是普遍之理的个别表现。

因此，对于格物，不可能只格一物便了解天下万物的各个具体物理，也不可能由只格一物便认识宇宙的普遍之理。相反，只有通过反复的格穷，才能从个别上升到一般，逐步认识一切事物之间共同的普遍之理。

这里涉及朱熹格物学说的一个很重要的问题。我们看到，朱熹哲学中作为统一性的天理虽然并不是客观世界真正的普遍规律，但是朱熹确实把天理视为宇宙的普遍原理，用普遍与特殊、一般与个别的关系来处理理一与分殊的相互关系，从而也表现出对普遍和特殊关系的某些辩证理解。因此，我们说朱熹讲积累贯通，从个别上升到一般，并不是说这个过程是真正地从个别上升到科学的抽象，而是说，按朱熹的理解、表述，这是一个从个别上升到一般的过程，从而在他的学说里容纳了人的认识过程中常常发生的辩证运动的内容。

与二程一样，朱熹认为经过今日格一物、明日又格一物的逐渐"积累"，人的认识便达到"贯通"阶段。他说：

> 是以《大学》始教，必使学者即凡天下之物，莫不因其已知之理而益穷之，以求至乎其极，至于用力之久，而一旦豁然贯通焉。则众物之表里精粗无不到，而吾心之全体大用无不明矣。此谓物格，此谓知之至也。（《大学章句》）
>
> 及其真积力久而豁然贯通焉。（《大学或问》卷二）
>
> "积习既多，自当脱然有贯通处。"乃是零零碎碎凑合将来，不知不觉，自然醒悟。（《语类》卷十八，万人杰录）

根据程朱的说法，经过今日格明日格的积渐工夫，人在思想认识上就会产生一个飞跃，达到豁然贯通。贯通的达到标志着踏入知至物格的极致境界。按照朱熹的说法，在一定的积累基础上，这种认识的跃迁是自然而然地实现的。

程朱讲的贯通，特别是朱熹讲的豁然贯通，常常被用来与禅宗的顿悟相提并论而加以批评。有些学者有一种倾向，似乎凡是"豁然""顿悟"类的字样都一定与禅宗发生联系。不必说豁然顿悟是我们日常生活中常见的经验，就是朱熹讲的豁然贯通与禅宗的顿悟思想也有很大差别。这主要是因为佛教禅宗讲的是关于虚幻的宗教境界的突发领悟，不依赖于经验知识的积累，完全是建立在内省反观之上的神秘的心理体验。朱熹讲的豁然贯通，由于把天理与具体事物之理规定为普遍与特殊的关系，由此特别强调依据经验知识的长期积累，贯通虽然也含有体验的一面，但不仅在理论上被规定为由特殊到普遍的飞跃，而且在实际上，在伦理学方面，也确实包含着从特殊的具体规范上升到普遍的道德原理的意义。其实，龟山所谓反身而诚万物皆备于我，龟山门下罗豫章、李延平之静中体验未发，虽都未明确说明，无非亦是一种心理体验，后来陈白沙静坐呈露心体、聂双江静中所见未发更清楚地说明了这一点。这些神秘主义的心理体验确与禅宗的体验类似。而朱熹的已发未发思想尽管有丙戌、己丑的不同，一个明显的事实是，朱熹正是正视延平未发体验方式的困难、缺乏普遍性，而执着地追求一种理性主义的为学方式。

为了把握朱熹的豁然贯通思想，还要回到关于一理与万理的问题上来。张载曾说："世人之心，止于闻见之狭。圣人尽性，不以见闻梏其心"（《正蒙·大心》），朱熹解释说："张子此说，是说圣人尽性事。如今人理会学，须是有见闻，岂能舍此？先是于见闻上做工夫到，然后脱然贯通。盖寻常见闻，一事只知得一个道理，若到贯通，便都是一理。"（《语类》卷九十八，黄㽦录）具体事物之理互不相同，格物穷理的开始就是要逐一认识这些各不相同的物理。如果仅仅停在"一事只知得一个道理"上还不行，认识必须超越这些互不相同的物理，上升到更高的层次上来把握普遍。所谓贯通就是指能够从普遍原理的高度来把握具体事物，从万事万理上升到万事一理。贯通一词的本义即在于一以贯之，相通不碍。朱熹常常比喻说，万事万理好像一大堆散乱的铜钱，所谓贯通即如同用一根绳索把铜钱全部贯穿起来，显然这是指从普遍的高度来把握具体。

因此，按朱熹的理解，贯通就是从个别上升到一般、普遍的过程，从具体规律、原则上升到普遍规律、原则的过程。具体是万，普遍是一，对一的把握必须通过对具体事物的认识逐渐积累来实现。他说"所谓一者，对万而言，今却不可去一上寻，须是去万上理会"（《语类》卷二十七，黄㽦录），所以说："而今不是一本处难认，是万殊处难认"（同上，黄卓录），"圣人未尝言理一，多只言分殊，盖能于分殊中事事物物，头头项项，理会得其当然，然后方知理本一贯。不知万殊各有一理，而徒言理一，不知理一在何处"（同上，董铢录）。这些思想固然可以看到李侗理一不难见、所难在分殊思想的影响，同时也明显地包含着一般与个别的相互关系，从而是对李侗也是对理

398

学认识论的一个很大的发展。所谓由积累以达贯通，从理一分殊的角度说，就是使认识从分殊上升到理一，以掌握"众理之统"。

从积累到贯通，从个别到一般，朱熹认为常常是一个"不知不觉，自然醒悟""不觉自浃洽贯通"（《答林德久》，《文集》卷六十二）的过程。这个过程在本质上是一个归纳、综合的过程，他说：

> 只是才遇一事，即就一事究竟其理，少间多了，自然会贯通。如一案有许多器用，逐一理会得，少间便自见得都是案上合有底物事。（《语类》卷十八，叶贺孙录）
>
> 须是逐一理会，少间多了，渐会贯通，两个合做一个，少间又七八个合做一个，便都一齐通透了。伊川说"贯通"字最妙。（《语类》卷十四，叶贺孙录）

朱熹的这些思想，仅从道德认识过程来说，是要求人们首先具体地认识各种具体的当然之则，尔后"两个合做一个，少间又七八个合做一个"，概括出支配各个分殊的当然之则的普遍原则来。所谓豁然，指这一过程常常是在无意识的情况下自发地、突然地实现的。由于这一过程本质上具有归纳、综合的特点，所以朱熹认为认识的这种飞跃也可以是在充分积累基础上主动地进行抽象思维的结果。他说"万理虽只是一理，学者且要去万理中千头百绪都理会，四面凑合来，自见得是一理"（《语类》卷一百一十七，陈淳录）；又说"凡看道理，要见得大头脑处分明，下面节节，只是此理散为万殊。如孔子教人，只是逐件逐事说个道理，未尝说出大头脑处。然四面八方合聚凑来，也自见得个大头脑"（《语类》卷九，董铢录）。这就是说万物之理千头万绪，各个差别，经过"四面凑合来"的综合思维，才能认识万理终归一理。

由上述思想，在逻辑上，从人的总体认识的目的米说，就是要求人们掌握贯穿自然、社会、人生的更普遍的原理、法则。但是，对程朱理学来说，这个普遍原理必须能够对社会的一切当然之则起到一种直接的支持作用，这就使他们要求的抽象不可能是科学的，而是为了道德伦理的目的不能不带有许多主观随意和比附的性质。结果把自然与社会的真正普遍联系归结为所谓"吾之仁义礼智，即天之元亨利贞"（《语类》卷六十），或者，"仁义礼智信之性，即水火金木土之理也"（《答方宾王》第三书，《文集》卷五十六）。由于理学实际上已预先限定了认识飞跃的终极结果是要在自然法则与道德原则之间建立起某种直接联系，在这种理论指导下的积累到贯通的过程就只能是在万物之理上面去努力附会地印证这种关系。而理学要求人们在进行这种印证时毫无附会之感而心悦诚服，因之要求人们达到的就不能不是一种仍带有体验色彩的道德境界。但是，在朱熹看来，"仁者以天地万物为一体"要不流于空洞，就必须以理一分殊为基础，在万物一体的终极境界（知至贯通）与分殊的具体万理间确立起普遍与特殊的关联，走自明而诚的理性主义道路，摆脱那种与内省反观联成一体的纯粹体验。这些与佛教顿悟说及理学中讲究内心体验的派别显示出了很大的不同。

可见，朱熹的错误不在于强调认识从研究个别事物之理入手，不在于主张认识应当从现象到本质，以便从量到质，实现从特殊到普遍的跃迁，这些反而表明朱熹对人的认识过程的辩证运动有充分的认识。他的错误在于，把他所谓天理说成宇宙间的普遍规律，并预先把对于天理的认识规定为认识的终极结果，在这样的前提之下把人类认识活动从特殊上升到普遍的种种特征牵强地用以论述在具体事物上如何印证所谓天理的过程。

三　推　类

朱熹说："物有多少，亦如何穷得尽？但到那贯通处，则才拈来便晓得，是为尽也。"（《语类》卷六十，程端蒙录）事物浩繁无穷，尽格天下之物是不可能的，然而从格物致知的要求来说，又要尽得天下之理，使众物表里精粗无不到，这是有限和无限的矛盾。从积累到贯通，从万理到一理固是格物的最重要一环，标志着踏进知至物格的境界，但是仅仅了解"万理本乎一理"还不是"于天下之物皆有以究其义理精微之极"。对于豁然贯通而言，尽格天下之物是不必要的，然而豁然贯通也还不是"众物之表里精粗无不到"。那些未曾穷格的物理也并不会自然地转化为人的现成知识。因此，可以认为，在贯通之后，还有一个推类的阶段。只有经过积累，达到贯通，又进一步推类，未格的物理才能变为已知，才算完成了知至格物的境界。朱熹说："如何要一切知得？然知至只是到脱然贯通处，虽未能事事知得，然理会得已极多，万一有插生一件差异底事来，也都识

得他破。只是贯通，便不知底亦通将去。"（《语类》卷十八，沈
僩录）就是说，由于一切事物的具体物理都是普遍之理的表现，
因而一旦真正达到了万物一理的认识之后，对于未曾穷格的事
物之理就能根据普遍之理举一反三，大体上做出判断，推知出
来。他说：

> 欲识其义理之精微，则固当以穷尽天下之理为期。但
> 至于久熟而贯通焉，则不待一一穷之，而天下之理固已无
> 一毫之不尽矣。举一而三反，闻一而知十，乃学者用功之
> 深、穷理之熟，然后能融会贯通，以至于此。（《答姜叔权》
> 第一书，《文集》卷五十二）
>
> 所谓"不必尽穷天下之物"者，如十事已穷得八九，
> 则其一二虽未穷得，将来凑会，都自见得。又如四旁已穷
> 得，中央虽未穷得，毕竟是在中间了，将来贯通，自能见
> 得。（《语类》卷十八，林夔孙录）
>
> 今以十事言之，若理会得七八件，则那两三件触类可
> 通，若四旁都理会得，则中间所未通者，其道理亦是如此。
> （《语类》卷十八，万人杰录）

从积累到贯通，认识从万理上升到一理；从贯通到推类是从一
理推知未曾穷格的事物之理。推类可看作贯通的延续或进一步
展开。当人们从积累上升到贯通时，认识从特殊上升到普遍，
了解了支配宇宙万物的普遍原理，但并不意味着这个时候那些
没有穷格过的物理也就自然地为人们所认识。朱熹认为，既然

人已经把握到普遍原理，而未曾穷格的事物无例外地也在普遍原理支配之下，因而只要真正把握了普遍原理，人们就可以根据普遍原理对未曾研究过的事物进行推类，从而在大体上了解这些事物的道理。因此，所谓要穷尽物理，并不是说要把一切事物之理都转变为人心的现成知识，而是说贯通为人们用推类的方法了解一切未曾研究的事物准备了完全充分的条件，所谓"才拈来便晓得"，就是这个意思。在这个意义上贯通也就标志着"穷尽物理"了。

至于如何推类，朱熹说：

> 今人务博者，却要尽穷天下之理；务约者又谓反身而诚，则天下之物无不在我，此皆不是。且如一百件事，理会得五六十件了，这三四十件虽未理会，也大概可晓了。某在漳州有讼田者，契数十本，自崇宁起来，事甚难考。其人将正契藏了，更不可理会。某但索四畔众契比验，四至昭然，及验前后所断，情伪更不能逃。……穷理亦只是如此。（《语类》卷一百一十七，陈淳录）

朱熹这里所举的田契之讼是对前引他所说"如四旁已穷得，中央虽未穷得，毕竟是在中间了，将来贯通，自能见得"的一个具体解说，是指任一事物都不是孤立存在，总是与周围事物共同地在一定条件下存在和发展。因此这一事物和周围事物必然具有许多共同的特点。如果对这一事物不能直接考察，而有条件直接考察与其相互联系的周围事物，那就可以通过对周围事物的考察来得出一般性结论，再用以考察判断该事物。也就是说，对于一类事物，可以通过研究该类事物的大多数来找到普遍的共同特点，进而以此了解此类中未曾直接研究过的具体事物。这就是推类。显然，这是从一般到个别的方法，具有演绎的性质。所谓"以十事言之，若理会得七八件，则那两三件触类可通"，"如十事已穷得八九，则其一二虽未穷得，将来凑会，都自见得"，也都是把十事作为一类，通过研究此类事物的大多数找到一般性，举一反三，触类旁通。人的认识的能动性在这里表现为不必把一类事物全部穷尽，即可以把握此类事物的普遍性，而普遍性的获得又可以被利用来进一步了解未曾认识的事物。从这个角度来看，贯通是对已知进行归纳的结果，又是对未知进行演绎的前提。

朱熹的推类思想，肯定贯通要以穷格一类事物的多数为基础（以保证普遍性），肯定人的认识所具有的能动性，反映出朱熹对认识过程中个别与一般、感性与理性相互关系的一些正确的认识。如果说从积累到贯通最终还是要达到一种道德境界的话，从贯通到推类由于落脚于具体事物的认识和处理上，包含的合理性更多一些。同时表明，朱熹的贯通所要达到的普遍是有层次的，有不同方面的，在内容上不仅包括从个别道德规范上升到普遍伦理法则，也包括一类事物的共同规律。

当然，从积累到贯通，由贯通到推类，虽然具有归纳和演绎的性质，但从根本上说朱熹并不是把它作为科学的逻辑方法提出来的。按照朱熹的方法论，推类也只能排除与普遍规律违背的可能性，对没有研究过的事物只能做到"大体可晓"，不可能提供物理的细节，因此也就不是一种帮助人们真正探索未知世界的方法。然而，正像黑格尔《逻辑学》在唯心主义的形式下揭示出人类认识的辩证法，朱熹格物说的积累—贯通—推类也同样地揭示出认识的辩证过程。

关于格物穷理的具体方法，还有两个问题要讨论一下。

程颐的语录中有一段说："若一事上穷不得，且别穷一事"，而李侗则主张："凡遇一事即当且就此事反复推寻以究其理，待此一事融释脱落，然后循序少进而别穷一事，如此既久，积累之多，胸中自当有洒然处。"（见《大学或问》卷二引）格物穷理的具体过程中常会发生各种困难。这些困难中有些经过努力思考可以得到解决，有些则不是短时期内能够解决的。朱熹认为，一般地说，应当格透一物再格一物，否则就会导致逃避困难。但是如果遇到真正难以克服的困难，则可以按程颐所说，且别穷一物。朱熹曾就此问题回答门人说："程子之言诚善，穷一事未透，又便别穷一事，亦不得。彼谓有甚不通者，不得已而如此耳，不可便执此说，容易改换，却致工夫不专一也。"（《答李尧卿》第四书，《文集》卷五十七）《语类》亦载："仁甫问：'伊川说"若一事穷不得，须别穷一事"，与延平之说如何？'曰：'这说自有一项难穷底事，如造化、礼乐、度数等事，是卒急难晓，只得且放住。……延平说，是穷理之要，若平常遇事，这一件理会未透，又理会第二件；第二件理会未得，又理会第三件，恁地终身不长进。'"（卷十八，叶贺孙录）可见，在这个问题上朱熹是以延平说为经，以伊川说为权。

其次，为了达到贯通，须要今日格明日格的积累工夫，虽然从理论上说，物物有理，皆所当穷，但在选择物的对象时并不是没有先后缓急，因而在实践上应当服从格物的主要目的而有所选择。格物的终极目的是明善，所以如果"存心"于一草一木，把格物完全理解为研究自然事物的方法，那就与格物的本来目的背道而驰了。他说："伊川先生尝言凡一物上有一理，物之微者亦有理。又曰大而天地之所以高厚，小而一物之所以然，学者皆当理会。吕氏盖推此以为说而失之者。程子之为是言也，特以明夫理之所在无间于大小精粗而已，若夫学者之所以用功，则必有先后缓急之序、区别体验之方，然后积习贯通，驯致其极，岂以为直存心于一草木器用之间，而与尧舜同者无故忽然自识之哉。"（《吕氏大学解》，《文集》卷七十二）又说："且如今为此学而不穷天理、明人伦、讲圣言、通世故，乃兀然存心于一草木、一器用之间，此是何学问。"（《答陈齐仲》，《文集》卷三十九）这都是说不应把注意力完全投入草木器用的研究，但还不是说草木不可格。这两段文字皆作于乾道之初，后来朱熹更多强调草木亦当穷，然要之不可无次序，"博学，谓天地万物之理，修己治人之方，皆所当学，然亦各有次序，当以其大而急者为先，不可杂而无统也"（《语类》卷八，甘节录）。因此，格物的重点是"读书史""应事物"（《答吴伯丰》第一书，《文集》卷五十一）、"穷天理、明人伦"，而草木器物之理固应研究，但终在次要地位。

第十五章　知与行

　　关于朱熹的知行思想，已有论者几乎一致认为，朱熹的知行观有三个方面的基本内容：知在行先，行重于知，知行互发。[①] 一般说来，这几个命题确实是朱熹知行思想的重要论点。但是为了在这些命题下准确地把握所讨论的哲学问题，就必须首先确定朱熹哲学的知行范畴的具体意义，进而理解这些讨论知行关系的命题所具有的一般意义和特殊意义。

　　应当看到，中国哲学中的知行范畴含有比较复杂的意义，同样采用知行范畴为理论形式，其中讨论的具体对象和问题往往不同。比如，人的整个认识是从实践到认识再到实践的反复过程，从实践产生认识，又应用于对实践的指导。用知行范畴来表述，即行—知—行的不断循环过程。朱熹所讲的知行先后问题是指"行—知"的认识的来源这前一环节呢，还是指"知

---

　　① 　参见任继愈主编《中国哲学史》（第三册），人民出版社 1964 年版，第 239 页。

一行"理论指导实践这后一环节呢？两个问题是明显不同的，问题的不同也就自然导致对特定知行思想的不同评价。

《语类》卷九题为《论知行》，是朱熹的门人弟子所作的关于朱熹知行思想的记录。按照这一卷的内容来看，朱熹所讲的知行及其相互关系，常常具体地表现为以下一些不同的概念及关系：

知	行
致知	力行
理会	践行
思索	躬行
格物	践履
进学	涵养
穷理	操存
观理	集义
明理	持守
穷格	持敬
穷索	主敬
讲明	居敬

也就是说知行关系实际上包含着不同的具体问题。

上述这些概念对于特定的问题来说是不可以随意替换的。仍就知行先后而言，知先行后是朱子知行学说的代表性观点，但是我们知道，朱熹所讲的知行也常用以指"致知与涵养"这对关系，于是就有一个问题，能不能笼统地说朱熹也认为致知

在涵养之先呢？众所周知，"涵养须用敬，进学则在致知"，这
是朱子终身服膺的一句程颐的名言，前人皆以此为朱子生平学
问大旨。照这个思想说，涵养致知、居敬穷理作为道学家培养
自我的两种基本方法，并进互发，谈不上有先后的。可见，在
"知先行后"这一公式中，并不是上表中属于"行"的一列中的
任何一概念都可以"代入"的。再者，按照朱熹学派的理解，
致知与主敬被归为知行问题，就二者关系而言，朱熹常引程颐
"未有致知而不在敬者"一语，能不能由此认为朱熹有与知先行
后相矛盾的行在知先的思想呢？此外，门人所录，各以己意而
增损之，语意失实处亦所难免，毫厘之差有时也会导致问题的
模糊，凡此种种，都说明对朱熹的知行观还有必要作进一步细
致的分析与研究。

　　根据知行具体意义的不同，大体说来，朱熹在知行形式下讨
论的问题可以主要分为几个：致知与力行，这是指人的道德认识
与对这些道德观念的践履、实行的相互关系。致知与涵养，这是
指充广知识和修身养性作为道学"为己之学"两种基本方法间的
相互关系。致知与主敬，是讲主体的修养在格物致知过程中的作
用。这几个问题也有一定的交叉，以下分别来进行讨论。

一　致知与力行

　　知行关系在中国古代哲学中所讨论的常常不是认识的来源
问题，尤其是儒家，其知行学说讨论的主要是道德知识与道德
践履的关系。所谓道德践履是指对既定的道德观念的实行、履

行，因此，从一般意义上看，知行是指人的知识与人把既有知识付诸行为行动这两者间的关系。《论语》中记孔子曰"子路有闻，未之能行，惟恐有闻"（《公冶长》），是说闻知之后未及实行。《论语》中这些知行的用法奠定了后来儒家的知行讨论的基础。就是说，"行"常常不是泛指一切行为，而是指对既有知识的实行。所以宋儒把知行问题常常表述为"致知与力行"的关系，对于宋儒，知行常常不过是致知与力行关系的简略用法而已。"致知"语出《大学》，与力行相对的致知和与格物相对的致知意义有别，前者兼指格物穷理。"力行"语出《中庸》"好学近乎知，力行近乎仁，知耻近乎勇"，这一观念正是孔子"守仁"、《易传》"行仁"思想的延续。前表所列的践行、躬行、践履、集义基本上都属于力行（当然，宋儒也有把力行仅指修身涵养者，此见下节）。其实，春秋时期所谓知易行难的思想，其"行"也是指对既有之知的实行，不是泛指一切行为实践。所谓知之非艰、行之惟难，也主要指知所当行并不难，难在行所已知。《易·文言》"学以聚之，问以辨之，宽以居之，仁以行之"，这里的仁以行之也是指对学聚问辨的结果加以实行。

朱熹和张栻曾讨论过关于"行"的意义，他们同意"行者不是泛而行，乃行其所知之行也"（《答张敬夫》第四十二书，《文集》卷三十二）。至于与行相对的知，常以指"此事知其当如此行"（见刘刚中《师友问答》，《宋元学案》卷六十九）。《孟子集注》："知，谓识其事之所当然。"（《万章》）又以指致知，即求得知识。朱门高足陈北溪亦尝释致知为"所以明万理于心"，释力行为"勉焉而不敢怠之"（《示学者文》，《北溪学案》，

《宋元学案》卷六十八）。

　　所以，在朱熹哲学体系来看，格物致知属于"知"的范畴，虽然格物致知也是人的一种行为，但其性质与目的属于明理知理而不是行理循理，而正心诚意以下才算是行。因此广义来看格致之功虽是求知之行，但理学对行的理解较狭，格物致知并非力行之行，只能说"格物、致知是要知得分明"（《语类》卷十四，沈僩录）。二程曾说："始于致知，智之事也；行所知而极其至，圣之事也。"（《粹言》卷一）格物致知是于事事物物皆知其所当然与所以然，但这还只是具备了成圣成贤的条件，必须力行所知，切己修养，以至推及齐家治国平天下之诸实践，在内在外彻底践行所当然而不容己者，才能真正达到圣贤的地位。从这里看，格物致知还不是体系的终点，最终还要落实到践行。

　　在《大学或问》中，朱熹在解释二程关于格物致知思想时，首先举出二程的两条语录，其一："学莫先于致知，……"；其二："诚敬固不可以不勉，然天下之理不先知之，亦未有能勉以行之者也。故《大学》之序先致知而后诚意，其等有不可躐者。苟无圣人之聪明睿智，而徒欲勉焉以践其行事之迹，则亦安能如彼之动容周旋，无不中礼也哉？"（按朱子所引此两条与原见于《遗书》卷十八者语略不同）朱熹说："此两条者，皆言格物致知，所以当先而不可后之意也。"（《或问》卷二）朱熹又说："凡程子之为说者不过如此，其于格物致知之传详矣。今也寻其义理既无可疑，考其字义亦皆有据，至以他书论之，则《文言》所谓学聚问辨，《中庸》所谓明善择善，《孟子》所谓知性知天，

又皆在乎固守力行之先，而可以验夫《大学》始教之功为有在乎此也。"（同上）

所谓致知当先不后，是相对于践行而言，意思是说只有先知道事物的当然之则，才能做出合乎当然之则的行为，否则就不可能使行为处处符合事物的当然之则。这种认识为朱熹提供了为学之方的基础。朱熹晚年，陆九渊死后，陆氏门人包显道率人至闽来学，朱熹一见面就说："而今与公乡里平日说不同处，只是争个读书与不读书，讲究义理与不讲究义理，如某便谓是须当先知得，方始行得。"（《语类》卷一百一十九，黄义刚录）这里朱熹认为陆氏本意未尝不教人做圣贤，但不读书穷理，无法了解是非善恶的标准、道德行为的具体规范，这样的道德实践就是一种缺乏理论指导的盲目行为。他对另一个陆氏门人说，尧舜可以生知安行，而"他人须穷理，知其为仁为义，从而行之"（《语类》卷五十七，廖德明录）。当朱熹之时，程颐再传弟子王德修（和靖门人）尚在，《语类》载："王德修相见。先生问德修：'和靖大概接引学者话头如何？'德修曰：'先生只云"在力行"。'曰：'力行以前，更有甚功夫？'德修曰：'尊其所闻，行其所知。'曰：'须是知得，方始行得。'"（《语类》卷一百〇一，陈文蔚录）朱熹认为，既然"力行"是行其所闻，行其所知，可见力行必须以知得闻得为前提。《语类》又载："王子充问：'某在湖南，见一先生只教人践履。'曰：'义理不明，如何践履？'曰：'他说："行得便见得。"'曰：'如人行路，不见，便如何行？……自有一般资质好底人，便不须穷理、格物、致知，圣人作个《大学》，便使人齐入于圣贤之域。'"

（《语类》卷九，黄㽦录）

朱熹与程颐思想相同，认为只有先明义理，才能使行为有所准则而合于义理。否则就如盲人行路，在道德实践上陷于盲目。他说："实欲求仁，固莫若力行之近，但不学以明之，则有擿埴冥行之患，故其蔽愚，若主敬致知交相为助，则自无此蔽矣。"（《答张敬夫》第十六书，《文集》卷三十一）在这一方面，可以说，孔子曰："好仁不好学，其蔽也愚"（《论语·阳货》），已明此意。

朱陆之辩在一个侧面也涉及这一点，朱子与张敬夫书云"其病却是尽废讲学而专务践履"（《答张敬夫》第二十八书，《文集》卷三十一），亦早已说破此点。总而言之，"为学之实固在践履，苟徒知而不行，诚与不学无异，然欲行而未明于理，则所践履者又未知其果何事也。故《大学》之道虽以诚意正心为本，而必以格物致知为先"（《答曹元可》，《文集》卷五十九）。

这些思想，概括起来即"致知在力行之先"，简言之，即"知在行先"。朱熹说："致知力行，用功不可偏，……但只要分先后轻重。论先后，当以致知为先，论轻重，当以力行为重。"（《语类》卷九，程端蒙录）又答程端蒙书亦云："致知力行，论其先后固当以致知为先，然论其轻重，则当以力行为重。昨告择之，正为徒能知之、言之，而不能行者说耳。"（《答程正思》第八书，《文集》卷五十）"知行常相须，如目无足不行，足无目不见。论先后，知为先；论轻重，行为重。"（《语类》卷九，李闳祖录）

上述思想表明，朱熹讲的知先于行，就其讨论的特定问题来说，指伦理学上的致知与力行的相互关系。这个思想是说，人必须首先了解什么是道德的人、道德的行为、道德的原则，才能使自己在行为上合乎道德规范，成就道德人格。这里所谓行或力行，不是泛指人的一切行为或社会实践，只是指人对于所知道德规范的践行。应当承认，这个思想基本合乎伦理生活的实际，在这种特定意义上讲知先于行，不能简单地归结为唯心主义。在朱熹哲学中的致知力行关系并不承担论证人的认识（包括道德认识）何以得来、何以产生的问题。即使从唯物主义的角度来看，人的道德意识固然是从人的社会生活和实践中获得的，但也不能说道德践履先于道德意识。

如从比较一般的意义来看，朱熹的知先行后说主要讨论的是行—知—行这一过程中从知到行后面这一环节，着重强调行为是思想的现实，行为必须受理性知识的指导，在这一点上，包含着它的合理意义。这个学说不是整个讨论人的认识秩序，而是着眼于具体的行为，"就一事之中以观之，则知之为先，行之为后，无可疑者"（《答吴晦叔》第九书，《文集》卷四十二）。方克立同志指出古代知易行难说没有回答知识的来源问题，没有揭示行是知之因[2]，其实，程朱理学知先行后说同样不是回答知识的来源问题。我们可以说他们对知行范畴的理解、运用及对知行关系的讨论有局限性和片面性，但不能不加分析地用《实践论》规定的知行意义及问题去生套古代知行观。理学对"行"有其特定的理解，他们讨论的不是人类认识的总秩序、总

---

[2]　方克立：《中国哲学史上的知行观》，人民出版社 1982 年版，第 7 页。

过程，只是这个秩序、过程的一个片段。列宁有一句名言，没有革命的理论，就不会有革命的运动。用知行概念来比较，理论属知，运动属行，如果说这也是一种知先于行的思想，显然它绝不是唯心主义，因为这里是指认识运动从理性认识能动地到实践的过程。

说朱熹的致知力行学说不是回答认识来源问题，并不是说在朱熹哲学中没有回答这一问题，只是说，朱熹哲学所包含的唯心的先验论并不是通过致知力行学说来表述的。这一点应当实事求是地加以分析。

二　真知与乐行

关于行重于知的问题比较清楚，不论正心修身的践行，还是齐家治国的践行，都是儒者为学的目的所在，不把所明的义理付诸行动就不可能成圣成贤，这一点不拟多讲。

为了进一步分析朱熹的知行思想，有必要来研究程朱关于知的深浅与行的相互关系的思想。行重于知的思想在很大程度上是针对所谓"知之不行"的倾向强调的，然而这与程朱常常讲的"知之必能行"是否矛盾呢？在程颐思想中，知行问题常常是这样一个问题，即"真知乐行"的问题，回答如何可以不勉强地乐于从事道德原则的践履。朱熹《大学或问》所引程颐致知当先不后的一段语录说："天下之理不先知之，亦未有能勉以行之者……惟其烛理之明，乃能不待勉强而自乐循理尔。夫人之性本无不善，循理而行宜无难者。惟其知之不至，而但欲以力为之，是以苦其难而不知其乐耳。知之而至则循理为乐，不循理为不乐，何苦而不循理以害吾乐耶？昔尝见有谈虎伤人者，众莫不闻，而其间一人神色独变，问其所以，乃尝伤于虎者也。夫虎能伤人，人孰不知，然闻之有惧有不惧者，知之有真有不真也。学者之知道必如此人之知虎，然后为至耳。若曰知不善之不可为而犹或为之，则亦未尝真知而已矣。"③《遗书》卷十八所录伊川此语本云"学者固当勉强，然不致知，怎生行得？勉强行者，安能持久？除非烛理明，自然乐循理……"。

我们看，这里所说的知，不是一般地知所当然，对多数人而言，一般情况下道德律令常常是对个人的一种制约。人的内心常常交织着道德观念与个人利益的矛盾，人们经过思想斗争，使个人欲望让位或服从于道德规则，在行为上履行道德规范，可以说总是具有一定的勉强。如果从康德哲学的伦理学来看，这种"勉而行之"就是尊重道德律令，理性要求自己遵守道德规律，压制人欲，这就是自律的道德境界，因为康德是不承认带有感情色彩的"乐循理"的。但在程颐，主张把封建社会所要求的道德法则完全变成个人自觉的世界观，使人"好善如好好色，恶恶如恶恶臭"，以达到完全出于内心的自觉而从事道德践履，使道德践履对人兼为一种感情享受。所以这里所说的"知"是彻底的、高度的自觉化的道德自觉，而不是一般地了解事物的当然之则，如应孝、应敬之类。相应地，这里所说的行也不是勉强而行，而是出于高度自觉的道德行为。这种高度自

---

③ 按朱子《大学或问》所述程子语，与《遗书》本所录有小异，疑朱子颇变其语而文之。

觉的知行与一般的知行区别在于一般的知行是知循理而勉之，而这种高级程度的知行则是乐循理而行之。《遗书》载："问：'莫致知与力行兼否？'曰：'为常人言才知得非礼不可为，须用勉强，至于知穿窬不可为，则不待勉强，是知亦有深浅也。古人言乐循理之谓君子，若勉强，只是知循理，非是乐也。'"（《遗书》卷十八）

乐循理的知即所谓"真知"，程朱所谓真知乃真切之知，与深知意同，而知循理则只是所谓"常知""浅知"。既然真知表示已达到了高度的道德自觉，所以真知者必然循理而行，不会发生知而不行的问题。反过来说，知而不行就表明还没有达到高度自觉，也就不是真知。因此在"真知"规定中已包含了必能行的意义。《遗书》卷二上载："真知与常知异。常见一田夫，曾被虎伤。有人说虎伤人，众莫不惊，独田夫色动异于众。若虎能伤人，虽三岁童子莫不知之，然未尝真知。真知须如田夫乃是，故人知不善而犹为不善，是亦未尝真知，若真知，决不为矣。"此为二先生语，以伊川语录多次提及闻虎色变事参之，自属小程无疑。程颐常说的知则必能行，都是指真知必能行。如他说："知之深，则行之必至，无有知之不能行者。知而不能行，只是知得浅。"（《遗书》卷十五）

朱熹继承了程颐的上述思想，他在解释《中庸》"三知三行"时说，生知安行是指"生而神灵不待教而于此无不知"，"安于义理不待习而于此无所咈"。学知利行是指"有所不知则学以知之，虽非生知而不待困也"，"真知其利而必行之，虽有未安而不待勉也"。困知勉行则指"生而不明，学而未达，困心

衡虑而后知之者也"，"不获所安，未知其利，勉力强矫而行之
者也"（《中庸或问》卷二）。虽然，按照《中庸》，三知三行
"及其成功一也"，但真知必行，才是"不勉而中，不思而得，
从容中道"的境界。而强矫行者，道德行为对之是一种负担而
不是享受，这种境界十分不稳定，也就难免知之不行。

　　和程颐一样，朱熹所讲的"知"有时是特指"真知"的，
如他说："既知则自然行得，不待勉强"（《语类》卷十八），这
里的知即指真知。朱熹更用知有"至"与"未至"区别真知与
常知。"有知其如此，而行之又不如此者，是如何？曰：此只是
知之未至"（《语类》卷十五），"知而未能行，乃未能得之于己，
岂特未能用而已乎？然此所谓知者，亦非真知也。真知则未有
不能行者"（《张无垢中庸解》，《文集》卷七十二）。又说："今
人亦有说道知得这个道理，及事到面前，又却只随私欲做将去，
前所知者都自忘了，只为是不曾知。"（《语类》卷七十六，董铢
录）不曾知即不曾真知。后来王阳明云："未有知而不行者，知
而不行，只是未知"（《传习录上》），进一步发展了程朱的观
点，但是不能说程朱已有王阳明的知行合一思想，这是应当区
别的。

　　程朱用真知略知来区别道德意识的自觉程度，就这个说法
本身而言，在伦理学上是可以成立的。把真知规定为高度自觉
的道德化意识，认为达到这样自觉彻底的程度就会避免知行脱
节，这种真知必能行的观点，在他们所规定的意义上也是合乎
常识的。从一般认识活动来看，真知常知用来区分认识及其过
程的深化程度，在一定意义上区别间接知识与直接知识，其中

包含有合理成分。他们在论证中引用的日常生活中的认识例证也说明了这一点。

按照朱熹的思想，达到真知的境界，知便能行，不再有知而不行的问题。但真知的实现却不能脱离开行。程颐多次提到的身受虎伤的例子，初步表明他认为真知不能离行去获得。朱熹则在理论上进而提出："学者之初，须是知得到，方能行得；末后须是行得到，方是究竟"（《答苏晋叟》第四书，《文集》卷五十五），"方其知之而行未及之，则知尚浅。既亲历其域，则知之益明，非前日之意味"（《语类》卷九，叶公谨录），"就此略知得处着实体验，须有自然信得及处，便是真知也"（《答赵恭父》第四书，《文集》卷五十九）。这都表明，人只有在"行"中才能加深认识，加深体会，真知不能脱离行而达到。黑格尔曾说，一句成语自饱经沧桑的老人之口说出与自青年口中说出，其含义不同。用宋儒的话来说，前者是"真知"，故"意味"不同，道理亦然。程朱这些说法，肯定道德意识自觉程度不同，主张必须经过践行加深道德认识，也有不少的合理成分。基于这些看法，朱熹进而提出"知与行，工夫须著并到。知之愈明，则行之愈笃；行之愈笃，则知之益明"（《语类》卷十四，叶贺孙录），与程颐相比，朱熹不大讲"乐"，也反对江西陆学置格物不顾而津津乐道于曾点乐处。

现在进一步来讨论致知力行的问题。所谓知先于行，是说在认识与行为的具体过程上，先知所当然，才能行合当然。所以在为学方法上，应先致知以了解所当然而后据所明之理加以力行。但是先致知不是先知至，知至是致知的终极境界，不能说要求先达到知至，而后才去力行。从知有深浅来看，知先于行不是说要人达到真知之后才去力行，略知当然便要去行，在力行中不断"就此略知得处着实体验"，由此逐步达到真知。

朱熹反复强调，知行有先后并不是要人在认识总过程上划分两截。"尧卿问：'穷理、集义孰先？'曰：'穷理为先。然亦不是截然有先后。'"（《语类》卷九，陈淳录）集义指积善，指行事合于义理（见《孟子集注·公孙丑上》），故属行的范畴。首先要知道什么是合于义理，才能使行为合乎义理，但不能在人的为学实践总体上截然分为两段，不能说先彻底致知，明后再专意践行，否则一辈子达不到知至，一辈子就不去力行，这就会成为只知不行的借口。何况非特行难，真知亦难，知必在行中不断加深以达到真知，所以"知与行，工夫须著并到，……如人两足相先后行，便会渐渐行得到，若一边软了，便一步也进不得。然又须先知得，方行得"（《语类》卷十四，叶贺孙录）。

《语类》载："汪德辅问：'须是先知，然后行？'曰：'不成未明理，便都不持守了？且如曾点与曾子，便是两个样子：曾点便是理会得底，而行有不掩。曾子便是合下持守，旋旋明理，到一惟处。'"（《语类》卷九，廖德明录）这里说的明理指真知深知，也是说不能先要求达到知至再去践行，特别是身心修养更一日不能放松，未知其所以然，也要行其所当然，并不是说不知也要行。所以，"若曰，须待见得个道理然后做去，则'利而行之、勉强而行之'，工夫皆为无用矣"（《语类》卷九，万人杰录），"知与行须是齐头做，方能互相发，……不可道知得了方始行。有一般人尽聪明，知得而行不及，是资质弱；又有一般人尽行得而知不得"（《语类》卷一百一十七，陈淳录）。在理论上清楚地把握事物的所以然与所当然要长期的积累，而日用当行之事不可一日间断。"若曰必俟知至而后可行，则夫事亲从兄、承上接下，乃人生之所不能一日废者，岂可谓吾知未至而暂辍，以俟其至而后行哉！"（《答吴晦叔》第九书，《文集》卷四十二）

　　以上引证，主要是为了说明由于朱熹思想中提出真知问题，须要对其知行关系做进一步分析。真知必能行与知之而不行不相矛盾，同样，反对知至而后行，提出知行并做，与致知而后力行也不相排斥。如所谓未明理亦须持守，也还是要先知应当持守、如何持守，才能去持守，只是说略知当然而不知所以然也要努力去行所当然。在整个为学实践上，不应把致知力行划为两截，而应且知且行，且行且知。从认识的广度来说，不能说穷尽一切物理之后再去力行；从认识的深度来说，不能说先真知而后去力行。

三　致知与涵养

　　朱熹知行讨论包含的另一问题是致知与涵养问题。实际上，宋儒所谓力行，不仅一般地指对已知东西的践行，亦特殊地指个人的道德修养和努力，即所谓涵养。此种用法非特朱熹为然。吕祖谦说："致知、力行，本交相发，学者若有实心，则讲贯玩索，固为进德之要。亦有一等后生，推求言语工夫常多，点检日用工夫常少。虽便略见仿佛，然终非实有诸己。"（《东莱遗

集》,《宋元学案》卷五十一）"讲贯玩索"指致知,即研讨各种
事物的道理。"点检日用工夫"指力行,即平常的身心涵养。可
见东莱所云"本交相发"即指穷理与涵养言,意谓不但要学习
知识,考索各种理论问题,还应注意在日常生活中修身养性,
提高品格。这不是一般地讨论是否应当或者如何把已知的东西
付诸践行。张南轩亦云:"盖居敬有力,则其所穷者益精;穷理
寖明,则其所居者益有地。二者盖互相发也。"(《答陈平甫》,
《南轩文集》)这里所讲的知行互发也是指居敬穷理。实际上朱
熹所讲的知行并进互发主要也是指居敬与穷理、涵养与进学的
关系。不了解宋儒所谓致知与涵养的关系,就不能完全了解他
们讲的知行互发的意义。

　　致知与涵养的问题,简略地说,就是要求人既要读书穷理
求知,又要切己涵养身心。朱熹讲的穷理范围是相当广泛的。
虽然穷理的终极目的是要达到在透彻了解事物之理的同时明吾
心之全体大用,且不说明心之全体大用是否能由格物穷理自发
地达到,从格物穷理的中间过程来说,显然并不都与人的道德
意识、道德情操的培养直接发生关系。如考索天地之高厚,穷
究草木之所以然,以及掌握礼文制度、射御书数、历史事变、
人物掌故,这些对于成就儒家向往的圣贤人格固不可少,但往
往并不能起到一种加深道德修养的作用。

　　本来,个人修身和道德情操的培养始终是理学的基点和归
宿,可是,在程颐,特别是在朱熹哲学中由于更多地容纳了追
求外界知识的内容,造成了格物穷理的具体活动与理学所规定
给它的出发点和最终目标之间的某种不一致。王阳明格竹诚为

误解，但也反映出，如果不是事先确定去事物上印证天理的普遍性，人们很难直接从对自然事物的了解去把握天理。因此，在格物穷理上包含着可能突破理学的倾向：一种是埋头古人之书而忽略身心的修养；一种是完全投入对自然事物的研究。由于理学对玩物丧志斥责甚严，因之只有前者真正成为理学内的现实弊病，也正因为如此，明代才有王学的反动。

可能正是由于这个原因，程颐与朱熹虽然在理论上、在终极目的上把格物穷理规定为一种实现道德境界的修养方法，而实际上在直接意义上更把格物穷理作为求知的手段。这样，就出现了一个现象，程朱在提倡格物致知的同时，又特别强调作为纯粹修养的"涵养"，提出"涵养须用敬，进学则在致知"，"主敬以立其本，穷理以进其知"的双行并重方针。这样，在理学中程朱一派，基本的修养方法就有两条，一个是涵养主敬，一个是进学致知。从实质上看，这是提出要保证人的发展在真善两方面同时并进，追索知识和修身养性是成就理想人格的不可缺少的两个基本途径，这个问题具有一定的普遍意义。朱熹讲的涵养以居敬主敬为主要手段，故涵养又常径指居敬或主敬。

作为两种基本的修养方法，致知与涵养不能说有什么先后轻重，二者当并进互发，朱熹说：

涵养、穷索，二者不可废一，如车两轮，如鸟两翼。（《语类》卷九，廖德明录）

主敬以立其本，穷理以进其知，使本立而知益明，知精而本益固。（《〈程氏遗书〉后序》）

主敬者存心之要，而致知者进学之功，二者交相发焉，则知日益明，守日益固。（《答徐元敏》，《文集》卷三十八）

尝闻之程夫子之言曰："涵养须是敬，进学则在致知。"此二言者，实学者立身进步之要，而二者之功盖未尝不交相发也。（《答陈师德》，《文集》卷五十六）

学者工夫，惟在居敬、穷理二事。此二事互相发。能穷理，则居敬工夫日益进；能居敬，则穷理工夫日益密。譬如人之两足，左足行，则右足止；右足行，则左足止。（《语类》卷九，辅广录）

穷理涵养，要当并进，盖非稍有所知，无以致涵养之功，非深有所存，无以尽义理之奥。正当交相为用而各致其功耳。（《答游诚之》第二书，《文集》卷四十五）

所谓交相发，是指涵养与致知两种工夫相互联系，相互促进。涵养本原才能专一考究义理，明达义理可使涵养更加自觉，如佛教天台一派提倡定慧双修、止观并重，涵养致知二者是平行的基本修养方法。

朱熹所谓涵养也有不同意义，一指未发时涵养，一兼指已发的涵养。如朱熹说："涵养于未发见之先，穷格于已发见之后"（《语类》卷十八，廖德明录），这里所说的涵养即指未发时的涵养。很明显，朱熹对未发涵养的重视是与他心性论的未发已发思想联结在一起的。

涵养不仅指未发时涵养，朱熹《中庸章句》说："尊德性，所以存心而极乎道体之大也。道问学，所以致知而尽乎道体之细也。二者修德凝道之大端也。不以一毫私意自蔽，不以一毫私欲自累，涵泳乎其所已知，敦笃乎其所已能，此皆存心之属也。析理则不使有毫厘之差，处事则不使有过不及之谬，理义则日知其所未知，节文则日谨其所未谨，此皆致知之属也。"注意比较前引涵养致知关系可见，这里的尊德性与道问学关系在朱熹亦视为涵养与致知的关系。《中庸章句》这一段表明，涵养包括"涵泳乎其所已知，敦笃乎其所已能"，既包括未发的主敬，也包括已发时对已知义理的涵泳。因此整个说来，涵养无间于动静，未发已发都须涵养。

由此可见，不能说在朱熹哲学中涵养与致知有所先后。许多研究知行问题的学者在理论上也承认知行概念包括致知涵养关系，但在知行先后上缺乏分析，从而造成一种印象，似乎致知涵养的关系也有先后。出于同样理由，也就忽略了所谓知行互发主要也是指致知涵养而言。涵养与致知无先后，致知前后都须涵养。当朱熹强调致知前（未发）的涵养时，便拈出"未有致知而不在敬"；当他强调致知后的涵养时即说"须先致而知后涵养"（《语类》卷九，陈文蔚录）。

涵养主敬与进学致知虽是两种平行的方法，但两者间也相互作用，所谓"未有致知而不在敬"的问题，即着眼于从致知的作用来看未发涵养的重要意义。

前面说过，除了关于格物致知的字义训解外，朱熹在《大学或问》中把程颐阐发的有关格致思想共十六条语录分为三个部分。第一部分是言"格物致知所以当先而不可后"的两条，即致知先于力行。第二部分是言"格物致知所当用力之地与其次第工程"的九条，即格物致知的方法和次序。第三部分就是包括"未有致知而不在敬者""涵养须用敬，进学则在致知"在内的五条，所谓"言涵养本原之功所以为格物致知之本者也"（《大学或问》卷二）。

按朱熹的思想，涵养特别是未发时的涵养与穷理格物有密切关联，这就是涵养为致知之本。他说："学者若不穷理，又见不得道理，然去穷理，不持敬，又不得。"（《语类》卷九，陈淳录）又说："盖欲应事，先须穷理，而欲穷理，又须养得心地本原虚静明澈。……终日驰骛，何缘见得事理分明。程夫子所谓'学莫先于致知'，又'未有致知而不在敬者'，正为此也。"（《答彭子寿》，《别集》卷三）还说："主敬之说，先贤之意，盖以学者不知持守，身心散漫，无缘见得义理分明，故欲其先且习为端庄整肃，不至放肆怠惰，庶几心定而理明耳。"（《答方子实》，《文集》卷五十九）朱熹这些思想是说，就涵养与穷理之间的关系而言，涵养为穷理准备了主体方面的条件。要穷得事物之理，就要使心能够安定集中，而要做到这一点就必须在穷理致知之前，在平时有一种修养，排除心中一切杂念干扰，使注意力集中在内心，用一种诚敬之心常切提撕。朱熹这一思想主要来自程颐，实际上与程颢《定性书》思想也有一致处。在朱熹看来，定性即是定心，使心定如水静，不杂私意，"无事则定，定则明，明则尚何应物之为累哉"（《定性书》）。明道以内外两忘定心，而伊川朱子乃以诚敬使"有主于内"，以达到"收其放心，养其德性"的作用。而朱熹则更把定心的修养与认识论的致知联系起来，在对致知的作用中考察涵养。因而，上述朱熹思想，如果仅仅从致知的角度看，主敬是致知的基础，力行是致知的延续。力行必先致知，穷理前又要养得心地虚静明澈。三者的关系可概括为"主敬—致知—力行"。这个模式中的主敬不是统论涵养工夫，只是指未发涵养对主体的修养，张立文先生亦言"在认识论意义上说，敬是认识主体修养的一种形式"④。李方子《朱子年谱序》也是从这个意义上了解主敬与致知力行的关系。

应当指出，虽然未有致知不在敬是强调未发主敬，实际上，正如涵养贯通动静一样，主敬也有多层含义。主敬、居敬不仅指未发时主敬收敛⑤，亦兼指已发及力行的"主一"。主敬作为朱学强调的一个根本方法，不仅在于致知若欲获得结果必须以主敬为基础，"盖圣贤之学，彻头彻尾只是一敬字，致知者，以敬而致之也。力行者，以敬而行之也"（《答程正思》第四书，《文集》卷五十）；"大抵敬有二，有未发，有已发。所谓'毋不敬'，'事思敬'，是也"（《语类》卷十七，郑可学录）；"但看圣贤说'行笃敬'，'执事敬'，则'敬'字本不为默然无为时设，须向难处力加持守，庶几动静如一耳"（《答周舜弼》第七书，《文集》卷五十）。所谓彻头彻尾、动静如一都是指主敬要贯穿到以格物致知至治国平天下的所有节目。因此主敬不仅指内无妄思（常切提撕）、外无妄动（整齐严肃），不仅指未发收敛、使心不放驰乱想，对人欲的干扰时刻保持紧张清醒的头脑，亦

---

④ 张立文：《朱熹思想研究》，第435页。

⑤ 程朱以未发收敛为敬，与旧来所说敬者皆不同，"近世程沙随犹非之，以为圣贤无单独说'敬'字时，只是敬亲，敬君，敬长。"（《语类》卷十二，沈僴录）

常指已发的专一集中（主一无适）。伊川曾谓："主一之谓敬，无适之谓一"（《遗书》卷十五），朱熹说："主一之谓敬，只是心专一，不以他念乱之，每遇事，与至诚专一做去，即是主一之义。"（《语类》卷九十六，余大雅录）"主一只是专一"（《语类》卷九十六，杨骧录），"理会一事时，只理会一事，了此一件，又作一件，此'主一无适'之义。"（同上，杨道夫录）这些都是指主敬的意义之一即专心一意，未发时心集中于内而不胡思乱想，已发则专意于思考或应接事物。实际上前面所说的未有致知而不在敬者也有这两重意义，既指未穷理时的存养，又指穷理时专意考究。可见，所谓主一实际上继承了中国古代思想家（如《管子》《荀子》）关于"一"的思想，在认识上包含主体修养的内容，在心理学上即所谓有意注意的问题。

由于"主敬"有时指贯通始终言，有时仅指未发涵养言，使朱门弟子在概括朱子为学之要时有一些不同说法。如朱子门人李方子（号果斋）《朱子年谱序》概括朱熹为学之方为："主敬以立其本，穷理以致其知，反躬以践其实"，[6] 即前述着眼于静中涵养对致知作用而言。而黄榦（号勉斋，朱子婿）为朱子所作行状中说："其为学也，穷理以致其知，反躬以践其实，居敬者所以成始成终也。谓致知不以敬，则昏惑纷扰，无以察义理之归；躬行不以敬，则怠惰放肆，无以致义理之实。"用敬贯动静、敬贯始终、敬贯知行概括朱子为学之方，比较全面而合乎朱熹的整个思想。

----

⑥ 见《朱子年谱》卷四，按洪本以此为果斋原序，王白田则仅作果斋李氏曰云。又果斋此文中有大段引自勉斋行状者，故当出于行状之后。

小　结

　　评价朱熹哲学的认识论思想，须要综合格物论与心性论的有关内容一起来研究。

　　根据朱熹哲学的心性论和格物致知论，其基本的认识观点是：人心具有先验的道德原则（理），这些原则与事物的普遍法则是一致的。但由于构成人体的阴阳五行（气质）的影响，这些内心的道德原则在人的现实意识中不能得到完全表现，从而人不能自觉意识到内心具备这些道德原则，并使人的思想中产生道德意识与非道德意识的交叉。所谓为学的方法，从道德意识的角度说，就是要努力去除气质带来的种种不良影响，以便作为本性的道德原则能够全面发挥出来，彻底支配人的一切意识活动。其方法是必须通过研究和了解具体事物之理，由之上升到对普遍天理的认识，在这样一个过程中，主体逐步达到对理的透彻理解，道德意识日益扩展，从而排除了气质对内心的种种消极影响，使本性得到彻底的表现。

朱熹的认识论是以他的"心具理"思想为核心的。这一点决定了在关于人的认识如何产生的问题上，至少在道德认识的范围内，他的思想具有先验主义的性质，这一点无须多谈。但是朱熹的先验论有其特点，为了把握这些特点，必须对一些问题加以分析，如：能否说朱熹哲学认为一切知识都是人所固有的先验东西？能否说朱熹的认识论完全否认以客观世界为对象，仅仅是一种脱离实践的自我体证？从比较的眼光看，这种先验论与西方哲学的先验论同异处何在？

前面已指出，朱熹所谓人心莫不有知，是指人有能知与知识，人的能知是天赋的。而朱熹所说的人心莫不有，但又都有所不尽的知识是什么？无疑，一切现实的人心都有知识，现实中的格物活动也都是"因其已知之理而益穷之"，这表明朱熹的格物论对于描述现实的人的认识活动具有合理性。但是为了把握认识的来源问题，必须进而提出，现实人心中的知识是否（全部、部分地）为先天的知识？现实人心的已知之理是天赋明白的还是得自经验的？

二程本说："人心莫不有知，惟蔽于人欲，则亡天德也。"（《遗书》卷十一）又说："知者吾之所固有，然不致则不能得之，而致知必有道，故曰'致知在格物'。""'致知在格物'，非由外铄我也，我固有之也。因物有迁，迷而不知，则天理灭矣，故圣人欲格之。"（《遗书》卷二十五）表面上看来，二程主张一切知识为先天所固有，但是实际上二程讲的知主要指义理之知，而不是泛指一切知识。所以伊川曾说："生知者，只是他生自知

义理，不待学而知。纵使孔子是生知，亦何害于学？如问礼于
老聃，访官名于郯子，何害于孔子？礼文官名，既欲知旧物，
又不可凿空撰得出，须是问他先知者始得。"（《遗书》卷十五）
二程的先验论主要是道德观念先验论，其他具体知识，必学而
后知。

朱熹讲的人心莫不有的"知"及"已知之理"也主要是指
义理之知，《语类》载：

> 张仁叟问致知、格物。曰："物莫不有理，人莫不有
> 知。如孩提之童，知爱其亲；及其长也，知敬其兄；以至
> 于饥则知求食，渴则知求饮，是莫不有知也。但所知者止
> 于大略，而不能推致其知以至于极耳。"（《语类》卷十五，
> 潘时举录）
>
> 人谁无知？为子知孝，为父知慈。只是知不尽，须是
> 要知得透底。（同上，万人杰录）
>
> 穷理者，因其所已知而及其所未知，因其所已达而及
> 其所未达。人之良知，本所固有。然不能穷理者，只是足
> 于已知已达，而不能穷其未知未达，故见得一截，不曾又
> 见得一截。（《语类》卷十八，张洽录）

由此来看，朱熹所说的"因其所已知"固然指人的现实意识中
对当然之则的了解，但他认为现实人的已知中有某些道德心理
和意识是儒家认定生而固有、不学而能的固有良知，这些也就
是所谓人心莫不有的知识。朱熹看到人在进行现实认识活动时

主体并不是一张白纸，但他把人在生活与实践的经验中形成、积累起来的知识归结为人的良知，因此当他说人的认识莫不因其已知时，对人的现实认识来说具有合理性；而当他把这些现实意识中的知识归为良知良能时，他就走到先验论上去了。

然而，按照朱熹哲学，理学所要求的一切道德规范并不都是人们生而具有的良知良能，除去圣人不论，人们并不能在所有方面自发地实现道德自觉。所谓致知，就是要人经过努力使道德自觉从"孩提知爱长知钦"的良知推广、扩充到所有方面。如前所说，这个扩充的过程是在格物穷理的过程中自然实现的。

按照这样的思想，应当说，人所先天固有的不是一切知识，而是某些道德的良知（及生理本能）。同时，这些良知都"止于大略"，"知不尽"，即只是道德观念的一部分。因此，除了爱亲敬兄之外，其他道德观念，作为现实意识存在于人心之中，是依赖（不是来源）于后天经验获得的。不必说，这种道德知识和后天经验的联系与经验主义的理解不同。

如果说朱熹实际上认为人的大部分知识是通过格物穷理获得的，在另一方面，朱熹又认为，这些知识中所包含的一切基本原则却是内在的、先验的。由于"气禀、物欲生来便有"，因而虽然每个人心具众理，但这些理并未全部反映为人的良知，或者说人的良知并没有把心中所具的众理全部反映出来。所以，按照朱熹的思想，并非说人生来具有一切知识，而是说人们最终所致之知识中包含的一切道德原则是人心本来具有的，从而不能说朱熹主张所有知识先天具有，本来全具的只是"理"。其实，即如二程之说，亦谓"所以知之能，与所知之理，本皆吾所固有"①，二程所谓"知吾之所固有"之"知"主要亦指理，但在表述上受到《大学》"致知"思想资料的限制使然。

在朱熹看来，道德原则是人的本性，但不是说这些原则本来就现成而完全地支配着人的意识，只有物格知至，心与理一才能达到那种境地。按照这种学说，承认道德原则作为人的本性并不排斥这样的情况：人往往并不认识自己的本性，而现实意识的内容也常与本性不一致。朱熹指出，仁义礼智信"众人之心固莫不有是，而或不能知"(《大学或问》卷一)，心具众理，"但当其蔽隔之时，心自为心，理自为理，不相赘属如二物"(《答李孝述继善问目》，《续集》卷十)。为了使人认识到心中本具众理，并达到心与理的彻底自觉，必须经过格物穷理的认识过程。格物穷理之所以能够作为彰显心中之理的手段，是基于理的天人合一的性质。按照朱熹哲学，心中之理与天地万物之理在内容上、本质上是一致的，因而当人们理会了事事物物之理后，理由自在之物转变为为我之物，成为人的知识体系的内容，也就成为指导意识活动的原则。但是这并不给人心增加新的原则，因为人心本来具有这些原则，只是这些原则常常是潜在的，在经过格物穷理之后才能成为人的现实意识的真正原则。这样，在朱熹的思想中就有一个矛盾，就认识的现实过程来说，人从理会事物中获得对理的认识，而就认识的终极结果而言，则是把内心潜藏的理显示出来。但无论如何，所谓理会事物当然是把物理作为认识的直接对象，这一点在前述格物学说中可以看得很清楚。

由以上可见，朱熹认识论思想的特点在于，第一，朱熹并

---

① 张岱年：《中国哲学大纲》，第506页。

不是主张人心先天地具有一切知识，人心先天具有的只是道德的基本原则。第二，要使这些原则完全支配人的现实意识，必须经过大量的思想和学习过程。

欧洲的先验论有三个典型：柏拉图、笛卡尔和康德。柏拉图认为人的灵魂在堕入肉体之前曾同理念一起处于理念世界之中，因之早有对理念的认识。灵魂进入肉体后，在肉体的玷污下，原有对理念的知识被遗忘。人的一切学习得来的知识，实质上只是人出生以后对以前就有的知识的一种回忆，所以感觉经验及人的学习作用就在于构成一种引起灵魂回忆的刺激或媒介。笛卡尔认为人心具有一些天赋的观念，从这些天赋观念出发，按照他所谓清楚明白的要求，便可以一步步推论出科学知识。康德与天赋观念说不同的地方，在于他反对任何具体的现实的知识内容或观念是天赋、内在的，而认定人的认识形式和范畴（因果、时空）是先验的。柏拉图学说具有一种粗俗的宗教神秘色彩，以灵魂不死的流转说为基础，这是朱熹学说所反对和没有的。朱熹讲的人性在人生而静以上只是继善之理，是无意识的。而朱熹讲的心具之理，既不是笛卡尔的天赋明白观念，也不是康德讲的先验范畴形式。虽然朱熹的思想在不同的意义上与三者也都有相似或相通之点。

近人多以康德比宋儒及朱子，从认识论上看，在欧洲惟理论的先验主义者中，与朱熹学说比较接近的还是莱布尼茨。在一般认识论上莱布尼茨主张，人心不像洛克说的是一张白纸，"心灵原来就包含着一些概念和学说的原则"[2]，但这些原则不

---

[2] 《十六—十八世纪西欧各国哲学》，第 310 页。

像笛卡尔说的，是明白的概念，存在于人的意识当中，这些原则是"作为倾向、禀赋、习性或自然的潜在能力而天赋在我们心中，并不是作为现实作用而天赋在我们心中的"③。当感官与外界事物接触的时候，这些原则从潜在的状态变为确定的观念。因此"天赋的内在原则"是作为心理的固有倾向而不是现实的意识观念，这些原则也是往往意识不到的。从伦理学上说，心灵固有一些道德原则，这些原则有如本能，在人心中无意识地发挥作用，人可以察觉，但也常常意识不到。心灵总是倾向于一定的方式来活动，虽然传统和教育有助于发展心灵的倾向，这种倾向究竟植根于人性本身之中。④

　　所谓心灵原来就包含着天赋的内在原则，与朱熹所谓"心具众理"是一致的。莱布尼茨主张这些原则并不是作为天赋的明白观念而是作为心灵的固有倾向、潜在能力，与朱熹把心中之理规定为人的本性也是一致的。莱布尼茨认为必须通过感官与外界事物的接触，心灵的原则才能显现，这与朱熹必先格物致知而后心与理一的思想也很类似。

　　这里不想对莱布尼茨与朱熹做更细致的比较研究，莱氏20岁起研究中国哲学，其学说是否或在多大程度上受到朱熹影响也不得而知。这里只是想通过对两者认识论及伦理学的一般比较，定性地进一步认识朱熹理学认识论的惟理的、先验的性质。上述粗略对比表明，两者属于同一类型的先验论。朱熹哲学中虽然没有从感性和理性的对立及联系中考察认识，但心具众理

③　《十六—十八世纪西欧各国哲学》，第314页。
④　参见梯利《西方哲学史》（下册），商务印书馆1979年版，第140—143页。

435

说作为传统性善论的一种形式，着眼于人的实践理性，与以生理本能为性的思想相比，具有惟理主义的性质。

从这里可以进一步对朱熹心性论加以分析。可以看到，朱熹哲学中"性"的内容是道德原则。这些道德原则是作为人的一种本质的、固有的道德心理倾向，而不是人的现实意识，由此与心的概念相区别。内在的原则虽然对人的现实意识发生作用，但与在意识中明白形成的观念准则不同，人们常常意识不到自己的内在本性。与莱布尼茨所不同的是，朱熹强调气质的作用。就人性而言，它的本来作用在于引导人们作出道德判断、建立内心的是非标准。但在朱熹看，性之于心不仅常在没有自觉到的情况下发生作用，而且由于意识情感受到生理机体的影响，在内容上心与性常不一致。因此作为内心的固有倾向，朱熹认为性与社会道德原则是一致的，而现实意识活动则可能与社会道德原则不一致。

人性标志着人之内心主导的、本质的固有倾向，心则指现实意识，所谓心性问题就是指人的内心的固有倾向与现实意识既联结又区别的复杂关系。性情问题不但与上述问题有交叉，而且包含着道德认识与道德情感的相互关系。如果说人的内心原则作为心灵的固有倾向，决定着心理活动的方式，标志着心理活动的主导本质，那么也就是说这些原则是心理活动的规律，从这里看，心与理、与性的关系也不是假问题。理学的问题在于把人类在社会实践中形成的社会本质抽象化，变成一种完全先验的东西，把心理的规律看成完全由天赋而来的。

然而，如果说人类社会无论怎样发展，总存在着一些为社会稳定协调所要求的普遍的道德原则，那么，在人类群体社会的长期发展中，会不会在社会实践的发展中经过无数次的反复，通过人类漫长的社会进化过程的积淀，而使人具有某些道德的本能，成为对于个体来说是先验的结构（当然即使有也只是潜在的存在，必须经过社会教育使之成为现实），以及站在这个角度如何审视古代儒家的性善观念，这些仍然是哲学面临的未解决的课题。

回到认识论本身，我们看到，一方面，尽管朱熹哲学中并不是认为一切知识由天赋而来，即使是道德原则，也只是作为人们的固有倾向，但这只能说明其先验论的特点，不能改变其先验论的性质，这种学说是与莱布尼茨同一类型的先验论理论。另一方面，正如莱布尼茨的学说"目的在于调和先验论与经验论"⑤，朱熹哲学强调认识的直接对象是具体事物之理，只有通过具体学习的积久过程才能使内心的原则彰显出来，也具有类似的性质。在认识论上两种不同倾向结合在一起是哲学史常见的现象。如果说斯宾诺莎的认识论，一方面是认识论基本前提上的唯物论，另一方面是认识过程上的惟理论⑥，那么，与之形成对比的是，在朱熹哲学中的认识论，一方面是认识论基本前提的先验论，另一方面是认识过程的经验论。

朱熹的认识论，置于新儒家各种哲学流派中考察，其明显而突出的特点是极力要为格物穷理确立一个地位（张载一派亦强调穷理），尽力强调读书求知方法的重要意义，当然这种对知

---

⑤　梯利：《西方哲学史》（下册），第 143 页。
⑥　《欧洲哲学史》，商务印书馆 1975 年版，第 358 页。

识的追求要服从儒家造就理想人格的整体需要。宋明理学体系中，为学的方法论是一个重要的部分，所谓认识论只是这一为学理论中的部分内容。每一哲学流派的认识论都直接联系着一种"为学之方"，正是从这里常常引出学派间的激烈争论。因此，仅仅孤立地从如何解释认识论的基本前提来看，还不能达到对这些哲学的具体把握。这种情况与欧洲近代哲学便很不同。欧洲近代哲学的基本背景是资本主义生产的发展，资产阶级要求发展科学技术，重视了解自然事物，主张知识是改造自然的巨大力量。近代惟理论和经验论虽然对人的认识做了种种唯心主义的解释，但都未直接倡导舍外求内的认识方法去要求人们投身于反观内心。但在中国，同是从先验论出发，陆学就要求把朱熹强调的对经验的外在对象的考察移向先验的主体意志，从而直接导致一种舍外求内的方法。因此，对朱熹哲学的认识论必须在中国近古哲学的基本环境与背景下作出分析和评价。

综合地考察朱熹及其学说，可以看到，与康德相比，朱学的一个明显特征是把认识伦理化，从而也把伦理认识化。康德意识到科学的研究和知识的学习并不能直接提高人的道德品格，而道德的提高也不直接依赖于科学。道德不是认识对象，因而道德的提高也不能采用科学认识的方法。由此在方法上真善两橛。然而朱熹所谓格物致知并不是科学认识的方法，从道德的社会教育而言，各种文字著作中包含的道德信息无疑是人得以形成道德观念和价值准则的一个来源。从这里看，朱熹提倡由读书讲论树立内心准则，也并不就是错误。无论如何，在理学家中他的思想中神秘成分很少，在大多数问题上他的学说与常识相容，透过他的各种复杂而费解的说法，无论从理智还是直觉上，都能感受到他的哲学是极力为人追求外部事物的知识确立重要的地位。这除了由他的个性所决定的对一切事物和知识的广泛兴趣之外，主要是为抵制当时思想潮流的反理性主义倾向。自明道以来，道学中提倡反省内求的倾向日趋发展，同时也存在着反对专主内求、主张内外合一的力量。不管二程间是否为主观或客观的唯心差别，这两种倾向的对立在他们那里确已表现出来。古典儒家中已有这种分别。孔子主张博学多识，学思互济，而孟子就比较强调思的重要。道学自程门以下，龟山以反求诸身不待外求而天下之理便皆备于我，尹和靖以今日格明日格为非程氏之言。至乾淳之间陆氏勃兴，以反求本心为宗旨，当时颇有势力。而朱熹在道学中大力提倡读书穷理，即如龟山辈亦批驳不遗余力，与陆学尖锐对立。把朱熹格致学说置于这种内外之辨的具体条件下考察，应当承认有着抵制陆学引导人们着重内心追求以及各种宗教神秘修养方法的积极意义。从这里看，陆学的为学方法与其极端的先验论是一致的，而朱熹的为学方法，折中先验论与经验论，与陆学的极端性质相比，其先验论就显示出温和的色彩。我们不必为理学各派去划分宗子别子以争夺道统，但是朱熹的为学方法显然更多地继承了孔子的认识论与方法论，他的理性主义态度对民族精神有深刻的影响。

后　论

朱陆之辩

第十六章　鹅湖之前

这一部分研究朱陆之辩的问题。先概述朱陆交往前各自的思想发展，然后详细考察朱陆之辩的全部过程，最后对朱陆的主要哲学分歧做总的探讨。

在前几章中关于朱熹早年思想如中和说演变的研究中，对朱熹在与陆九渊相识之前的一些思想已经进行过讨论，在此就不重复。这里着重研究若干与后来朱陆之辩有关的问题，时间截至朱陆鹅湖相会。这样做，一方面可以为此下朱陆交往的分析提供一个基础，另一方面前人对这一期间的朱熹思想已多有论说，不可不加以辨析。

朱熹死后四十余年，在南宋已有调和朱陆之说。据全谢山说："袁清容云：'陆子与朱子，生同时、仕同朝，其辩争者，朋友丽泽之益，书牍具在。不百余年，异党之说兴，深文巧辟。淳祐中，鄱阳汤中氏，合朱陆之说。至其犹子端明文清公汉益阐同之，足以补两家之未备，是会同朱陆之最先者．'"（《存斋晦静息庵学案》，《宋元学案》八十四）汤汉门人有程绍开者，"号月岩，广信人也，尝筑道一书院，以合朱陆两家之说"（同上）。而程绍开弟子吴澄（草庐）更兼主朱陆，以"二师之为教，一也"。但总的来说，宋元会合朱陆之说未曾涉及朱陆学说分歧的历史演变。

至明代而一变。陈建说：

> 近世东山赵汸氏《对江右六君子策》，乃云"朱子答项平父书有去短集长之言，岂鹅湖之论，至是而有合耶？合其合并于晚岁，则其微言精义，必有契焉，而子静则既往矣"。此朱陆早异晚同之说所由萌也。程篁墩因之乃著《道一编》，分朱陆异同为三节：始焉若冰炭之相反，中焉则疑信之相半，终焉若辅车之相倚。朱陆早异晚同之说，于是乎成矣。王阳明因之，遂有《朱子晚年定论》之录，专取朱子议论与象山合者，与《道一编》辅车之卷正相唱和矣。（《学蔀通辨提纲》）

以程敏政（篁墩）《道一编》为代表的朱陆早异晚同之说在明代影响颇大。据陈建说"近年各省试录每有策问朱陆者，皆全据《道一编》以答矣"，其影响在当时大于王阳明之《晚年定论》。故《学蔀通辨》特别对《道一编》进行批判。在明代，朱陆早异晚同之说乃是会同朱陆的一个较巧的说法，也是朱学成为官方正统哲学情况下心学的护身符。

与所谓"早异晚同"之说对立的观点，其代表即反《道一编》而行之的《学蔀通辨》。此书"采辑群书，编次年月，俾学者晓然知陆之为禅、朱之为正学"（顾天挺《重刻学蔀通辨序》）。《学蔀通辨》前编分卷之上中下：

> 上卷所载著朱子早年尝出入禅学，与象山未会而同，至中年始觉其非而返之正也。中卷所载著朱子中年方识象山，其说多去短集长，疑信相半，至晚年始觉其弊而攻之力也。
>
> 下卷所载著朱陆晚年冰炭之甚，而象山既没之后，朱子所以排之者尤明也。（《目录》）

由此可见，一边是陆学，高唱朱陆早异晚同；一边是朱学，强调朱陆早同而晚异，所谓冰炭之相反。需要指出的是，所谓早同也罢，晚同也罢，都是指朱熹早年或晚年思想是否同于陆氏，即都只涉及朱熹早晚年的思想变化，本书当然更主要论述朱熹的思想演变。

明嘉隆之后王学盛行，《学蔀通辨》几不传于世。至东林顾宪成乃序此书付梓，而经清初顾炎武等推称后此书才广为流行。顾炎武《日知录》说"王文成所辑《朱子晚年定论》，今之学者多信之，不知当时罗文庄已尝与之书辩之矣"，而"此书（《通辨》）于朱陆二家同异，考之极为精详"。

王阳明之《晚年定论》不顾材料考证，徒据臆想（要其意亦不在考证也），以"世之所传《集注》或《问》之类，乃其中年未定之说"，其实，《大学》《中庸》的《章句》或《问》皆成于朱熹 60 岁。而《晚年定论》收书三十二通，其中答何叔京等十一通皆在 50 岁以前，故当时罗钦顺就曾以何叔京书等质之阳明。其实，即使《晚年定论》所收皆朱子 60 岁后书，也不能证明阳明之说，盖朱学本身包含有尊德性的内容，且在朱子晚年书信中取三十通此类者并非难事，然亦不济事也。后李绂（穆堂）即如此。然而，批评《晚年定论》的《通辨》其考证也并非精详可称，材料也远不充分。

朱陆异同之论经有明一代的争辩，归结为对朱熹前后思想演变的考证是否精当，于是清代双方都加深了这一方面的研究，又各自出现了一个代表人物。陆学则临川李绂作《朱子晚年全论》，盖因阳明《晚年定论》罅漏百出，故取朱子书信等三百余通，凡考定为 50 岁后者皆入此篇，号为"晚年全论"。但正如后来夏炘所批评他，"但见书中有一'心'字，有一'涵养'字，有一'静坐收敛'等字，便谓之同于陆氏，不顾上下之文理，前后之语气"，"不复顾其所答何人，所药何病"，"此书不过为《学蔀通辨》报仇，无他意也"（《与詹小涧茂才论〈朱子晚年全论〉书》）。在朱学一边出现了王懋竑（白田），作《朱子年谱》及《考异》，用力二十余年，四易其稿，凡《文集》《语类》等皆详加考定，其间虽未能完全无误，然真可谓之精详。梁启超说他是第一个科学地研究朱子之人（《中国近三百年学术史》），就其精密考证而言不为过分。白田之前虽亦有考证朱陆异同（如孙承泽《考证晚年定论》，朱泽沄〔止泉〕《正学考》等），要皆远不如白田，盖白田研究范围已超出朱陆之辩，全面地对朱熹一生行实论辩进行研究。王白田力证朱熹庚寅受学李侗①，尽弃异学，引甲申答江元适、李伯谏、汪尚书诸书，指出《通辩》以 40 岁前与禅陆合说法的错误。王氏还指出，引导陈建产生错误的主要原因是没有正确分析答薛士龙书所说"舍近求远、处下窥高、驰心空妙之域者二十余年"（且陈以答薛书在庚寅 41 岁，王以在壬辰 43 岁），指出所谓舍近求远等说"朱子之意原不指佛学也"，"《通辩》所云亦略有仿佛，特其断然以为与禅陆合为非是"（《白田草堂存稿》卷七）。

王白田后，惟清人夏炘《述朱质疑》最可重视，他对朱子行实书信亦多所考证，与白田各有短长，对陆学的态度也较客观，他也不满于《通辩》40 岁前合于禅陆之说，认为"清澜陈氏尚为异说所蒙耳"（《与胡玙卿茂才论〈学蔀通辩〉等书》）。为廓清《通辩》之误的影响，他干脆以答薛书"二十余年"之"二"字为衍文。

至近人钱穆作《朱子新学案》，于朱陆交游考察亦甚细，但其作此书时年事已高，故其考证不能不逊于王、夏。

《学蔀通辩》谓朱熹 40 岁前与禅陆合，其说颇有影响，后经清人王懋竑、夏炘等加以批评，多所匡正。实际上，癸酉（24 岁）见延平后二年间朱熹已悟异学之非②，而延平逝去之后，甲申（35 岁）与李伯谏、汪尚书诸书更明辨禅学之非，故《通辩》之言，其误甚明。而朱熹 37 岁丙戌之悟至 40 岁己丑之

---

① 按白田以朱子庚寅 31 岁始受学延平，其说亦非，参看本书第一章。
② 朱子进士前及从学延平一段思想的研究，可参看本书前论部分第一、第二两章，朱熹这一段思想还可参看钱穆《朱子新学案》。

悟，力究中和之旨，确立主敬穷理，其专意道学亦久，故答薛书所谓舍近求远之云亦不指 40 岁始归意儒学，此当无可疑。然而，朱熹 40 岁前所学究竟如何，在后来与陆氏发生争论的一些问题上当时如何看待，这些问题仍须进一步给以说明。

乾道之初朱熹答石子重书说：

> 人之所以为学者，以吾之心未若圣人之心故也。心未能若圣人之心，是以烛理未明，无所准则，随其所好，高者过，卑者不及，而不自知其为过且不及也。若吾之心即与天地圣人之心无异矣，则尚何学之为哉！故学者必因先达之言以求圣人之意，因圣人之意以达天地之理。求之自浅以及深，至之自近以及远，循循有序，而不可以欲速迫切之心求也。夫如是，是以浸渐经历，审熟详明，而无躐等空言之弊，驯致其极，然后吾心得正，天地圣人之心不外是焉。（《答石子重》第一书，《文集》卷四十二）

按此书虽未可详考，然朱熹与石子重交往始自乾道初乙酉前后，此书《文集》序为第一，当为乾道初年所作。这里所说远非为陆学而发，但其论心论学与陆学所谓人同此心之说泾渭分明。朱熹哲学以心指人的现实知觉活动，他认为常人之心与圣人之心不同，必须通过学习先圣的思想，又经由圣人思想了解天理，由浅入深，普通人才能逐步做到心与理一，与圣人之心相同。由此朱熹问道：如果人心皆同圣人之心，学习还有什么用处？

乾道二年丙戌，朱熹（37 岁）作《杂学辨》，其中《张无垢中庸解》批评张九成逃儒以归释，指出"凡张氏所论著皆阳儒而阴释"。《吕氏大学解》批评吕居仁"未能不惑于浮屠、老子之说"，清楚地表明了他反对二氏的立场。在《张无垢中庸解》中他说：

> 愚谓"见性"本释氏语，盖一见则已矣。儒者则曰"知性"，既知之矣，又必有以养而充之，以至于尽，其用力有渐，固非一日二日之功。日用之际一有懈焉，则几微之间所害多矣。（《文集》卷七十二）

这是说释氏只求顿悟见性，儒者则重积渐之累，于日用之际不懈用力，后来朱熹认为陆学只求一悟本心，于日用之间全不着力，朱熹作《杂学辨》时已表明在这一点上他与陆学不同。在《吕氏大学解》中他说：

> 致知格物，《大学》之端，始学之事也。一物格则一知至，其功有渐，积久贯通。然后胸中判然不疑所行，而意诚心正矣。然则所致之知固有浅深，岂遽以为与尧舜同者，一旦忽然而见之也哉。此殆释氏一闻千悟、一超直入之虚谈，非圣门明善诚身之实务也。
> ……读书而原其得失，应事而察其是非，乃所以为致知格物之事，盖无适而非此理者。今乃去文字而专体究，犹患杂事纷扰，不能专一，则是理与事为二，必事尽屏而后理可穷也。（《文集》卷七十二）

这是说格物致知必须读书应事，如果以为此心与尧舜同，不必读书而专求超悟，则与释氏异端之学相同。由此可见，在《杂学辨》中朱熹早已与释老划清了界限，并形成了与后来陆学完全不同的观点。

稍后二年，在答陈明仲书中说：

> 上古未有文字之时，学者固无书可读，而中人以上固有不待读书而自得者。但自圣贤有作，则道之载于经者详矣。虽孔子之圣不能离是以为学也。舍是不求而欲以政，学既失之矣，况又责之中材之人乎？（《答陈明仲》第十六书，《文集》卷四十三）

此书乃答陈明仲《论语》问疑，未可详考，当与答陈明仲第三、四等书论《论语》同时，皆在乾道之中。朱熹提出，古代未有文字时圣贤固然是天赋自得，但自有文字之后，圣人之道无不由文字载述，圣人之学无不由读经而达。如果以为不必读书便可为圣人之学，则学问必失其正。这里提出的论点正是回答后来鹅湖会上陆九渊准备提出的"尧舜之前有何书可读"的责难，说明朱熹在为学方法上早就确立了自己的立场。乾道五年己丑，朱熹（40 岁）答张栻书说：

> 儒者之学，大要以穷理为先。盖凡一物有一理，须先明此，然后心之所发，轻重长短，各有准则。……若不于此先致其知，但见其所以为心者如此，识其所以为心者如

此，泛然而无所准则，则其所存所发，亦何自而中于理乎？且如释氏擎拳竖拂、运水般柴之说，岂不见此心？岂不识此心？而卒不可与入尧舜之道者，正为不见天理而专认此心以为主宰，故不免流于自私耳。前辈有言，"圣人本天""释氏本心"，盖谓此也。来示又谓心无时不虚，熹以为心之本体固无时不虚，然而人欲己私汨没久矣，安得一旦遽见此境界乎？故圣人必曰"正其心"，而正心必先诚意，诚意必先致知，其用力次第如此，然后可以得心之正。（《答张钦夫》第二书，《文集》卷三十）

按此书中云"此病正坐平时烛理未明，涵养未熟，以故事物之来，无以应之。若曰于事物纷至之时，精察此心之所起，则是似更于应事之外别起一念，以察此心。以心察心，烦扰益甚，且又不见事物未至时用力之要"，此乃辩先察识后涵养，当在己丑悟中和旧说时。

　　这封信不仅最为鲜明地表现出朱熹40岁以前就坚决反对心即理的主张，而且也是朱熹一生中表述的反心学主张中最清楚者之一。遗憾的是这一切讨论后来没有出现在朱熹与陆九渊之间，而朱陆间的争论却常常离开了两家分歧的要点。朱熹的这封书信继续发挥了答石子重"吾之心未若圣人之心""烛理未明，无所准则"的思想。朱熹指出，如果不通过穷理来树立内心的价值标准，则无论如何"存""见"，所"存"所"见"的只能是为人欲汨没的无所规范的心，这种心是不可能合于理的，而且人心受私欲污染已久，彻底去除私欲绝不是一朝一夕所能实现，必须依《大学》次序，积累用功，才能使心逐步与理为一。显然，与这里对立的，正是后来陆氏心即理和发明本心的主张。

丙戌、己丑中和之悟及己丑稍后诸论辩在心性论皆已述及。己丑之前的苦参中和说表明朱熹对心地工夫的极大重视。而己丑之悟的结果，朱熹确认了心有未发之时和已发之际，强调已发时须要省察，未发时更当涵养，以未发涵养为本，敬字贯通动静，这些都说明朱学中本来包含着重视涵养的一面。己丑后至壬辰《仁说》之辩，朱熹心性哲学的体系已全面形成并日趋成熟，他的心为知觉、心具众理、人心道心说及主敬穷理、涵养进学的方法（参见第七章）的确立使他与稍后的陆学从根本上区别开来。所以，在鹅湖之前朱熹根本不是与陆"未会而同"，相反，他自己早已走上了一条与陆学完全相反的为学道路，从鹅湖前后开始，他对陆九渊的一切公开反驳，都是他自己的学问主张完全合乎逻辑的一个结果。

为了说明在鹅湖相会时朱熹早已形成了与陆氏完全不同的学问宗旨，还可以引另一个材料。《文集》卷七十有《记疑》一文，是作于鹅湖次年丙申。时朱熹得一书，不知作者何人，读后作了许多批语。今观朱熹《记疑》中所录之语即《宋元学案》卷二十九《震泽学案》中《震泽记善录》所录伊川门人王蘋（信伯）之语，钱穆《朱子新学案》亦已指出此点。其中一条记王信伯语："先圣后圣，若合符节。非传圣人之道，传圣人之心也；非传圣人之心也，传己之心也。己之心无异圣人之心，广大无垠，万善皆备。欲传圣人之道，扩充此心焉耳。"这个观点显然是陆学的先导，故全谢山亦云信伯启小陆之学。③ 朱熹对此批云：

> 夫学圣人之道乃能知圣人之心，知圣人之心以治其心，而至于与圣人之心无以异焉，是乃所谓传心者也。岂曰不传其道而传其心，不传其心而传己之心哉？且既曰己之心矣，则又何传之有？况不本于讲明存养之渐，而直以扩充为言，则亦将以何者为心之正而扩充之耶？（《记疑》，《文集》卷七十）

今观《陆象山集》，鹅湖之前未有类信伯此说者，故朱子非直对陆氏而发，然彼此之学"冰炭之相反"则不难见。照朱子看，常人之心远不合圣人之心，须先学圣人之道，才能知圣人之心。知圣人之心还不能使己之心与圣人心同，必以圣人之心来治自己之心，经过知心治心的功夫，才可能逐步使自己之心与圣人之心相合。朱熹这个《记疑》虽作于鹅湖次年，但在不知著者姓名、不为陆学而发的情况下，对书中与陆学相似的议论作出明确批评，说明这些见解不包含任何对陆学可能有的偏见，而是他自己学问的一个直接结论。

---

③ 《宋元学案》二十九《震泽学案》全祖望按语云："信伯极为龟山所许，而晦翁最贬之，其后阳明又最称之。予读信伯集，颇启象山之萌芽。其贬之者以此，其称之者亦以此。象山之学，本无所承，东发以为遥出于上蔡，予以为兼出于信伯。盖程门已有此一种矣。"

第十七章　朱陆之争

一　乾淳之际

南宋几位思想家朱熹、张栻、吕祖谦及陆九渊等，都主要活动于孝宗乾道、淳熙年间，后人称之为"乾淳诸老"。其中朱熹最长，长张栻三岁，长吕祖谦七岁，长陆九渊九岁。张栻曾师从五峰（胡宏），学成较早，朱熹隆兴末乾道初还曾就一些问题请问于张栻。朱熹早年曾识吕祖谦[①]，当时二人皆未成学。乾道五年己丑吕祖谦除严州教授，同年张栻知严州，相与论学，吕祖谦教授严州时曾通书朱熹问学。次年张、吕同召入朝，连墙而居，在都下齐名。朱、张、吕三人成学虽略有先后（吕于朱、张皆以"丈"呼之），然而大体在乾道己丑至癸巳，三人已

---

① 邹本年谱云绍兴乙亥晤吕伯恭于福州，时朱子 26 岁，见《年谱考异》卷一。

成讲友，形成了东南三贤鼎立的局面。

与朱、张、吕相比，陆九渊稍为后进。陆九渊早年科举不利，对他自有一定影响。再则，张栻为五峰高弟，朱熹从学延平（李侗）为龟山三传，吕祖谦承荥阳（吕希哲）紫微（吕本中）之绪，家学渊源甚深。此外张栻为张浚之子，朱子自幼依附刘氏，与刘珙（乾道中参政）如手足，朱、吕又皆游于汪氏（应辰）之门，这些条件皆为陆氏所不及。陆氏门人詹阜民曾问陆九渊"先生之学亦有所受乎"？陆答曰："因读《孟子》而自得之。"（《语录下》，《陆九渊集》卷三十五）朱熹门人胡叔器也曾问朱熹象山师承如何，朱熹回答说："它们天资也高，不知师谁，然也不问师传。"（《语类》卷一百二十四）这说明二陆的传承不大清楚（当然不是说他们的思想不能在前辈中找到渊源）。因此，江西陆氏建立发明本心的宗旨未必晚于张、朱（如朱熹乾道癸巳与吕子约书云陆学亦闻名已久），然种种条件决定其影响在张、朱、吕已成为学术界主流稍后。

乾道七年辛卯冬，陆九渊与吕祖谦相会于都下，盖陆九渊欲赴次年南宫之试。后来陆九渊在祭吕祖谦文中亦说及"辛卯之冬，行都幸会，仅一往复，揖让而退"（《陆九渊集》卷二十六）。时吕祖谦将为考官，二人未曾深谈。

乾道八年壬辰，陆九渊参加省试，吕祖谦等为考官。吕祖谦读陆九渊的卷子，"至'狎海上之鸥，游吕梁之水，可以谓之无心，不可以谓之道心，以是而洗心退藏，吾见其过焉而溺矣。济溱洧之车，移河内之粟，可以谓之仁术，不可以谓之仁道。以是而同乎民，交乎物，吾见其浅焉而胶矣'，击节叹赏。又读

《天地之性人为贵论》，至'呜乎，循顶至踵，皆父母之遗体，俯仰乎天地之间，惕然朝夕，求寡于愧作而惧弗能，倘可以庶几于孟子之"塞乎天地"，而与闻夫子"人为贵"之说乎？'愈加叹赏。至策，文意俱高。伯恭遽以内难出院，乃嘱尤（袤，字延之）公曰：'此卷超绝有学问者，必是江西陆子静之文，此人断不可失也。'又并嘱考官赵汝愚子直，二公亦嘉其义，遂中选。"（《陆九渊年谱》）② 吕祖谦在考前可能曾与陆九渊作过交谈，而对他有一定了解，但亦可见吕祖谦识人之明。

据杨简为陆九渊所作《行状》称："始至行都，一时俊杰咸从之游。先生朝夕应酬答问，学者踵至，至不得寐者余四十日。……听其言，兴起者甚众。还里，远迩闻风而至，求亲炙问道者益盛。"由此可见，陆九渊乾道八年进士后，其名传于四方，影响开始扩展。

次年乾道九年癸巳十月，陆九龄（字子寿，号复斋）入浙访吕祖谦，吕祖谦写信给朱熹说："抚州士人陆九龄子寿，笃实孝友，兄弟皆有立，旧所学稍偏，近过此相聚累日，亦甚有问道四方之意。"（《与朱侍讲二十四》，《东莱文集》）朱熹答书说："陆子寿闻其名甚久，恨未识之，子澄云其议论颇宗无垢，不知今竟如何也。"（《答吕伯恭》第二十六书，《文集》卷三十三）朱熹对江西陆学亦有所闻，虽是据刘子澄（名清之）所传，但刘乃朱熹密友，居江西庐陵，故朱熹于其言颇信。而张无垢（名九成，字子韶）乃朱熹所谓阳儒阴释、视为洪水猛兽者。因此，他在答吕祖谦书中表达了他对陆学的警惕和保留。

---

② 《陆九渊年谱》下简称《陆谱》，其文集亦简称《陆集》。

又次年淳熙元年甲午（朱熹45岁），五月，陆九渊赴部调官，归途中访吕祖谦于衢州。吕祖谦把他介绍给汪应辰，吕祖谦与汪应辰书云："今因陆九渊主簿行，谨此附起居。陆君相聚五六日，淳笃劲直，辈流中少见其比。恐不可不收拾，惟开怀成就之为望。"（《东莱文集》甲午六月《与汪端明》）同月，吕祖谦又与陈亮书说："此月旦日，自三衢归，陆子静已相待累日，又留七八日，昨日始行。笃实淳直，工夫甚有力，朋游间未易多得。"（《与陈同甫书》，《东莱文集》）陆九渊在三衢访吕祖谦，又从归明招山，此事吕祖谦未语朱熹，然吕祖谦弟吕祖俭（字子约）时居丧与兄同居明招，朱熹此年答吕子约书说："陆子静之贤，闻之盖久，然似闻有脱略文字、直趋本根之意，不知其与《中庸》'学问思辨然后笃行'之旨又如何耳。"（《文集》卷四十七，《答吕子约》第十五书）此书未及陆子寿，必因陆子静访吕而发。稍晚朱熹又作书云："近闻陆子静言论风旨之一二，全是禅学，但变其名号耳。竞相祖习，恐误后生，恨不识之，不得深扣其说，因献所疑也。然想其说方行，亦未必肯听此老生常谈，徒窃忧叹而已。"（《答吕子约》第十七书）

同年，张栻写信给朱熹也说："蕲州之说浅陋，不足以动人，自是伯谏天资低所致。若临川其说方炽，此尤可虑者。"（《与朱元晦秘书三十》，《南轩集》）李伯谏早年学佛，与朱熹游，乾道庚寅始归学孔孟，癸巳教授蕲州，为李周翰所惑。张栻此书也表明，自乾道八年小陆得举之后，仅一二年内，江西二陆的影响增长很快。陆门弟子如杨简、石宗昭、包扬、陈正己、傅梦泉等都是这一期间从学陆门的。而朱熹、张栻、刘清

457

之等，闻其风旨，断为禅学。他们对一时"竞相祖习"陆学的情况很感忧虑。朱熹表示，如果能有机会，愿意面扣其说以献所疑，而陆子寿业已表示有问道朱熹之意。这些就是淳熙二年乙未鹅湖之会的基本背景。

二 鹅湖之集

先是，朱熹欲于乙未春与吕祖谦相会于婺州，并同为天台雁荡之游（见朱吕通书及吕与汪端明书）。但朱熹当时屡以多疾辞免朝廷所命，此却入浙游山，或者有当避嫌之说，因改由吕祖谦入闽相会。

据《东莱年谱》："淳熙二年乙未，春在明招，四月二十一日如武夷，访朱编修元晦，潘叔昌从，留月余。同观关洛书，辑《近思录》。朱编修送公于信州鹅湖，陆子寿、陆子静、刘子澄及江浙诸友皆会。"相会期间，朱、吕共同编辑了《近思录》：

> 淳熙乙未之夏，东莱吕伯恭来自东阳，过予寒泉精舍，留止旬日。相与读周子、程子、张子之书，叹其广大闳博，若无津涯，而惧夫初学者不知所入也。因共掇取其关于大体而切于日用者以为此编。（《书近思录后》，《文集》卷八十一）

朱熹《书近思录后》作于乙未五月五日，吕祖谦四月二十一至武夷，故云"留止旬日"，而二公相游实非止旬日。依吕谱，朱、吕在闽相聚月余，尔后至鹅湖。鹅湖之会后吕祖谦答潘叔度书云："某以五月半后同朱丈出闽，下旬至鹅湖。诸公皆集，甚有讲论之益，更三四日即各分手。"又与邢邦用书："某自春末为建宁之行，与朱元晦相聚四十余日，复同出至鹅湖。"（皆见《东莱文集》）朱熹答王子合书云："前月末送伯恭至鹅湖，陆子寿兄弟来会，讲论之间深觉有益，此月八日方分手而归。"（《答王子合》，《文集》卷四十九）由此可知，吕祖谦四月二十一日至建宁，五月末至鹅湖，二陆大抵六月三四日才到鹅湖，六月八日分手而归。吕祖谦归后，朱熹与书云"昨承枉过，得两月之款"（《答吕伯恭》第四十书，《文集》卷三十三），盖举成数而言也。

　　陆九渊说"吕伯恭为鹅湖之集"（《语录上》），《陆谱》亦说"吕伯恭约先生与季兄复斋，会朱元晦诸公于信之鹅湖寺"，吕祖谦为小陆考官，又与朱熹相善，鹅湖之会由他作召集人是很自然的。陆氏门人朱亨道云："鹅湖讲道，切诚当今盛事。伯恭盖虑陆与朱议论犹有异同，欲会归于一，而定其所适从，其意甚善。"（《陆九渊年谱》）所谓"欲会归于一，而定其所适从"，究竟是使朱归于陆，还是使陆归于朱，或者折中两家，以求另一所适从？照朱亨道说，似乎吕祖谦主张折中朱陆，此则不然。

　　按前所述，鹅湖之前，吕祖谦对陆学看法虽未如朱张之激，但亦以陆"旧所学稍偏"，甲午陆九渊访浙，临行时吕祖谦对陆也有所劝诫（后陆祭文云"公赐良箴，始痛惩艾"）。所以，鹅湖前吕祖谦对陆学也有看法。至于鹅湖会上，陆九渊后来追述鹅湖的过程时明确说及，第一天因易简支离诗不欢而散，"翌日二公商量数十折议论来，莫不悉破其说"（《语录上》）。"二公"语出陆九渊之口，显然是指朱、吕，陆九渊自谓鹅湖会上在朱、吕提出的十几个问题上彻底驳倒了对方。由此可见，鹅湖会上吕祖谦是与朱熹站在一起，作为二陆的对立面出现的。至于陆九渊所说"伯恭甚有虚心相听之意，竟为元晦所尼"，亦非事实。盖吕祖谦气质淳厚，为人谦和，但不可谓他事事和稀泥。鹅湖之后吕祖谦与陈亮书云：

> 某留建宁凡两月余，复同朱元晦至鹅湖，与二陆及刘子澄诸公相聚切磋，甚觉有益。元晦英迈刚明，而工夫就实入细，殊未可量。子静亦坚实有力，但欠开阔耳。

又答邢邦用书：

> 某自春末为建宁之行，与朱元晦相聚四十余日，复同出至鹅湖。二陆及子澄诸兄皆集，甚有讲论之益。自此却无出入，可闭户读书也。前书所论甚当，近已尝为子静详言之。讲贯诵绎，乃百代为学通法，学者缘此支离泛滥，自是人病，非是法病。见此而欲尽废之，正是因噎废食。（与上答陈书皆见《东莱文集》）

由此可见，吕祖谦完全赞成朱熹的为学方法，不赞成陆氏的为学主张，亦可知鹅湖之集，吕祖谦的真正用意是和朱熹一起矫正陆学之偏。此后吕对朱陆的看法也完全证明了这一点。

鹅湖之后，朱熹还家后致书陆九渊说："某未闻道学之懿，兹幸获奉余论，所恨匆匆别去，彼此之怀，皆若有未既者。然警切之诲，佩服不敢忘也。还家无便，写此少见拳拳。"（见《陆九渊年谱》）这显然是出于礼节。

鹅湖之会的参加者，据《陆谱》引朱亨道语，除朱、吕、二陆外，有刘清之子澄，临川太守赵景明，其兄赵景昭③，及朱亨道本人与其兄朱济道（《槐堂诸儒学案》，《宋元学案》卷七十七），陆门弟子邹斌录有鹅湖会上复卦之辩，当亦为参加者。

按《东莱年谱》云："朱编修送公于信州鹅湖，陆子寿、陆子静、刘子澄及江浙诸友皆会"，故鹅湖会的参加者绝不至于朱吕之外皆为江西学者。如《吕谱》言潘叔昌从吕祖谦访朱，绝无不至鹅湖之理。又考武夷山六曲响声岩石刻题名有：

何叔京、朱仲晦、连嵩卿、蔡季通、徐宋臣、吕伯共、潘叔昌、范伯崇、张元善。淳熙乙未五月廿一日，晦翁。（《古迹·碑刻》，见《崇安县志》）

据吕祖谦答潘叔度书"某以五月半后同朱丈出闽，下旬至鹅湖"，可见上引石刻正为诸人赴鹅湖途中游武夷时朱熹所题。其中朱、何、蔡、范及连皆福建学者，吕、潘、张、徐（未详）为浙江学者，这些人皆当为鹅湖会议的参加者。

---

③ 《陆集》卷八答张春卿书云："乙未、丙申间赵景明为太守，某与其兄景昭为同年进士。"

　　鹅湖之会的论辩，没有留下详细记载，此诚为憾事。从现在所能掌握的材料看，鹅湖会表现出来的主要分歧集中围绕在"为学工夫"上面，而未能深入到导致双方为学分歧的根本理论上。据陆氏门人朱亨道说：

> 　　鹅湖之会，论及教人，元晦之意，欲令人泛观博览，而后归之约。二陆之意，欲先发明人之本心，而后使之博览。朱以陆之教人为太简，陆以朱之教人为支离，此颇不合。先生（陆九渊）更欲与元晦辩，以为尧舜之前何书可读？复斋止之。（《陆谱》）

鹅湖之会的朱陆分歧主要集中在是否承认读书讲学为修养、学问的基本工夫。反对陆学的人常指责陆学不要读书讲学，这一点并不完全是对陆学的歪曲或简单化。鹅湖之前朱熹据刘子澄介绍，把陆学概括为"脱略文字、直趋本根"，指陆学废弃读书，主张一悟本心。鹅湖会后朱熹答张栻书说"其病却是尽废讲学而专务践履，却于践履之中要人提撕省察，悟得本心"，吕祖谦也针对陆学指出"讲贯诵绎，乃百代为学通法，……见此而欲尽废之，正是因噎废食"。如果说鹅湖之前朱熹对陆学的判断还是据信传闻，则鹅湖之后朱、吕提出的批评就不是没有根据了。不过，大体上讲，极力否定读书讲学是陆学尚未成熟时的主张，陆学成熟后不再言废弃读书，而朱、吕针对的正是陆氏当时所持的极端主张。

　　据朱亨道说，陆九渊本来准备了一个尖锐的问题：如果说只有读书才是认识天理和成圣成贤的道路，那么，人所公认的圣贤尧舜，在他们的时代尚无文字，不是也成为圣贤了吗？这对朱熹一边是一个难以回答的问题。也说明二陆的确主张读书不是成圣的必要途径。但在陆学方面也有一些明显的困难。如吕祖谦说，讲学读书是孔子以来的百代通法，否认读书讲论的必要势必导致对孔子以来传统工夫的否定。而且，正如朱熹后来指出的，如果不必讲学，孔子与孔门弟子相聚讲论岂非多事？孔子为什么不说"你们各自回去发明本心吧"？

发明本心还是读书讲学，按陆九渊看，这个问题从另一侧面来说即易简支离的差别。照陆学说，发明本心，触处皆合，乃简易之法；读书穷理，泛观无归，未免于支离。陆九渊自己曾说：

> 年十三时，复斋因看《论语》，命某近前，问云："看有子一章如何？"某云："此有子之言，非夫子之言。"先兄云："孔门除却曾子，便到有子，未可轻议，更思之如何？"某曰："夫子之言简易，有子之言支离。"（《语录上》）

可见"易简"为陆九渊自幼所立宗旨，其中或有其个性因素在。虽然朱亨道说"朱以陆之教人为太简"，但从朱熹来看，问题的实质不在于方法的简繁，而在于陆氏的所谓简易方法在方向上本来就是错误的，或者说唯其求乎简径所以不免流为异学。

鹅湖相会的气氛比较紧张，论辩的情况从后来朱熹所说"始听莹于胸次，卒纷缴于谈端"（《祭陆子寿教授文》），及陆九渊所说"粗心浮气，徒致参辰"（《祭吕伯恭文》）来看也比较激烈。据陆九渊回忆：

> 吕伯恭为鹅湖之集，先兄复斋谓某曰："伯恭约元晦为此集，正为学术异同。某兄弟先自不同，何以望鹅湖之同?"先兄遂与某议论致辩，又令某自说，至晚罢。先兄云："子静之说是。"次早，某请先兄说，先兄云："某无说，夜来思之，子静之说极是。方得一诗云：孩提知爱长知钦，古圣相传只此心。大抵有基方筑室，未闻无址忽成岑。留情传注翻蓁塞，着意精微转陆沉。珍重友朋相切琢，须知至乐在于今。"（《语录上》）

诗的最后两句说明这是专为鹅湖之会而作。第一句发挥孟子天赋四心思想，说明他的哲学立基于人有天赋道德本心。第二句强调自古圣贤相传的内容不过就是这种本心。留情着意二句讲他的为学主张，他认为既然人有天赋的本心，一经发明便是天理，反对把精力花费到注解诠释古代经典以探求所谓精微大旨。这些是二陆的相同之处。

然而陆九龄诗说"古圣相传只此心"，这便为考求圣贤之书以便体识此心留有余地，故陆九渊听罢后说："诗甚佳，但第二句微有未安"，并表示"不妨一面起行，某沿途却和此诗"。

> 及至鹅湖，伯恭首问先兄别后新功。先兄举诗，才四句，元晦顾伯恭曰："子寿早已上子静船了也。"举诗罢，

遂致辩于先兄。某云："途中某和得家兄此诗云：'墟墓兴哀宗庙钦，斯人千古不磨心。涓流滴到沧溟水，拳石崇成泰华岑。易简工夫终久大，支离事业竟浮沉。'"举诗至此，元晦失色。至"欲知自下升高处，真伪先须辨只今"，元晦大不怿，于是各休息。（《语录上》）

从哲学上说，小陆之诗是用"斯人千古不磨心"修正"古圣相传只此心"，因为传心的说法朱熹也不绝对反对，他认为十六真字诀即古圣相传心法，只是传心须通过文字，见诸经典，故欲得圣人之心，必须穷格圣贤之书。所以，陆九渊说陆九龄诗未安，是说后者不彻底，孟子主张的仁义礼智之心是千古以来人人生而具有，不可磨灭，成圣成贤无须依赖前圣相传，只要信得自家宝藏本自全具，一经发明本心，自然成就圣贤，这种工夫既来得易简直捷，又比读书穷理、积累贯通远为可靠。

　　鹅湖这场关于为学工夫的争论，对于它的初始目的来说未获结果，双方都未改变自己的立场，三四天后不欢而散④，根据陆九渊生平能言善辩的特点看，朱、吕在辩论中未占上风。而包括陆九渊自己，陆门则每以鹅湖之辩津津乐道。从这一点看，鹅湖之会对陆学扩大影响是有作用的。但由于朱、吕在学术界的影响远大于当时的陆学，他们公开与陆氏辩争，这种态度对陆学的发展又有所限制。

―――――――

　　④　据陆九渊说，时有寇侵临川，故二陆"闻警报亟归"（《全州教授陆先生行状》），又其《祭吕伯恭文》述鹅湖之会亦云"方将优游，以受砭剂，潢池之兵，警及郡界，亟还亲庭，志不克遂"，故鹅湖会只三四天即止亦有他因。

鹅湖会后，张栻以书问朱熹"陆子寿兄弟如何，肯相听否？"（《答朱元晦》四十三，《南轩文集》卷二十二）朱熹复书云：

> 子寿兄弟气象甚好，其病却是尽废讲学而专务践履，却于践履之中要人提撕省察，悟得本心，此为病之大者。要其操持谨质，表里不二，实有以过人者。惜乎其自信太过，规模窄狭，不复取人之善，将流于异学而不自知耳。（《答张敬夫》第二十八书，《文集》卷三十一）

朱熹称二陆操守过人，充分肯定二陆的道德人格，指出陆学欲废讲学而专悟本心，及叹其过于自信，这些评价与吕祖谦对二陆的看法一致，大体还是客观的。

鹅湖之会只是朱陆之辩的开端，在当时还没有形成朱陆两大派的对立局面，故作为一个事件，它并不如后来的无极太极之辩更有影响，但比后者更明显地暴露了朱陆分歧。然而朱陆后来的辩争始终再未能就双方最关要害的问题进行真正的讨论。

三　铅山之晤

鹅湖次年，淳熙三年丙申，朱熹回婺源展墓，时为县学藏书阁作记，其中说：

> 盖天理民彝，自然之物，则其大伦大法之所在，固有

不依文字而立者。然古之圣人欲明是道于天下而垂之万世，则其精微曲折之际，非托于文字，亦不能以自传也。故自伏羲以降，列圣继作，至于孔子，然后所以垂世立教之具粲然大备。天下后世之人，自非生知之圣，则必由是以穷其理，然后知有所至而力行以终之。（《徽州婺源县学藏书阁记》，《文集》卷七十八）

这是说天理的客观存在虽不依有无文字而转移，但人对天理的认识必须经读书以明之，这里所说及前引《记疑》虽未必对陆学而发，但其中进一步申明了朱熹的立场，包含了对陆学的批评意义。

淳熙四年丁酉，二陆遭母丧，在有关丧祭礼仪方面遇到一些问题。两人当即写信向朱熹询问（见《文集》之《答陆子寿》）。朱熹表示不赞成二陆关于祔礼的主张，并详细阐述了他以《仪礼注》为根据的看法，这对不主读书的二陆似乎不无讽刺。经过几次往返论说，"其后子寿书来，乃伏其谬，而有'他日负荆'之语"（《答叶味道》第一书，《文集》卷五十八），"子静终不谓然，而子寿遂服，以书来谢，至有'负荆请罪'之语"（《答叶味道》第二书，《文集》卷五十八）。陆九龄承认原来主张之误，但陆九渊始终不改其说。

陆九龄提出要"负荆请罪"，看来非独为祔礼之辩而发，盖论辩祔礼似无罪之可言。二陆丧母的次年淳熙五年戊戌夏朱熹致书吕祖谦：

近两得子寿兄弟书，却自讼前日偏见之说，不知果如何？（《答吕伯恭》第五十六书，《文集》卷三十四）

从各方面来看，"自讼"当出于陆九龄。可见"他日负荆"当包括论学内容及鹅湖之辩，二陆对初所持弃读书讲学的观点似有改变。该年秋，朝廷命朱熹知南康军，辞免不允，次年淳熙六年己亥正月，朱熹一面继续请辞，一面出发到江西信州铅山候命。

二月（据《朱子年谱》）陆九龄访朱熹于铅山观音寺，这是陆九龄（字子寿）对他负荆请罪诺言的实践。据朱熹门人余大雅记录：

陆子寿自抚来信，访先生于铅山观音寺，子寿每谈事，必以《论语》为证，如曰圣人教人"居处恭，执事敬"，又曰"子所雅言、《诗》、《书》、执礼，皆雅言也"，"弟子入则孝，出则弟，谨而信，泛爱众，而亲仁"，此等皆教人就实处行，何尝高也？先生曰："某旧间持论亦好高，近来渐渐移近下，渐渐觉实也。如孟子，却是将他到底已教人，如言"存心养性，知性知天"，有其说矣，是他自知得。余人未到他田地，如何知得他滋味？卒欲行之，亦未有入头处。（《语类》卷一百二十四）

陆九龄谓圣人教人皆就实处行，此即前所谓"专务践履"之意。朱熹则强调圣贤生知安行，践履便是；常人未到圣贤地步，必学知勉行，否则当下行去便没有方向。二人之论并不完全一致。所以铅山相会后陆九龄写信给张栻说："某春末会元晦于铅山，语三日，然皆未能无疑。"⑤

但是铅山会晤的气氛与鹅湖时完全相异。陆子寿是来负荆请罪，且陆子寿前已"自讼前日偏见之说"，又其谈说每以《论语》为证，若如陆九渊不必读书之说，又何必引证圣人文字。此外，二陆之间本自有异。陆九渊 13 岁便以有子为支离，与复斋异，而鹅湖前夕二陆为先在内部取得一致，兄弟致辩由早至晚；至鹅湖朱熹谓子寿上了子静船等，都说明二陆在鹅湖前已自不同。鹅湖二诗兄弟间对传心看法也不一致，乃至后来与朱熹论衬礼后子静坚执旧说，而子寿转服朱子。二陆为学虽皆出于孟子，但陆九龄始终未如陆九渊之激进极端。

余大雅又录：

> 陆子寿看先生解《中庸》"莫显乎微"云"几微细事也"，因叹美其说之善，曰："前后说者，连'莫见乎隐'一衮说了，更不见切体处，今如此分别，却是使人有点检处。九龄自觉力弱，寻常非礼念虑，固能常常警策，不使萌于心，然志力终不免有怠时，此殆所谓几微处须点检也。"先生曰："固然。"（《语类》卷一百二十四）

---

⑤ 按《陆谱》以此书在乙未鹅湖之会后，非是。鹅湖会在六月，不可言春末，此书乃在己亥无疑。

陆子寿本来是反对"留情传注"的，此时见朱熹所解《中庸》而赞美不已，由此也可见他的变化。

> 陆子寿言："古者教小子弟，自能言能食，即有教，以至洒扫应对之类，皆有所习，故长大则易语。今人自小即教做对，稍大即教作虚诞之文，皆坏其性质。某尝思欲做一小学规，使人自小教之，便有法如此．亦须有益。"先生曰："只做禅苑清规样做，亦自好。"（《语类》卷七，余大雅录）

铅山相会，是在融洽的气氛中心平气和地讲论切磋，这是朱陆交往的最好时光之一。

后来朱熹在祭陆子寿文中不无动感情地回忆：

> 如我与兄，少不并游。盖一生而再见，遂倾倒以绸缪（一生仅鹅湖、铅山两见）。念昔鹅湖之下，实云识面之初。兄命驾而鼎来，载季氏而与俱。出新篇以示我（传心诗），意恳恳而无余。厌世学之支离，新易简之规模。顾予闻之浅陋，中独疑而未安。始听莹于胸次，卒纷缴于谈端（辩争甚烈）。徐度兄之不可遽以辩屈，又知兄必将返而深观。遂逡巡而旋返，怅犹豫而盘旋。别来几时，兄以书来，审前说之未定，曰子言之可怀（"自讼前日偏见之说"）。逮予辞官而未获，停骖道左之僧斋。兄乃枉车而来教，相与极论而无猜。自是以还，道合志同……（《祭陆子寿教授

470

文》,《文集》卷八十七)

正是在铅山这种"相论无猜"的气氛中,朱熹兴起,于是作了一首诗去追和陆九龄鹅湖诗:

> 德义风流夙所钦,别离三载更关心。
> 偶扶藜杖出寒谷,又枉蓝舆度远岑。
> 旧学商量加邃密,新知培养转深沉。
> 却愁说到无言处,不信人间有古今。

这就是何以朱熹在鹅湖之会三年后才和陆九龄此诗。[6]

陆九龄回去后写信给朱熹,说到他准备再赴浙江并访吕祖谦,朱熹己亥秋答吕伯恭七十六书:"子寿得书,云欲往见,今已到未耶?"是年冬十月陆九龄访吕祖谦(据《东莱年谱》)。吕祖谦写信给朱熹说:

> 陆子寿前日经过,留此二十余日,幡然以鹅湖所见为非,甚欲著实看书讲论,心平气下,相识中甚难得也。（《与朱侍讲五十五》,《东莱文集》)

由此可见,鹅湖之后三四年间,陆九龄基本转变到朱、吕方面来了。

然而,在铅山相会的第二年秋天(淳熙七年庚子九月)陆

---

⑥　按《文集》此诗题为《鹅湖寺和陆子寿》,当为《和子寿鹅湖诗》。

九龄病逝。朱熹与吕祖谦都十分惋伤，从陆九龄与二人关系的发展来看，这是十分自然的。吕祖谦写信给朱熹说："陆子寿不起，可痛。笃学力行，深知旧习之非。求益不已，乃止于此。"（《与朱侍讲六十》）朱熹回书说："子寿之亡极可痛惜，诚如所喻。"（《答吕伯恭》第九十一书，《文集》卷三十四）

四　南康再会

陆九渊在这期间，也从鹅湖之会的立场上有所后退。陆九龄到铅山时带去陆九渊给朱熹的信。"在铅山得他书云，看见佛之所以与儒异者，止是他底全是利，吾儒止是全在义。某答他云，公亦只见得第二著。"（《语类》卷一百二十四，叶贺孙录）（铅山朱陆往复书今已不存）

朱熹到南康后，二人继续通书。己亥冬朱熹答吕祖谦书说：

> 子寿相见，其说如何？子静近得书。其徒曹立之者来访，气质尽佳，亦似知其师说之误。持得子静近答渠书与刘淳叟书，却说人须是读书讲论，然则自觉其前说之误矣。但不肯翻然说破今是昨非之意。依旧遮前掩后，巧为词说，只此气象，却似不佳耳。（《答吕伯恭》第七十七书，《文集》卷三十四）

吕祖谦与朱熹书也说：

陆子静近日闻其稍回，大抵人若不自欺，入细着实，点检窒碍，做不行处，自应见得。渠兄弟在今士子中不易得，若整顿得周正，非细事也。（《答朱侍讲五十四》，《东莱文集》）

次年淳熙七年庚子春，朱熹又与吕书云：

子寿学生又有兴国万人杰，字正淳者，亦佳。见来此相聚，云子静却教人读书讲学。亦得江西朋友书，亦云然，此亦皆济事也。（《答吕伯恭》第八十一书，《文集》卷三十四）

这都说明陆九渊从鹅湖立场上有所转变，同年朱熹答吴茂实书指出：

陆子寿兄弟近日议论与前大不同，却方要理会讲学。其徒有曹立之、万正淳者来相见，气象皆尽好。却是先于情性持守上用力，此意自好。但不合自主张太过，又要得省发觉悟，故流于怪异耳。若去其所短，集其所长，自不害为入德之门也。然其徒（指包显道，见下）亦多有主先入、不肯舍弃者，万、曹二君却无此病也。（《与吴茂实》第一书，《文集》卷四十四）

由此可见，《学蔀通辨》谓朱子早年与陆相合之说全系无据之论，倒是陆氏自鹅湖后开始向朱靠拢。

在欢迎二陆转变旧说的同时，朱熹提出对陆学应去短集长，表现了某种客观的分析态度，并对自己的"情性持守"加以反省，在与吴茂实书中他更说道："近来自觉向时工夫止是讲论文义，以为积集义理，久当自有得力处，却于日用功夫全少点检，诸朋友往往亦只如此做工夫，所以多不得力。今方深省而痛惩之，亦愿与诸同志勉焉。"（同上）与答吴书同时的答林择之书亦云："此中见有朋友数人讲学，其间亦难得朴实头负荷得者。因思日前讲论只是口说，不曾实体于身，故在己在人都不得力，今方欲与朋友说日用之间常切点检气习偏处、意欲萌处，与平日所讲相似与不相似，就此痛著工夫，庶几有益。陆子寿兄弟近日议论却肯向讲学上理会，其门人有相访者，气象皆好。但其间亦有旧病。此间学者却是与渠相反。初谓只如此讲学渐涵，自能入德，不谓末流之弊只成说话。至于人伦日用最切近处，亦都不得毫毛气力，此不可不深惩而痛警也。"（《答林择之》第二十六书，《文集》卷四十三）虽然朱熹本人强调涵养进学、持守穷理，二者不可偏废，但他也意识到，包括他自己在内，朱学常常更偏于穷理致知，以致在性情修养、品格提高方面不甚得力。朱熹这些自省毫无虚伪之意，在正视自己的短处和客观评价他人之长方面，朱熹往往胜于陆九渊。

南康军在江西最北，庐山在其境内。陆氏门下多江西学者，朱熹守南康，陆门弟子多往南康见朱熹。如前述曹建（立之）、万人杰（正淳）本皆陆门高弟，都是在南康访朱后转向朱学的。前引朱熹答吕祖谦书曾说到曹立之曾出示陆九渊所答其书，朱熹答曹立之书云：

> 录示陆兄书意甚佳。近大冶万正淳来访（人杰访朱在
> 庚子春），亦能言彼（子静）讲论曲折，大概比旧有间矣。
> 但觉得尚有兼主旧说，以为随时立教，不得不然之意。似
> 此意思，却似渐有掩覆不明白处。以故包显道辈仍主先入，
> 尚以读书讲学为充塞仁义之祸。（自注：此语杨子直在南丰
> 亲闻其说。）而南轩顷亦云傅梦泉者扬眉瞬目云云，恐不若
> 直截剖判，便令今是昨非平白分明，使学者各洗旧习，以
> 进于日新之功，不宜尚复疑贰，秘藏以滋其惑也。（《答曹
> 立之》第一书，《文集》卷五十一）

此书与答吕伯恭、吴茂实书意同，都是说陆九渊已明旧学有偏，
但不肯明白承认，故兼主旧说，而陆门弟子仍有反对读书讲学
者。关于包显道以读书讲学为充塞仁义，朱熹也直接与信给陆
九渊，陆九渊对包显道便提出了批评：

> 得曹立之书云："晦庵报渠云'包显道犹有读书亲师友
> 是充塞仁义之说'，注云'乃杨丞在南丰亲闻其语'。"故晦
> 庵与某书亦云"包显道尚持初说，深所未喻"。某答书云：
> "此公平时好立虚论，须相聚时稍减其性，近却不曾通书，
> 不知今如何也。"（按：朱陆此往复书皆不存）来书云："叩
> 杨丞所学，只是躬行践履，读圣贤书，如此而已。"观"如
> 此而已"之辞，则立之所报殆不妄矣。不知既能躬行践履，

475

读圣贤书，又有甚不得处？今显道之学，可谓奇怪矣。
（《与包显道二》，《陆集》卷六）

陆九渊批评包显道以读圣贤书为不然，可见，所谓议论"稍回"
"与前大不同""比旧有间""教人读书讲学"，皆非虚语。陆九
渊自己也准备于庚子之秋往游南康。朱熹庚子六月写信给吕
祖谦：

> 子寿兄弟得书，子静约秋凉来游庐阜⑦，但恐此时已
> 换却主人耳。渠兄弟今日岂易得？但子静似犹有些旧来意
> 思。闻其门人说，子寿言其"虽已转步而未曾移身"，然其
> 势久之亦必自转回。思鹅湖讲论时是甚气势，今何止什去
> 七八耶？（《答吕伯恭》第八十三书，《文集》卷三十四）

陆九龄描述陆九渊当时的状态是"虽已转步而未曾移身"，贴恰
而可信。然而，此年夏秋间南康大旱，朱熹忙于救旱事宜，陆
九渊未能成行。加之九月陆九龄卒，使这一年秋天陆九渊南康
访朱的计划无法实现。

陆九龄死后，陆九渊请吕祖谦为作铭文，并请朱熹为之书，
朱熹答吕祖谦书说：

> 子寿之亡极可痛惜，诚如所喻。近得子静书云，已求

---

⑦　按《陆谱》云小陆己亥授崇安主簿，然未见其有到任之迹，疑其本有待次
之命，否则何以能有秋凉游庐山之约耶？

铭于门下，属熹书之，此不敢辞。但渠作得行状殊不满人
意，恐须别为抒思，始足有发明也。（《答吕伯恭》第九十
一书，《文集》卷三十四）

朱熹提出吕祖谦作铭不必受陆九渊所作行状限制，意谓应写明
陆九龄进学次第，特别是他幡然改正旧学之偏的过程。吕祖谦
接受了这一意见，故在为陆九龄所作志文中说：

先生勇于求道之时，愤悱直前，盖有不由阶序者矣。
然其所志者大，所据者实……公听并观，却立四顾，弗造
于至平至粹之地弗措也。

所谓"不由阶序"指陆九龄早年为学所主不由读书讲论而专求
所谓本心，"公听并观"是说他能注意听取他人意见，取人之
善。这些提法是在考虑到陆九渊所能接受的限度内力图指明陆
九龄为学的转变过程。

陆九渊拿到吕祖谦写好的文稿，淳熙八年辛丑二月访朱熹
于南康。一为践前约，一请朱书写墓志铭。朱熹看到志文后写
信给吕祖谦：

子静到此数日，所作子寿埋铭已见之，叙述发明此极
有功。卒章微婉，尤见用意深处，叹服叹服。
子静近日讲论，比旧亦不同，但终有未尽合处。幸其
却好商量，亦彼此有益。（《答吕伯恭》第九十三书，《文

集》卷三十四）

由于前此一番周折变化，此次南康之会，小陆又有求于朱熹，故气氛较为和合。《陆谱》记载："时元晦为南康守，与先生泛舟乐，曰：'自有宇宙以来，已有此溪山，还有此佳客否？'乃请先生登白鹿洞书院讲席，先生讲'君子喻于义，小人喻于利'一章，毕乃离席。言曰：'熹当与诸生共守，以无忘陆先生之训。'再三云：'熹在此不曾说到这里，负愧何言。'"义利之辨乃陆学一大宗旨，亦以此辨儒释。陆九渊讲毕，座中至有泣下者，讲演非常成功。朱熹又请陆将讲义写出，立即刻石，以传久远。陆九渊后每及此事，总是颇为得意。

小陆访南康前后，朱、吕进一步交换了对陆学之病的看法，吕祖谦与朱熹书：

> 陆子静留得几日？讲论必甚可乐。不知鹅湖意思已全转否？若只就一节一目上受人琢磨，其益终不大也。大抵子静之病在看人而不看理，只如吾丈所学，十分是当，无可议者。所议者只是工夫未到耳。在吾丈分上却是急先务。岂可见人工夫未到遂并与此理而疑之乎？（《与朱侍讲六十三》，《东莱文集》）

朱熹回书说：

> 子静旧日规模终在，其论为学之病，多说"如此即只

是意见"，"如此即只是论议"，"如此即只是定本"。熹因与说："既是思索，即不容无意见；既是讲学，即不容无议论；统论为学规模，亦岂容无定本？但随人材质病痛而救药之，即不可有定本耳。"渠却云："正为多是邪意见、闲议论，故为学者之病。"熹云："如此即是自家呵叱亦过分了，须著'邪'字、'闲'字方始分明，不教人作禅会耳。又教人恐须先立定本，却就上面整顿，方始说得无定本底道理。今如此一概挥斥，其不为禅学者几希矣。"渠虽惟惟，然终亦未竟穷也。（《答吕伯恭》第九十四书，《文集》卷三十四）

南康之辩是鹅湖之辩后朱熹与陆九渊的第二次面对面的辩争，不过这些私下讨论没有记载，又因小陆此次取低姿态，故两人未能在重大理论问题认真辩论并得出结果。朱熹在答吕祖谦书中进一步说道：

　　来喻"十分是当"之说，岂所敢当？"功夫未到"，则乃是全不曾下功夫，不但未到而已也。子静之病，恐未必是看人不看理，自是渠合下有些禅底意思，又是主张太过，须说我不是禅，而诸生错会了，故其流至此。……然其好处自不可掩覆，可敬服也。他时或约与俱诣见，相与剧论尤佳。（同上）

吕祖谦认为朱熹之学"十分是当"，只是工夫未到圣贤地步。至于陆子静之偏，他认为其病在"看人不看理"，也就是他在鹅湖会后与邢邦用书中所说"讲贯诵绎，乃百代为学通法，学者缘此支离泛滥，自是人病，非是法病"，读书讲学为天下常理（法），学者由此流入支离只是个别偏失，不能由此否定天下常理（百代通法）。朱熹认为，有见于支离之弊而欲并常理通法尽行废弃，这是陆九龄先前之病。而陆九渊的问题在于他在思想上便有些"禅底意思"，指陆九渊生性趋于易简而有重内遗外的倾向，加以个性太强，过于自信，这是小陆为学的病源所在。

按照朱熹的设想，在南康任后，找一个机会约陆九渊一同入浙访吕，进一步讨论辩明。然而，朱、陆白鹿相聚仅半年，淳熙八年八月吕祖谦病逝（在前一年，淳熙七年二月，张栻卒于荆州），使这一设想成为不可能，而朱熹与陆九渊此后也再未能面对面地进行学术讨论。

陆九渊在祭吕祖谦文中曾回顾了淳熙元年以来的情况：

> 甲午之夏，公尚居里，余自钱塘，溯江以诣。值公适衢，浃日至止。一见欢然，如获大利。我坐狂愚，幅尺殊侈。言不知权，或以取戾。虽讼其非，每不自制，公赐良箴，始痛惩艾。问我如倾，告我如秘，教之以身，抑又有此。惟其不肖，往往失坠。竟勤公忧，抱以没地。鹅湖之集，已后一岁，辄复妄发，宛尔故态。……先兄复斋，比一二岁，两获从款，言符心契。……比年以来，日觉少异，更尝差多，观省加细。追惟曩昔，粗心浮气，徒致参辰，岂足酬义？（《祭吕伯恭文》，《陆集》卷二十六）

陆九渊回顾甲午访吕时出语狂戾，虽曾受到吕祖谦的规诫，而一年后的鹅湖会上旧病未改，没有记取教训；又说近年来才略有进步，追忆往昔，十分悔憾，中间也说到陆九龄近一二年与吕祖谦志同道合。显然，正如前所述及的，陆九渊对鹅湖之会的主张和表现表示了一定程度的追悔。

综观朱陆交往的这一阶段，鹅湖之集到南康相会，五六年间，二陆的态度发生了较大变化。陆九龄移步转身，放弃了鹅湖之会的主张，站到了朱、吕一边来，而陆九渊虽未完全放弃旧说，但对鹅湖之见也有所追悔，这表现在二陆教人为学的方法上亦有改变。南康前后朱陆之间关系之平和，较鹅湖之际也是不可比的。

张栻、陆九龄、吕祖谦的相继死去，对朱陆之争是有影响的。由于三人之死，南宋学术界的主流由东南三贤过渡为朱陆分野。特别是吕祖谦和陆九龄的死，大大削弱了朱熹一边促使陆九渊彻底转变旧见的力量。而另一方面，张、吕之死使朱熹处于一种"举天下无不在下风"（陈亮语）的境地，这对他虚心听取各方意见也有不利影响。

五　曹表前后

淳熙八年八月吕祖谦卒，是月朱熹除提举浙东常平茶盐公事。当时浙东饥荒十分严重。朱熹十一月入朝奏事，十二月即赴任，直至次年淳熙九年壬寅九月去任，淳熙十年正月奉祠，于是结庐武夷山间，聚徒讲学，整理经典。陆九渊则在淳熙九年秋除国子正入都。朱陆关系开始进入一个新的阶段。

如果说南康以前朱熹与陆学之间主要是与陆氏兄弟发生关系，而南康以后朱熹与陆学的关系则与陆氏门人交织在一起。

淳熙六年己亥冬，陆门弟子曹立之曾至南康访见朱熹，他与稍后访南康的万正淳都对二陆为学有所异议，并就此转向朱学。曹、万二人本来都是陆门高弟，陆九渊曾说："今之人易为利害所动。……曹立之、万正淳、郑学古庶几可不为利害所动。"（《语录下》）朱熹也说，鹅湖相会时，"子寿昆弟于学者少所称许，间独为予道余干曹立之之为人"（《曹立之墓表》），可见曹立之在陆门曾深得称许。

当曹立之由陆学转向朱学时，二陆自己也在不同程度地放弃鹅湖旧见，与朱熹的关系有了相当改善和发展。因此，陆氏当时并未表现出对曹、万的不满。淳熙十年春曹立之死，友人请铭于朱熹。正如朱熹与吕祖谦在对待陆九龄铭文的态度一样，他明白地叙述了曹立之学问的转变过程：

> 立之幼颖悟，日诵数千言。少长，知自刻励，学古今文皆可观。一日，得河南程氏书读之，始知圣贤之学为有在也。则慨然尽弃其所为者，而大覃思于诸经。历访当世儒先有能明其道者，将就学焉。闻张敬夫讲道湖湘，欲往见之，不能致。有告以沙随程氏学古行高者，即往从之，得其指归。既又闻陆氏兄弟独以心之所得者为学，其说有非文字言语之所及者，则又往受其学，久而若有得焉。子寿盖深许之，而立之未敢以自足也。则又寓书以讲于张氏。

敬夫发书亦喜曰："是真可与共学矣。"然敬夫寻没，立之竟不得见。后至南康，乃尽得其遗文，以考其为学始终之致。于是喟然叹曰："吾平生于学无所闻，而不究其归者，而今而后，乃有定论而不疑矣。"

　　自是穷理益精，反躬益切。而于朋友讲习之际，亦必以其所得者告之。盖其书有曰："学必贵于知道，而道非一闻可悟，一超可入也。循下学之则，加穷理之工，由浅而深，由近而远，则庶乎其可矣。今必先期于一悟，而遂至于弃百事以趋之，则吾恐未悟之间，狼狈已甚，又况忽下趋高，未有幸而得之者耶？"此其晚岁用力之标的程度也。……与人交敬而忠。苟心所未安，虽师说不曲从，必反复以归于是而后已。（《曹立之墓表》，癸卯五月，《文集》卷九十）

这里说曹立之不满于陆学，倾心朱、张，最后决计从事朱张穷理之学，并指出陆学之弊在于不循下学而求超悟。因此，《墓表》引起了陆学方面的不满。

同年夏朱熹答刘晦伯书说：

　　武夷精舍已成，近与诸生往留旬日甚适。但屋宇未备耳。立之墓文已为作矣。而为陆学者以为病己，颇不能平。鄙意则初无适莫，但据实直书耳。（《答刘晦伯》第七书，《续集》卷四）

武夷精舍成于癸卯四月（见《武夷精舍杂咏序》），即与朋旧诸生往游，曹立之墓表作于五月。所谓陆学者意不能平并非指陆九渊本人。据《陆九渊年谱》，癸卯朱子与陆有两书。其一云："比约诸葛诚之在斋中相聚，极有益。浙中士人，贤者皆归席下，比来所得为多，幸甚！"其二云："归来臂痛，病中绝学损书，却觉得身心收管，似有少进处，向来泛滥，真是不济事，恨未得款曲承教，尽布此怀也。"

按《别集》卷四答廖德明书云："去冬尝苦臂痛，累月不能诎伸，今幸少安，又以武夷精舍初成，不免与诸友朋来集。"以此可知壬寅九月自浙东归后，朱熹曾苦于臂痛，答陆书所谓"归来臂痛"即指此事，其书未及武夷精舍事，当在壬寅冬或癸卯春，而曹立之墓表作于癸卯夏五月，故答陆二书未及之。

陆九渊此时对朱熹的态度也未见有显著改变。朱熹南康、浙东政事，议者颇多，尤其浙东之政，论者以为过严。陆九渊与尤延之书指出："朱元晦在南康，已得太严之声。元晦之政，亦诚有病，然恐不能泛然以严病之。""元晦浙东救旱之政，比者屡得浙中亲旧书及道途所传，颇知梗概，浙人殊赖。自劾一节，尤为适宜，其诞慢以侥宠禄者，当少阻矣。"（《陆谱》癸卯）又说："朱元晦在浙东，大节殊伟，劾唐与正一事，尤快众人之心，百姓甚惜其去，虽士大夫议论中间不免纷纭，今其是非已渐明白。"（《与陈倅》，壬寅秋，《陆集》卷七）

张、吕死后，思想界渐成朱陆两大派。时有学者项安世（字平甫）壬寅癸卯两次作书陆九渊问学，他说："一二年来，数巨公相继沦落，任是事者，独先生与朱先生耳。"（《陆谱》壬寅）项平甫并推朱陆，后来亦往来朱陆两家之间，由此可以推断，当时他也曾作此类书与朱熹。朱熹答其书云："此心固是圣贤本领，然学未讲，理未明，亦有错认人欲作天理处，不可不察。"（《答项平父》第一书，《文集》卷五十四）项平甫因受陆学影响，故认为"此心元是圣贤"，即陆氏心即理之说，朱熹告诫他必须讲学明理，用功涵养，否则以为此心合下便是圣贤，便会把利欲之心也当成天理。大概项平甫来信说及他亦通书陆九渊，故朱熹最后表示："不知子静相报如何，因风录示。"

项平甫似有调和朱陆之意，他认为张、吕死后，惟朱、陆并立，当同心合志，以弘道学。不过朱、陆当时对立并不明显。在项平甫把陆九渊癸卯答其书（据《陆谱》答书不传）写呈朱熹后，朱熹复其书云：

> 所喻曲折及陆国正语，三复爽然。所警于昏惰者为厚矣。大抵子思以来教人之法，惟以尊德性、道问学两事为用力之要。今子静所说，专是尊德性事，而熹平日所论，却是问学上多了。所以为彼学者多持守可观，而看得义理全不子细，又别说一种杜撰道理遮盖，不肯放下。而熹自觉虽于义理上不敢乱说，却于紧要为己为人上多不得力。今当反身用力，去短集长，庶几不堕一边耳。（《答项平甫》第二书，《文集》卷五十四）

小陆于癸卯冬始由国子正迁删定官，故此书当在癸卯冬之前。据《陆谱》，陆九渊见朱子此书，曰："朱元晦欲去两短，合两长，然吾以为不可。既不知尊德性，焉有所谓道问学。"（《陆谱》癸卯）按南康后朱陆关系较平和，陆似不当出此言，不过，虽然朱熹答项书中对陆学的批评方面并未超出南康之前，但此时之陆九渊对这些已难于容忍，此亦日益明显。

同年朱熹答孙季和书说："大抵学者专务持守者见理多不明，专务讲学者又无地以为之本，能如贤者兼集众善，不倚于一偏者，或寡矣。"（《与孙季和》第三书，《别集》卷三）此书尾云"武夷佳句，足见雅怀"，指孙季和为武夷精舍所作诗文，故此书当在武夷精舍建成之年（癸卯）。此书与答项平甫书意同，都是主张持守讲学不可偏废，朱陆两家为学之方各有长短，学者应兼长去短，尊德性而道问学。同时可见，朱陆分歧的焦点也由鹅湖时要不要读书讲学演化为尊德性为主还是尊德性道问学并重。

癸卯冬陆九渊迁官敕令所删定，朱熹致书陆九渊说：

> 敕局时与诸公相见，亦有可告语者否？……浙东诸朋友想时通问，亦有过来相聚者否？立之墓表，今作一通，显道甚不以为然，不知尊意以为如何？（《陆谱》甲辰）

《陆谱》以此书为在甲辰，然癸卯冬小陆入敕局，此书在癸卯冬亦可，盖立之墓表作于癸卯夏，似不至迟于甲辰始寄象山也。包扬，字显道，陆门弟子（朱熹南康时与陆子静书曾言包显道以读书讲学为充塞仁义之祸）。今《文集》不见有与包显道论曹表书，而《语类》之《语录姓氏》包显道录自癸卯始，以此可知陆九渊壬寅秋入都后，癸卯包显道曾至武夷向朱问学。朱熹作曹立之墓表时显道正从学，故朱熹刚刚作完墓表即与刘晦伯书中说"为陆学者以为病己，颇不能平"，此谓陆学者即指包显道辈。

然而，陆九渊并未表示对朱熹为曹所作墓表中所述曹立之学问转变过程有大不满。淳熙十一年甲辰（朱熹 55 岁）三月（据《陆谱》）陆九渊复书朱熹说：

> 立之墓表亦好，但叙履历亦有未得实处。某往时与立之一书，其间叙述立之生平甚详，自谓真实录，未知尊兄曾及见否？（《与朱元晦》，《陆集》卷七）

朱陆当时在曹表上并未发生争执，两家对立之态当时似日渐明显，以致陆九渊在信中说到他曾让他的侄辈赴武夷问学，而他们却缺乏前去的勇气。实际上，陆九渊所说与曹立之书为真实录者（《与曹立之二》，《陆集》卷三），其中已表明他对曹立之转向朱学的不满。⑧

癸卯甲辰，朱熹更多注意浙东功利之说，对陆学他一方面保持着批评的眼光，另一方面他多劝学者兼取两长，避免矛盾扩大。实际上这也是他自浙东归后三四年间的基本态度。

《语类》卷一百二十录朱熹论刘淳叟（陆门弟子）："某向往

---

⑧　按陆答曹立之此书未可详考，然其书云"比来言论果决，不复有不自安之意，自信笃确，不复有求善取益之实"，"以为有序，其实失序；以为有证，其实无证"，当皆为指责曹为学之转变，故其书应在南康之后。

奏事时（指辛丑冬）来相见，极口说陆子静之学大谬，某因诘之云：'若子静学术自当付之公论，公如何得如此说他?'"《文集》答陆门弟子李好古："向来见陆删定，所闻如何? 若以为然，当用其言，专心致志，庶几可以有得，不当复引他说，以分其志。若有所疑，亦当且就此处商量，不当遽舍所受而远求也。"（《答李好古》，《文集》卷六十四）答陆门符复仲："见陆丈回书，其言明当，且就此持守，自见功效，不须多疑多问，却转迷惑也。"（《答符复仲》，《文集》卷五十五）及答滕德章书："陆丈教人，于收敛学者散乱身心甚有功，然讲学趣向亦不可缓，要当两进乃佳耳。"（《答滕德章》，《文集》卷四十九）上数书皆在癸卯后，朱熹指出陆学教人持守收敛有得力处，并不赞成陆氏门人弃陆学而他求，也并不以攻陆学之非为乐事。

当时吕（祖谦）氏门下与陆氏门人亦相互排挤，朱熹与吕学诸人通书常常有所劝告。其答陈肤仲书："陆学固有似禅处，然鄙意近觉婺州朋友专事闻见，而于自己身心全无功夫，所以每劝学者兼取其善，要得身心稍稍端静，方于义理知所抉择，非欲其兀然无作，以冀于一旦豁然大悟也。吾道之衰，正坐学者各守己偏，不能兼取众善，所以终有不明不行之弊。"（《文集》卷四十九，癸卯）在写给吕祖俭信中说："所论江西之弊，切中其病，然前书奉告者非论其人也，乃论吾学自有未至，要在取彼之善以自益耳。谓彼全无本原根柢，则未知吾之所恃以为本原根柢者果何在邪?"（《答吕子约》第二十二书，《文集》卷四十七）答周叔谨书指出："近来吕、陆门人互相排斥，此由各徇所见之偏，而不能公天下之心以观天下之理，甚觉不满人意。……熹近日亦觉向来说话有太支离处，反身以求，正坐自己用功亦未切耳。因此减去文字功夫，觉得闲中气象甚适，每劝学者，亦且看《孟子》'道性善''求放心'两章，着实体察、收拾为要。"（《文集》卷五十四）此书《年谱》以在丙午，未见其据，以与陈、吕书参之，在癸卯甲辰为近。这些引述说明，朱子这一时期对陆学的看法大体未变，但他并没有与陆学就不同看法进行争论。常见的情况反倒是他劝告那些对陆学不满的人应兼取陆学之长来弥补自身的不足，他的基本态度是主张两家取长补短，维护道学的发展。

六　论陆之弊

然而，淳熙乙巳后，朱熹不再称陆学持守收敛之功，更多地开始强调其狂妄粗率之病而表示忧虑。淳熙十二年乙巳春，朱熹（56 岁）写信给刘清之：

> 近年道学外面被俗人攻击（陈贾等），里面被吾党作坏。婺州自伯恭死后，百怪都出，至如子约，别说一般差异底话，全然不是孔孟规模，却做管商见识。……子静一味是禅，却无许多功利术数，目下收敛得学者身心，不为无力，然其下稍无所据依，恐亦未免害事也。（《答刘子澄》第十一书，《文集》卷三十五）

南康之后朱陆往来通书未尝有所讲论，有各行所学之意。至是，朱熹又开始担忧陆学末流之弊。

淳熙十一年甲辰陆九渊曾上殿轮对，时有言其奏札差异者，朱熹便向陆索取奏表一看，淳熙十二年乙巳之夏，朱熹写信给陆九渊：

> 奏篇垂寄，得闻至论，慰沃良深。其规模宏大，而源流深远，岂腐儒鄙生所能窥测？……区区私忧，正恐不免"万牛回首"之叹，然于我何病耶？语圆意活，浑浩流转，有以见所造之深、所养之厚，益加叹服。但向上一路未曾拨转处，未免使人疑著，恐是葱岭带来耳，如何如何，一笑。（《寄陆子静》第一书，《文集》卷三十六）

按《陆谱》以此书在甲辰，非是。乙巳七月，在与刘子澄书中他对他的用意作了说明：

> 子静寄得对语来，语意圆转浑浩，无凝滞处，亦是渠所得效验，但不免些禅底意思。昨答书戏之云："这些子恐是葱岭带来"，渠定不伏。然实是如此，讳不得也。
>
> 近日建昌说得动地，撑眉努眼，百怪俱出，甚可忧惧。渠亦本是好意，但不合只以私意为主，更不讲学涵养，直做得如此狂妄。（《与刘子澄》第十二书，《文集》卷三十五）

朱熹认为陆的奏对中不免有禅底意思，他开玩笑说这些恐怕从
昆仑山外西天带来，这些虽是"戏言"，语意未免有些尖刻。今
观《陆集》中所存此奏札五通，未明其中何者为所谓"禅底意
思"。但是朱熹对奏札的政治议论及其倾向作了充分肯定，并指
出流传的对奏札的议论不过是腐儒鄙生之见。为此，陆九渊回
书说：

> 奏劄独蒙长者褒扬，奖誉之厚，俱无以当之。深惭疏
> 愚，不能回互藏匿，肺肝悉以书写，而兄尚有"向上一路
> 未曾拨著"之疑，岂待之太重，望之太过，未免金注之昏
> 耶？（《陆谱》）

可见，就朱陆二人而言，从曹表至奏篇，相互往来书信虽亦略
有讥戏之辞，但尚未发生重大纷争，关系仍属正常。但是朱熹
对陆门建昌弟子（傅子渊、包显道皆建昌人）的狂妄甚为忧虑。

淳熙十三年丙午，朱熹57岁，他致陆九渊书说：

> 显道得书云尝诣见，不知已到未？子渊去冬相见，气
> 质刚毅，极不易得，但其偏处亦甚害事。虽尝苦口，恐未
> 必以为然（《陆谱》载此下有云"近觉当时说得亦未的，疑
> 其不以为然也"）。今想到部，必已相见，亦尝痛与砭磨
> 否？道理虽极精微，然初不在耳目见闻之外，是非黑白，
> 即在面前。此而不察，乃欲别求玄妙于意虑之表，亦已
> 误矣。

熹衰病日侵，去年灾患亦不少。此数日来，病躯方似略可支吾。然精神耗减，日甚一日，恐终非能久于世者。所幸迩来日用功夫颇觉有力，无复向来支离之病。甚恨未得从容面论，未知异时相见，尚复有异同否耳。（《答陆子静》第二书，《文集》卷三十六）

《陆谱》以此书在淳熙十三年丙午，以此书之首云"昨闻尝有丐外之请，而复未遂，今定何如"参之，则象山时仍在都下。象山丙午冬始奉祠，故此书在丙午冬之前无疑。又可知所谓"子渊去冬相见"所言傅子渊访朱事当在乙巳以前。⑨

傅梦泉字子渊，陆门高弟。淳熙六年己亥朱熹守南康，时张栻为湖北安抚，傅子渊为澧州（在湖北）教授，故曾往荆州问学张栻，当时张栻曾写信给朱熹说："近有澧州教授傅梦泉来相见，乃是陆子静上足，其人亦刚介有立。但所谈学多类扬眉瞬目之机"，又说傅"久从陆子静，守其师说甚力"（《南轩文集》卷二十四，《答朱元晦秘书》六十九、七十，己亥秋）。扬眉瞬目是指傅不事辞气容貌修养，带着禅家呵叱的意思。朱熹前答刘子澄书即批评傅"说得动地，撑眉努眼""不讲学涵养，直做得如此狂妄"，这里又指出傅子渊为学之病在舍耳目见闻而"别求玄妙于意虑之表"，可能是指傅子渊所患陆门不事讲学追求悟彻本心的通病。

---

⑨ 《宋元学案》说傅子渊见南轩于荆州，会朱子于南康。钱穆亦以为傅与曹立之、万正淳皆在己亥访南康。按访南康之说未见其据。由上可知，己亥秋傅尚在湖北，而朱熹南康诸书也未见有及傅子渊者。以答陆九渊书"子渊去冬相见，气质刚毅，极不易得"来看，似与傅子渊初次会面。

　　湖南学派自南轩死后，以胡大时（字季随，五峰幼子）为首。淳熙十三年丙午夏，胡季随访陆九渊于临安（《陆集》卷一《与胡季随一》云"丙午之夏，吴山廨舍，相从越月，以识面为喜，以款集为幸"）。朱熹知此事后急忙写给胡季随：

> 　　元善书说与子静相见甚款，不知其说如何？大抵欲速好径是今日学者大病。向来所讲，近觉亦未免此。以身验之，乃知伊洛拈出"敬"字，真是学问始终日用亲切之妙，……不须妄意思想顿悟悬绝处，徒使人颠狂粗率，而于日用常行之处反不得其所安也。（《答胡季随》第九书，《文集》卷五十三）

朱熹不但重视致知进学，也重视涵养本原，即尊德性与道问学并重。但朱熹之尊德性与陆学不同，不是专求发明本心，而是取伊川"涵养须用敬"，强调主敬功夫。在外则庄整齐肃，于视听言动、容貌词气上下工夫；在内则主一无适，常切提撕，不令放失。故从朱熹看，陆门学者专求什么顿悟本心，而把人的日常基本行为纳入礼教规范方面却毫无作用，以致"颠狂粗率，而于日用常行之处不得其所安"成为陆门的一个普遍流弊。这一点朱熹在相当长的一个时期内是没有注意和考虑过的，也正是在这一点上他对陆学越来越感到不安，以致最终对陆学采取了全面、激烈的批判态度。

　　对陆学态度的这种变化，不但直接起源于对傅子渊等陆门弟子的极其不满，而且首先也是在他同陆门弟子的辩争中表现出来的。在乙巳前后他与陆门弟子众多的往来信函中，不仅有批评傅子渊以才下注解便是支离，驳斥包详道不须讲学，指斥刘仲则舍去书册、颜子坚不在简编，以及斥责陆门三包、刘定夫等躐等好高、欲速好径（上述与陆氏门人书皆见于《文集》卷五十四、五十五）等类同南康前对陆学尽废讲论、弃绝书册的批评，而且更突出地对陆门学者的"颠狂"气象加以责斥。他说傅子渊"气象言语，只似禅家，张皇斗怒，殊无宽平正大、沉酖郁之意"（《答傅子渊》，《文集》卷五十四），说包显道"从头骂去，如人醉酒发狂，当街打人，不可救劝"（《答包显道》，《文集》卷五十五），说刘定夫"来书词气狂率""鄙意且要得学者息却许多狂妄身心"（《答刘定夫》，《文集》卷五十五）。朱熹后来也特别以这一点指斥陆学，如《语类》载"后生才入其门，便学得许多不好处，便悖慢无礼，便说乱道，更无礼律，只学得那许多凶暴，可畏可畏"（卷一百二十四），"其说以忿欲等皆未是己私，而思索讲习却是大病，……故下梢忿欲纷起，恣意猖獗"（同上），以至于后来朱熹将此称为"江西气象"，"全似江西气象，其徒有今日悟道而明日醉酒骂人者"（《答汪长孺》，《文集》卷五十二）。

朱熹对陆门的批评可归为：论气象则狂妄粗率，撑眉努眼；论为学则躐等好高，欲速好径；论工夫则尽废讲学、弃绝书简。平心而言，这些对陆门的批评辞旨似偏严厉，态度亦较生硬，结果愈辩愈激，以至于最后朱熹表示"彼此不同，终未易合，且当置之，各信其所信者，即看久远如何"（《答包详道》，《文集》卷五十五），"道既不同，不相为谋，不必更纷纷，今后但以故人相处，问讯往来足矣"（《答包敏道》，《文集》卷五十五），"既曰各勉其志以自立，而有待于岁寒，则何必为此缕缕而烦执礼之恭哉"（《答黄几先》，《文集》卷五十五），这些显然预示着朱熹与包括陆九渊在内的整个陆学的更大决裂已不可避免。后来陆九渊所谓"徒以臆想，称引先训，文致其罪，斯人必不心服，纵其不能辩白，势力不相当，强勉诬服，亦何益之有"（《与朱元晦》，《陆集》卷十三），正是为陆氏门下抱打不平转而对朱熹采取猛烈攻击态势的。

七　鸣鼓攻陆

朱熹答赵几道书说：

> 向来正以吾党孤弱，不欲于中自为矛盾，亦厌缴纷竞辩若可羞者，故一切容忍，不能极论。近乃深觉其弊，全然不曾略见天理仿佛，一味只将私意东作西捺，做出许多诐淫邪遁之说，又且空腹高心，妄自尊大，俯视圣贤，蔑弃礼法，只此一节，尤为学者心术之害。故不免直截与之说破。渠辈家计已成，决不肯舍，然此说既明，庶几后来者免堕邪见坑中，亦是一事耳。（《文集》卷五十四）

此书所作之年且先不论，这里是说朱熹先前不愿在道学内部扩大矛盾，故对陆学采取容忍态度，后来深觉其弊，才直截加以批评。

朱熹答程端蒙书说：

> 祝汀州见责之意，敢不敬承，盖缘旧日曾学禅宗，故于彼说虽知其非，而不免有私嗜之意，亦是被渠说得遮前掩后，未尽见其底蕴。……去冬其徒来此，狂妄凶狠，手足尽露，自此乃始显然鸣鼓攻之，不复为前日之惟阿矣。（《答程正思》第十六书，《文集》卷五十）

答程正思书与上引答赵几道书一致，都是指明朱熹对陆学的认识从"虽知其非"而"未尽见其底蕴"到"深觉其弊"，从而对陆学的态度经历了一个先是兼取两长，勿相诋訾，尔后直截与之说破，显然鸣鼓攻之的变化过程。

因此，朱陆交往中显然有一个激化点。问题是，朱熹何时"始显然鸣鼓击之""直截与之说破"，又是如何，对谁鸣鼓说破的？这是历来朱陆之辩研究中没有解决的。

答程正思书中说到"去冬其徒来此，狂妄凶狠，手足尽露，自此乃始显然鸣鼓攻之"，王懋竑以此即指朱熹答陆九渊书所说"子渊去冬相见"一事，历来学者皆同此说。而《陆谱》以"子渊去冬相见"一书在丙午，于是王懋竑推论傅子渊访朱在上年乙巳之冬，认定朱熹自此开始直截鸣鼓攻陆，从而在《朱子年谱》淳熙十二年乙巳56岁条列"辩陆学之非"，照这个说法，朱陆的激化点应在乙巳冬。

然而朱熹答诸葛诚之书说：

·

　　示喻竞辩之端，三复悯然。愚意比来深欲劝同志者兼取两家之长，不可轻相诋訾。就有未合，亦且置勿论，而姑勉力于吾之所急。不谓乃以曹表之故，反有所激，如来喻之云也，不敏之故，深以自咎。然吾人所学，吃紧着力处正在天理人欲二者相去之间耳。如今所论，则彼之因激而起者，于二者之间果何处也？子静平日所以自任，正欲身率学者一于天理，而不以一毫人欲杂于其间，恐决不至如贤者之所疑也。

　　义理，天下之公，而人之所见有未能尽同者。正当虚心平气，相与熟讲而徐究之，以归于是，乃是吾党之责。而向来讲论之际，见诸贤往往皆有立我自是之意，厉色忿词，如对仇敌，无复长少之节，礼逊之容。盖尝窃笑，以为正使真是仇敌，亦何至此？但观诸贤之气方盛，未可遽以片辞取信，因默不言，至今常不满也。（《文集》卷五十四）

王白田《年谱》以此书在淳熙十三年丙午，然未言其据，考《文集》卷五十四《答项平父》第三书中说："朋友论议不同，不能下气虚心以求实是，此深可忧。诚之书来言之甚详，已略报之。可取一观，此不复云也。闻宗卿、子静踪迹，令人太息。然世道废兴，亦是运数。吾人正当勉其在己者以俟之耳。"此书所说诸葛诚之书来所论"朋友论议不同，不能下气虚心以求实是"，即朱熹答诸葛诚之书所说"人之所见有未能尽同者，正当虚心平气、相与熟讲而徐究之，以归于是"，故二书同时，按答项书谓闻子静踪迹太息者，当指小陆丙午冬奉祠罢归。据《陆谱》"丙午十一月二十九日得旨，主管台州崇道观"，故答诸葛诚之书当在丙午之冬。白田之说亦当据此。

从朱熹与诸葛诚之书中所说"比来深欲劝同志者兼取两家之长，不可轻相诋訾，就有未合，亦且置勿论""不谓乃以曹表之故，反有所激，如来喻之云也，不敏之故，深以自咎"这些说法来看，朱熹当时尚未对陆学转取鸣鼓而击的态度，"就有未合，亦且置勿论"也不是"直截与之说破"。因此，这些说法说明所谓"竞辩"指朱门弟子与陆学之间的争辩，朱熹本人并未参与。《陆谱》以为"竞辩"指无极太极之辩，以答诚之此书在淳熙十六年己酉，其说甚误。

既然丙午时朱熹尚主张"就有未合，亦且置勿论"，显然《年谱》以乙巳冬开始鸣鼓攻击陆学便无法成立。又刘子澄、胡季随皆非陆学，朱子乙巳、丙午与二人论陆学之病属于私下忧惧，当然不是与陆学直截说破。诸葛诚之自是陆氏门人，然诸葛诚之本亦往来于朱门（《宋元学案》黄宗羲言诚之"欲解两家之争""问学于朱陆二家"，而王梓材案语更引全谢山语谓诚之非陆学之徒，见卷七十七《槐堂诸儒学案》），故朱熹与之书中论及陆学之病亦非与陆学直截说破。

从鹅湖之会至太极之辩，朱熹对陆学之偏从来直言不讳，即使在主张兼取其长时也是如此。因此，《年谱》于乙巳列"辩陆学之非"实是为了反映朱陆交往的激化点，但《年谱》以答程正思书在丙午（从陆谱之说），以"去冬其徒来"指傅子渊，此二条皆误。

考答程正思书首云"省试得失，想不复置胸中也"，宋代省试年份在戌、丑、辰、未之春，由此可知，答程此书必作于省试之本年，或十一年甲辰或十四年丁未。其书又云"祝汀州见责之意，敢不敬承"，按祝汀州乃指祝㮚（真德秀有《祝删定墓志铭》，云其曾知汀州，且曾与朱、张、吕通书论学），又考《临汀志》（见《永乐大典》），祝㮚淳熙十四年丁未四月十八日以朝奉郎到任知汀州，淳熙十六年己酉八月十一日除潼州府路提刑，绍熙二年辛亥卒，既然祝㮚丁未始知汀州，可知答程正思书不可能在丁未以前，又以省试之说参之，答程正思书必在丁未无疑。

由此可知，答程正思书在淳熙十四年丁未，而傅子渊访朱至迟在淳熙十二年乙巳冬（见前），故答程书所云"其徒"者并非指傅子渊，更重要的是，证明朱熹之鸣鼓以攻陆学亦在丁未，答赵几道书虽未可详考，但以程正思书参之亦在丁未无疑，由此可知《年谱》以"辩陆学之非"系于乙巳实属未当。若云朱子以陆学为非正，则自乾道以来朱子之辩初未尝止；若云鸣鼓而击，显然说破在乙巳，则实误矣。

向来未搞清楚的另一问题是，丙午冬答诸葛诚之书所谓"竞辩"究竟何所指，《陆谱》以指无极之辩，其说已误。今考答程正思书：

异论纷纭，不必深辩，且于自家存养讲学处朝夕点检，是切身之急务。朋友相信得及者，密加评订，自不可废，切不可于稠人广坐论说是非，著书立言，肆意排击，徒为

竞辩之端，无益于事。（《答程正思》第十一书，《文集》卷五十）

此书与答诸葛"示喻竞辩之端"一书意义全同。又与程正思十二书亦云：

> 是真难灭，是假易除，但当力行吾道，使益光明，则彼之邪说如见睨耳，故不必深与之辩。

此二书皆在丙午，此二书之意正是诸葛诚之书所谓"愚意比来深欲劝同志者兼取两家之长，不可轻相诋訾，就有未合，亦且置勿论，而姑勉力于吾之所急"。从朱熹答程正思二书来看，显然程正思与陆门有所论辩，以故朱熹再三诚劝其"不必深辩""不必深与之辩"，不可"肆意排击，徒为竞辩之端"。考《晦庵先生语录大纲领》（北京图书馆藏宋本）附录中有程端蒙（正思）责陆子静书，又云子静阅其书怒而焚之，程端蒙死后朱熹为作墓表称"其为人刚介不苟合，闻人讲学议政有所未安，辄造门辨质，或移书譬晓，必极其是非可否之分而后已"（《程正思墓表》，《文集》卷九十），这些都证明所谓"竞辩之端"即朱门弟子如程端蒙辈所为，而朱子所谓"劝同志者"亦指劝程正思诸人也。

那么，朱熹如何"与之说破"的呢？前节曾引朱熹与陆门弟子之书，这些书信大都难以准确确定所作之年，但大抵在癸卯至丁未当无可疑。这些书信中朱熹辞语轻重温厉不同，愈后愈厉，大体上也反映了从"不能极论"（答赵几道书语）到"直截说破"的这个过程。因此，在这些书信中有一部分当属于朱熹对陆学鸣鼓说破的内容。更重要的是，"直截与之说破"是指对陆九渊本人。

淳熙十三年丙午冬小陆奉祠，次年丁未春结庐象山讲学，五月二日朱熹与之书云：

> 税驾已久，诸况想益佳。学徒四来，所以及人者在此而不在彼矣。
>
> 来书所谓"利欲深痼"者，已无可言。区区所忧，却在一种轻为高论、妄生内外精粗之别，以良心日用分为两截，谓圣贤之言不必尽信，而容貌词气之间不必深察者。此其为说乖戾狠悖，将有大为吾道之害者，不待他时末流之弊矣。（《答陆子静》，《文集》卷三十六）

朱熹这里指出，以发明良心为内为精，以日用持敬为外为粗，不信圣贤言语，不察容貌词气，以至于率意妄行，狂妄乖悖，这是他最为忧虑的学者大病。这也正是答程正思、赵几道书所说的"俯视圣贤、蔑弃礼法""狂妄凶狠"。朱熹这里所说与乙巳答刘子澄不同，那时他偏于强调陆学收敛身心之功，只是"然其下稍无所据依"，此时则言"不待他时末流之弊"，以目下陆学所讲所行为大害。朱熹这封信便是将他乙巳以来的种种忧惧"直截与之说破"，其时间、内容都与答程正思书、答赵几道书所谓鸣鼓说破者相合。

501

此前陆九渊当有与朱熹论及"利欲深痼"一书，不存。此书之后，五月八日朱熹与陆又有一书，亦不存。丁未十月，陆九渊回书，他说：

> 大抵学者病痛，须得其实，徒以臆想，称引先训，文致其罪，斯人必不心服。纵其不能辩白，势力不相当，强勉诬服，亦何益之有？岂其无益，亦以害之，则有之矣。（《与朱元晦》，《陆集》卷十三）

朱熹丁未五月二日书曾概括陆学之病为"轻为高论，妄生内外精粗之别，以良心日用分为两截，谓圣贤之言不必尽信，而容貌词气之间不必深察"，针对这些，陆提出朱所说全非事实，只是"徒以臆想，称引先训，文致其罪"，这种做法有害无益。就在这封书信里，陆提出要就《太极图说》问题与朱熹辩个清楚（今存陆书未及此事，当是遗之）。

次年淳熙十五年戊申正月十日朱熹回书说：

> 学者病痛诚如所谕，但亦须自家见得平正深密，方能药人之病。若自不免于一偏，恐医来医去，反能益其病也。
>
> 所谕与令兄书辞费而理不明……恐实有此病。承许条析见教，何幸如之。虚心以俟，幸因便见示。如有未安，却得细论，未可便如居士兄（梭山）遽断来章也。（《答陆子静》第四书，《文集》卷三十六）

如果说丁未五月二日书朱熹所论陆学之病主要指陆门弟子的话，那么这里则更进一步，直截指明小陆自有病痛，不免于一偏，所以非但不能医治学者之病，反而会加重其病，这更是直截与之说破了。

由此可见，由于朱熹把他一二年来深切意识到的陆学流弊及其对陆门弟子的尖锐批评向陆九渊和盘端出，丁未一年朱陆的争端急剧激化和明朗了，紧接而来的太极之辩中的激词相诋也就毫不突然了。

八　无极之辩

在朱熹与陆九渊辩无极太极之前，朱熹与陆九渊之兄陆九韶（字子美，号梭山）先有论辩。朱熹答陆子美论太极西铭第一书尾云"此间近日绝难得江西便，草草布此，却托子静转致。但以来书半年方达推之，未知何时可到耳"，可知当时陆九渊尚在都下，故此书应在丙午冬以前。朱熹与陆子美论太极第二书尾云"子静归来，必朝夕得款聚"，小陆丙午冬奉祠罢归，故此书当在丁未初，由此亦可知第一书即在丙午。陆九韶得朱熹第二书后即表示不愿再辩，朱熹答其第三书亦表示赞成。然而由于朱熹与陆九渊之间冲突已成，于是无极太极问题便被陆九渊作为反击朱熹鸣鼓攻击的一个缺口，这就是陆九渊在丁未冬致朱熹书中表示要重辩无极太极的缘由。

关于《太极》《西铭》，朱熹自信他的理解准确无误，陆九渊提出要来讨论经典传注这一朱学看家本领的方面，他欣然接受。并在淳熙十五年戊申二月，抢先把积压了近二十年的《太极解义》与《西铭解义》公之于世：

> 始予作《太极》《西铭》二解，未尝敢出以示人也。近见儒者多议两书之失（二陆及林栗），或乃未通其文义而妄肆诋诃，予窃悼焉。因出此解以示学徒，使广其传，庶几读者由辞以得意，而知其未可以轻议也。（《题太极西铭解后》，《文集》卷八十二）

朱熹这样做的目的是，由于朱陆将要讨论的不仅是《太极图说》本身，势必同时涉及朱熹的解义，陆九韶与朱熹之间正是以辩论朱之《太极解义》为开始的。陆九渊在朱陆紧张之势已成的情况下要加入讨论，影响必会增大。因此朱熹认为有必要使人们了解他的全部看法。这一行动也表明，他绝不认为陆九渊的辩难对于他注解两书能有任何帮助。他说："《西铭》《太极》诸说，亦皆积数十年之功，无一字出私意"（《答黄叔张》，《文集》卷三十八），表示他成说已定决不改易的自信态度。因而，整个论辩的背景和双方的态度决定了，这一论辩不可能成为双方为寻求真理、修正错误的平心静气的学术讨论，也决定了它注定不会有真正的结果。

淳熙十五年戊申，朱熹59岁，三月有旨令其奏事，他一面辞免请祠，一面启行赴阙。四月，陆九渊写下了与朱熹论无极太极第一书，六月八日朱熹入对，除兵部郎官。此前六月一日兵部侍郎林栗曾访朱熹，二人素于论《易》《西铭》观点不同，此次相见，所论又不合，故林栗在朱熹除兵部职后借机攻击朱熹，朝臣如周必大、叶适皆为朱熹说话，故朱、林二人皆与外职，改除朱熹为江西提刑。朱熹于六月下旬返回至玉山时接到陆的来书，十一月八日始复其书。陆于十二月即作论太极第二书，朱熹于次年己酉正月又复书。在这几封信中朱陆就无极太极等问题进行争论，因这几封信颇长，不便引证，故以下只就争辩的主要问题扼要述之，以见其大者。

陆九渊第一书继续发挥陆九韶的观点：第一，引用朱熹所论《太极图》授受渊源，即《太极图》始出于陈抟，而陈乃老氏之学，所以"无极"之说承自老子，这是圣人所没有的。第二，以极字训中，无极即无中，文理不通。由以上两点说明《太极图》非周敦颐所作，或其早年所作。作为考证学上的根据，陆还指出《通书》及二程言论文字皆未尝一及"无极"，以此说明《太极图》的无极之说至少是周敦颐后来放弃的观点。在第二书中他继续发挥了这些思想。

朱熹的回答是，第一，孔子以前的圣贤不讲太极，而孔子言之，不可以孔子之前圣贤不言太极而非议孔子太极之说。同理，周子之前圣贤未曾言无极，而周子言之，因此不能以圣人不言无极而非之。第二，极不训中，极只是至极，以理之至极而言。第三，老子所谓无极是指无穷，与周子不同，故不可谓周之无极出于老子。

以上是朱陆就无极问题发生的重要争论。此外涉及的主要是朱熹对无极的解释，朱熹以无形解无极，认为无极是为显明太极的形而上性，以避免与阴阳混淆。陆九渊加以反对，提出太极已是形而上，再说无极便是床上叠床。

无极太极之辩在当时及以后都被视为思想界一大事件。但是，无极之辩并未直接涉及二人多年来的重大分歧。朱陆在无极太极上的争论并不是朱陆主要分歧的根由，而是朱陆之争的一个副产物。夸大无极之辩对了解朱陆分歧的实质并无多大意义。

太极之辩为同时学者所瞩目。戊申六月朱熹与林栗发生太极西铭之争时，罗点曾致书陆九渊，谓朱、林皆是"自家屋里人"，不应自相矛盾。陆九渊笑之曰："古人但问是非邪正，不问自家他家"（《与罗春伯》，《陆集》卷十三）。罗点不知陆九渊时亦已作书论太极，宜乎其书之见斥。朱熹门人程端蒙（正思）则因此事以书责陆九渊，陆怒而焚之（见《晦庵先生语录大纲领》之《附录》）。朱熹答程端蒙书："所示诸书，甚善甚善。但临川之辨当时似少商量，徒然合闹，无益于事也（此即指程正思移书责陆事）。其书（陆之辩太极第一书）近日方答之，所说不过如所示者而稍加详耳。"（《答程正思》第十八书，《文集》卷五十）关于朱熹何以在得陆书五个月后始作答书，他在答俞寿翁书中说："太极之书，度所见不同，论未易合，故久不报。又思理之所在，终不可以不辩，近方以书复之。其说甚详，未知彼复以为如何也。"（《答俞寿翁》，《文集》卷五十四）

当无极之辩时，陆九渊率先将双方往还书信特别是他自己的论辩书遍寄其朋旧门人。他答陶赞仲书说："《荆公祠堂记》与元晦三书并往，可精观熟读，此数文皆明道之文，非止一时辩论之文也。元晦书偶无本在此，要亦不必看，若看亦无理会处。吾文条析甚明，所举晦翁书辞皆写其全文，不增损一字。

看晦翁书，但见糊涂，没理会。观吾书，坦然明白。"（《陆集》卷十五）又答林叔虎说："与晦翁往复书，因得发明其平生学问之病。近得尽朋友之义，远则破后学之疑，为后世之益。"（《陆集》卷九）对此，朱熹表示："闻其已誊本四出久矣，此正不欲暴其短，渠乃自如此，可叹可叹！然得渠如此，亦甚省力，且得四方学者略知前贤立言本旨，不为无益。"（《答程正思》第十九书，《文集》卷五十）

　　无极之辩，朱陆往复两次即告休战。本来戊申正月书中朱熹曾说希望陆九渊把不同意见摆出来详加论析，不要像陆九韶那样半途中断。然而又是朱熹自己在论无极第二书结尾表示，如果双方仍无一致，"则我日斯迈，而月斯征，各尊所闻，各行所知亦可矣，无复可望于必同也"，表示不必辩论下去。朱熹这样做，一方面是感到双方所见不同，本不可合，再辩无益。另一方面认为陆之本意不在辩论学术是非，"但于匆遽急迫之中，肆支蔓躁率之词，以逞其忿怼不平之气"，故不如不辩。但是，朱熹既前已有"未可便如居士兄遽断来章"之语，则无怪乎陆九渊己酉七月四日答书中说："不谓尊兄遽作此语，甚非所望。"（《与朱元晦三》，《陆集》卷二）

　　己酉八月六日朱熹回书说："某春首之书，词气粗率，既发即知悔之，然已不及矣。"（《陆谱》己酉条）这也只是姿态而已，至此，无极之辩在朱陆往复中宣告结束。

　　据《陆谱》"包显道侍晦庵，有学者因无极之辩贻书诋先生（陆九渊）者，晦庵复其书云：'南渡以来，八字著脚，理会著实工夫者，惟某与陆子静二人而已。某实敬其为人，老兄未可以轻议之也。"今按《陆谱》此说甚可疑。此文字今不见于《朱子文集》与人书⑩，且无极之辩时包显道并不在朱子门下，以故不可能时侍晦庵。今考陈文蔚《克斋集》，其中《师训拾遗》载：

因谓：陆了静谓江南未有人如他八字著脚。⑪

此为陈文蔚所录，"因谓"者，朱子因某事而发语也。而"江南未有人如他八字著脚"乃是朱熹所论陆子静之自我评价，而非朱熹对陆之评价。或者云，此句亦可断作"因谓陆子静，谓：江南未有人如他八字著脚"，若使此说法成立，须将前一"谓"字改作"论"字，然此则"改字解经"矣。

九　盖棺论定

淳熙十六年己酉八月，朱熹除江东转运副使，陆九渊作书，劝朱熹勉致医药一出，以副众望（《陆集》卷十三）。⑫第二年绍熙元年庚戌，朱熹 61 岁，改除漳州，此年与陆互无通书，答

---

⑩　《宋元学案》黄百家按语以"八字著脚"之语出于朱子答包显道书，然不见于文集与包显道书，又包显道乃陆门高弟，故朱子之诫"未可轻议"者必非对显道而言，黄百家之误当承《陆谱》。

⑪　《语类》卷一百二十四"因谓"作"因说"，当从《克斋集》。

⑫　陈荣捷先生以此书为在淳熙十四年丁未（《朱学论集》，第 259 页），以贺朱子江西提刑之除。此说恐非是。按此书中所谓"金陵虎踞"、所谓"江东吏民"者皆为江东之除而发。其所谓"新政起贤之兆"亦明指己酉光宗即位，故此书所乃在己酉之秋无疑。

吴伯丰书云"金溪一向不得书，亦省应答之烦"（《文集》卷五十一），二人关系发展到以应答为多事。

绍熙二年辛亥，朱熹因长子亡故去漳，归建阳治丧，陆九渊曾致书慰问。同年秋天，陆九渊赴荆门之任。绍熙三年壬子，朱熹四月十九日致书陆九渊，言"去岁辱惠书慰问，寻即附状致谢"，相互间大抵出于礼节应答以尽故人问讯之意。十二月，陆九渊卒于荆门。

《语类》载：

> 象山死，先生率门人往寺中哭之。既罢，良久，曰："可惜死了告子！"（卷一百二十四）

又与赵然道书："荆门之讣，闻之惨怛，故旧凋落，自为可伤，不计平日议论之同异也。"（《答赵然道》，《文集》卷五十五）次年朱熹与詹体仁书说："子静旅榇经由，闻甚周旋之，此殊可伤。见其平日大拍头胡叫唤，岂谓遽至此哉。然其说颇行于江湖间，损贤者之志而益愚者之过，不知此祸又何时而已耳。"（《答詹元善》第三书，《文集》卷四十六）朱熹并没有因为陆九渊的死去而停止或缓解对陆学的批评，相反，他更可无所顾虑地对陆学进行抨击。同时，由于陆九渊的死去，朱熹摆脱了两人之间许多无谓的争论和复杂的个人关系的问题，从而他对陆学以及两家的分歧也有了进一步的认识，这些将在下章讨论朱陆分歧时详细谈及。

第十八章　朱陆异同

一　尊德性与道问学

首先来研究朱陆双方对彼此根本分歧的看法。

如前章所述，朱陆争论经历了一个复杂的过程，与此相应，争论焦点也有所演变。

鹅湖前后，朱熹主要反对陆学废弃读书讲论的极端主张，而在南康前后，陆九龄改正旧说自不必论，陆九渊也逐步认识到这种主张不可能再坚持，在实践上二陆都改为教人讲学读书，主张"亲书册，就事物"（《与黄元吉》，《陆集》卷三），认为"读书作文亦是吾人事"（《与曾敬之》，《陆集》卷四），赞成"后生看经书，须着看注疏及先儒解释，不然，执己见议论，恐入自是之域，便轻视古人"（《语录下》）。告诫学者"须是有志

读书""后生精读古书文""某今亦教人作时文"（同上）。淳熙
十年癸卯，陆九渊还对詹阜民说："某何尝不教人读书，不知此
后煞有甚事。"（同上）其他如答包显道书责其以读书充塞仁义
等皆是如此。

鹅湖会后朱熹致张栻书曾指出陆学"其病却是尽废讲学而
专务践履"，而后来陆九渊答赵咏道书说："自《大学》言之，
固先乎讲明矣。自《中庸》言之，'学之弗能，问之弗知，思之
弗得，辩之弗明，则亦何所行哉？'未尝学问思辨，而曰吾惟笃
行之而已，是冥行者也。自《孟子》言之，则事盖犹未有无始
而有终者。讲明之未至，而徒恃其能力行，是犹射者不习于教
法之巧，而徒恃其有力，谓吾能至于百步之外，而不计其未尝
中也。"（《答赵咏道二》，戊申后，《陆集》卷十二）这个观点显
然与鹅湖时期不同。淳熙元年甲午朱子答吕子约书曾云："然似
闻其（陆）有脱略文字，直趋本根之意，不知其与《中庸》学
问思辨，然后笃行之旨，又如何耳。"而后来陆九渊说："夫博
学于文，岂害自得？……《中庸》固言力行，而在学问思辨之
后，今淳叟所取自得力行之说，与《中庸》《孟子》之旨异矣。"
（《与刘淳叟》，辛丑后，《陆集》卷四）此与鹅湖所见又大不同。
在讲明和践履的关系上，陆学后来有较大改变，陆氏《语录》
亦载："博学、审问、慎思、明辨、笃行，博学在先，力行在
后。吾友学未博，焉知所行者是当为是不当为？"（《语录下》，
李伯敏录）大概李伯敏不明白陆氏如何出此近朱学之言，故又
曾问于朱子，而朱子诫之"不当遽舍所受而远求也"（《答李好

古》，《文集》卷六十四）。①

但是陆氏所谓"践履""力行"不是指发明本心，所谓先乎讲明然后践履也不是强调穷理，而是论知行关系。至于博学的前提仍在"先立乎其大者"。所以当陆九韶说"博学之，审问之，慎思之，明辨之，笃行之，此是（《中庸》）要语"时，陆九渊即反驳说："未知学，博学个什么？审问个什么？明辨个什么？笃行个什么？"（《语录上》）这也就是所谓"既不知尊德性，焉有所谓道问学！"（《语录上》）先要发明本心，然后博学力行才有结果。但是，既然本心已明，又何必待博学讲明而后才去力行践履呢！但是，陆学自身的发展确实逐步容纳了道问学方面的内容，这一点也是不可否认的。

这样，南康后，朱陆分歧之焦点似转为尊德性与道问学的相互关系，以及两者在为学中的地位问题。朱熹以为应当两相兼顾，而陆九渊则以为必以尊德性为主，陆学的这个立场就比较稳固了。朱熹却不得不经常反省自己的"不得力处"了。但是，实际上，二人对"尊德性""道问学"的理解并不相同。陆以尊德性即是存心、明心，是认识真理的根本途径，道问学只是起一种辅助巩固的作用，而在朱熹看来，尊德性一方面要以主敬养得心地清明，以为致知提供一个主体的条件；另一方面对致知的结果加以涵泳，所谓"涵泳乎其所已知"（《中庸章句》二十六章）。因此，认识真理的基本方法是"道问学"，"尊德性"则不直接起认识的作用。此外，朱熹所谓"道问学"广义

---

① 《宋元学案》卷七十七之《槐堂诸儒学案》："李伯敏，字敏求，一字好古……"

上也包括日用处事。他认为，总体上看，存心致知如车之两轮，虽然存心（尊德性）本身并不能认识真理，而致知（道问学）也须以存心为条件。然而，事实上双方并未就两者的关系公开进行讨论与争辩，而由于陆门弟子狂妄的流弊，使朱熹对对方的"尊德性"本身也加以否定。因此，问题不再只是尊德性道问学孰先孰后，孰轻孰重，而是双方都对对方的德性学问两方面加以否定，这就是朱熹鸣鼓攻陆到太极之辩前后的基本情形。

然而，争论焦点虽然有所改变，但朱熹对陆学方面的批评有一个不变的基调，这就是指陆学为禅学。在这里要研究朱熹常常用以批评陆学的"禅底意思"究竟何所指？

鹅湖之前，朱熹以陆学近禅，主要根据是陆学主张"脱略文字，直趋本根"，这也是鹅湖争论的焦点。南康前后，二陆教人读书讲学，因此，是否要读书讲学已不再是朱陆争论的问题（尽管实践上仍有很大不同），而朱熹仍以陆学不免禅气。其答吕祖谦书云：

> 渠却云"正为多是邪意见，闲议论，故为学者之病"。熹云如此即是自家呵叱，亦过分了，须著"邪"字、"闲"字方始分明，不教人作禅会耳。……今如此一概挥斥，其不为禅学者几希矣。
> 子静之病，恐未必是看人不看理，自是渠合下有些禅底意思，又是主张太过，须说我不是禅，而诸生错会了，故其流至此。（《答吕伯恭》第九十四书，《文集》卷三十四）

从这些议论来看，"禅底意思"自朱熹口中说出来，缺乏一种十分确定的哲学意义。当他指陆为禅时，并不是指陆学是那种"以心法起灭天地"的禅学主观唯心主义，就朱熹具体所指的"脱略文字，直趋本根""一概挥斥"来看，说明朱熹主要是从陆学的一些外部特征、为学方式、修养风格上与禅学类比，并不是从内在的本质上来理解双方的差异。

朱熹头脑中的"禅学"观念常常就是这样一种观念。早在隆兴二年甲申答汪应辰论儒释之辨书中他即说道："大抵近世言道学者，失于太高，读书讲义，率常以径易超绝、不历阶梯为快，而于其间曲折精微正好玩索处，例皆忽略厌弃，以为卑近琐屑，不足留情。"又说："兀然终日，味无义之语，以俟其廓然而一悟，殊不知物必格而后明，伦必察而后尽。"他认为这些都是受释氏影响表现出来的倾向。他提出："宁烦毋略，宁下毋高，宁浅毋深，宁拙毋巧"（《答汪尚书》第三书，甲申，《文集》卷三十），在他看来，凡主张略、高、深、巧、易、径、快者，都是禅学的变种。正因为如此，我们常常会对朱熹批评别人是"禅底意思"感到莫名其妙。

在朱熹看来，禅家对儒家的真正影响，不在于使儒者接受了佛家的世界观和人生观，因为那样一来，这些儒者也就不成其为儒者了。因此，真正说到儒家内部中表现出来的禅家影响，是他的学风、修养方式和风格。在这方面他常常用宋禅看话头的方式来鉴别学风的醇杂。

在《杂学辨》中他批评张九成"阳儒而阴释"，他引张九成语"格物知至之学，内而一念，外而万事，无不穷其终始，穷而又穷，以至于极尽之地，人欲都尽，一旦廓然，则性善昭昭，无可疑矣"，然后辨之曰："愚按格物之学，二先生以来诸君子论之备矣！张氏之云乃释氏看话之法，非圣贤之遗旨也，吕舍人大学解所论格物正与此同，愚亦已为之辨矣。"（《张无垢中庸解》，《文集》卷七十二）不管他在这里对张九成的批评是否恰当②，"释氏看话之法"由此开始成为他衡量学术的一个标尺。

在朱陆辩论无极太极那一年，陆九渊曾与胡季随有一书论颜渊克己复礼，《语类》载：

> 因看金溪与胡季随书中说颜子克己处，曰：看此两行议论，其宗旨是禅，尤分晓。此乃捉着真赃正贼，惜方见之，不及与之痛辩。其说以忿欲等皆未是己私，而思索讲习却是大病，乃所当克治者。如禅家"干屎橛"等语，其上更无意义，又不得别思义理，将此心都禁遏定，久久忽自有明快处，方谓之得，此之谓失其本心，故下梢忿欲纷起，恣意猖獗。……今金溪学问真正是禅，钦夫伯恭缘不曾看佛书，所以看他不破，只某便识得他。试将《楞严》《圆觉》之类一观，亦可粗见大意。（《语类》卷一百二十四，吴必大录）

《语类》卷四十一黄义刚亦录"尝见他与某人一书，说道'才是

---

② 《五灯会元》卷二十载，张九成"题不动轩壁曰：'子韶格物，妙喜物格，欲识一贯，两个五百。'慧始许可"。

要克己时，便不是了。'这正是禅家之说，如杲老③说'不可说，不可思'之类"。

查《陆集》卷一《答胡季随第二书》云：

> 夫子答其"问仁"，乃有"克己复礼"之说。所谓己私者，非必如常人所见之过恶而后为己私也。己之未克，虽自命以仁义道德，自期以可至圣贤之地者，皆其私也。……若子贡之明达，固居游夏之右，见礼知政、闻乐知德之识，绝凡民远矣。从夫子游如彼其久，尊信夫子之道如彼其至，夫子既没，其传乃不在子贡，顾在曾子。私见之锢人，难于自知如此。……

陆九渊说子贡虽博学过人，又尊信孔子，但圣学之传却在曾子，这说明子贡为学还未能去除私见。但子贡私见究竟何在，陆氏没有明言。照这里所说，也可以理解为博学多识便是去除私见的妨碍，从朱熹方面看，难免将其理解为影射朱学而加以反对，这是很自然的。但是从这里也可以明显看出朱熹所谓"禅之正贼"，是指陆学厌弃讲习，与禅宗话头禅相似，在修养上要求遏心于内，以求一旦觉悟。朱熹说："禅只是一个呆守法，如'麻三斤'、'干屎橛'。他道理初不在这上，只是教他麻了心，只思量这一路，专一积久，忽有见处，便是悟。"（《语类》卷一百二十六，李闳祖录）朱熹认定陆学是受此种禅的影响。

---

③　即大慧宗杲。

　　在陆九渊死后第二年，朱熹在一封与陆学学者的信中指出：

　　　　世衰道微，异论蜂起，近年以来，乃有假佛释之似以
　　乱孔孟之实者。其法首以读书穷理为大禁，常欲学者注其
　　心于茫昧不可知之地，以侥幸一旦恍然独见，然后为
　　得。……夫读书不求文义，玩索都无意见，此正近年释氏
　　所谓看话头者，世俗书有所谓《大慧语录》者，其说甚详。
　　试取一观，则其来历见矣。（《答许中应》，癸丑，《文集》
　　卷六十）

此书与论陆九渊与胡季随书等意同，都是认为陆学为学与禅宗
看话头相似。

　　由上可见，朱熹指陆学为禅学，并非指认陆学是"一切唯
心造"的佛学唯心主义。朱熹常常用禅学重内遗外的一般特点，
及宋代禅宗特别是由大慧宗杲开创的看话禅的趋于易简、禁遏
念虑、弃除文字、专求超悟本心以及呵佛骂祖、粗暴狂颠的教
法这样一些特点来衡量陆学。朱熹所谓"禅底意思"即指径易
超绝厌弃文字的为学倾向及遗外求内、绝物存心的修养风格。

　　王守仁曾为陆学鸣不平："夫禅之说，弃人伦、遗物理，而
要其归极，不可以为天下国家。苟陆氏之学而果若是也，乃所
以为禅也。今禅之说与陆氏之说、孟氏之说，其书具存。学者
苟取而观之，其是非同异，当有不待于辩说者。"（《象山文集
序》）要之，朱子以陆为禅，非以其迹，乃以其学。故阳明之
说亦未得其解。但是，仅以陆学发明本心、易简立旨、不重文

字讲论为禅，脱离内容而仅论形式，批评并不恰当。而且这样一种批评还是着眼于为学的工夫方式，并没有把朱陆为学争论的理论内涵揭示出来。

从陆九渊方面看，朱熹为学之病又在哪里呢？

陆九渊说："依凭空言，傅著意见，增疣益赘，助胜崇私，重其狷忿，长其负恃，蒙蔽至理，扞格至言，自以为是，没世不复。"（《与邵叔谊》，《陆集》卷一）又说："学者大病，在于师心自用。师心自用，则不能克己，不能听言，虽使羲皇唐虞以来群圣人之言毕闻于耳，毕熟于口，毕记于心，只益其私，增其病耳。"（《与张辅之》，《陆集》卷三）"今讲学之路未通，而以己意附会往训，立为成说，则恐反成心之蟊贼"（《与彭子寿》，《陆集》卷七），"圣哲之言，布在方册，何所不备。传注之家，汗牛充栋"（《与颜子坚》，《陆集》卷七）。这都是说朱熹为学之病在于用自己的意见去附会传注圣哲之言，也就是陆九龄鹅湖诗所谓"留情传注翻蓁塞，着意精微转陆沉"。

陆九渊自己是很重视太极之辩的，他认为重要的不在于辩论无极本身，而在于由此揭露朱熹为学"平生学问之病"。他认为：

> 周道之衰，文貌日胜。事实湮于意见，典训芜于辨说。揣量模写之工，依放假借之似，其条画足以自信，其习熟足以自安。（辩无极太极第二书，《陆集》卷二）

他认为为学大害在用个人意见淹掩了圣哲本意，而朱学之病正在于此。稍后与曾宅之书中他特地把上面这一段抄给对方，以示重要。《语录上》亦载："或谓先生之学，是道德、性命，形而上者；晦翁之学，是名物、度数，形而下者。学者当兼二先生之学。先生云：'足下如此说晦翁，晦翁未伏。晦翁之学，自谓一贯，但其见道不明，终不足以一贯耳。吾尝与晦翁书云："揣量模写之工，依效假借之似，其条画足以自信，其节目足以自安"，此言切中晦翁病之膏肓。'"这说明他在辨太极书中对朱学的指陈代表了他对朱学的基本看法。己酉太极辩后他对朱熹的批评均未能超出此点，如"后世学者之病，多好事无益之言"（《与邵叔谊》，己酉，《陆集》卷十），"所谓讲学者，遂为空言以滋伪习"（《与赵然道》，己酉后，《陆集》卷十二），"其所为往往不类流俗，坚笃精勤，无须臾闲暇。又有徒党传习，日不暇给，又其书汗牛充栋，而迷惑浸溺，流痼缠绵，有甚于甘心为小人、甘心为常人者"（《与林叔虎》，辛亥，《陆集》卷九）。

总之，陆学对朱学的看法是，以己意揣测附会圣贤文字，致使这些空言意见蒙蔽至理。这一点在白鹿相会时陆大谈其"邪意见""闲议论"时已经表现出来。

从上述可见，陆学对朱学的看法始终没有离开所谓"为学工夫"，就事而论事，未能把两家分歧提高到哲学上进一步来认识。而朱熹以陆学为禅，也经常是从陆门为学和修养的一些方式、方法、风格等外部特征与禅学相类比，同样没有摆脱从为学的角度着眼，这一点在朱熹晚年才有了进一步的认识。

二　性即理与心即理

从直接意义上看，朱陆之争本来是为学方法的争论，朱主格物穷理，陆重发明本心，前述朱陆间的相互看法也表明了这一点。一般而言，为学工夫之争，如果争论者不是哲学家，也未把一定的为学主张与一定的哲学背景联系起来，那么这种为学之争就停留在自己的范围之内。对朱陆而言，各自的为学方法则联系着特定的思想体系。然而，双方在相当长时期的争论中始终没有意识到应当从为学方法上升到一定的哲学观点，以便使各自从为学之方的整个思想背景上去理解双方的分歧。

从朱陆哲学体系看，双方的体系有很大差异，如朱熹的本体论着重讨论了陆学不曾讨论的理气先后、理气动静、理一分殊等，这些差异也可以说都是分歧。但是，决定了两个人为学纷争的根本分歧何在？

许多学者指出，性即理还是心即理，这是朱陆哲学的根本差异。关于这一点，明代罗钦顺已明确指出过：

> 程子言性即理也，象山言心即理也，至当归一，精义无二，此是则彼非，彼是则此非，安可不明辨之？（《困知记》，引自《明儒学案》卷四十七）

罗钦顺早年学佛，他从禅宗转变为气一元论者，经历了一个艰苦的转变过程。他曾说："积数十年，用心甚苦，年垂六十，始了然有见乎心性之真，而确乎有以自信。朱陆之学，于是乎仅能辨之。"（同上）他对朱陆之辨的认识，由于建立在这样一个从禅到儒的回归，是相当深刻的。

但是，如果进一步问，为什么朱熹只能承认性即理、心具理，而不能承认心即是理呢？而陆何以认定人只需通过存心便可发明本心，以至于宣称心即理呢？尤其是近代以来，人们力图更进一步回答这一问题。可以举出在这方面的几种主要看法。

一种是以性即理与心即理之别根源于承认有两个世界和只承认有一个世界的对立。冯友兰先生曾说："朱子言性即理，象山言心即理，此一言虽只一字之不同，而实代表二人哲学之重要的差异"。他指出："盖朱子以心乃理与气合而生之具体物，与抽象之理，完全不在同一世界之内。心中之理即所谓性，心中虽有理而心非理。故依朱子之系统，实只能言性即理，不能言心即理也。"又说："朱子所见之实在，有二世界，一不在时空，一在时空。而象山所见之实在，则只有一世界，即在时空者，只有一世界，而此世界即与心为一体。"又说："盖依朱子之系统，心是形而下者，有具体的个体时，方始有之。"（以上皆见冯旧著《中国哲学史》下册第十四章"朱陆异同"）冯先生认为，在朱熹哲学中认定有两个世界，一个是形而上的世界，一个是形而下的世界。理属于前者，心属于后者。心是在时空的具体物，与理不处于同一世界，所以不能承认心即是理。但是，朱熹是否认为心就是形而下的具体物？朱熹曾明确讲过，理学提倡努力操存的是神明不测之心，未说即是形而下者。可见冯先生此说很可商量，从实际上来看，形上形下这一对范畴主要是理学用来区别事物与其原理、共相和规律的。企图把世界上每一事物都容纳到两者之一中，就会超出这对范畴使用的范围而使问题失去意义。如，心究竟属形上还是形下，若说形而下，人的思维意识看不见摸不着；若说是形而上，宋儒皆以形而上者为事物之"体"，即理，以指事物内在深微的本质和规律，是心亦难以形上言。故朱子亦云"心比性，则微有迹；比气，则自然又灵"（《语类》五，廖谦录）。可见形上形下这对范畴是不适用于朱熹的心性论的。同理，物质与精神的对待也只在一定范围内有意义，如事物之规律、属性，这些既不是物质，也不是精神，企图把一切事物都归入物质精神两大类也是不正确的。

另一种看法是以性即理与心即理反映了客观唯心论与主观唯心论的对立。长久以来，学术界普遍认为，性即理与以理为本体的客观唯心主义相联系，心即理则与以心为本体的主观唯心论相联系。具体到朱熹哲学，性即理确乎与他的客观唯心论联系在一起。但是，能不能说性即理这一命题必然地与客观唯心主义相联系，心即理必然与主观唯心主义相联系？显然不可以。如罗钦顺在心性论上主张性即理，但在理气论上，如大家所公认的，是一个气本论者。而陆九渊讲的心即是理，只是指本心即理，即不是认定人心无条件地合理，也没有否认心外有理。

另一种类似的看法，是认为朱讲性即理是由于认理在心外，陆讲心即理是由于认理在心内。其实，朱学既讲心外有理，也承认理在心内；陆学讲心即是理，但也不否认心外有理。

罗钦顺在提出性即理与心即理是朱陆重要差异时对心性之

别也有解释。他说："盖心性至为难明，象山之误，正在于此"，
又说"夫心者，人之神明，性者，人之生理。理之所在谓之心，
心之所有谓之性，不可混而为一也"（《困知记》，引自《明儒学
案》卷四十七）。这是说，心指人的意识活动的能力及过程，性
则指人的内心先天具有的道德品质。性不能知觉，故性不是心。
心作为虚灵知觉，如果没有性，就无所准则，没有任何应当与
否的规范意义。故罗钦顺认为，人心之发，"虽或有出于灵觉
之妙，而轻重长短，类皆无所取中，非过焉，斯不及矣。遂
乃执灵觉以为至道，谓非禅学而何？"（同上）此外，虽然心
作为意识活动而与性不相同，心有知觉，而与理不同，如果
人的意识活动任何时候都完全合乎"理"，那么尽管仍可以说
知觉之心不即是理，却与心即理没有多大差别了。因此，问
题在于，人的意识活动何以不能完全合乎理义的要求，而这
与人所以必须经过或不必经过格物穷理使意识活动完全合理
的问题又密切相关。

（1）关于心性之分

性即理还是心即理反映了朱、陆对心性关系的不同认识。

在陆学中，虽然偶尔也谈到"性"，但是，"性"对于陆学
不是一个必要的概念，因之在陆学的逻辑结构中也就没有确定
的地位。陆门弟子符舜功后曾学于朱门，《语类》载：

> 舜功云："陆子静不喜人说性。"曰："怕只是自理会不
> 曾分晓，怕人问难。又长大了，不肯与人商量做，一截截

断了。然学而不论性，不知所学何事?"（卷一百二十四，
滕璘录）

《陆集·语录下》载：

> 王遇子合问："学问之道何先?"曰："亲师友，去己之
> 不美也。人之资质有美恶，得师友琢磨，知己之不美而改
> 之。"子合曰："是，请益。"不答。先生曰："子合要某说
> 性善性恶、伊洛释老，此等话不副其求，故曰是而已。吾
> 欲其理会此说，所以不答。"

王子合本为朱子门下，故问陆关于性的见解。陆不喜说性，所
以不答。《语录下》又载：

> 伯敏云："如何是尽心? 性、才、心、情如何分别?"
> 先生云："如吾友之言，又是枝叶。虽然，此非吾友之过，
> 盖举世之弊。今之学者读书，只是解字，更不求血脉。且
> 如情、性、心、才，都只是一般物事，言偶不同耳。"伯敏
> 云："莫是同出而异名否?"先生曰："不须得说，说著便不
> 是，将来只是腾口说，为人不为己，若理会得自家实处，
> 他日自明。若必欲说时，则在天者为性，在人者为心，此
> 盖随吾友而言，其实不须如此。"

按照朱熹的思想，在天为命，在人为性，主于身为心，而陆九

渊则以在天为性，在人为心。就是说朱以性为天命的完整体现，而陆以心为天理的完整体现。按照陆九渊的思想，心性的区别实无意义，这就为朱熹所反对。《语类》载："刘用之曰：'衷'字是兼心说，如云衷诚、丹衷是也，言天与我以是心也。曰：恁地说不得，心、性固只一理，然自有合而言处，又有析而言处。须知其所以析，又知其所以合，乃可。然谓性便是心，则不可；谓心便是性，亦不可。"（卷十八，沈僴录）朱熹还说："程子'性即理也'，此说最好。……然若无个心，却将性在甚处！须是有个心，便收拾得这性，发用出来。……今人往往以心来说性，须是先识得，方可说。如有天命之性，便有气质。若以天命之性为根于心，则气质之性又安顿在何处？谓如'人心惟危，道心惟微'，都是心，不成只道心是心，人心不是心？"（《语类》卷四，黄㽦录）朱熹认为陆学即是以心说性。在朱熹看来，如果在根据上心是天命之性的发见，在内容上只有惟微的道心，那么以心说性问题还不大，要害在于人之心不仅是发于性理的"道心"，从气质之性的角度，从人发于形气的"人心"方面来看，都不允许把心同性相混。于是，是否承认心性区分的必要性也就成了朱陆哲学明显的分歧。

朱熹以心为知觉活动的复杂总体，由此探求其所包含的道德本质（性）。情的概念不仅表明朱熹要求对思维和情感加以区分，也为心的主宰统制作用留出余地。因之朱熹全面继承了中国古代儒家心性论的主要概念心、性、情，用"心统性情"的模式建构起完备的心性论。在陆九渊，其思想结构就十分易简：本心为物诱则"放"，为邪心；邪心经发明而"存"，为本心。

以孟子"本心"说为宗旨，以"存心""放心"为中介，在这里完全不需要有性的概念。在他看来，性与心（本心）是二而一的东西。

陆学讲心即是理，其本意所在乃指本心即理，但以心即理为宗旨，就带来了一个突出的矛盾，因为在陆学中，心也指一般知觉思虑之心，从而胸中流出究竟是否为天理就成了陆学中不可避免的问题。在朱熹哲学中，心与性、心与理的区分主要有两个方面：一方面指心有知觉，性与理则无知觉；另一方面，指心之所知觉不完全合乎理的要求。因此，不管陆之本意如何，在朱熹看来，如果讲心即性，心即理，就无异于认为知觉即性，知觉即理，这是朱熹学说所决不能承认的。

朱熹认为，以知觉为性，这正是佛家作用是性之说和告子生之谓性之说，故始终用佛家和告子批评陆学。他特别反对"只是于自己身上认得一个精神魂魄，有知有觉之物，即便目为己性"（《答连嵩卿》第一书，《文集》卷四十一），认为"佛氏亦只是认知觉作用为性"（《语类》卷九十五，郑可学录）。

佛教中有一个问答：问："如何是佛？"答："见性是佛。"又问："如何是性？"答："作用是性。"又问："如何是作用？"曰："在目能视，在耳能闻，在手执捉，在足运奔，在鼻嗅涿，在口谈论，遍现俱该沙界，收摄在一微尘，识者知是性，不识唤作精魂。"（引自《北溪字义》，性条）④ 这是说，心之知觉，

---

④ 按陈北溪言，此为西竺国王与达摩问答，然据《景德传灯录》卷三（见《新修大正藏》卷五十一，第 27 页），为异见王与波罗提问答，罗钦顺《困知记》亦言为波罗提答语。

526

目视耳闻，饥来吃饭，困来即眠，这些不但是心的作用，而且是性的直接发现，以见性成佛的"性"即见闻知觉运动的"作用"（参见吕澂《中国佛学源流略讲》，第 377 页）。理学很不满意这种说法，因为泛泛知觉没任何道德意义，故批评禅宗只知心不知性。在理学看，以知觉作用为性，任心而崇尚行为的自然，忽视了礼教、天理的规范意义，从而必然导致狂妄乱行。

象山门下曾祖道在象山死后从学于朱熹，朱熹问他象山教他些什么，他说：

> 象山与祖道言："目能视，耳能听，鼻能知香臭，口能知味，心能思，手足能运动，如何更要甚存诚持敬，硬要将一物去治一物，须要如此做甚？"……祖道曰："此恐只是先生见处，今使祖道便要如此，恐成猖狂妄行，蹈乎大方者矣。"象山曰："缠绕旧习，如落陷阱，卒除不得。"先生（朱熹）曰："陆子静所学，分明是禅。"（《语类》卷一百一十六）

曾祖道所述之语与佛教作用是性一说确乎相近，朱熹认为陆不过以作用为本心，鼓吹的本心不过还是思虑知觉之心[5]，实质上就是佛教作用是性的思想。后陈淳也说："此一种门户，全用禅家宗旨……只是祖述那作用是性一说。"（《答郑节夫》）

当然，就陆学本意说并不认为一切知觉作用都是本心发见，

---

[5]　后来王阳明更明确说："所谓汝心，却是那能视听言动的，这个便是性。"（《传习录》上）关于气质之禀的思想。

他说"苟此心之存，则此理自明，当恻隐处自恻隐，当羞恶、当辞逊、是非在前，自能辨之"（《语录上》），就是说人本心发见是以"苟此心之存"即"收拾精神在内"为前提的。但是陆由于要人坚信"此心之良"，把仁义礼智内在于心这一点夸大为人的现实道德本能，于是与作用是性之说便无法划清界限，如"居象山多告学者云：女耳自聪，目自明，事父自能孝，事兄自能弟，本无欠阙，不必他求"（《语录上》）。

朱熹曾批评告子的生之谓性说，"问'生之谓性'。曰：'他合下便错了，他只是说生处，精神魂魄凡动用处是也，正如禅家说：'如何是佛？'曰：'见性成佛。''如何是性？'曰：'作用是性。'盖谓目之视，耳之听，手之捉执，足之运奔，皆性也。"（《语类》卷五十九，余大雅录）朱熹以陆子静之学为禅学，为告子之学，除了在为学的外在方式、修养风格上的类比外，即指三者都是以知觉作用为性。与陆突出个体的伦理自觉相联系的是一种以心善论形式表现的极端性善信念，而朱熹强调的则是一种温和性善论的思想，后者在理论上的依据之一即关于气质之禀的思想。

（2）气质之禀

陆九渊曾与包显道论朱学之病。《语录下》包显道录："予问能辩朱事。曰：'如何辩？'予曰：'不得受用。'曰：'如此说便不得。彼亦可受用，只是信此心未及。'"从陆学观点看，人生而具有先验的道德本心，只是后来为外物所诱以至放失，因此只要隔除外欲，静坐澄心，本心就会恢复，人就会发现内心本来完全是道德良心，由此坚定做一个道德的人的信念。但从朱熹哲学看，人的物欲不是仅为外物所诱而生，从根本上说有其内因，即气质之禀所决定的必然产生的感性欲求（"人心"），所以仅仅摒除外物，不能净化意识，不足以去除气质带来的种种消极影响，所以"信此心未及"。

因此，朱熹反对以心为性为理，不仅在于从概念上要把能知觉的主体与其内在的本质、规律相区别以建立一套细密的心性学说，更在于强调要正视知觉内容上道心与人心的对立，避免由于笼统宣称心即理造成的在实践上以人心为道心、以私欲为天理的任心率意倾向。而后者又是与朱熹关于气质之禀的思想联结在一起的。他认为告子生之谓性、佛学作用是性也都是因不懂气禀所致："问'生之谓性'。曰：'告子只说那生来底便是性，手足运行，耳目视听，与夫心有知觉之类，他却不知生便属气禀。'"（《语类》卷五十九，潘植录）"生之谓性，是生下来唤做性底，便有气禀夹杂，便不是理底性了。"（《语类》卷九十五，叶贺孙录）这就是说，由于气禀的影响，决定了每个人现实的人性都是一种气质之性，从而也决定了人的意识活动中必然包含有根于气质的"人心"及其他非道德意识及情感活动，而不能完全合乎"理"。因之不能说心即是理。朱熹后来意识到，关于气质对人的意识的影响，由这种影响所决定的人不能自发地达到道德完善（意不能自诚），以及必须通过长久的认识和磨炼才能去除气质带来的消极影响，这些方面才是陆学失误的真正重要的问题。《语类》载：

陆子静之学，看他千般万般病，只在不知有气禀之杂，把许多粗恶底气都把做心之妙理，合当怎地自然做将去。……不知初自受得这气禀不好，今才任意发出，许多不好底，也只都做好商量了。只道这是胸中流出，自然天理；不知气有不好底夹杂在里，一齐衮将去，道害事不害事？……看来这错处，只在不知有气禀之性。又曰："论性不论气，不备。"孟子不说到气一截，所以说万千与告子几个，然终不得他分晓。告子以后，如荀扬之徒，皆是把气做性说了。（《语类》卷一百二十四，叶贺孙录）

这是说，不管心即是理这一命题在陆学提出来时的本意如何，陆学的行为和实践表明，他们主张一旦在冥思静坐中恍然有所悟，便可"胸中流出，自然天理"，便可以无所约束，无所检省，听任心之所发。朱熹认为这种认识主要是不理解气质对人的意识的影响。在陆九渊死去的前后，朱熹多次谈到这一点：

异端之学，以性自私，固为大病，然又不察气质情欲之偏，而率意妄行，便谓无非至理，此尤害事。近世儒者之论，亦有近似之者，不可不察也。故所见愈高，则所发愈暴。（《答吴伯丰》第十一书，《文集》卷五十二）

异端之学指禅学，近世儒者即指陆学。又说：

儒释之异，正为吾以心与理为一，而彼以心与理为二耳。然近世一种学问虽说心与理一，而不察乎气禀物欲之私，故其发亦不合理，却与释氏同病，又不可不察。（《答郑子上》第十四书，《文集》卷五十六）

虽说心与理一，而不察乎气禀物欲之私，亦是见得不真，故有此病。此《大学》所以贵格物也。（《答郑子上》第十五书，《文集》卷五十六）

这里所说的近世一种学问也是指陆学而言。朱熹又说：

大抵人之一心，万理具备。若能存得，便是圣贤，更有何事？然圣贤教人，所以有许多门路节次而未尝教人只守此心者，盖为此心此理虽本完具，却为气质之禀，不能无偏。若不讲明体察，极精极密，往往随其所偏，堕于物欲之私而不自知。（自注：近世为此说者，观其言语动作，略无毫发近似圣贤气象，正坐此耳。）是以圣贤教人虽以恭敬持守为先，而于其中又必使之即事即物，考古验今，体会推寻，内外参合。盖必如此，然后见得此心之真、此理之正，而于世间万事、一切言语，无不洞然了其白黑。《大学》所谓"知至意诚"，《孟子》所谓"知言养气"，正谓此也，若如来喻，乃是合下只守此心，全不穷理，故此心虽似明白，然却不能应事，此固已失之矣。（《答项平父》第五书，《文集》卷五十四）

项平甫往来于朱陆两家，然其所学多以陆说守心为主，故朱子与之力辩陆学之失。绍熙四年，陆门弟子许中应请朱熹为作阁记，朱熹针对陆学写道：

> 人之有是身也，则必有是心。有是心也，则必有是理。若仁、义、礼、智之为体，恻隐、羞恶、恭敬、是非之为用，是则人皆有之，而非由外铄我也。然圣人之所以教，不使学者收视反听，一以反求诸心为事，而必曰兴于诗、立于礼、成于乐，又曰博学、审问、谨思、明辩而力行之，何哉？盖理虽在我，而或蔽于气禀物欲之私，则不能以自见；学虽在外，然皆所以讲乎此理之实。（《鄂州州学稽古阁记》，《文集》卷八十）

以上引述表明，朱、陆都承认心中有理，但由于朱熹强调气质及由此必然产生的物欲之私，从而导致他得出与陆完全不同的为学方法。他的主要思想是：

①心具众理，在这个意义上说，也可以说"心与理一"，佛家否认人的内心有先天的道德品质，所以说佛家是主张"心与理为二"。但是，虽然心具众理，而由于人之气禀带来的先天消极影响，致使作为意识活动的心不可能完全合理，所以在朱熹哲学中不能承认心即是理。

②心不能自正，意不能自诚，这个思想并不是否认自由意志和自觉选择、否认个人对自我道德完善的责任，而是说，虽然为仁由己，但是道德境界的提高或完成决不能只依靠心的反观内省来实现。他说："意不能以自诚，故推其次第，则欲诚其

意者又必以格物致知为先，盖仁义之心人皆有之，但人有此身，便不能无物欲之蔽，故不能以自知。"（《答汪易直》，《文集》卷六十）又说："若知有未至，则反之而不诚者多矣"（《中庸或问》卷二），"盖理虽在我，而或蔽于气禀物欲之私，则不能以自见"（《鄂州州学稽古阁记》，《文集》卷八十）。这些都是指人身由气质构成，由此必然产生物欲之蔽，因而不通过一定的方法去除气禀带来的影响，不管如何内省反思，用以观省内心的还是杂于气质之心。正像一个人生来便有眼病，若不经过一定方式的治疗，无论如何用眼看也不会看得清楚。所以他说："心未能若圣人之心，是以烛理未明，无以准则，随其所好，高者过，卑者不及，而不自知其为过且不及也。"（《答石子重》，《文集》卷四十二）

③变移气质，积久贯通。朱熹认为，人的一切学习和修养无非是要变化气质及其所决定的心理（情感意识），而这个过程是要经过长久的磨炼，他说："人之为学，却是要变化气质，然极难变化"（《语类》卷四，滕璘录），这一变化绝不是一朝一夕所能成功的，变化气质的方式是涵养和进学，作为进学之功的格物穷理，要求从积累到贯通，也需要一个长期的过程。而作为涵养之功的主敬，不但需要不间断的提撕、主一、涵泳等心地工夫，还要求在视听言动、容貌词气上下功夫，要注意格物读书与存心思诚、顿与渐、乐与苦以及知与行、易简与支离的辩说等等。

这里应附带指出，陆学中所谓"心即理"并不是意在夸大人的主观精神，而是把社会的伦理原则夸大为人的伦理本能。⑥
然而，心即理说并不是主张人的一切意识活动无条件地合于理
义要求。陆学所谓心即是理，在直接意义上是指本心即理。此
外亦指人发明本心之后意识活动自然合理。陆学的这个思想朱
熹并非不了解，但朱熹认为，陆学的修养方法实质上只是基于
一种类似禅宗顿悟的神秘体验，通过静坐澄心，以求在沉静的
心理状态中获得一种突发的特别体验，这种体验的实在性朱熹
并不否认。他曾说："某也曾见丛林中有言'顿悟'者，后来看
这人也只寻常。如陆子静门人，初见他时，常云有所悟；后来
所为，却更颠倒错乱。看来所谓'豁然顿悟'者，乃是当时略
有所见，觉得果是净洁快活。然稍久，则却渐渐淡去了，何尝
依靠得"（《语类》卷一百一十四）；又说："近世之言识心者则
异于是。盖其静也，初无持养之功；其动也，又无体验之实。
但于流行发见之处，认得顷刻间正当底意思，便以为本心之妙
不过如是，擎夯作弄，做天来大事看，不知此只是心之用耳。
此事一过，此用便息，岂有只据此顷刻间意思，便能使天下事
事物物无不各得其当之理耶？所以为其学者，于其功夫到处，
亦或小有效验，然亦不离此处。而其轻肆狂妄，不顾义理之弊，
已有不可胜言者。"（《答方宾王》第四书，《文集》卷五十六）
在朱熹看来，如禅宗顿悟一样，陆学的类似体验虽不是虚假的，
但他所否定的不是这种体验的实在性而是它对于道德提高的可
靠性。朱熹指出，以为一旦获得某种体验之后，从此便本心发
明，一切行动思虑都是本心发见，这正是陆门弟子狂妄颠倒的

---

⑥　参见崔大华《南宋陆学》，中国社会科学出版社1984年版。

真正根由。应当承认，朱熹对陆学夸大主体的伦理本能及以静坐反观修养方法的批评，比较近乎道德生活的实际情况。

三　格物与明心

朱陆之争，从比较狭义的意义上说，是争论人究竟应当通过何种方式或方法实现道德完善。从广泛些的意义上看，直接关系到与方法相联结的目的——培养何种理想人格。如，从朱熹方面来看，即使退一步，承认陆学也可实现人的道德完善，起到变移风俗、改换人心的作用，也还要提出，这样的人格是否就是理想人格？从而这样的目的是否就是为学的终极目的？从这个角度说，朱熹之所以主张格物穷理、读书博览，是认为只有这种方法才能给人提供一种全面实现人格发展的方法。从传统儒家的圣人观点看，圣人不仅是道德人格的范型，而且是学识技艺的极致。"仁且智"（《孟子·公孙丑上》）才是圣人人格的完整体现。因此，若以《论语》的标准而言，为圣人之学，必须兼"好仁"与"好学"（《阳货》）两个基本方面，"修德""讲学"（《述而》）并重，"依仁""游艺"兼行。孔子自己就是一个具有高尚道德境界和广博学识技艺的人格典范。因此儒家的理想人格，不仅完美地体现了它所要求的崇高道德，而且应当在才智学识上可以为帝王之师，成就王佐之才。服务于这样的目的，为学的方法必须在努力提高道德境界同时，掌握关于自然事物、历史事变、政治结构、典章名物及各种为封建帝国统治所需要的礼制规范等方面的广泛学识。而这一方面在陆学看来，并不是他所理解的理想人格的必备条件。陆九渊自己明确说过"不识一个字，亦须还我堂堂地做个人"（《语录下》）。朱熹也指出："如孝弟等事数件合先做底，也易晓；……若是后面许多合理会处，须是从讲学中来。不然，为一乡善士则可，若欲理会得为人许多事则难。"（《语类》卷一百一十九，黄义刚录）站在传统的立场上看，从给为学所规定的方向上，可以认为，朱学是"为圣贤之学"，陆学则是"为君子之学"。这是由于，"朱熹要为封建统治长期利益培养人才"，而"陆九渊认为这是缓不济急"。⑦ 两个学派所着眼的是社会文化不同方面的需要。

实际上，在对待伦理主体上，朱熹坚持心性区分，反对心即是理，与陆学相对立，究竟何以出现这种差别，反倒须回到为学问题上来说明。因为朱陆都不是先确定一个完整的形而上学体系，尔后由之推演出各自的为学方法。陆讲本心，朱讲性理，如果仅仅从确立人的内在道德根据上看，差别并不大。陆之不主区分心性，也不是因为他不想像朱熹那样建立一个细密的心性理论来。陆之强调心、本心，正是由于他要极力突出人作为伦理主体的能动性、自主性和意志自由。而朱则更强调伦理关系作为外在规范对人的制约作用，主张人应通过学习、践行来了解伦理规范原则的普遍意义，自觉服从之。如果陆也像朱一样突出性理，就无法突出主体能动的一面，也就不成其为陆学了。在对待伦理原则上，朱陆显示出发展的不同方向，一是把伦理原则夸张为普遍必然的宇宙规律，一是把伦理原则说

⑦　任继愈主编：《中国哲学史》（第三册），人民出版社1979年版，第268页。

成为主体先验的内在本能。

　　与陆相比，朱熹由于偏于强调外在规范的超社会、超人类的先验普遍性，用伦理规范心理，由是减弱了主体的能动性。但陆学强调的主体的能动性，在实际上只是个体的意识活动，而缺乏普遍的规范意义（如陆学的个人的非理性的内在体验），从而导致用心理代替伦理。即是说，尽管陆九渊可以在本心的意义上使用心的概念，但他自己同时把心也作为一个标志一切意识活动的概念，这样，陆学不但由于不能把一般知觉与道德理性区别开来而造成理论表述上的含混，而且必然引发由于突出个体意识的自主能动性而忽略了伦理的规范意义。从而，胸中流出无非天理，也就流于运水搬柴无非妙道的禅家作用是性之说，这不但在陆门弟子的"狂妄"气象中得到清楚表现，更在后来王门后学如泰州一派中进一步发展，被适应商业资本主义兴盛而增强的自然人性论所利用，使朱熹所警惕的倾向成为现实。

小 结

　　"天人合一"是宋明理学家的普遍意识，但各自的理解常互不相同，《西铭》的"天地之塞，吾其体"表明张载的天人合一是以"天人一气"为基础。二程主张"所以谓万物一体者，皆有此理"（《遗书》卷二上），天人合一对他们的意义是"天人一理"。在陆学，天人合一则表现为"宇宙即是吾心"的"天人一心"（袁絜斋亦谓此心无天人之殊）。从理学的发展来说，陆氏心学的产生有它的必然性。

　　在朱熹等级森严的宝塔式哲学体系中，理由于被提高为强大的客体权威，而限制了主体在建立道德自觉上的能动性。陆氏心学强调，整个理学的主题应是树立主体的道德自觉，达到人的自我完善和自我实现。因而，不应当把道德"异化"为纯粹外在的命令，必须把理由超验的主宰变为主体的自觉意愿，在个体心灵中建立起道德本体，使道德由他律变为自律。在方法上陆学认为道德理性的建立无须格物穷理，因为这个理性本来是先验存在的，在思想资料上也一脱伊洛传统，改以《孟子》为宗。从两宋思潮的发展来看，"心"学是对"理"学的一种反动。

总起来看，朱陆之争的主要分歧，不是本体论的，而是人性论的、伦理学的、方法论的。虽然，由于人性论、伦理学、方法论的不同也显示出两者在本体论哲学背景上有差别，但基本上说，朱陆对立的根源不是本体问题。

从伦理学上说，在"良心"和"义务"何者在道德调节的心理机制中更为可靠，朱陆各执一端。朱学要求人通过格物致知、积累贯通，以达到"自其一物之中，莫不有以见其所当然而不容己，与其所以然而不可易者"，在伦理学上，"当然而不容己"与"所以然而不可易"主要指社会准则和原则，由此得到的理性意识，主要表现为义务感，即在理性上意识到个人必须履行的社会道德责任，使意识在天理和人欲的对抗中自觉地选择道德价值而服从之。与朱学强调普遍性的理性、强调当然而不容己的义务不同，陆学更强调个体的良心，要求把"我应当如此"变为"我意欲如此"。[①] 陆学主张"此心之良，本非外烁"，以"学问之要，得其本心而已"；认为"苟此心之存，则此理自明，当恻隐处自恻隐"，他们所说的本心实质上指的就是伦理学所说的良心，只是陆学从根源上把良心先验化，另一方面把良心夸大为一切人心的本来状态。在以良心为本心这一点上陆学与佛教禅宗也区别开来了，因为佛教的本心不是良心而

---

① 参见康德《道德形而上学探本》，商务印书馆 1957 年版，第 63 页。

是个体超越自我的心理状态。

人在社会中遇到的情况多样而复杂，不可能有一套准则体系预先对人在世界上可能遇到的任一种情况应当采取的行动做出规定，为了保证人的道德行为，朱学要求通过积累达到贯通，上升到对普遍原则（理一）的把握，以为由是便可以在具体的应接处事上应付自如。而在陆学则认为，这个理一本来就在自家心内，只有良心才为在任何情况下行为的道德调节提供根本保障。

从人性论来看，陆学把良心看作人的先验的本心，片面地发展了孟子的性善思想。孟子道性善，性在孟子哲学似乎是一个比本心更为重要的概念，虽然正是孟子的本心学说为陆学提供了思想基础。心的观念本来是从现象的角度描述意识活动，而性的观念显然是比心更深一个层次，着重于心理结构的本质的观念。古典儒家之所以提出性善论而不是心善论，表明他们很早就注意到一般意识活动与其稳定本质不是同一的。陆学中的本心观念虽然不是朱学中"心"的观念，但也不等于朱学中"性"的观念。在陆学的理解中，"本心"对人的意识的作用比起朱学的"性"来更为直接，从本质上看，陆学的本心哲学在理论上表现为以心善论为形式的极端性善论。

朱学的性善论对孟子学说进行了重大改造，按朱熹的学说，一切现实的人性都是气质之性，气质之性指理与气交杂对人产生综合制约作用，也就是从理和气两个方面规定人性。虽然在朱熹学说中理气两方面不是平行的，归根到底理居主导地位，所以理是本然之性，但由于朱熹学说中容纳了气禀的内容，其表述形式固与二程有别，实质上仍是继承了程学"论性不论气，不备；论气不论性，不明"的性二元论。在这种温和性善论中，更突出人性中理性与感性的对立，强调道德自觉的基本要求是用道德理性统帅、指导、控制感性情欲，只有在天理人欲交战之几中才能显示出人作为理性存在的意义。

从方法论上看，陆学的这种思想，是由良心所具有的直觉特性所决定的。陆学强调良心的呈现和对良心的自我意识，因而注重非理性的内心体验，陆学的明心方法与禅宗明心方法确乎有相近相通之处。虽然陆学在直接意义上更多从孟子思想出发，但与宋代禅宗内向体验和直指人心的普遍气氛不能说毫无关系。陆学把认识归结为以内向直观来提高良知的呈现，这种直觉体验的对象、目的、结果都是个体的心理结构本身，认识的范围局限于对本心的体认，使陆学的认识论不能不有较大的局限。在朱学，为了道德理性的树立以克制气禀物欲之私，强调通过学习等道德培养过程增强理性战胜物欲的力量，主张认识从考察了解具体事物的道理入手，经过从特殊到普遍的飞跃，上升到对普遍的道德原理的认识，这是一条明显的理性主义路线，在内容上也广泛容纳了各种知识成分。从朱学的方面看，陆学提倡的内心直观与体验不仅在提高道德自觉上缺少可靠性，而且无法成为一种可资遵循的普遍规范。陆学与禅宗的某种形式上的类似，更使朱学有理由目之为异端而攻之了。

然而，不仅历史发展自身已表明陆学存在的理由，从宋明理学的整体观点来看，气学、理学、心学都是这一整体结构的必要环节。朱熹哲学作为宋明理学的主流派固然发扬了孔子开创的中国文化的基本精神，然而，良心和义务、感性和理性、直觉和理智、体验和认识、内省和博学、尊德性和道问学等等，都是儒学中互补而不可缺少的方面。特别是，朱子强烈的理性主义使得他对精神生活的其他向度与境界有所忽略，这也是明代心学运动对他不满的基本原因之一。不过这一点在本书已无法讨论，希望在另一部专门研究心学的书中再来进一步研究这些问题。

附录 评陈来的《朱熹哲学研究》

陈荣捷

　　此书是陈来在北京大学哲学系张岱年教授指导之下完成的博士论文，经中国社会科学博士论文文库编辑委员会审查，选出论文中之少数精英者，于一九八七年印行出版。全书分四大部分，即理气论、心性论、格物致知论与朱陆之辩。前面有张岱年序，后面有后记，说明"其中诸说虽经反复沉潜，皆非出一时之得。然质钝而功不足，于探其深而尽其微者，自觉尚有未备"。此是自谦之词。如是水平之高之博士论文，中国外国不多见也。

　　此书之优点有三：叙述异常完备；分析异常详尽；考据异常精到。此外著者多用朱熹本人著作，亦一特色。叙述方面，理气论分别讨论理气先后，理气动静，理一分殊，人物理气同异。心性论分别讨论已发未发，性之诸说，心之诸说，心统性情。格物致知论则包含格物与致知，格物与穷理，知行问题。叙述朱陆之辩，第一章为鹅湖之前的朱陆思想，第二章为朱陆之辩的历史发展，第三章为朱陆哲学主要分歧。全书秩序井然，毫无赘语。

由此书目录，一望而知有所选择。除朱陆之辩的历史发展之外，似乎专意哲学。张岱年序谓："朱氏的历史观、道德论、政治思想，还未及做全面论述"。即使在哲学定义之下，仁、命、天理人欲、道器、鬼神等哲学思想，均未深入讨论。有之亦顺及而已（如［本书］247 页之命，238—240 页之仁，343页之天理人欲）。将朱熹哲学与西哲比较，只提柏拉图、笛卡尔、康德与莱布尼茨（434—437 页），而不及亚里士多德、斯宾诺莎与圣托玛斯。张序谓其"有待于今后的补充"。陈来之能负此任，绝无可疑。

理气先后，陈来以为是朱子理气哲学之核心问题。学者对此问题，异说纷纷。陈来于此特别注意。不只以理气先后居首，而且篇幅特长，近 30 页，比其他理气问题多达两倍以上。照陈来看法，朱熹的理气先后思想经历了复杂的演变过程。早期之《太极解义》（1170—1173 年）以理来规定太极之内涵。此时从本体论立场出发，尚无理先气后之说（96—100 页）。南康时期（1179—1181 年）仍主理无先后（101 页）。甲辰（1184 年）与陈亮辩，有"道之常存"之语，此道（即理）之永恒性的思想成为朱子理在气先说形成中的一个环节。《易学启蒙》（1186年）直谓"象数未形而其理已具"，已包含有理先气后的思想（110 页）。朱陆太极之辩（1188 年）更提供了刺激（103 页）。

守漳（1190 年）乃有理能生气之说（113—114 页）。至潭州时期（1194 年）产生了新的演变，即谓若从逻辑推论，则理在气先（118—119 页）。此新论与早年理气无先后之说，显然有矛盾（122 页）。

陈博士此说，足以补冯友兰等学者逻辑推究说之不足；从朱子思想之历史演变分析理气先后问题，以前从未见有如是之详密者也。陈氏之论，自可备一说。《语类》讨论此问题，皆是漳州以后之事，可以印证。然予尚有一说，可资参考者。朱子淳熙十五年（1188 年）二月始出《太极图说解》以示学徒。是年即有朱陆太极之辩。故漳州（1190 年）以后门人诸多讨论。所问不只理气先后问题，而亦包括其他太极为理，物物有太极，理气动静，人物理气同异等等。从《语类》问答可以见之。朱子素来主张理气无先后，与推论则理在先之思想并无冲突。不过因发表《太极图说解》之故，加以太极之辩，门人疑问，故有推究之论而已。非所以谋矛盾之解决也。

对论太极动静，指出太极含动静是从本体之微上说，太极有动静是从流行之著即用上说（127 页）。如是一方面可以保全周敦颐太极可动之思想，而同时又可以保全朱子本人太极是理而理不动之思想。此处分析清楚，可谓善于观察。谈理一分殊，则分论之以论证宇宙本体与万物之性的同一性，论证本原和派生的关系，论述普遍规律与具体规律的关系，与论证理与事物的关系。分析细微，为以前所未见。关于人物同异，于朱子思想并不清楚处，从各角度进行批判（164—165 页），也至为详尽。

陈来讨论朱子心性涵养省察之见解，亦从朱熹思想之进展方面观察。由杨时、罗从彦与李侗之遗训，而经与友人蔡季通（蔡元定）参究（丙戌之悟，1166 年），访张栻讨论（湘湖之行，1167 年），与湖南诸公书（己丑之悟，1169 年），而达到其主敬穷理之主张。言心则以之为有体有用，贯乎已发未发，主乎性情。此种主张，可见于其《知言疑义》及《仁说》。心统性情，其具体意义，亦详加分析（315—321 页）。陈来以朱子在《知言疑义》中通过自己的途径得出心统性情的思想（230 页）。盖朱子欲改胡宏《知言》"心以成性"之言为"心统性情"，而张栻将此改为"心主性情"也。此说与普通以"心统性情"来自张载，大异其趣。如此说可信，则的确是创见。陈来谓张子"心统性情"之语，不见张子《语录》（230 页），未得其详。今见《张子全书》卷十四《性理拾遗》，则见诸《性理大全》也。朱子亦解"统"为"统兵之'统'，言有以主之也"（319 页引《语类》）。推陈来之意，非谓朱子不知横渠（张载）此语，盖《近思录》明以此语归横渠，而谓朱熹因"心以成性"之言而悟心主性情之说。

在此讨论之中，考定"人自有生"四书为中和旧说，答何叔京"昨承不鄙"与"人自有生"四书同时，答何叔京书作于丙戌（1166 年），答张栻四书作于丙戌与丁亥（1167 年）（208—213 页）。此为全书之出类拔萃者。不特此处为然。陈来有《朱子书信编年考证》（上海人民出版社 1989 年版），将朱子二千许书札断定年期。数量之多，考据之实，远出乎王懋竑《朱子年谱》与钱穆《朱子新学案》之上。以故关于朱陆书信，皆核其年，不胜枚举。又有《朱熹观书诗小考》《朱子家礼真伪考议》《关于程朱理气学说两条资料的考证》《王阳明越城活动考》《略论诸儒鸣道集》等等，经验宏富，成绩俱在。除上述关于中和诸书以外，又有考出见延平（李侗）后二年间已悟异学之非（447页），作用是性为波罗提语而非达摩语（526页），改正王懋竑以《太极说》为南轩（张栻）之作（236页），枯槁有性之问答应在甲寅（1194年）乙卯（1195年）之间（173页），张栻初识朱子在癸未（1163年）（214页），《知言》之论始于庚寅（1170年）而终于辛卯（1171年）（230页），义理之性与血气之性之分首见于门人陈埴之《木钟集》（259页），《大学中庸章句》之作早于《论孟集注》草成（359页），《大学》补传在淳熙初年（1174年）草定《大学章句》时完成（359页），李方子《朱子年谱序》出于黄榦《行状》之后（428页），陆象山为崇安主簿只是待次（476页），傅子渊非会朱子于南康（492页）。如此之类，不可胜数。

在讨论格物致知部分，作者特别推崇李侗，以朱熹在《壬午封事》中大倡《大学》格物致知之道为受李侗影响（332页）。关于《大学》以及整个方法论思想都是从李侗理一分殊之教而来（349—350页）。"李侗之理一分殊方法的精神才真正渗透到朱熹哲学的骨髓"（354页）。更考定《大学章句》年期，且批评朱子分经传为孔子之言与曾子之述为无实据（362页）。又谓以"格"为"至"为无理（371页），分致知之知为知识之知与能知之知（372—373页），分析物格与格物之不同（376页），豁然贯通须经长期积累，故不可与禅宗"顿悟"同日而语（397页）。凡此皆精明之论，为以前研究朱子所罕见。至谓格物致知之论，是以延平（李侗）说为经，伊川（程颐）说为权（405 页），则有错商之余地。据朱子自述，自十五六时知读是书（《大学》）而不晓格物之义（《文集》卷四十四答江德功第二书）。理一分殊之说，固得于李侗，而亦得于程颐，补传直言"窃取程子之意"。训"格"为"至"，步履程子。"即物穷理"与"以类推之"之说均源自伊川而非延平。《大学或问》第五章论格物引程子格物方法者有九条，为格物致知所当用力之地与其次第工程。又引程子五条为涵养本原之功，然后批评程子门人吕大临、谢良佐、杨时、尹焞与胡瑗、胡宏等人之格物论。最后乃引延平格物之教。延平曾谓"理不患其不一，所难者分殊尔"。此点或为陈来所强调，然伊川亦曾谓一草一木皆须格。大抵延平格物之教重在涵养，伊川之教重在知识。陈来为经为权之意，或即指此。学者归功于延平理一分殊之教，但从未见归功于格物。陈来改正此点，实为一大贡献。同时亦应归功于伊川，乃公平尔。

讨论朱陆之辩，陈著最见精彩。描述鹅湖之会（1175 年）之文章，汗牛充栋，而从未有如是之高明者。分析鹅湖之前朱陆思想，尤具特色。从朱子《杂学辩》与致张栻、石子重等书中所言，说明鹅湖以前，朱子对陆象山立下"发明本心"与"其圣人之学可不由读经而达"等鹅湖主题，早已立定意见（443—453 页）。学者通常以陆主尊德性、朱主道问学。陈来则以"二人对'尊德性''道问学'的理解并不相同。陆以尊德性即是存心明心，是认识真理的根本途径，道问学只是起一种辅助巩固的作用，而在朱熹看来，尊德性一方面要以主敬养得心地清明，以为致知提供一个主体的条件……认识真理的基本方法是'道问学'"（512页）。陈来强调二人之为学方式不同，谓"朱熹主要是从陆学的一些外部特征、为学方式、修养风格上与禅学类比，并不是从内在的本质上来理解双方的差异"（512—514页，519页）。此点或是过言。朱子批评禅家作用是性，不遗余力，亦即批评象山。无论其理论是否正确，其从内在的本质上立论，则无可疑也。陈来对于朱陆之分歧，并不侧重"性即理"与"心即理"之分（521页）或客观唯心与主观唯心之别（522页），而在其为学方法之不同。此观点与众大异，实足以打开研究朱陆之新区域。然陈来亦指出朱子分心性为二，陆氏则以之为一（524—525页），又指出朱子以生下来便有气质，陆子则本心纯洁。此亦是从内在的本质上立论。然"总起来看，朱陆之争的主要分歧，不是本体论的，而是人性论的、伦理学的、方法论的"（539页）。

关于鹅湖之会，有数点可以补充或改正者。陈来据吕东莱（吕祖谦）年谱，以淳熙二年乙未（1175年）四月二十一如武夷（458页），然吕氏《入闽录》云："三月廿一早发，四月初一至五夫里访朱元晦（朱熹），馆于书室。"《入闽录》为吕东莱本人日记，当然可信。大概年谱误以《入闽录》之三月廿一为四月廿一尔。武夷山六曲响声岩石刻，乃朱、吕编《近思录》后赴鹅湖之集游览武夷山之遗迹，其中九名"皆当为鹅湖会议的参加者"（461页）。此一假设，确是新见，然只是推测而已。其中以张元善为浙江学者，则偶尔失检，盖张元善即詹元善，福建人，朱子弟子。初后其舅为张氏，既复为詹氏（参看拙书

《朱子门人》，台北学生书局 1982 年版，第 284 页）。朱子祭陆子寿文云："出新篇以示我。"陈来以是为《传心诗》（471 页），然《传心诗》既已于鹅湖会议之初诵出，不为新篇，疑是别为一文。又陈来以朱子和陆子寿诗为在铅山之作（471 页），然鹅湖之集至铅山再会已是前后五年，何得云"别离三载更关心"？王懋竑谓"盖鹅湖之会在乙未，铅山之访在己亥，中间隔丙申、丁酉、戊戌三年，故曰三载"（《朱子年谱考异》，淳熙六年）。此说太牵强，朱子何不直言"五载"耶？王氏更谓"又枉"意谓"又"字指铅山而言，然诗云"偶携藜杖"。然则朱子候命于铅山，亦偶然耶？诗又谓"无言处"与"不信古今"，含有批评子寿之意。可谓子寿来访，乘机讽之耶？陈来盖沿一般学者，以铅山三载和诗。此虽小节，严密之学者如陈来，不必随声附和也。陈来谓陆象山年谱以陆子寿致张钦夫（张栻）书为在乙未（1175 年）鹅湖之会之后的非是，盖以鹅湖之会在六月，不可言春末也（469—470 页）。查陆谱明言春末会元晦于铅山。朱子己亥（1179 年）在铅山候命，三月已列行在，故言春末，并不为错。至于陈来以此书为在己亥（1179 年），则无误也。

　　本书所引《文集》书札，书明第几书，《语类》亦指明谁录，已比他书为详，然终不若举明版本与页数之为易于检查也。现用"语录上"（463 页）和"与黄元吉"（510 页）等等，仍嫌太泛。《困知记》（520 页，523 页，526 页）《北溪字义》（526 页），吴澄论太极（128 页）等等，均应用原义。又所举年号如丙辰、丁巳之类，如加西历年期，则读者可知其年与时间之先后。书末应附索引。凡此皆是余事，而书之内容与方法，均属上乘。

征引参考书目

《尚书》，十三经注疏本，中华书局

《孝经》，十三经注疏本，中华书局

《礼记》，十三经注疏本，中华书局

孔颖达：《周易正义》，十三经注疏本，中华书局

《论语正义》，诸子集成本

《庄子集释》，诸子集成本

《老子本义》，诸子集成本

《管子校正》，诸子集成本

《孟子正义》，诸子集成本

《荀子集解》，诸子集成本

董仲舒：《春秋繁露》，台湾商务印书馆，1979 年

楼宇烈：《王弼集校释》，中华书局，1980 年

《朱文公文集》（上下），台湾商务印书馆，影印四部丛刊集部，1980 年

《朱子语类》，清同治本

《四书章句集注》，中华书局，1983 年

《四书或问》，朱子遗书本

朱熹：《延平答问》，清光绪本

《周易本义》，四书五经，国学整理社，1936 年

《易学启蒙》，朱子遗书本（传经堂）

《阴符经考异》，朱子遗书本

朱熹、吕祖谦：《近思录》，丛书集成初编，商务印书馆，1936 年

《晦庵先生语录大纲领》，北京图书馆藏宋本

《元公周先生濂溪集》，北京图书馆藏宋本

《周子全书》，万有文库本，商务印书馆，1937 年

《张载集》，中华书局，1978 年

《宋元学案》，世界书局，1936 年

《诸儒鸣道集》，北京图书馆影宋本

《二程集》，中华书局，1981 年

《龟山语录》，四部丛刊本

《上蔡语录》，朱子遗书本

《李延平集》，丛书集成初编本

《罗豫章集》，丛书集成初编本

《五峰集》，四部丛刊本

《知言疑义》，胡子知言，清道光本

《南轩文集》，清道光本

吕祖谦：《吕东莱先生文集》，清同治本

《陆九渊集》，中华书局，1980 年

《陈亮集》，中华书局，1974 年

叶适：《习学记言序目》，中华书局，1977 年

《叶适集》，中华书局，1961 年

真德秀：《西山先生真文忠公文集》，清同治刻本

陈文蔚：《克斋集》，四库全书本

征引参考书目

陈淳：《北溪字义》，清光绪传经堂本

陈淳：《北溪大全集》，四库全书本

黄榦：《勉斋集》，四库全书本

胡广：《性理大全》，明嘉靖本

吕柟：《宋四子抄释》，清光绪本

王阳明：《朱子晚年定论》，清顺治本

《阳明全书》，四部备要本

罗钦顺：《困知记》，明万历刻本

陈建：《学蔀通辨》，明嘉靖刻本

程瞳：《闲辟录》，西京清麓丛书本

李滉：《增补退溪全书》，成均馆大学大东文化研究院，1985 年

顾炎武：《日知录》，清乾隆本

李绂：《朱子晚年全论》，清雍正本

王懋竑：《朱子年谱考异》，清光绪本

王懋竑：《白田草堂存稿》，清乾隆刻本

夏炘：《述朱质疑》，景紫堂全书本

陆世仪：《陆桴亭先生遗书》，清光绪本

朱泽沄：《朱子圣学考略》，清刻本

戴震：《孟子字义疏证》，中华书局，1982 年

《建阳县志》

《临汀志》

《佛法金汤编》，明万历刻本

《五灯会元》，中华书局，1984 年

晓莹：《云卧纪谈》，卍续藏 148 册

《枯崖漫录》，卍续藏 148 册

《大珠禅师语录》，《中国佛教思想资料选编》（第二卷第四册），中华书局，1983 年

《四库全书总目提要》，中华书局，1965 年

《朱子文集固有名词索引》，东京大学朱子研究会编，东丰书店，1980 年

《马克思恩格斯选集》（第四卷），人民出版社，1972 年

张岱年：《宋元明清哲学史提纲》，《新建设》，1957 年

李泽厚：《中国古代思想史论》，人民出版社，1985 年

冯友兰：《论〈美的历程〉——冯友兰给李泽厚的信》，《中国哲学》第九辑，生活·读书·新知三联书店，1983 年

久须本文雄：《宋代儒学的禅思想研究》，日进堂书店，1980 年

钱穆：《朱子新学案》，三民书局，1971 年

周予同：《朱熹》，商务印书馆，1929 年

冯友兰：《中国哲学史》（上下），中华书局，1961 年

侯外庐：《中国思想通史》（第四卷下），人民出版社，1980 年

范寿康：《朱子及其哲学》，中华书局，1983 年

田中谦二：《朱门弟子师事年考》，《东方学报》第 44 期，京都大学人文科学研究所，1973 年

岛田虔次：《朱子学与阳明学》，岩波书店，1967 年

陈康：《巴曼尼德斯篇》，商务印书馆，1982 年

冯友兰：《中国哲学史新编》，人民出版社，1982 年

陈荣捷：《论朱熹与程颐之不同》，《中国哲学》第十辑，生活·读书·新知三联书店，1983 年

李相显：《朱子哲学》（上下册），世界科学社，1947 年

牟宗三：《心体与性体》（第三册），正中书局，1969 年

杨荣国主编：《简明中国哲学史》（修订本），人民出版社，1973 年

陈荣捷：《朱子门人》，学生书局，1982 年

陈荣捷：《朱学论集》，学生书局，1982 年

张岱年：《中国哲学史方法论发凡》，中华书局，1983 年

冯友兰：《三松堂自序》，生活·读书·新知三联书店，1984 年

征引参考书目

黑格尔：《逻辑学》（上册），商务印书馆，1966 年

张岱年：《谭理》，《大公报》之《世界思潮副刊》，1933 年 3 月 30 日

张岱年：《中国哲学发微》，山西人民出版社，1981 年

钱穆：《中国近三百年学术史》，商务印书馆，1937 年

福岛仁：《朱子心性论的形成过程》，《日本中国学会报》第三十三集，日本中国学会，1981 年

友枝龙太郎：《朱子の思想形成》，春秋社，1979 年

张立文：《朱熹思想研究》，中国社会科学出版社，1981 年

蒙培元：《理学的演变：从朱熹到王夫之戴震》，福建人民出版社，1984 年

张岱年：《中国哲学大纲》，中国社会科学出版社，1982 年

李泽厚：《美的历程》，文物出版社，1981 年

傅云龙：《中国哲学史上的人性问题》，求实出版社，1982 年

皮锡瑞：《经学历史》，中华书局，1981 年

皮锡瑞：《经学通论》，中华书局，1954 年

余敦康：《〈大学〉〈中庸〉和宋明理学》，《历史论丛》第四辑，1983 年

任继愈主编：《中国哲学史》（第三册），人民出版社，1964 年

方克立：《中国哲学史上的知行观》，人民出版社，1982 年

梯利：《西方哲学史》（下册），商务印书馆，1979 年

北京大学哲学系外国哲学史数研室：《十六—十八世纪西欧各国哲学》，生活·读书·新知三联书店，1958 年

北京大学《欧洲哲学史》编写组：《欧洲哲学史》，商务印书馆，1975 年

汪子嵩：《亚里士多德关于本体的学说》，人民出版社，1983 年

梁启超：《中国近三百年学术史》，中华书局，1936 年

吕澂：《中国佛学源流略讲》，中华书局，1979 年

吕澂：《印度佛学源流略讲》，上海人民出版社，1979 年

崔大华：《南宋陆学》，中国社会科学出版社，1984 年

康德：《道德形而上学探本》，商务印书馆，1957 年

再版后记

这次在上海印行的《朱子哲学研究》新本，可以说是一个增订本。新本比旧本增多三篇，即前论中的"朱子与三君子""朱子与李延平"，和本论部分的心性论中的"朱子淳熙初年的心说之辩"。此外，还增加了一个附录。

其实，这三篇本来就是我有关朱子哲学的整体研究在80年代前半期完稿时的一部分，只是因为作为博士论文提交时，有打印字数的限制，才割爱而未能列入。不过，在旧本中我也曾略提及，如旧本274页的脚注说："按白田以朱子庚寅三十一岁始受学延平，其说亦非是；然此处不及详辩。"又说"朱子进士前及从学延平一段思想的研究，本亦就稿；但因本书篇幅已长，故不欲并入本书"。在旧本另一处的脚注中我也对心说之辩作了交代。甚至，连前论、本论、后论的结构，也是初稿本有的。所以，这次新本的印行，实际上是给了我一个机会，从结构形式到篇章内容恢复 80 年代前期初稿完成的面貌。也正唯如此，我并没有把我在旧本以外的所有的朱子学论著都增入此本，以免改变了 80 年代前期研究的原貌。

1985 年秋此书交付中国社会科学出版社印行，1986 年我即赴美，1988 年返国。时旧本已出，而错字甚多，且目录有章无节，令人颇觉不满。而旧本未能收入的三篇，在 80 年代末始安排发表。本论的部分，以"朱子早年思想研究"为题，拟分上下两篇刊发，但因出版的困难，其上篇发表所在的《中国文化与中国哲学》1989 年号，实际到 1991 年才出版，故将其下篇改题为"李延平与朱晦庵"，收入《中国传统文化的再诠释》一书，在 1993 年刊出。而心说之辩的一篇，则修改后提交 1992年"中研院"中国文哲所国际朱子学研究会议，并收入此次会议的论文集。在此，谨向上述各文的原出版者表示感谢。

已故陈荣捷先生，是世界著名的中国哲学权威，也是国际朱子学界的老前辈。他对我个人的亲切关怀，是我铭感不忘的。我的两部有关朱子的书，《朱熹哲学研究》和《朱子书信编年考证》，分别在 1988 年春和 1989 年春出版，这两部书都得到他的充分肯定。《朱子书信编年考证》一书，陈老先生已在 1987 年赐写序文，推许过度，实不敢当；在 1989 年第六届东西方哲学家会议上，他又为此书帮我作了一份索引，使我深受感动。《朱熹哲学研究》一书，陈老先生在 1989 年秋为撰一书评，奖掖再三，使我倍感前辈的厚爱；其全文发表于辅仁大学的《哲学与文化》杂志 1990 年 12 期（《中国社会科学》则只刊登了此书评的一部分，且加删改）。1990 年秋，他看到台湾有《朱熹哲学

研究》的广告，曾写信问我，是否将他所写的书评收入其中，
这才提醒我应该在今后的印本中将这篇书评收入。可惜一直未
得机会。这是此次在新本中附入陈荣捷先生书评的原因。值得
一提的是，陈老先生在书评的最后曾指出，引文只注明卷数而
未注明页码是一不足。其实在我的原稿中，所引木刻本的朱子
文集、语类，都曾注明页码，却被旧本的出版者全部删去，成
为一个无奈的遗憾。由于近年来文集、语类已有标点本出版，
所以在这次的印本中我也就没有恢复这些被删除的引文页码。

今年是朱子逝世八百周年，是朱子学研究史上的一个重要
年份。华东师范大学教授朱杰人先生，多年来致力推动朱子的
研究及朱子书的整理，承杰人兄的不弃和帮助，使本书在这个
重要年份有增订出版的机会，这是我要特别感谢他的。

陈　来

2000 年 3 月

增订版后记

    本书的最初版本是《朱熹哲学研究》，由中国社会科学出版社 1988 年出版，是我的博士论文的原初文本，至今已 35 年。后来在 2000 年由华东师范大学出版社以《朱子哲学研究》为名出版，加入了与博士论文同时完成而当时未能打印的三章，体现了 1985 年我完成朱子哲学研究时的全貌，后来又收入生活·读书·新知三联书店出版的"陈来学术论著集"，20 多年来一直未变。

    今年本书要由北京大学出版社出版精装本，我忽然觉得需要做一点增补，即我在 90 年代中期所写的《朱子哲学中"心"的概念》，该文详细论证了朱子哲学中"心"不是属气的概念，反对认为朱子哲学主张"心即气"。本来，我在 1985 年以后所写的朱子哲学的文章，都收入《中国近世思想史研究》，不与此书重复；可惜多年来的学界甚至包括我的学生，往往都忽略了我关于朱子哲学中心不是气这一重要观点。所以这次在北京大学出版社出版的是《朱子哲学研究》（增订版），在心性论部分特地增加了一章"心非即气"，希望读者留意。

陈　来

2023 年 8 月 30 日

"博雅英华·陈来著作集"后记

我的学术著作,以往三联书店曾帮我汇集为"陈来学术论著集"十二卷出版,我心存感谢,自不待言。目前三联版此集的版权即将到期,北京大学出版社有意以博雅英华的系列出版我的著作集的精装版,这使我既感意外,又十分高兴。

我曾在北京大学服务三十年,其间2004年开始,学校让我关心、过问出版社的工作,因此与北大出版社结下了难得的缘分。2009年我转到清华大学后,与北大出版社仍继续合作,出版了《孔夫子与现代世界》《北京·国学·大学》《从思想世界到历史世界》等书;前两年《有无之境》和《诠释与重建》还在北大出版社出版了"博雅英华"系列的精装本,受到读者的欢迎。这次精装版著作集的出版,对我而言,体现了北大出版社对一位老朋友的情谊,这使我深感温暖。

这次北大出版社准备把《有无之境》和《诠释与重建》之

外我的其他著作也都作为"博雅英华"系列出版。在北大出版社出版的著作集，与三联版相比，有一些变化：《古代宗教与伦理：儒家思想的根源》此次出版的是增订本，增多一章；《古代思想文化的世界：春秋时代的宗教、伦理与社会思想》附加了余敦康先生的评介。《朱子学的世界》是以《中国近世思想史研究》的朱子学部分为基础，增入了近年来写的朱子论文，合为一集；《现代儒家哲学研究》是《现代中国哲学的追寻》增订新编本；《近世东亚儒学研究》则是《东亚儒学九论》的增订本。其他各书如《竹帛〈五行〉与简帛研究》《朱子哲学研究》《朱子书信编年考证》《有无之境：王阳明哲学的精神》《诠释与重建：王船山的哲学精神》《宋明理学》《宋元明哲学史教程》《传统与现代：人文主义的视界》则一仍其旧，不做改变。

衷心感谢张凤珠等出版社领导，感谢田炜等编辑朋友，使我有这个荣幸，把北京大学出版社出版的自己的著作集，献给读者。

陈来

2016 年 5 月 26 日